U0721285

曾子簠（台北故宫博物院馆藏，图片及信息由台北故宫博物院提供）

时代：春秋。尺寸：高 25.0 厘米。附盖方簠，动物形钮、方口、折壁、圈足，口沿有小兽首，足侧镂空为几字型。盖以镂空饰几何纹、八卦，腹饰蟠虺纹。器底有铭四行。

陈伯元匜（台北故宫博物院馆藏，图片及信息由台北故宫博物院提供）

时代：春秋早期。尺寸：高 17.3 厘米。宽流，圆底，龙形鋬，四扁兽足。器腹饰带凸点蟠螭纹。器内底铭文四行十九字："陈伯辰之子伯元作西孟妫婤母塍匜，永寿用之。"可知此匜为陈国贵族所作的塍嫁之器。

芮公鼎（台北故宫博物院馆藏，图片及信息由台北故宫博物院提供）

时代：春秋早期。尺寸：通高 31.8 厘米，腹深 15.9 厘米，口径 32.3 厘米，腹围 102.2 厘米。口微敛，平折沿，直立耳，鼓腹，圜底，蹄足。腹外壁饰窃曲纹及波曲紋。器内壁铭文局部为假锈遮盖。

素面盘（台北故宫博物院馆藏，图片及信息由台北故宫博物院提供）

时代：春秋。尺寸：高 9.8 厘米。盘，圆口，折沿，附耳，腹壁浅直，圈足。

子犯龢钟（台北故宫博物院馆藏，图片及信息由台北故宫博物院提供）

时代：春秋中期。尺寸：宽 38.2 厘米，高 71.2 厘米。主人公子犯实为春秋五霸之一晋文公的舅父狐偃（字子犯）。公子重耳（晋文公）因避国难在外流亡十九年间，子犯护佑其侧，匡助归晋复国。后辅国政，“城濮之战”大败楚军，“践土会盟”尊王辅周，实为春秋時期风云人物。因此铭文记载除了周王厚赐外，诸侯也赠子犯大量美铜，用此铸造了这套编钟，子孙永宝。形制属于“甬钟”，长柄近钟体处有一悬挂所用的环；钟体为合瓦式，腔内有数条调音槽。

越王州句剑（台北故宫博物院馆藏，图片及信息由台北故宫博物院提供）

时代：战国早期。尺寸：长 49.5 厘米。此器为带有首、箍、格的圆茎剑。剑首为圆形，上有平行的环纹。剑茎上有两道箍。单脊长剑身，两边开刃。铭文十四字，分别在剑格的两面。以中脊为界，一面分别为“戊州句”及“王州句”，另面为两个相背的“自作用剑”铭文。

玉人（台北故宫博物院馆藏，图片及信息由台北故宫博物院提供）

时代：春秋晚期。尺寸：高 2.7 厘米。玉质，受沁为不透明的赭黄色，局部尚可见青绿色。琢成跪坐之小玉人，有上下通心穿，亦可用以穿系，连接上下。

玉虎形佩（台北故宫博物院馆藏，图片及信息由台北故宫博物院提供）

时代：春秋晚期。尺寸：长 6.7 厘米。玉质，质地温润。琢一虎形，表面满琢云纹，纹饰布局并不依器形轮廓安排，也见于此时期的考古发现。

秦式玉龙纹饰件（台北故宫博物院馆藏，图片及信息由台北故宫博物院提供）

时代：春秋晚期。尺寸：长 5.2 厘米。玉质，周围有黑斑。圆鼓形为主体，上下突起部分及中央镂空。单面沿轮廓刻弦纹一周，其内布满类似云纹的花纹。据学者研究，这是两只相互缠绕的龙的抽象表现，上下镂空处为两个龙头，中央镂空处为龙爪。

骨雕贝（台北故宫博物院馆藏，图片及信息由台北故宫博物院提供）

时代：东周。尺寸：长 2.1—3.0 厘米。仿先秦贝币形状，扁椭圆形，正中阴刻一道直槽，左右横刻十数道平行短阴线，似贝之面；背面或平直，或中央内凹，或凹凸不平，并有两孔，以供系缀。二十一件骨雕贝局部已呈绿色。贝币是商晚期至周代曾流行的一种货币，后来出现以牙、角、骨、铜、银、金等仿贝币型作为装饰嵌件，例如洛阳战国墓中曾发现铜器或陶器上镶嵌这类骨雕贝，另外在西周张加坡车马坑中，也曾发现以骨雕贝作为车马饰件。

金箔饰件（台北故宫博物院馆藏，图片及信息由台北故宫博物院提供）

时代：东周。尺寸：径 12.0 厘米。金箔表面满饰交缠纠结之蟠虺纹，圆形中央有一圈绳纹将金箔分成内外两区，内外皆满饰蟠虺纹，每一只蟠虺身上又饰以斜线纹。金箔接近外缘处另环以一道绳纹。金箔表面有裂痕及小破裂。

陶碗（台北故宫博物院馆藏，图片及信息由台北故宫博物院提供）

时代：东周。尺寸：径 14.6 厘米。深灰陶碗，卷口，直壁，壁身于中段向内折，圆形平底。器身素面无纹。全器破裂经修补。

楚兴

霸主时代的政治与战争

李亮 / 著

SPRING AND AUTUMN PERIOD

中国大百科全书出版社

图书在版编目（CIP）数据

楚兴：霸主时代的政治与战争 / 李亮著 . —北京：中国大百科全书出版社，2024.5
ISBN 978-7-5202-1509-1

Ⅰ . ①楚… Ⅱ . ①李… Ⅲ . ①中国历史—楚国（？ –前223）Ⅳ . ① K231

中国国家版本馆 CIP 数据核字（2024）第 062914 号

出 版 人　刘祚臣
策 划 人　赵　易
责任编辑　赵春霞　张　琦
责任校对　张　琦
责任印制　魏　婷
出版发行　中国大百科全书出版社
地　　址　北京市阜成门北大街 17 号　邮政编码　100037
电　　话　010-88390767
网　　址　http://www.ecph.com.cn
印　　刷　北京汇瑞嘉合文化发展有限公司
开　　本　710 毫米 ×1000 毫米　1/16
印　　张　27.25
插　　页　8
字　　数　316 千字
印　　次　2024 年 7 月第 1 版　2024 年 7 月第 1 次印刷
书　　号　ISBN 978-7-5202-1509-1
定　　价　108.00 元
审 图 号　GS（2024）0745 号

目　录

第二部分　文明与暴力

第三部分　争霸与妥协

第四部分　和平与紊乱

序言　社会形态演变与政霸体制

柏拉图在《理想国》中说:“当一个国家最像一个人的时候，它是管理得最好的国家。比如像我们中间某一个人的手指受伤了，整个身心作为一个人的有机体，在统一指挥下，对一部分所感受的痛苦，浑身都感觉到了，这就是我们说这个人在手指部分有痛苦了。这个道理同样可应用到一个人的其他部分，说一个人感到痛苦或感到快乐。”

可以说，中国古代国家就是极致形态意义上的“人与机制”的完美塑合体，尤其是唐宋以前的国家形态。正是具有了这种“可塑型”的国家机制，方能保证中国在朝代断裂基础上的社会形态的连续性。

一、中国古代社会形态演化的内部逻辑

中国古代国家的生命载体是多元的，这种多元的载体形态具有异常强大的包容性，从上古三代到东周秦汉，抑或是魏晋隋唐、宋元明清，中国社会形态经历了多次的演化与分裂，终于在明清时期达到了顶峰，随后呈现出内部质性紊乱的趋势。中国历史就像是在一个巨大磁场中的异变体，通过社会场域中多种要素的牵引，形成

了“历史的力场分析”（见图 1），即任何一种情形都可以被认为是在来自同时相互挤压的各种力的均衡状态中。力场分析是通过对各种力的调节，打破平衡，来达到变革的目的。在那种情形中的一定的力（对变革的各种阻力）倾向于维持现状，而各种变革的压力对这些力产生反作用从而推动变革。

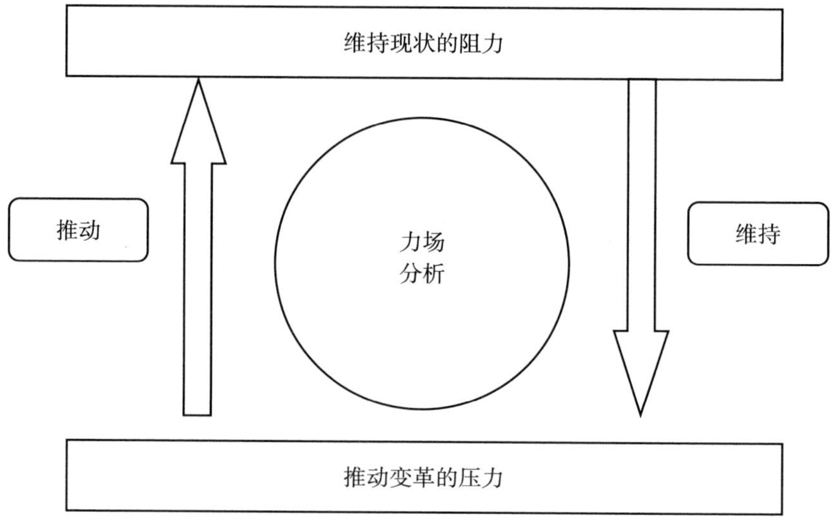

图 1　历史的力场分析

中国历史就是通过解冻、行动、再冷冻、再解冻四个过程来实现社会的新陈代谢。这四个过程形成有机的闭环，并且不断循环迭代，促进社会形态螺旋式蜕变，使中国历史呈现出有效健康的“非割裂状态”。历史的力场分析构成了社会形态学的基本方法。

社会形态学是研究社会基本要素构成、运转、变动和演化的一种功能范式。一种社会形态由政治结构、文化结构、社会结构三种要素构成（见图 2），这三个维度是社会稳定状态的基石，其中一个维度，或者两个及以上的维度发生断裂或变化，就有可能引发整个社会形态的迭代。迭代可能来自内部，也可能来自外部。内部迭代的具体形式包括政治、经济、军事，抑或是农民起义、内部革命、系统性变革等；外部迭代的具体形式包括民族融合、外族进入等。这种迭代型的演进，形成了中国历史的基本进化模式。

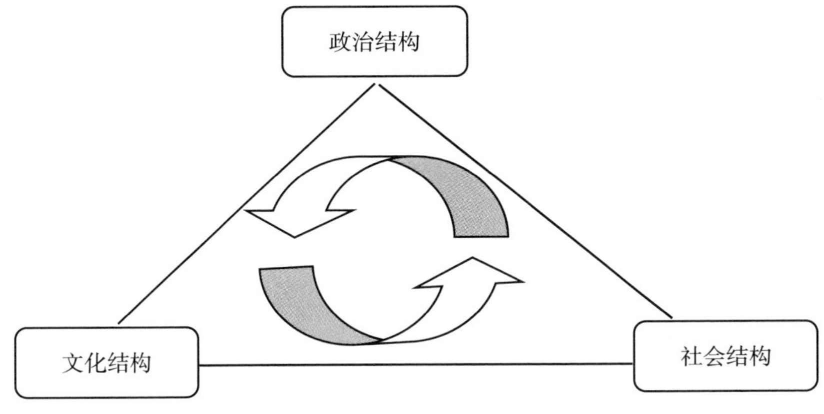

图 2　社会形态的构成要素

简而言之，中国历史进行了四个周期的社会形态演变，以及四个断裂期的社会形态的转型：

第一形态期，为前古典时期。夏商周三代，这是中国典型国家形态的预演阶段。通过内部、外部的系统交互，华夏国家的基本雏形形成了。这个时期的主体社会形态是“领主封建制社会”。殷商（盘庚迁殷）—西周是领主封建制社会的典型阶段。

第一断裂期，为政霸体制时期。东周（春秋—战国）时代，这是中国典型国家形态的转型阶段。春秋是适应性过渡阶段，战国是重塑性转型阶段。通过内部迭代，对东周时期的政治、文化和社会三维度进行局部改造，开始对断裂的社会形态进行局部修复。这个阶段是领主封建制社会向君主封建制社会的过渡。

第二形态期，为古典时期。秦汉时期，这是中国典型国家形态的形成阶段。通过对东周时期断裂的社会形态的全面改造，约至汉武帝元鼎年间（前116—前111），完成了对新的社会形态的结构性修复，典型意义上的华夏国家基本形成。这个时期华夏国家的内部基因强大，外部因素基本形成不了对帝国的冲击，使两汉帝国能够在基本封闭的状态下进行社会进化，形成了中国历史上最为典型的华夏国家，这种典型的国家基因对后世的影响可以说是连续性的。古典时期的主体社会形态是"君主封建制社会"，两汉是君主封建制社会的典型阶段。

第二断裂期，为割据体制时期。魏西晋—东晋南北朝，这是中国典型国家形态的转型阶段。通过内部和外部的双重迭代，对断裂的社会形态进行局部改造。这个阶段呈现出局部修复与整体衔接的特点，各个割据政权在自己的势力范围内都企图修复已经断裂的华夏中国的社会形态，这种竞争性的局部修复为后来中国的重新统一奠定了基础。而衔接各个局部修复的核心要素就是佛教的传入，可以说佛教的中国化，是抑制中国再次出现领主制倾向的核心要素之一。这个阶段是君主封建制社会向君主官僚制社会（艾森斯塔德在《帝国的政治体系》中称为历史的官僚主义）的过渡。

第三形态期，为新古典时期。隋唐五代（严格意义上包括东西魏—北齐北周），这是中国典型国家形态的稳定阶段。通过长期的外部与内部社会改造，断裂的社会形态最终完成了结构性修复。华夏国家进入新古典时期，相应的社会形态的三种要素——政治结构、文化结构、社会结构也呈现出融合的状态。可以说，这个时期既是对古典时期的延续，也是对古典时期的社会形态的重新整合与结构性的改造。新古典时期的主体社会形态是"君主官僚制社会"。

隋唐（至安史之乱止）是君主官僚制社会的典型阶段。

第三断裂期，为转型体制时期。宋辽金夏，这是中国典型国家形态的结构性转型阶段。通过内部和外部的双向社会重构，特别是理学的渗透，中国又经历了一场社会重构式的革命，华夏国家的内部扩张性基因被抑制，中国思想文化逐渐转向内向。从 3 世纪到 11 世纪曾经纵横恣肆、辉煌一时、充满外向活力的中国知识分子和他们所构建起来的多元型文化，充满着活力的民间信仰和市民社会，在官方所推行的正统理学的笼罩下被瓦解和解构，形成了趋于内向、保守、封闭、自省和失去活力的状态，中国开始进入一个封闭的时代。这个阶段是君主官僚制社会向极端君主官僚制社会转型的时期。

第四形态期，为后古典时期。元明清时期，这是中国典型国家形态的强化阶段。约至明宪宗、孝宗时期，新的社会形态全面形成，中国进入后古典时期。其主体的社会形态是“极端君主官僚制社会”。

第四断裂期，为融合体制时期。从明武宗约至清高宗中期，中国社会的内部运转基因开始进一步僵化，约至清宣宗年间，由于外部因素的应激性刺激，中国社会被迫进入适应性接受阶段，进入融合时期。中国典型国家形态开始发生巨变。

可以看到，中国历史社会形态的演变及转型呈现出局部断裂和整体连续的特点，社会形态三要素（政治结构、文化结构、社会结构）单向、复合、整体、局部的变动，是引发社会形态发生改造的原动力。而《楚兴》和《秦霸》两书运用社会形态学的诠释工具，来分析中国历史第一断裂期，即政霸体制时期的历史特征。

二、春秋时期政霸体制的创建

东周是中国社会形态开始发生转变的关键时期，春秋与战国又呈现出不同的形质特点。春秋时期，整个华夏中国呈现出“文明的二元结构”特征，齐晋代表着华夏中国的主文化形态，楚秦代表着华夏中国的政治文化形态，楚秦的政治文明在这个阶段是领先于齐晋的，但并不代表楚秦整体文化形态领先于齐晋。以齐晋为代表的传统领主和以楚秦为代表的新型领主，都试图通过自身的文化基因改造华夏中国断裂的社会形态，这种对断裂的社会形态的适应性改造，直接导致了东周时代政霸体制的出现。

政霸体制具有领主封建制的特征，因为它没有也不想对西周的社会形态作结构性的根本改造，霸主只是对领主（西周的天子）的一种适应性改造，这种特征的维护者是以齐晋为代表的中原领主；同时，政霸体制也具有君主制的特征，它强调国君君权的不可侵犯性和唯一性，相应地，在政治体制上试图建立强有力的中央集权的君主体制，这种特征的维护者是以楚秦为代表的新型领主，它试图对西周的社会形态作根本性的改造。政霸体制试图调和两种特征的矛盾，对断裂的社会形态作非结构性的调整。因此，从某种意义上说，东周时代的战争实质上是一种社会形态的竞合。

四大霸主国齐、晋、楚、秦，到了春秋中期渐渐迈入战国时代君主权力形成的轨道，开始显示出过渡时期发展动向的共性。由于“文明的二元结构”的特征，各国在共同发展动向的过程中所呈现的具体形态却各不相同。尤其是在《左传》等传世文献记录的晋、楚两国相对丰富的史料中，其各个方面所显示的结构性差异十分明显。相应地，这种差异所进化出的政霸体制也显示出两种不同的趋势，这可能引发华夏中国的两种社会走向。

一种是各领主通过兼并战争形成势力均衡的局面，同时，在长期的演化进程中各诸侯国具有了独立的国家意识。这种局面在公元前 546 年的弭兵之会中已经形成，如果没有其他外力的干预，各诸侯国可能会演化为真正意义上的王国，最终走向独立，华夏中国的整体形态可能解体。春秋时代的社会结构呈现出与欧洲后加洛林时代极其相似的状态，因为没有外力的干预，欧洲各个王国的独立意识不断强化，最终形成了欧洲现在的格局。其实在战国初期的中原地区，这种局面已经在局部形成，三家分晋、田氏代齐、三桓专鲁都是这种倾向的表现。

晋国掌握政权的氏族集团，晋文公以后逐渐形成了以公（室）为中心，又以先氏、栾氏、韩氏、赵氏、魏氏、范氏、荀氏等异姓诸氏（非氏族之氏，乃姓氏之氏）族所形成的权力集团，而与公（室）有着亲近血缘关系的公族势力却不在支配氏族集团之中，这是晋国的重要政治特征。晋献公时期的骊姬之乱，就是晋公子人数众多的缘故，正因如此，文公即位后为了巩固权力，开始打压公族势力，任用那些异姓的、有能力的氏族作为自己的股肱力量，制定了不再给予晋公子权力的政策，从此形成了晋国内政的特色。文公这样做，是图谋强化晋君的政治权力，为对外称霸创造条件。自晋文公始，晋国政治权力的核心是三军之将、佐，即六卿，这些世袭大族互相轮换替代三军六卿之位，势力逐渐强大，演化为足以与国君抗衡的新型领主。

伴随着晋国对外战争的进程，卿权与君权的矛盾不断扩大，最终六卿政体在晋国确立。随着君权的逐渐衰微，公室也逐渐徒有虚名。晋国最终被赵、魏、韩三族分割。可以看出，晋国的六卿政体是领主封建制的一种适应性变体，表面看它的出现是对外战争和强化君权的需要，实质上它能在晋国繁衍，是由于晋国自身具有孕育这种政体的土壤，换句话说，晋国具有滋生领主制的潜在基因。晋国的外部机制无法抗衡这种基因的牵引，在寻找强化君权的手段时，自然繁殖出这种体制。六卿政体阻碍了君主政体在晋国的形成，晋国也就不具备修复断裂社会形态的历史使命。推而广之，齐国亦如此，田氏就是来自其他诸侯国的异姓氏族。由于晋、齐自身基因的限制，其君主政体演化得非常缓慢，且很不彻底。

与此相反，楚国在春秋时代即建立起较为稳定的君主政体，掌握楚国政治权力的氏族集团，与晋国恰好形成了极其鲜明的对比。楚国王室的王子，以及由此产生的王族构成了楚国的支配氏族集团。构成楚国政治权力核心的令尹、司马、莫敖等显职，均由出自楚王室王族如斗氏、成氏、劳氏、屈氏等氏族及诸王子轮流占据，特别是楚庄王铲除若敖氏后，这些王族也不得不依附在楚王的羽翼下，这便是“楚邦之法”。楚邦之法出自《韩非子·喻老篇》，其中留下了一段关于孙叔敖的故事，其曰：

楚庄王既胜，狩于河雍，归而赏孙叔敖，孙叔敖请汉间之地，沙石之处。楚邦之法，禄臣再世而收地，唯孙叔敖独在。此不以其邦为收者，瘠也，故九世而祀不绝。故曰“善建不拔，善抱不脱，子孙以其祭祀，世世不辍”，孙叔敖之谓也。

这个故事在《太平御览》,《史记·滑稽列传》张守节正义所注引的《吕氏春秋》，以及《淮南子·人间训》中都有所叙述。

由此观之，“禄臣再世而收地”是楚邦之法的重要内容，楚国没有世袭领主的传统，孙叔敖家族的领地“九世而祀不绝”，是因为其地“瘠也”。楚邦之法的核心思想是要加强楚王的政治权力，所以以王室为中心的氏族纽带非常牢固，楚国形成了以王为中心，由王子和王族组成的支配氏族集团体制，这种体制不易被分化、肢解。因此，相比其他诸侯国，楚国的王权在春秋末至战国的历史演化中，保持了相对稳定的体制结构。

有个问题需要讨论，东周时代，支配氏族集团出自同姓氏族的情况，楚国并非特例。这种具有宗法制的“封建”支配氏族集团，是鲁、宋、郑等东方诸侯国共同的现象，但与楚国有着本质的差异。其他诸侯国的氏族，比如鲁国的三桓氏，逐渐拥有了可以逼迫公室并且越来越强大的势力，久而久之，政权完全掌握在这些出自公族的同姓氏族之手，出现了公（特指国君）越来越徒有虚名直至流浪国外等危机局面。纵观楚国，在若敖氏势力最为鼎盛的时期，直至战国屈、景、昭三氏主政楚国的时期，楚国的公（君权及公室）从未出现过危机，君主政体稳稳地建立在同姓氏族之上，异姓和同姓氏族共同拱卫着君权的安定。那么，楚国王权的安定性究竟建立在什么基础之上呢？我们将在《楚兴》与《秦霸》两本书中作详细的解答。

在楚邦之法的指导下，楚国的君主政体得到强化，具有了遏制华夏中国出现分离倾向的条件。秦国封国更是晚于楚国，不具备领主制模式的条件，一开始自然具备了君主制体制的基因，而且比楚国的君主制还要强大和彻底，具备了遏制华夏中国走向异化的条件。可以说，能重新弥合而且彻底改造华夏中国断裂的社会形态的国家“非秦即楚”。这就是华夏中国的第二种社会走向，即建立大一统的中央集权制的君主制社会。

春秋时代争霸战争的直接产物就是政霸体制，政霸体制具有内部和外部两种结构：内部结构就是各诸侯国君主政体的生长；外部结构就是两种社会形态的竞合，这种社会竞合在战国时代形成了东西方之间的社会形态竞争。而霸主只是具象化的表征符号，不具有特别严格的象征意义。

综上所述，政霸体制只是对断裂的社会形态的一种适应性调和，弭兵之会也只是暂时阻断了社会形态竞合的进程。只要这种平衡被打破，两种社会形态的竞争还会爆发。而打破平衡的具象化手段就是战争，可以说，战国时代的兼并战争（和统一战争）只是一种表象，深层次的原因是两种社会形态，即领主制形态与君主制形态的竞合。

希望这本小书能给读者带来一些新的思考和体悟，我愿足矣。

最后，还要诚挚感谢中国大百科全书出版社的赵易和张琦两位编辑。原稿中纰漏不少，幸得她们用丰富的出版经验和极高的责任心，给本书纠偏补漏，令我钦佩不已。

《荀子·儒效》曰：“不闻不若闻之，闻之不若见之，见之不若知之，知之不若行之。学至于行之而止矣。”特与广大读者共勉乎！

李亮

2024 年 3 月 6 日于北京华清寓所知了斋

旧世界的解体：战争与东周国家新秩序

周朝可以分作两个时期：第一个时期自公元前 1046 年至前 771 年；第二个时期自公元前 770 年至前 221 年。一般认为，周朝是代表一个落后民族或是由落后民族起源而取得中国统治权的王朝；但是不论周人的来源如何，它一定不是游牧民族，作战军队也不是由乘马的骑兵组成，因为周朝贵族是用战车作战的。但真正的游牧民族进入中国历史范围又恰恰是在周代。从中国内陆边疆历史的观点看，草原游牧民族的兴起，是周代最重要的现象。

一、东周国家新秩序

周人在商朝（殷商）西部及西北部，即今陕西兴起，经历了氏国（部国）、方国（豳国）、城国（国号周）的发展历程，后来壮大成为周王国（周王朝）。当商朝社会衰败的时候，他们从外围突入当时中国的权力中心，沿渭水而下，到黄河中游的陕西、山西、河南交界处，开始了“翦商”大业。周人夺得商人的“天下”后，仍然不忘故土，将国都留在渭水流域。因此，有好几个世纪，中国的权力和文化中心转移到了西部，即黄土地带的中心。

周王朝建立后，继承了商王朝的“分封制”，开始大肆分封诸侯，然后以宗法血缘关系和姓氏为纽带，建立起了“封君与封臣”的政治结构。这种治理模式成为周王朝统治天下的基础。周王是天下的“共主”，诸侯是各个地方的“领主”，自然，周王是最大的领主。因此，周王朝是典型的领主封建制社会（见表 1）。

表 1　西周国家秩序的构成

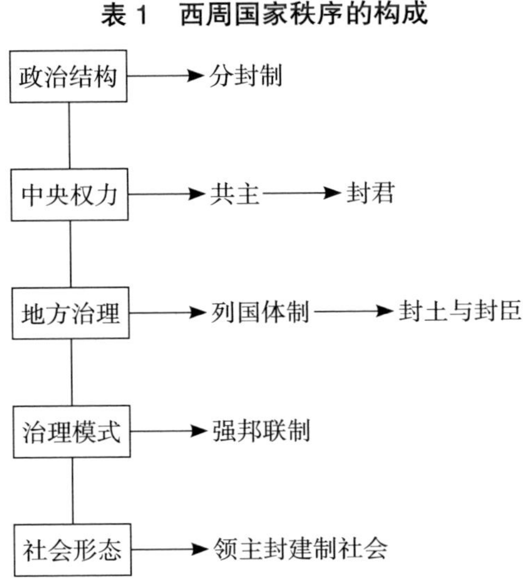

公元前 771 年，周朝被诸侯联合“西方蛮族”（戎族）所击败。周王室被迫东迁至洛邑（今河南洛阳），于是，洛邑，昔日商朝的京畿，又成为中国文化和政治的中心。周人东迁后，陕西的黄土河谷成为边境，周人将这块西部领地留给了刚刚建国的一家世袭贵族统治。这家贵族曾是掩护周王室并使其得以转危为安的小诸侯，在后来发展为秦国。秦人抓住了这次弯道超车的机会，开始在西方拓展领地，西败戎狄，东制晋国，到了春秋早中期，秦的领地西到今甘肃的东南部，东达黄河西岸（河西），一跃成为西方的霸主。

周朝的第二阶段，可以称为东周，它分为春秋和战国两个既有联系又相互独立的时代。两个时代的分界在公元前 481 年至前 453 年之间。春秋时代的史料详细又清楚，有关记录比较完整，纪年也更准确、翔实；战国时代的史料粗糙又混乱。根据传统的记载，春秋时代周王室衰微，各“封国”独立且相互争斗，以谋求控制日趋孱弱的周天子。同时，周王室的领地不断被邻近的诸侯，尤其是晋、郑蚕食，到了春秋晚期仅剩河南北部这一地区。周王朝在政治和军事上的实力甚至不如其他的诸侯，成为与这些诸侯并立的王国之一。

春秋初期到中期，北方的权力中心先后转移到了齐、晋两个诸侯国，国家间新秩序首先在北方形成。与此相对应的，是中国文化区以及中国历史事件多发区的地理范围的不断扩展。这个现象在南方长江流域尤为突出。事实上，南方长江流域的国家间战争，在春秋初期，是与北方黄河流域的国家间战争分离而单独成为一个传统的，最终的结果是形成了一个强大的楚国。

楚国的统治家族源于周朝第二个天子周成王的臣子，但楚人不同于北方汉族的是，他们从西周中晚期开始，沿着长江向东海岸发展，开始了跨越式的征服，先是统一了汉水南北岸，然后继续东进，控制了淮夷地区（淮域），使汉水、淮水和长江中游连为一片。到了春秋中期，楚国在晋国取得北方领导权之前，控制了南方，成为南方的霸主，南方的权力中心正式转移到楚人手中，一直持续到战国末期楚国灭亡。

楚国在南方拓展的同时，开始干涉中原事务，逐渐参与到国家间新秩序的建设中来，南北方也通过诸侯国的争霸战争紧密地联系在了一起。

不过，诸侯国对周天子的控制还不能说是改朝换代，周天子依然是天下的“共主”；当然这个共主已经失去了控制天下的话语权，不得不依赖当时的“霸主”而残喘苟存，中原霸主先是齐，后是晋，再是楚，最后是晋、齐、秦、楚四个共存的霸主。

既然周天子还有存在的意义，当然可以成为诸侯在争霸过程中利用的一面旗帜。逐渐地，霸主们审时度势，建立了一个不健全但适应时代发展需要的东周国家新秩序，这个新秩序就是“政霸体制”，即将西周时代周天子举行的列国朝会制，转变成由霸主主持的诸侯会盟制。诸侯通过结盟，协商解决国家间纠纷，然后由盟主代表各诸侯国执行。在这种制度下，列国之间的战争虽然不可避免，但因为有盟主存在，这些战争会被控制在一定范围内，不会演化为频繁或大规模的冲突。

政霸体制形成于齐桓公、晋文公、楚成王，建立于楚庄王，正式得以确立是在公元前 546 年的弭兵之会上。当然，政霸体制只是一种过渡形态，它所赖以存在的基础依然是分封制；但是政霸体制下的列国已经脱离了周天子的管束，不用再向周王室承担任何义务，列国的首脑是君主，作为共主的周天子成为具有象征意义的傀儡。

晋、秦、楚、齐经过长期的争霸战争，到了春秋中晚期，由于各国国内局势的发展和国家间形势的变化，四大强国之间形成了实力均衡的局面，休战与和平成为时代的主旋律。于是，四大强国通过国家间会议平分霸权，成为国家新秩序的共同维护者，天下进入“共霸时代”。四大强国在各自的势力范围内称霸，维护着“政霸体制”的良性运转和国家秩序的整体安全，形成了百年罕见的政治平衡。相应地，霸主们立霸的载体已经变成“国家间的规则”，周天子这面旗帜的作用愈来愈小，周王朝也就名存实亡，与各诸侯国无异了。各诸侯国抓住和平的窗口期，开始致力于建设自己的自治王国，“王国体制”日渐巩固。

但这种体制却有巨大的隐患，如果不加以控制和改造，这种政霸体制最终会走向瓦解，可能会造成真正意义上的分裂；但这种可能性相对较小，因为从战国初期开始，各个诸侯国普遍确立了君主制政体，大力推行县郡制，这就需要建立一个新的、中央集权的帝国，来代替这种封建的、名义上的政霸国家。君主制是时代发展的趋势，它的生命力异常强大，它的壮大自然会瓦解分封制。

因此，春秋时代是政霸体制的形成、初步建立、全面确立和维护期，战国时代是政霸体制的消亡与瓦解期（见表 2），而秦人是这一体制的终结者。

表 2　东周国家新秩序的构成

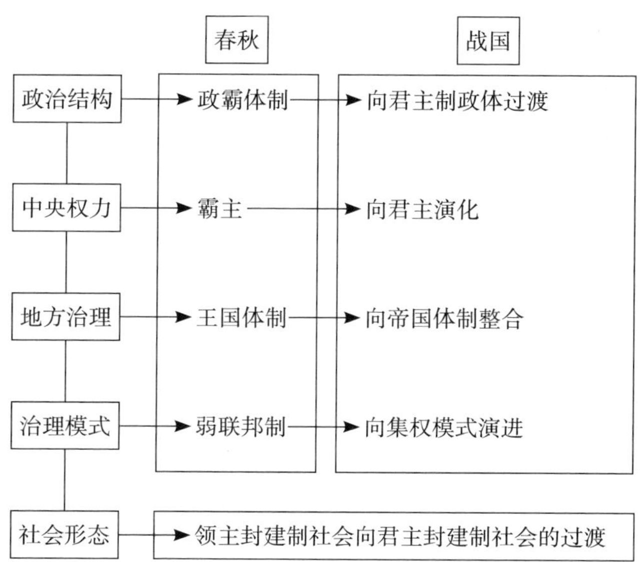

二、南北权力重心的转移

回到前文提到中原地区的汉族列国到王国的发展过程，首先要注意到，各个国家运作的不同，可以用它们在黄土高原及大平原上的重心的变化来说明。而这种权力的转移与东周国家新秩序的确立成正比关系。

周朝自陕西一个最大的黄土河谷中兴起，取代了建立于河南黄土高原及平原交界地带的商朝。周朝的优势地位从公元前 11 世纪（或前 1000 年）保持到公元前 771 年，在这个时期，北方的权力重心掌握在周人手中；在南方，周人是靠分封于汉水北岸的诸夏（以申、随为主）和淮水中下游的淮夷（以徐、群舒为主）进行管控的，由于当时的楚国比较弱小，南方的权力重心在形式上还是属于周人的。当然周王朝也不是突然被推翻的，因为在这个时期，秦人在帮周王室抵御戎、狄入侵的过程中，在周人身边悄然兴起，由附庸变成大夫，由大夫变成诸侯。所以公元前 771 年周王室东迁虽似突然，且周王室面临的局面十分危急，但事实上却是被戎、狄和新兴的秦人逼走的。而且，周人自西部退却，向东迁徙，只会给秦人留出更大的活动空间。

公元前 770 年—前 636 年，北方的权力重心转移到了平原上的老牌强国齐国，与此同时，秦国仍然在高速发展。齐国成为权力重心的意义是，在这个时期内，大平原的发展速度高于黄土高原。就在北方权力重心转移到齐国后，南方的权力重心也完成了交替，正式落入楚人的手中。楚人在取得了南方霸主的地位后，开始北上争霸，不料却引发了北方权力重心的转移。公元前 633 年后，北方的权力重心又转移到了晋国，一直持续到公元前 453 年。战国晚期，权力重心又回到秦国。权力重心转移的原因，是由于某个地区发展的加速，导致身处其地的诸侯国实力大增，当然一个地区在加速发展并不一定说明其他地区在衰落。

北方权力重心的两次转移，以及楚国北上争霸的刺激作用，使政霸体制首先在北方形成。但是，这时的楚国已经成为国家间关系中一股不容忽视的力量，没有楚人的参与，东周国家新秩序势必难以建立。

在南方，汉族文化的发展较北方晚，而且多半是少数民族被汉族同化。但原建立于长江中游的楚国却一骑绝尘，发展出比黄河流域任何国家都要先进的政治组织。由于楚国没有继承西周的分封制，因此楚国在西周的政治体系中的重要性就次于北部地区的晋国等诸侯国，但楚国政治文明的成熟却早于诸夏。在春秋初期，楚国便孕育出了君主制的雏形，到了春秋中期，楚国成为当时君主制最为成熟的两个王国（另一个是秦国）之一。这为楚国持续统治南方打下了坚实的基础。

楚国地域广阔，至春秋晚期，长江以南今湖南洞庭湖的水田地带，及长江以北今湖北的汉水流域，加上长江汉水以东的淮水流域都是楚人的领土，他们在这些地方获得了极大的财富。公元前 4 世纪，楚人将势力扩张到长江下游，吞并了越国。从此，楚人不但统治着长江三角洲，还控制着沿海及自江南直达淮河的地区。

楚人的扩张促进了南方的开发，使南方成为中国的第二中心。在中国历史上，黄河流域是首要区域，即第一中心，整个长江流域或南部形成了第二区域。显然，楚人统治着一片较广阔的土地，在他们自己的区域中长期维持着优势地位。

当晋人战败楚人成为霸主后，楚人并不甘心，不久，楚人再次北上，并战败了晋国，成为新的霸主。楚人称霸，表明他们对东周国家新秩序，即政霸体制的承认。通过战争，楚人正式成为东周国家新秩序的维护者。政霸体制被南方的霸主认同，宣告了政霸体制在南北的全面确立。

楚人称霸前，南北两个权力中心总体上是平行发展的；楚人称霸后，南北两个权力中心开始交融在一起，形成了交叉发展的趋势。这种交叉发展的重要结果，就是政霸体制通过国家间会议最终得以确立，共霸格局形成，南北进入长达百年的和平期。这时，楚言已经成为夏言（雅言）的一种方言。楚言夏化是楚人夏化的重要因素，它使楚人的族属发生了变化，夏楚从对立开始转为相互认同了，楚文化也成为夏文化的一个旁支。从此，楚人不再是“非夏非夷、亦夏亦夷”了，而是变成了“诸夏”。

将整个长江流域的历史与整个黄河流域国家的交替兴起作比较，就可以证明，公元前最后的1000年历史，不能仅以一条假定的发展路线来说明，而要由若干平行和交叉的发展路线来阐述。其中有一些是主要的，有一些是次要的；有一些是连续的，有一些是独立的。但是，其中没有任何一条是突然摧毁或取代另一条的。东部齐国的兴起和后来晋国的复兴，并不能说明西部秦国的衰落，而只是反映了权力重心的转移，这表明一个地区的重要性暂时增大，以及其历史发展速度的加快，而不一定取代其他地区的发展。长江流域的楚国，其重要性增强，更不能表明黄河流域诸国的衰落，只能反映权力重心向南方转移。而东周国家新秩序形成、初步建立到全面确立的过程，恰恰与周代中国权力重心的几次转移相吻合。

因此，东周时代（春秋战国）的混战，具有两种性质：一是北方和南方的领导权需要决定，二是中国应集权于黄河流域还是长江流域的问题也需要决定。获得最后胜利的秦国之所以能解决这两个问题，原因之一是秦人从今陕西攻入了长江上游资源极为富足的今四川盆地，将汉中和蜀地连为一片，然后以此为战略跳板，占据了楚国所掌握的由北部到长江中游通道的侧翼，牢牢地卡住了楚人西进与北上的要冲，将楚国死死地按在了南方。解决了后顾之忧，秦人采取了先北后南的战略方针，一举歼灭六国，彻底瓦解了以政霸体制为运转核心的国家间秩序，建立了以君主制政体为核心的统一帝国，为君主体制的最终确立提供了基础。

第一部分

崛起与窥视

西周的封国，林林总总，遍布大江南北，周王室依靠这些封建领主，宰治天下大局。这些诸侯在周王朝兴盛强大的时候，尚能俯首称臣，承担封臣对封君的义务，西周就是在列国体制的支持下维持了二百余年的统治。但是，这些诸侯国在拱卫"共主"的过程中不断发展壮大，一旦发现周人丧失了统治天下的雄心与能力，就与周王室离心离德了。当周朝真的被"西方蛮族"摧毁时，旧的国家秩序逐渐解体，这些周朝赖以存在的封国，反而变成了周朝的掘墓人，在分封制和列国体制的废墟上建立起新的国家秩序。新兴的楚国和秦国，与老牌强国晋和齐，一起成为东周国家新秩序的创建者。

率先进入文明时代的强势族群，建立了中原王朝——周朝，大致已有信史之时，弱势族群在这个王朝或宽或严的统治之下，可能还徘徊在传说的迷雾之中。在商朝晚期的帝王帝乙之前，无论是秦人的先世还是楚人的先世，他们确切的居址和确凿的事迹，都不易考定。

嬴姓与"秦"挂上钩，是从周孝王封非子于秦地开始的，此前的嬴姓不以"秦"为号。芈姓与"楚"挂上钩，是从周成王封熊绎于"楚蛮"之地开始的，此前芈姓不以"楚"为号。秦人经过西周时代的苦心经营，到了春秋初期，已控制了整个渭水流域；楚人也称雄于汉水两岸。楚、秦两个诸侯国实力大增，使诸夏为之愕然。这时的晋国也结束了内乱，重新建立起统一的政权。东方的齐国已有了霸主的气象。春秋时代四大强国的雏形渐显，东周国家新秩序的曙光初现。

西周：典型的领主封建制王国

一、西周的列国

西周分封诸国，既是西周王朝建立的基石，又是东周国家新秩序建立的基石，而且其影响一直持续到东晋司马炎建国，在中国历史上可谓影响非凡。

文王死前连续征伐，基本完成了翦商大业，随后其子武王即位，联合八大方国，最终完成了灭商大业，开创西周王朝，定都丰镐（今陕西西安）。但周克商后，本质上依然是一个国号国，即国号周，只是一个大的领主。只有得到当时诸封建领主的承认，才能建立王国，于是西周开始分封诸侯，为实际立国奠基。

周之分封，始于文王。《史记·秦始皇本纪》记载廷尉李斯语："周文武所封子弟同姓甚众，然后属疏远，相攻击如仇雠，诸侯更相诛伐，周天子弗能禁止。"说明文王时代已开始分封，受封者大多为同姓同族人，且都成为仕者世禄的同姓同族大小领主。

文王治世时，周原（周室发祥地）的岐地即为周公旦、召公奭二人的受封地，其中东部为其子周公旦所辖，西部为其子召公奭所辖。《论语·泰伯》说："三分天下有其二，以服事殷。"何晏《论语集解》引包咸注说：“殷纣淫乱，文王为西伯而有圣德，天下归周者三分有二。”可见在文王时代，周国已成为西方诸侯的共主，这给文王实施分封创造了条件。

据史料记载，周国东侵方略，前后分为两步：第一步，文王由丰京经东南进军淮域，攻城略地，批亢捣虚，翦商羽翼；第二步，武王由丰镐向东北，经管河、洛河进逼殷商，灭商大功告成。所以，西周初年的分封，源于文、武二王所建的翦商和灭商大业。

武王克商，建立西周王朝后，为了控制天下，便论功行赏，大肆分封领主。《逸周书·世俘解》说：“武王遂征四方，凡憝国九十有九国。”《孟子·滕文公下》也说：“周公相武王，诛纣伐奄，三年讨其君，驱飞廉于海隅而戮之，灭国者五十……”孟子说周灭五十国，大致可信。

武王灭了殷商所分封的领主，随即开始分封西周的领主。《荀子·儒效》说：“（周公）立七十一国，姬姓独居五十三人。”说明姬姓封国占据西周封国的大多数，且居于重要地位。

武王完成对全国大部分领地的重新分封，并得到了被征服地诸领主（封臣）的拥戴，成为诸侯的“共主”（封君），即领主的首领，最终建立起了对封国实际的控制，周国方才转变为周王国，西周王朝正式建立，是为宗周。

周的分封，一共进行了五次，除了文、武二王外，还有成、康、宣王时各一次。其中以周成王平定武庚之乱，周康王战胜鬼方（匈奴）之后的分封数量最多。五次封的姬姓国，据《左传·昭公二十八年》：“昔武王克商，光有天下。其兄弟之国者十有五人，姬姓之国者四十人。”又《左传·僖公二十四年》：“昔周公吊二叔之不咸……管、蔡、郕、霍、鲁、卫、毛、聃、郜、雍、曹、滕、毕、原、酆、郇，文之昭也。邘、晋、应、韩，武之穆也。凡、蒋、邢、茅、胙、祭，周公之胤也。”即管、蔡、鲁、卫、曹、滕等十六国属于文王子辈；晋、韩、应、蒋等十国属于武王、周公旦子辈。这些封国大多居于中原腹地。马端临在《文献通考》中增加了二十六国，即郑、随、芮、息、虞、周、顿、巴、唐、召、胡等，也都是姬姓，这些国家大多居于中原南部和南方。这五十二国都是同姓国，且爵位大都在伯以上，环绕中原分布。

武王时期开始分封异姓国。据《文献通考》记载，既有爵位又有族姓的异姓国有宋、箕、齐、许、纪、州、申、秦、縠、葛、徐、梁、麋、郯、邳、黄、陈、杞、越、鄫、沈、楚、荆、夔、薛、邾、小邾、宿、偪阳、卽、须句、任、颛顼、莒、南燕、邓、舒、鸠、蓼、六、郾、夷、罗、都等四十四国，瞿同祖在《中国封建社会》中又增补“向”一国，共四十五国。这些封国分布于南北，爵位高低不一，其中以姜姓最多，姜姓成为最大的异姓国。有爵位但没有族姓的，有九国。爵位和族姓都没有的，有二十六国。这样，异姓封国共八十个。

可知，同姓国加异姓国共一百三十二个。陈汉章在《上古史·割据篇》“十二诸侯表补与六国表补记”中，将西周的封国数考订为一百八十余国。

二、西周封建制的特点

周王朝分封姬姓贵族、功臣和联盟的异姓部落首领为诸侯，目的是有效控制广大被征服的地区和分布广泛的异姓部落。《左传·僖公二十四年》说：“昔周公吊二叔之不咸，故封建亲戚，以蕃屏周。”“蕃”即“藩”，指藩国，“以蕃屏周”的政治格局是西周王朝的治国策略。

西周的领主封建制，有以下四个特点：

一是分封必用宗戚功臣，非宗戚功臣不用。

二是建国之初，分封地由近而远，且分封时间多在成王平定武庚之乱后，而不是武王克殷时。因为武王在灭商后不久便去世，这时天下尚未统一，周人还未占据商都殷墟以东的土地，包括淮夷，所以才有《尚书·大诰》说的“周公相成王，将黜殷，作大诰”。“黜”即彻底收服殷商的土地。既然国家尚未统一，就不可能越敌而实行分封。《左传·定公四年》说：“昔武王克商，成王定之。”说明西周统一天下是在成王时代。

三是分封以宗法血缘关系为纽带。西周的封建制与宗法制互为表里，形成了维护天子、诸侯、卿、大夫、士这一等级序列的礼制。

四是姓氏制与西周封建制、宗法制关系密切，构成上下等级序列。西周分封的重要内容便是“胙土命氏”，“胙土”，即授以所封诸侯土地（见图3）；“命氏”，即命以姬姓和异姓诸侯大宗小宗，始祖的姓为大宗，由祖姓分出的氏属于各大宗下的小宗。

按清人顾栋高《春秋大事表》所记，周族姬姓诞生后，从中分化出来的姓氏有周、鲁、蔡、卫、晋、郑等，这些姓氏又有诸多分支。

从鲁分出的有叔孙氏、季孙氏、东门氏、藏氏、南宫氏等二十一个分支。从齐分出的有管氏。从晋分出的有祁氏、羊舌氏、栾氏、郤氏、狐氏、韩氏、魏氏等十三个分支。从郑分出的有原氏、祭氏等十三个分支。从卫分出的有宁氏、孙氏等十一个分支。从周分出的有周氏、召氏、王孙氏等十三个分支。

在先周和西周时代，姜姓部落是与周人长期有联姻关系的联盟部落，为异姓婚姻，因而得以封国，封国有齐、吕、申、许、纪、向、州、莱、口江、姜戎等。这些姜姓国也有诸多分支，如从齐分出的有高氏、国氏、崔氏、庆氏等。除此之外，还有一些异姓国因受封得氏。

姓氏制其实是封建制的进一步演化。封建制导致晋、齐、鲁、宋等国内部又形成“封君与封臣”的关系，并逐渐扩大到异姓卿大夫，形成了封国内部君权与卿权（宗权）的二元治理结构，最终导致这些诸侯国的分裂。秦国因为不是封国，没有受封建制的影响，找不到“裂土分疆”的事实；楚国虽是封国，但宗法观念淡漠，未实施封建制。因此在早期的秦、楚两国内部便种下了君主制的种子，君权意识强大。

周分封诸侯，以“授土授民”作为载体：“授土”确立了封建土地所有制和占有制的分离形态；“授民”构成了封建领主与领民的贡赋关系。再以宗法制和姓氏制作为连接纽带，最终确立了“封君与封臣”的二元治理结构。周王是最大的领主，下面有被封的领主，领主尊周王为共主；天下不仅仅是周王的天下，也是各领主的天下，领主与共主一起维持天下秩序。所以周朝是典型的领主封建社会。

周人经历了漫长的建国过程：由姬氏国（部国）经方国（豳国）向周城国（国号周）发展壮大，通过克商和分封，最终成为一个强盛的周王国（周王朝）。

从以上论述可以看出，西周的分封有两种形式，即姬姓国与异姓国，其中以姬姓封国最多，而且姬姓封国大都居于最重要的位置，成为拱卫周王室的最重要的力量。到了西周末期，周王室衰落，大权逐渐旁落，无力控制诸国，分封的列国逐渐脱离“封臣”的地位，反而成为周王朝的掘墓人，周天子成为有名无实的“共主”。这些列国通过争霸战争，建立起“政霸”体制，逐渐成为一个个新的王国，“霸主”替代了“共主”，成为国家新秩序的维护者。

周王朝成也分封，败也分封，这不是偶然，而是历史发展的趋势，因为从殷商时期开始形成、到西周时期达到鼎盛的领主封建制，反而成为社会发展的羁绊。封建制已经完成了它的历史使命，开始走向坟墓，而埋葬它的，正是这些列国。

晋、齐是西周初年始封的大国，晋国是姬姓诸侯国的首领，齐国是姜姓诸侯国的领袖，它们的国君与周天子一起，维持周王朝的秩序，它们的强大，好像是理所当然的。

西周时期的秦国不是封国，被诸夏视为戎狄；楚国虽为封国，但只是国小民弱的“子男国”，被诸夏视为蛮夷，秦和楚还没有资格踏入西周的政治舞台。到了春秋中期，秦和楚开始变强，虽然这出乎诸夏的意料，但是，如果翻开秦、楚的早期历史，会发现，它们就如同酣卧于荒蛮中的幼虎、栖息于荆棘中的雏凤，已经具有了霸国的气象。可以说，如果没有秦、楚，整个东周的历史，甚至是华夏的历史都会走向不同的结局。楚兴秦霸，是历史发展的必然。

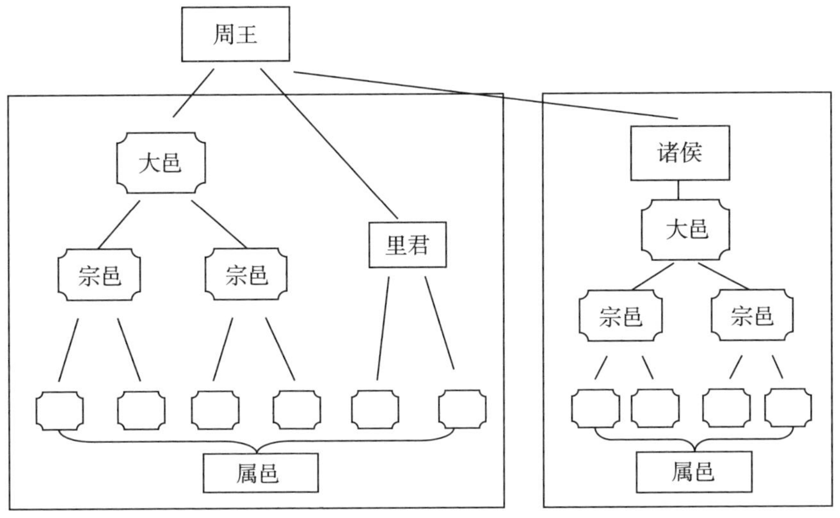

图3　西周中央与地方构成图

第一章　历史选择了楚与秦

一、本是同根生

楚是一个古老的民族，它最早大约来源于和秦同一个东方的氏族部落。从现有文献资料，可以看到如下线索。

1. 秦和楚都奉颛顼为祖先

《史记·秦本纪》说："秦之先，帝颛顼之苗裔。"

《史记·楚世家》说："楚之先祖出自帝颛顼高阳。"

战国时期，楚国大夫屈原在《离骚》中也自称"帝高阳之苗裔"。

但这里有一个问题，即高阳与颛顼在先秦是两位古帝。鲁太史克（鲁宣公时史官）曾经列举的古帝有六位，高阳居第一，颛顼为第五。高阳与颛顼合流，始于两汉，班固做得最为彻底，在其《汉书·叙传》中将两位古帝合称为"高项"，这些都是为了大一统和集权的需要；但无论如何，关于秦、楚的史书都提到了颛顼，应该有一定的依据。

2. 秦楚姓名有相通之处

秦为嬴姓，楚人祖先以“熊”命名的很多，古代“嬴”“熊”通用。

3. 远古“熊”“盈”族均在东方

《令簋》铭文说：“隹王于伐楚伯在炎。”“炎”即为嬴姓的郯国，可见郯国同楚相邻。《左传·闵公二年》说“封卫于楚丘”，楚丘即楚人在东方的故地，它与秦人祖先的居住地相距不远。《逸周书·作雒篇》说：“三叔及殷东徐、奄及熊盈以畔（叛）。周公……凡所征熊、盈族十有七国。”这里“熊”即楚人祖先；“盈”即“嬴”，徐、奄都是嬴姓，是秦人祖先，可见，楚人、秦人的祖先所在地在西周初时相邻不远。

楚人、秦人的祖先在殷、周时期的遭遇非常相似：居留在东方的秦人因支持管叔、蔡叔的叛乱，一部被周王室迁到了黄、淮流域，一部被迁往西方；楚人为了避开殷人锐利的兵锋，大约在商代晚期至西周初年开始迁徙，先是从中原东北部迁徙到中原西南部，最后迁徙到了豫西南的丹水流域，即江汉平原的北部。

从以上线索可以推断，秦、楚可能最早源于同一个氏族部落或部落集团，后期才开始分化的。

楚、秦都不属于西周初期所封的列国，地位不高，属于弱势族群，被诸夏排除在国家秩序之外。芈姓南走，是因为他们不自安而趋利避害；嬴姓东西分离，是因为周王室不自安而被迫迁徙。彼此缘由虽相异，心情却相似，毕竟旧乡总比他乡更值得眷恋。

二、恭顺的秦人

西周初年，整个嬴姓氏族遭到了周王室的严重打击，成为周人奴役的群体。因为嬴人擅长养马、御车，曾经累世效忠商朝，周王室便让嬴姓的孟增一支御车，让女防一支养马，这是利用；让他们迁出王畿，一个往东去，一个向西走，这是防范。

西迁的嬴姓，即女防一部，大致在楚熊绎被封为子男的时候，与原来在殷商西陲的一部分秦人祖先，加在一起，构成了西周时期最大的嬴姓氏族，这些人就是秦人的直接祖先。秦人的祖先被赶到遥远的西方，居住在荒凉的黄土高原，随着周王朝边境的不断扩大，秦人最终被挤压到了今天甘肃天水附近。女防一支嬴姓的西迁，使周朝西陲也随之西移了。从此，西陲除泛指西部边境外，还成为一个边邑的特指地名。

嬴姓秦人先世的首领，只是部落酋帅，即部落酋长，在商代为王室服役，因善御和养马而有功，但也还不是显官。西迁后，这支秦人仍然发挥养马的特长，为周王室服役，在西周懿王以前，仍然不是显官，只是牧场总管。不过，由于毕竟是部落酋帅，可以与戎人部落贵族和戎夷姜姓贵族结为姻亲。

总之，秦人部落尚在文明的晨曦中，因受到强势的周王朝的抑制而在文明进步的道路上踯躅。

《史记·秦本纪》记载："女防生旁皋，旁皋生太几，太几生大骆，大骆生非子。"从非子开始，秦的历史脱离了神话和传说的时代，开始有了比较可靠的记载。

周孝王时，秦人的祖先仍旧过着游牧生活，养马依然是他们的特长。《史记·秦本纪》说"好马及畜，善养息之"，此时他们居住的地方叫“犬丘”（今甘肃天水附近），首领是非子。由于非子善于养马，后来被周孝王召至“汧渭之间”（今陕西扶风和眉县一带），负责给周王室养马。随着周王室的衰落，秦也愈加受到周王室的重视。后来，周孝王封秦为“附庸”，并准许秦人在“秦”这个地方建筑城邑。《绎史・卷二十八・秦传》记载“邑之秦，使复续嬴氏祀，号曰秦嬴”，秦邑，即今甘肃天水清水县，从此嬴姓氏族便在此定居下来。从非子开始，“秦”才成为西方嬴姓的正式族称或部号。

从非子开始，秦人的社会结构发生了质的变化：已经由游牧转向定居，开始进行粗放式的农业生产；以血缘关系为纽带的简单社会开始解体；首领有一定的权力，主要体现在可以掌管利益的分配；社会的整合通过对首领的忠诚、等级化的世系和自愿的社团得以实现。这一切都表明，秦人开始由部落社会进入酋邦社会。称秦为酋邦，是因为它有土地、有邑、有民、有君且有号，都是周王室承认的，但秦君非诸侯，也非大夫，只是大酋或一部之长。秦人的酋邦与姓氏国已经没有什么区别了，下一步就是演化为国家，这在秦的历史上具有重要意义。

自从嬴姓一支被赶往西陲后，在周人眼里，他们同戎、狄无异。随着秦的发展、壮大，又被周封为“附庸”，表明周王室已经开始把秦同戎、狄区别开了。当时，秦人大约有数万之众，已然成为一支不可忽视的力量了。

嬴秦开始真正登上历史舞台，准备走出荒蛮，傲视西方了。

嬴姓氏族的孟增一支，大约在西周初年迁往河东的皋狼，即今山西离石区西北、方山县西南一点，西近晋陕峡谷，一直受到周王室的奴役。直到周穆王时代，孟增的孙子造父替周穆王赶车，才有了充当“御”的职务。《史记·秦本纪》说：“造父以善御幸于周缪王……为缪王御……缪王以赵城封造父，造父族由此为赵氏……别居赵。赵衰之后也。”这一支就是赵国人的祖先，当然，也是秦人的祖先。虽然这时孟增一支嬴姓的地位有所提高，但依然是被周人奴役的对象。直到赵氏逐渐变夷俗为夏俗，成为晋国的显赫家族。这是最先异化为周人的嬴姓后人。

同时，这条史料也印证了一个事实，就是《左传·僖公二十年》中所说的“（周穆王）周行天下”，《史记·秦本纪》《列子·穆王》和《穆天子传》都记有此事。这说明，在周穆王时期，周人的势力已经深入周王朝以西很远的地方，徜徉于这里的秦人祖先，自然也免不了要为周王室效劳。

三、栖于幽谷的雏凤

楚人的境遇似乎比秦人要好些。芈姓在西周早期，大致在嬴姓女防一部开始西迁的前后，得到了周室的信任，已经有国。《史记·楚世家》说：“当周成王时，举文、武勤劳之后嗣，而封熊绎于楚蛮，封以子男之田，姓芈氏，居丹阳。”那时，楚君才正式厕身于诸侯之列。楚，既是族名，又是国名，但与晋、齐、鲁、卫等诸夏大国相比，在周王室的地位依然卑微，甚至连微国都不如。

按殷周时期的分封制，国分为四类：

第一类是王国，即周王国（周王朝）。

第二类是城国，即国号国，由公、侯、伯、子男国组成。其中公、侯国为大国，伯国为中国，子男国为末等小国。

第三类是方国，即准封国，有封土而无国号，但具有国的形制，称为微国，大都在周都附近。

第四类是氏国，由族姓组成，有城邑但无国号，但具有国的形式。

城国是西周列国的主要形式，方国和氏国是准列国。这些列国的首领就是大大小小的领主，周王是最大的领主。因此，西周是典型的领主（列国）封建制国家。

《孟子·万章章句下》说："天子一位，公一位，侯一位，伯一位，子、男同一位，凡五等也……天子之制，地方千里，公侯皆方百里，伯七十里，子、男五十里，凡四等。不能五十里，不达于（不直接）天子，附于诸侯，曰附庸。"孟子说的就是西周时期的爵位制度。

"方"是商代特创的术语，与西方特创的术语"酋邦"近似，但比酋邦要更加复杂，是介于酋邦与正式封国之间的一种组织，其君长多了些王者气象。西周分封诸侯，许多方国改制成为有等差的封国。

《史记·孔子世家》记楚昭王时令尹子西说："楚之祖封于周，号为子男五十里。"这是楚人言楚事，必有实据，说明熊绎虽受封为楚君，但名卑号微，确实只是号为"子男"的城国而已。至于"五十里"，也不是实数，只表明楚的版图相当于末等小国。周成王把雎山和荆山之间的荒蛮土地封给熊绎，只是对既成事实的认可。

熊绎的楚国只是有名无实的"子男国"，楚君实为部落大酋（酋帅）兼大巫，即部落酋长，没有任何证据足以证明当时的楚国已经进入成型的阶级社会，它还只是一个原始社会晚期的部落联盟。而国都丹阳，实为村落，估计没有城池，只有"荆围"之类。"荆围"是荆棘环绕而成的寨栅，起到防御工事的作用。

楚国的臣民在雎山与荆山之间的穷乡僻壤耕垦，过着古朴的生活。这时的楚人恐怕不比居住在西犬丘的秦人好到哪儿去。况且在大骆以前，女防一支嬴姓除了养马，对周朝是没有什么贡赋差役的，周朝对其几乎置之不问，直到周孝王才听说他们"好马及畜"。但楚是封国，楚人对周朝有上贡赋、服差役的义务。《左传·昭公十二年》说："(熊绎)跋涉山川，以事天子；唯是桃弧棘矢，以共御王事。"说明熊绎要向周王室尽封国的责任，奔波于丹阳和镐京之间，为周王效力，既纳贡，又当差。

当差，指的是楚君要"守燎"。"守燎"别称"监燎"，负责点燃和看守燎祭的火堆。《国语·晋语八》记载了周成王在岐山之阳与诸侯会盟，楚君在场"置茅蕝"，即把成束的苞茅（一种草本植物）放在裸圭上，让酒渗过苞茅滴入裸圭中，表明神饮了香酒。参与岐阳之会的楚君应该是熊绎，他既要"置茅蕝"，又要"设望表"，还要"与鲜卑守燎"，因而未能参加歃血为盟的典礼。负责"守燎"的人，除了楚人和鲜卑的君长，还有微国的君长。陕西岐山周原出土的周初有字甲骨，其H11：4号骨片记载"其微楚勺（灼）厥燎师氏舟（受）燎"，即由微人和楚人的君长点燃火把，交给师氏，以祭天。

熊绎似乎颇能为周王之事尽心竭力，他以恭敬勤劳换来了周王室的信任和楚国的安宁，楚人得以休养生息。对于一个几经颠沛流离的民族来说，能有一个宁静的家园，这已经够了；至于前途如何，则吉凶未卜。周成王去世，周康王即位，熊绎仍恪尽厥责，毫无非分之想。熊绎安分守己，韬光养晦，但也显露出楚人的雄心壮志，楚国就像一只刚破壳而出的雏凤，一点也不比凡鸟显眼，但凤凰依然是凤凰，终有展翅高飞的一天。

芈姓的封国虽然卑微，但毕竟是国，并得到了周王室的信任，与当时尚无国且被周室疏远、分而治之的嬴姓相比，否泰分明，至少不用提心吊胆了。

熊绎生熊艾，熊艾生熊黮。大致熊黮在位晚期，发生了周昭王南征“楚荆”的事件。“楚荆”即居住在长江中游和江汉之间那些桀骜不驯的诸多方国和部落。周昭王以方国的不驯为由进行征伐只是借口，其真实意图应该是去产铜区铢索，控制长江中游的有色金属资源。结果昭王大败而回，在归途中不幸溺毙于汉水，从此，周人视汉水为畏途，再也不去问津，只能东征淮夷。

熊黮生熊胜，熊胜死，其弟熊杨立。在熊胜和熊杨期间，周穆王东征淮夷，讨伐徐国。《古本竹书纪年》说，有“楚子”从征，这里的楚子，可能是熊胜，或者是熊杨。熊杨时期，正是嬴姓非子被周孝王“分土为附庸”的时候。

周穆王死后，周王室开始出现衰落的迹象。周共王、懿王、孝王在位时间都不算长，但尚能维持逐渐出现裂痕的天下秩序，依然是天下诸侯的“共主”。

楚人从熊绎到熊杨，四代五君，近一个世纪的时间都安分守己，惨淡经营；秦人从女防到非子，五代五君，近一个世纪的时间都战战兢兢，艰苦创业。秦、楚在相同的历史时期，采取了相同的策略，对内致力于建设家园；对外则忠于周王室，实行审慎的睦邻政策。这使秦、楚两国的境况大为改善，到了西周中期，楚人有国，秦人有邑，都有了安身立命的家园。

嬴姓氏族长期被周人压抑和奴役，这造成秦人“恭顺”的族群特征。秦人在入踞关中之前，无论周朝兴衰，都与周王室同心同德。楚人则不然，早在幽栖于睢山、荆山的艰难岁月里，一旦发现周朝丧失了经略南土的雄心，就与周王室离心离德了，开始变得桀骜不驯。是什么左右着秦、楚两国的政治倾向呢？既不是秦人、楚人的性情，也不是道义，而是功利心和生存的需要。秦人需要周王室的支持，以便壮大；楚人需要拓展生存空间，并对长江中游的有色金属资源垂涎不已。这种差异，造成了东周前期秦、楚不同的发展模式。

西周末年，楚国还是一个混迹于蛮夷之间，居住在江汉平原北部的小国、弱国和卑国。从熊绎封国，尤其是楚君随周穆王东征徐国，楚人打开了眼界，而且获得了较多的铜矿。随着人口的增加、国力的增强，楚君按捺不住掠夺和征服的欲望，开始转守为攻了。

四、西伐与东征：楚人“开江上楚蛮之地”

熊杨死后，传子熊渠。在楚国走向振兴的道路上，熊渠和他的臣民，开始走出丹阳，树立了楚国第一块震烁江汉的里程碑。

周孝王传周夷王，夷王传周厉王。夷王、厉王无道，天下骚然。秦人虽不能为周王室分忧，但也不为周王室添乱。楚人却相反，熊渠趁周王室失控南土的时机，采取相机乘势和近交远攻的策略，以平原中部的丹阳为根据地，开始了局部性的对外扩张。

相机乘势，就是避实击虚，楚国在周王室无力南顾、软弱时奋翼而飞，在其强硬时敛翼而息；近交远攻，近交以固其本，远攻以展其技。楚国东面的邓、卢、罗三国，是楚的近邻，从北到南，纵向排列，如常山之蛇，首尾遥相呼应。熊渠深知就楚国的力量来说还不能制服“这条常山之蛇”，未敢启衅，因此与三国修好，让其保持善意的中立，以解楚国的后顾之忧。

熊渠远攻的第一个目标，便是远在江汉平原更西边的庸国。楚庸之间，山萦水绕，道路曲折，楚师对此只能采取突袭的战术。这次突袭似乎不甚得手，或许楚人因为曾经受庸师的骚扰，这次只是采取报复性、警告性甚至演习性的军事行动，为的是震慑庸人，安定后方。

熊渠将主要的远攻目标锁定在江汉平原西部，还有长江中游的鄂国。东征鄂州，是受铜矿的诱惑，为了染指长江中游的铜矿资源，意在争利；占领江汉平原西部，是为了拓展楚人的生存空间，意在争地。这时，西周王朝渐衰，无力顾全南土，正是楚人用兵的时机。

江汉平原南部散居着一股杨越势力，熊渠东征，必须从江汉平原南部的杨越地区经过，所以非伐杨越不可。楚人伐杨越，从丹阳南下，进入江汉平原西部，到达今当阳、江陵、荆门一带，再东下，沿途无险阻。江汉平原西部除了权国之外，没有其他名见经传的方国，只有楚蛮与巴人的散部错居杂处，这便于楚人乘隙而入，占领其地。只要打通了江汉平原西部的通道，东伐杨越就势如破竹、顺水行舟了。

熊渠伐杨越，应该是先蚕食、后鲸吞。杨越散布在江汉平原南部的水乡之中，且都是小部，楚人不难逐个击破。扫清这股杨越势力后，便是此次东征的终点——鄂国。鄂国是地处长江中游杨越一带的大国，都城在今湖北鄂州，拥有长江中游的铜矿，得利甚厚，在西周中期与晚期之际臻于极盛，而且与周王室的关系一直很好。但是，在周厉王时，由于鄂侯与淮夷结盟，为淮夷撑腰，引起周王的不满。据《禹鼎》记载，鄂侯“广伐南国、东国”。周厉王派西六师和殷八师伐鄂，命令他们“勿遗寿夭”，即不分老少格杀勿论，然而没有成功。厉王又派禹率戎车百乘、徒兵千人增援，才擒获鄂侯，攻灭了鄂国。

熊渠伐鄂，应该是在鄂侯成为周人的阶下囚之后，鄂邑一时出现政治真空之时。楚人趁火打劫，甚至可能以“勤王”之名，明助周师，等到鄂侯被俘后，楚军才乘人之危袭取了鄂都。本来，按照实力对比，楚不敌鄂，鄂邑对楚人来说更是可望而不可即的；但鄂师被周师击败后，楚军去扫荡鄂师的残兵却是胜券在握的。熊渠不畏长江风涛之险，劳师远伐，显然是被铜矿的巨大利益所驱使。伐鄂的胜利，使楚人得以染指铜矿资源，这对楚国的振兴起着重要的作用。

《史记·楚世家》记载，在周夷王时，王室衰微，诸侯交相攻伐：“熊渠甚得江汉间民和，乃兴兵伐庸、杨粤（越），至于鄂。熊渠曰：‘我蛮夷也，不与中国之号谥。’乃立其长子（毋康）康为亶王，中子（熊挚红）为鄂王，少子执疵（熊延）为越章王，皆在江上楚蛮之地。及周厉王之时，暴虐，熊渠畏其伐楚，亦去其王。”熊渠所谓“我蛮夷也”，是楚人特立独行精神的体现；封王，是对周王室权威的挑战。这是楚人桀骜性格的第一次显露，从此一发而不可收。

伐庸，是不得已而为之，只是为了警告庸人，解除后顾之忧；伐杨越，是为了扫清东进的道路；伐鄂，无疑是看中了那里的铜矿资源。这一系列的军事行动显然是成功的，因为楚人不仅在鄂州一带建立了一块虽未牢固但尚能维持的阵地，而且也无须为缺铜而焦虑了。更为重要的是，通过伐杨越，楚人已经基本占领了江汉平原西部。

熊渠长子毋康的封地句亶，据《史记·楚世家》裴骃《集解》注引张莹说：“（句亶）今江陵也。”中子挚红的封地鄂，在今鄂州。

少子执疵所封的越章，不易实指，大概在江陵与鄂州之间的某处。这样的布局，想来是为了确保运输红铜的战略通道的安全。句亶、鄂、越章都不在楚境，说明这三个地方是楚国的战略飞地。从熊渠开始，楚人就有了遥控飞地的经验。

这样，除了南边的权国和更西北部的巴、庸、麇三国，江汉平原西部基本被楚人控制，熊渠为后代在今当阳、江陵、荆门一带建立了一个牢固的根据地。直到公元前740年熊通即位灭权国以前，楚国的势力范围维持在这一带大概有一个世纪，基本没有扩展，可见南方的国家间关系十分复杂。

楚国的初起，是从熊渠开始的。有大志者不贪小利，有远图者必睦近邻。熊渠“甚得江汉间民和”，正是他推行睦邻政策而取得的成效，而睦邻正是为远图做准备。熊渠为楚人奠定了在汉阳地区的优势地位。

熊渠死后，其子挚红和执疵争位，结果挚红继为楚君。执疵则携家远走他乡，在江汉平原西南边疆、靠近巴人聚居的地方建立了夔国（今湖北秭归），自立为夔君。这位夔君可能又自称越章王，挚红听之任之，夔国便成了楚的封国，在楚成王晚期被楚攻灭。

西周在周孝王、周夷王，特别是在周厉王时期，阶级矛盾日益尖锐，就连属于平民阶层的国人，也对周王室的统治开始感到不满。公元前841年爆发了著名的国人暴动，揭开了西周天下秩序行将崩溃的序幕。

五、势不两立：秦人与戎族的战争

西周末年，天下大乱，不仅国人暴动，就连四围的一些方国也加强了对周王室的反抗和进攻，其中对周朝威胁最大的，是以猃狁为首的戎、狄部落。这些游民部落在关中地区抢掠，甚至侵扰到周朝国都的丰镐附近，使周王室惶惶不可终日。这同样加速了西周国家秩序的崩溃。周王室对西土的失控，同样给了秦人崛起的机会。

就在熊渠震烁江汉的时候，秦人首领非子死，其子秦侯立，秦侯又传公伯。公伯去世，传子秦仲。这时，秦人虽然已在周孝王时就“分土为附庸”，成为有城邑的族氏国，但本族人仍有被西周统治者掠去当奴隶的。不过这是少数，对大部分秦人来说，周人已无法奴役他们了。随着西周的衰落，整个秦族在周王室眼中的地位也愈来愈高。因为戎、狄的进攻，周王室甚至也不得不向人数不多的秦求援。公元前 827 年周宣王即位，这时的周王室可谓内外交困。《史记・秦本纪》说：“周宣王即位，乃以秦仲为大夫，诛西戎。”秦人的首领被封为大夫，虽然官职不高，但总比附庸的地位高了一些。这时西戎的势力猖獗，连秦人的故居犬丘也被占据了。王命族恨集于一身，秦仲也就不惜为周王效命，为族人报仇，率领秦人攻打西戎。秦仲所要讨伐的西戎，不是泛指与东夷对称的西戎，而是特指在关中戎人之西的别系戎人。

周宣王封秦仲为大夫击西戎，表明周王室认为这时的秦人可能已有与西戎角逐的实力了。非子三传至秦仲，嬴姓秦人只靠自己的人口增殖是不可能迅速壮大起来的。从犬丘经秦邑再到汧、渭之间，直线距离并不远，其间必有不少秦籍的戎人，他们也是秦人以戎制戎的兵源。不过，周王室高估了秦人的实力。公元前 825 年，秦仲奉周宣王之命征伐西戎，但毫无所获。为大骆（非子之父）嫡嗣的后裔及部众报仇，夺回被西戎攻占的犬丘，是秦仲夙夜难忘的志向。公元前 822 年，不惜为周王效死的秦仲在伐戎中不幸捐躯。

秦仲败于西戎而死，这对秦人是一个沉重的打击。

秦仲阵亡后，长子秦庄公立，周宣王命令庄公带领四个弟弟，率领周师七千再次讨伐西戎。秦、周合兵出乎西戎意料，反击速度之快大概也是西戎始料不及的，这次战役的结局是西戎败走。

经过这场战役，秦人开始强大起来，不仅夺回了犬丘，还得到了周王室的信任，庄公也被封为西垂大夫，秦邑连同犬丘都成为秦君的封地。以后，秦人的首领更加卖力地替周王室效命。庄公大儿子世父发誓要“杀戎王”，并将即位的机会主动让给弟弟襄公，自己率军与戎人继续作战。

庄公虽然只是西垂大夫，但这时的西垂已与方国相似了。西垂离封国只有一步之差了，这一步之差的去留只取决于周王室的一念之间。

公元前 777 年，秦襄公即位，公元前 770 年，襄公因护送周平王东迁有功，被封为诸侯，名号是最高等的公爵。公元前 765 年秦文公即位，继续与戎、狄作战；公元前 750 年，秦国取得了伐戎的胜利，真正控制了岐山以西地区（即今关中西部）。在以后的五十年中，秦的领地仅仅维持在这个范围内，没有什么扩展。可见，西部的斗争十分艰苦。但秦人已经崛起，即将走出荒蛮，踏入广阔的关中平原。

六、危险的边疆：两周时代的游牧民族

两周，尤其是东周，不仅是华夏主体文化的渐成期，也是华夏民族融合与形成的开端。真正的游牧民族进入中国历史范围是从西周开始的。如果从中国内陆边疆历史的观点看，草原游牧民族的兴

起，是周代最重要的现象，影响深远。

“夷”“蛮”“戎”“狄”本来并非具体种族的称谓，常说的“东夷”“南蛮”“西戎”“北狄”也并非完全一一对应。“夷”字见于甲骨卜辞：“正（征）夷方，在溛。”《诗经·大雅·绵篇》说“混夷駾矣”，表明夷在西方。《宗周宝钟铭》中的金文又提到了南夷：“南夷、东夷具见廿又六邦。”

“蛮”最早在北方，《诗经·大雅·韩奕》说：“以先祖受命，因时百蛮。王锡韩侯，其追其貊，奄受北国。”韩在周畿以北，貊即百蛮，在今陕西一带。《史记·匈奴列传》说：“唐虞以上有山戎、猃狁、荤粥，居于北蛮。”

“戎”字也见于甲骨文，《铁云藏龟》提到“东戎从”，即东方有“东戎”。《左传·隐公二年》：“公会戎于潜，修惠公之好也。”《左传·庄公二十年》记“齐人伐戎”，《左传·庄公二十四年》记“戎侵曹”。关于南戎，《左传·桓公十三年》：“楚屈瑕伐罗……罗与卢戎两军之。”杜预《注》说：“卢戎，南蛮。”不仅南方有戎，北方也有，而且威胁极大。《左传·隐公九年》记“北戎侵郑”，《左传·桓公六年》记“北戎伐齐，齐使乞师于郑”。《竹书纪年》提道：“晋人败北戎于汾隰。”说明北戎与齐、晋、郑等国邻近，是北方诸国的边患。关于西戎，《诗经·小雅·出车》说：“赫赫南仲，薄伐西戎。”杀死幽王的犬戎，即西戎的一支。西戎部众甚多，是关中诸戎中最剽悍强勇的，西周末年至春秋初期，成为秦国的劲敌。这样看来，对两周造成威胁的主要是北戎与西戎。

“狄”也不限于北方，《吕氏春秋·音初》说“（周）昭王征荆……陨于汉中……辛馀靡振王……乃侯之于西翟”，狄即指西翟。《左传·成公十三年》记“晋侯使吕相绝秦曰：‘……白狄及君同州'"，秦在雍州，说明白狄居住在西方。此外，《左传·文公十一年》记"狄侵齐"，说明狄人的势力范围已经到达东方。

吴子臧在《墨子姓氏辨书后》考定"夷""狄"同音通假，狄族即夷族。戎即兵戎的意思，故狄也可以称戎，戎也可称狄。这种解释是有根据的，也是很有见地的。

通过以上的史料和分析，可以推断，两周时期，凡四方文化落后而且尚武，或与中原文化不相同的民族，都被中原诸国称为戎狄，或是蛮夷。"夷""蛮"不是指具体的民族，而是特指与汉族或汉文化（中原文化）对立的"异类群系"，不仅包括戎、狄等少数民族，也包括与中原文化差异极大的楚和秦。以此类推，楚人、秦人在中原诸侯眼里被称为蛮夷，也就不难理解了。"戎""狄"则是北部少数民族的主要构成。因此，两周时代的少数民族"族群"，主要指戎人与狄人。

王国维在《鬼方昆夷猃狁考》中，详细论述了西周时期戎、狄的地理分布。西周时期，西方和北方的戎与狄主要分布于甘肃东部、陕西北部到山西、河北间的山地，逼近中原。而且，他们的名称也随着汉族与其接触时代与地点的不同而变化。在两周时代，汉族称这些部落为戎、狄，而这些部落自称昆夷和熏鬻。匈奴和胡则是这些部落后来的名字。方庭在其《论狄》中补充说，在晋（山西）和秦（陕西）这两个周朝主要汉族国家中，掺杂着不少狄人的部落。

蒙文通在《犬戎东侵考》中，依照历史次序，对东周时期戎族的地理变迁进行了详细的考证。东周时期，分布在陕西的戎族与秦、晋进行了长期的战争，戎族最终被秦的向东扩展与晋的向西发展挤出了陕西东北部。一部分戎人逃到了河南北部，那些地方的一些低矮的山地，是北方洛河、黄河与南方及东南的长江、淮河流域的分水岭。在那里，戎族成了北方的秦与长江流域的楚国之间的缓冲势力。他们避开秦、楚，与东部的中小列国，例如淮河北部的鲁国与宋国进行战争，最终亡于秦楚战争。陕西西北部的一部分戎人则因秦国的扩张而被迫迁徙到内蒙古地区，成为匈奴一部。

在《赤狄白狄东侵考》中，蒙文通将狄族的起源也放在陕西。和戎人一样，狄人在东周时期绕过山西北部，向南逃，到达南北纵列的太行山区。太行山西有富庶的汾河河谷，东有河北大平原。狄族以此为根据地，与黄河下游的汉族列国进行了长期的战争，有时是单独作战，有时和其他汉族国家结盟。这时，有些戎人与狄人也发生了联系。

格罗特（De Groot）在《公元前的匈奴人》一书中，也认为山西与河北间的太行山是狄族的根据地。因为文献中与狄族的战争，多半见于晋（山西）、燕（河北平原北部）、卫（黄河北岸今天的河北南部）、郑（河南）、齐（山东）、宋（淮河流域）、邢（晋燕齐之间的小国），以及公元前 770 年以后的东周王畿地区（河北的卫与河南的郑之间）。

根据以上的资料，可以看出，狄族与戎族在北方都有自己的重要根据地，否则他们很难与汉族进行持续百年的战争。因为根据《春秋左传》等相关史料记载，汉夷战争不是小股人马的劫掠，而是一种有目的、有计划的军事行动，他们企图将势力范围延展到汉族统治的区域。因此，从公元前 7 世纪最强的齐国开始，历代中原霸主都将“尊王”与“攘夷”并重，可以看出，当时的戎、狄已经成为与汉族列国并立的重要势力，双方进行着长期的战争。但是东周时代的汉夷战争不仅仅是汉族对蛮夷的防御，在一定程度上说，也是汉族势力一种扩张。

七、宿敌：羌族与匈奴

下面我们简单介绍与汉族关系密切的戎、狄族，即羌族与匈奴。

1. 羌族

傅斯年在《夷夏东西说》提到，汉族和“蛮夷”在初期的分化是东西分裂，所谓汉族，即由夷、羌等族优秀的一支混合而成。居住在四方的蛮夷，是各族中文化落后的一支。因此，“夷”“夏”之分不在种族而在文化，“夷狄进于中国，是中国之”就是汉夷混合的结果。傅斯年的观点是非常有见地的。

羌族在古籍中，或称羌，或称氐羌。《逸周书·王会解》说：“氐羌以鸾鸟。”孔晁《注》解释说：“氐地羌，羌不同，故谓之氐羌。今谓之氐矣。”即西晋时的氐，就是古时候的氐羌。

根据章太炎的考证，认为“羌族姜姓”，“羌”即“姜”，西周时代，其生活区域在陇、蜀之间，也就是今天的甘肃与四川一带。氐人也是羌人的一支。到了东周时代，有所谓“九州之戎”，其中一支就是姜戎，姜戎即羌。齐、许、申、吕等国也是姜姓，即羌族中进化比较早的一支，称为华羌。

《国语·周语》说：“共之从孙四岳佐之……命以侯伯，赐姓曰姜，其氏有吕……申、吕虽衰，齐、许犹在。”可见，四岳是共工的从孙，因为辅佐大禹治水，被赐予姓氏，姜为姓，吕为氏。申、吕、齐、许都是其后代，被称为四岳。到了西周时代，周王按四岳的故地封其为列国。姜戎虽然没有完全华（华夏）化，尚与齐、许等国的文化有明显差异，但因为都是四岳的苗裔，又具有天然的联系。所以说，申、吕、齐、许从西周开始逐步东迁，并且不断华化，成为羌族中先进的一支，即西申、南申和齐人、吕人、许人的祖先；姜戎，则是停留在戎族原始状态中的一支。由于两支羌人融入中国的时间不同，才有了华、戎的分别。

这里特别要介绍一下“申国”。清华简《系年第二章简 5–12》记载：“周幽王取妻于西（申），生（平）王……（申）人……曾（缯）人乃降西戎，以攻幽王，幽王及白盘乃灭，周乃亡。”

《逸周书·王会解》说：“西申以凤鸣。”何秋涛《王会篇笺释》据《山海经·西山经》有申山、上申之山、申首之山等地名，推断西申在今陕西安塞以北。蒙文通《周秦少数民族研究》肯定了何秋涛的推断，也以为西申为戎。《史记·秦本纪》说秦人的首领大骆以申侯之女为妻，“西戎皆服”，这是在周孝王时期。《后汉书·西羌传》注引《纪年》说，周宣王三十九年，“王征申戎，破之”。这里提到的“申侯”“申戎”很可能就是西申。不久，周宣王将西申大部迁徙到了谢邑（今河南南阳，见《诗·大雅·嵩高》），代天子镇守南土，逐渐成为汉北地区最大的诸侯国和汉阳一带诸姜之首。

这样看西周时代有两支申：一支居住在靠近骊山的地方，是南迁申人的本支，这支留在旧地申人的就是西申；一支是南迁后的申，居住在汉北，即南申。联合曾（缯）人、西戎杀死幽王的是西申。

羌族自汉以后分为西北、西南、海藏三大支系，其他余支则散居于域外（见表 3）；而西北羌成为中原最大的隐患。

表3 羌族统系略表

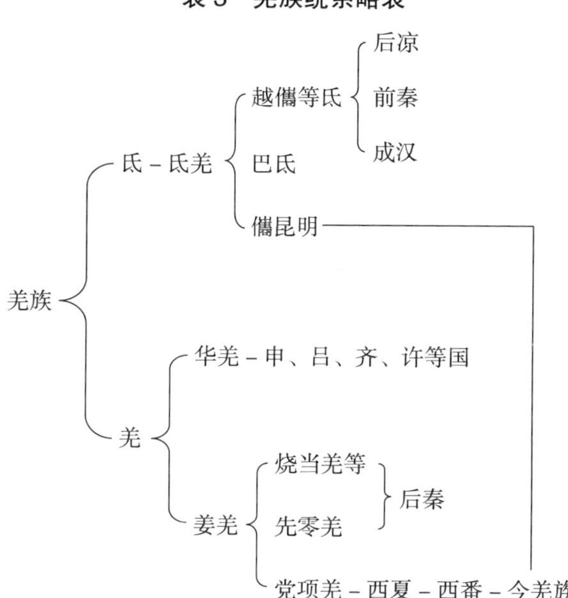

2. 匈奴

匈奴族在两周时代居住的范围，据王国维《鬼方昆夷猃狁考》说:“其族西自汧、陇，环中国而北，东及太行、常山间。”又说:“中国之称之也，随世异名，因地殊号，至于后世，或且以丑名加之。其见于商、周间，曰鬼方，曰昆夷，熏鬻;其在宗周（西周）之季，则曰猃狁;入春秋后，则始谓之戎，继号曰狄;战国以后，又称之曰胡，曰匈奴。”钱穆说:“王静安考证鬼方、昆夷、猃狁三者同为狄族，见识甚卓。”（参见方庭《论狄》)。

匈奴族与中原最早发生联系，见于《易·既济爻辞》:“(殷）高宗伐鬼方，三年克之。”《未济爻辞》曰:“震用伐鬼方，三年有赏于大国。”说明鬼方在殷商时期是中原王朝的劲敌。

西周开始，周王季征伐鬼戎，文王伐昆夷，武王驱逐诸戎于泾、洛以北，西方暂时安定。后来西周王室衰微，戎、狄交相侵扰，暴虐中国。宣王兴师征伐，诗人赞美其功业说："薄伐猃狁，至于太原，出车彭彭，城彼朔方。"到了西周末期，幽王因宠信褒姒，与申侯发生冲突，申侯遂联合犬戎等攻杀幽王于骊山，西周灭亡。

匈奴在东周时代或称戎，或称狄，以狄族为猃狁的正统苗裔。称戎，是因为戎族中的犬戎、陆浑戎中的允姓一部为匈奴族（见表4）。狄族在东周开始逐渐分为赤狄、白狄、长狄等部落。赤狄居住在今山西一带，白狄在今陕西一带，长狄在今山东、河南、河北三省交界一带，但狄族绝不止这三支。《左传》曾有"众狄""群狄"的记载。

狄族在鲁闵公、僖公时代（前661—前627），最为兴盛，曾经一度歼灭了邢、卫二国，并侵犯齐、鲁。但是当时只称狄，没有冠以赤、白的称号，说明当时狄族部落较为统一。之后分化为多部落，狄族的整体实力逐渐衰微。长狄在春秋时，曾与齐、鲁、宋、卫四国争战，最终被四国铲灭。白、赤二部也被晋、秦消灭。

匈奴与胡的称谓，最早开始于战国，秦、赵兴起后，开疆拓土，将邻近边塞的胡人，逐步征服或驱逐。至秦国开始修筑长城抵御胡人，中国与匈奴的大规模战争才拉开序幕。

表 4　匈奴统系略表

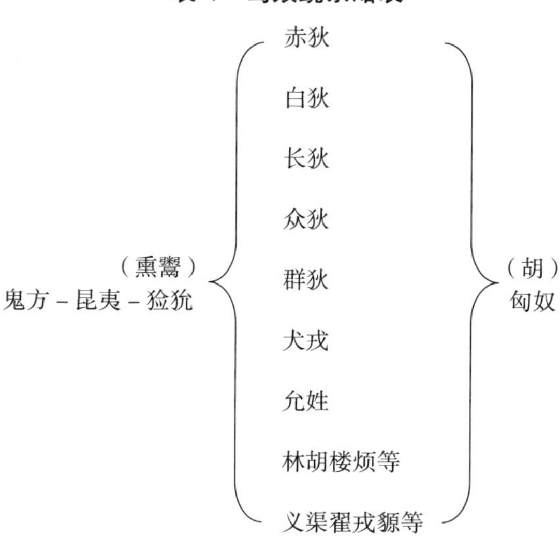

八、桀骜的楚人

就在秦仲、庄公伐戎，襄公封国，一直到文公控制岐山以西，秦人开始崛起西方的前后，楚国内部也在发生着巨变。

熊挚红死后，其弟熊延发动政变，继为楚君。熊延传熊勇。熊勇即位是在公元前 847 年，有文献记载楚君在位的年数，始于熊勇。熊勇死后，其弟熊严即位，熊严传熊霜。熊霜即位六年后去世，三个弟弟争立，最后熊徇胜出。熊徇传熊咢，熊咢元年为秦庄公二十三年（前 799）。

在秦国公族中，这样的兄弟、叔侄相杀相逐的变故，还不曾发生。这大概是秦国离周王室较近，沐王化深，宗法制度比较严格；楚国则相反，离京畿较远，沐王化浅，宗法制度还若有若无。

熊咢传熊仪，号为若敖。若敖传熊坎。熊坎传熊眴（楚厉王），号为蚡冒。若敖和蚡冒在位的时间从公元前 790 年至前 741 年，与秦庄公晚期、襄公时期、文公早期同时。

从零星的记载来看，若敖和蚡冒都治国有方。后来，连晋人都承认这一点。《左传·宣公十二年》记晋楚邲之战前，晋大夫栾武子说:“若敖、蚡冒筚路蓝缕，以启山林。”楚庄王教育臣民要发扬这个传统，要懂得“民生在勤，勤则不匮”的道理。当时的国君，像若敖、蚡冒这样，因艰苦和勤俭而受到别国称颂的绝无仅有。以至于后世,《晋书·江统传》记西晋的江统曾上书谏太子说:“蚡冒以筚路蓝缕，用张楚国。”若敖、蚡冒勤俭建国、奋发图强的事迹影响之深，可窥一斑。在熊渠时代，楚人挥师扬鞭，开疆拓土；在以后的几代，尤其在若敖、蚡冒时，楚人则韬光养晦，固本宁邦。对楚国来说，或者对一切为发展图强的国家来说，张扬与内敛都缺一不可，张扬以求跃进式的扩张，内敛以求渐进式的建设。一文一武，一张一弛，彼此交相使用。可以说，楚人从熊通（蚡冒之弟）时开始跨越式的发展，就是这种文武之道的直接结果，可见，楚人是善于在开创中总结经验的。

楚国的环境充满了机会和风险。在若敖、蚡冒时代，楚国对内为贵族造福，为平民谋福，内聚国力；对外则相机而动，为了安定后方，于是征伐濮人，外张兵威。这是楚人与南方诸文化相激相融的时代。

楚国这八位君主，时间跨度从公元前 847 年至公元前 741 年。其间，整个周王朝发生了巨大的变化，周厉王被逐、周宣王初立以及周幽王被杀。周王室逐渐失去了对南北列国的控制，国家秩序开始瓦解，东周时代的大幕缓缓拉启。

嬴姓与芈姓同根同源，本为一族，但因各自的命运而西迁和南下，天各一方。可是，他们分布在一个自然地理区域的两头。这个地理区域就是今所谓秦巴山地，北有秦岭，南有米仓山、大巴山。嬴姓在西北头，芈姓在东南头。

汧、渭之间的嬴姓只有西戎一个敌手，可是西戎人多势众。嬴姓对西戎，如不能和，或不能降伏，势难安枕无忧。和与伏都只能是暂时的权宜策略，战与伐才是嬴姓世世代代的主题。

江汉平原西部的芈姓，在楚蛮的汪洋大海中，形似孤岛。除楚蛮外，楚国周围小国林立，其中不乏地位和实力与楚相当的劲国。还有周王朝设在南方的申、随，以及淮汉之间诸国。总之，楚人周围楚蛮云屯，小国环列，楚国生于诸小国的重围之中。

好在嬴姓与芈姓都勇于涉险，善于应变，他们的前途都充满了希望，经过数代首领的惨淡经营，到了西周晚期，他们都有了崛起的希望。

《国语·郑语》："及平王末，而秦、晋、齐、楚代兴。秦景、襄于是乎取周土。晋文侯于是乎定天子，齐庄、僖于是乎小伯，楚蚡冒于是乎始启濮。"秦国在文公早期占领了岐山以西，开始进入关中；晋国帮助周朝迁都于洛邑；齐国成为诸侯的盟主；楚国则伐濮获胜。从平王中期，即公元前740年前后开始，周王室衰微，无力控制列国，南北遂即进入了争霸的准备期，直到公元前679年，齐国始霸止。这些都预示着诸侯相继称霸的国家新秩序将拉开大幕。

就在晋、齐在北方积蓄力量，秦国开始进入关中的同时，楚国也开始了称霸南方的旅程，这只雏凤即将走出幽谷，迁于乔木了。

第二章　伟大的河：春秋时代的汉水和淮域世界

一、芈姓有乱，必季实立

若敖为熊渠的未竟功业踵事增华，组建了一支家族武装。按当时中原的习惯，这类家族武装叫作“私卒”。在建立真正的国家机器的过程中，组建私卒是有决定性作用的一个步骤。楚国正式进入以国家为单位的文明社会，以及建成初具功效的国家机器，是在蚡冒去世之后的楚武王和楚文王时代。

财富和权势的持续增长，终于使以亲属关系为基础的简单公社型社会成为部落贵族不堪忍受的桎梏。在这样的历史关头，部落贵族和平民都需要一位强有力的军事首领，幼主显然不能实现楚人的壮志。为了拓展生存空间，强化对外的掠夺和征服，楚人不惜激化对内的争斗和对王位的篡夺。

周平王三十一年（前 740），蚡冒弟熊通杀蚡冒之子而代立。这件事最早见于《春秋》,《春秋》记事始于鲁隐公元年（前 722），时为熊通十九年。

弑君篡位的熊通，君位牢固，功业显赫，君临楚国的时间又很长，表明他弑篡伊始就得到了多数国人的拥戴。在楚国的历史上，凡弑篡而立的君主必定是公子王孙，而且大抵有所作为，并且都出现在春秋晚期，即楚国转弱为强、由小变大的时期。唯独战国时代，楚国将亡时，公子负刍弑其弟公子犹是例外。

《左传・文公元年》说："初，楚子（楚成王）将以商臣为大子（太子），访诸令尹子上。子上曰：'楚国之举，恒在少者。'"按楚国的习惯，以立年少者为君。这是令尹子上对楚成王说的话，因为令尹是局内人，必有实据。《左传・昭公十三年》说："韩宣子问于叔向。……（叔向）对曰：'芈姓有乱，必季实立，楚之常也。'"这是晋卿叔向对韩宣子说的，虽然晋卿是局外人，但也不是耳食之辞，验之于史实，应该承认叔向比子上说得更加准确。叔向的预测果然不错，第二年楚国就发生了弟弟平王逼杀哥哥灵王的内乱。

子上是笼统之言，叔向则直接点出了"芈姓有乱"这个特定的历史场合。如果从反面来理解叔向的话，如果芈姓无乱，那就"必伯实立"或者"必长实立"。所谓"必季实立"的"季"，有两种不同的身份：其一为幼弟，其二是小叔。

在楚国约八百年的历史上，幼弟杀其兄而自立的有三例：熊徇杀仲雪，成王杀庄敖，平王逼杀灵王和公子比、公子黑肱。小叔杀其侄而自立的也有三例：熊延杀熊挚红，熊通（武王）杀蚡冒子，灵王杀郏敖。此外，还有四例用和平方式继承君位的，即兄终弟及：熊胜传熊杨，熊勇传熊严，肃王传宣王，幽王传哀王，后两例是因为兄无子而传弟，前两例估计也是如此。确实，当芈姓有乱时，在君位继承问题上，"季"有明显的优势。

如果再从人类学和民族志的角度来看，凡是实行幼子继承制的，大致有两种原因，其一是长子非己出，其二是长子非嫡出，这实质上反映了上古时代两种不同的婚姻关系。长子非己出，原因在于夫妻双方在婚后的一定期限内仍然有性自由，这是原始婚姻关系的残迹；长子非嫡出，原因在于男子先纳妾、后娶妻，妾先于妻而生子，这是在宗法制度下发展起来的婚姻关系可能发生的后果。早期的楚国似乎不以长子非己出为怪，中期以后的楚国则以长子非嫡出较为多见，这种继承制度造成了楚国从灵王至平王时期的内乱。说明楚国形成了与中原不同的婚配文化，其表现形式更为自由，对嫡出与庶出的划分不是特别严格，对宗法礼俗的接纳程度与中原各国相比，也有明显的差异，限于篇幅，这里不展开论述。

总之，在芈姓无乱时，自然是身为嫡长的“伯”有即位的优先权；在芈姓有乱时，身为嫡幼的“季”有即位的竞争优势。

开始走出荒蛮与部落联盟的楚国，在充满机会和风险的环境中沉浮。国人一旦尝到了征服和奴役的甜头，会更加希望一位精明强干有着开拓精神的君主上位。这位君主既要能征善战，又能施惠于民，这是楚人的最高要求。即使达不到这种要求，也要是一位健康又仁爱的楚君。如果依惯例，即位者连国人的最低期望都达不到，那就得由贵族实权人物来越俎代庖了，这是楚国的传统，也是楚人能够容忍的行为。代庖的方式有两种：其一是由一位公子，在实力派贵族的支持下，发动政变，取而代之；其二是由几位元老重臣支持一位公子废其君而自行代之。总之，无论何种方式，都是一废一立。在楚国历史上，弟杀兄自立的有三例，其中对楚国影响最深远的，就是成王杀庄敖，实际上是元老重臣杀庄敖而立成王；另两例也都是由一位公子杀兄而自行代之。

楚国的发展路径与中原诸国截然不同：一是继承，一是拓展。楚文化就是在这种“野蛮式开发”的基础上，自然成长与成熟起来的。善于同诸夏和南方群蛮周旋，更善于从中吸取外来的文化因素，使得楚国的生命力顽强且坚韧。周代那些姬姓和姜姓诸国，尤其是那些积弱的小国，都是用类如移植或嫁接的方式，人为催生和助长的，逐渐形成了封闭式的生长环境；对外来文化，尤其是蛮族的文化非常排斥。但如果不吸收外来的文化，或不融合本土乡情，其生命力必弱。晋国生命力强，是因为融合了戎人和狄人的文化；齐国同样，是因为融合了夷人的文化；燕国与晋国一样，也融合了戎人和狄人的文化。但是那些多到数以十计的姬姓和姜姓小国，却用尽全力阻断与外来文化的融合，先后成为强邻的俎上刀下之肉。

熊通即位时期的楚国，还有西方的秦国，别说与晋、齐相比，就是与多数姬姓和姜姓小国相比，不仅爵位卑微，而且领土狭小，但是前程却无比远大。

二、星罗棋布的列国：汉阳地区的形势

若敖、蚡冒继承了祖先熊绎筚路蓝缕的苦志，也养成了熊通意气风发的雄心。熊通在楚国的诸公子中无疑是一位铁腕人物，在其经营楚国的五十一年中，做出的事不是惊慑蛮夷，就是震动华夏。正是凭借这种发愤图强的锐志和标新立异的勇气，楚国从南方诸国中脱颖而出，由小变大，逐渐蜕变为汉阳一带的大国。这也难怪，假如熊通像汉水以北的一些姬姓和姜姓小国那样，循规蹈矩、安于现状，那么楚国非但不能变成大国，甚至很难维持自己在南方的生存。

《史记·楚世家》用速写式的语言描绘了熊通前期的各国形势："（熊通）十七年，晋之曲沃庄伯弑主国晋孝侯。十九年，郑

伯弟段作乱。二十一年，郑侵天子之田。二十三年，卫弑其君桓公。二十九年，鲁弑其君隐公。三十一年，宋太宰华督弑其君殇公。”不是臣弑君，就是诸侯侵占周天子的领土。总之，王纲已经紊乱，分封列国，共尊周天子的旧秩序行将解体，新的国家秩序即将建立。

国家秩序的混乱，周王室势力的衰微，给长期被压抑的楚人一次弯道超车的机会。熊通觉得汉江之间的天地似乎太小，他抓住了这个时机，借着周王室无暇南顾的机会，要问津汉水了。

从西周封建列国开始，大国都在北方，南方无大国，而是小国林立，还有少数民族建立的政权。

汉阳地区分为三部分，以汉水为界，以南是江汉平原，以北是汉北、汉东地区。汉北、汉东，是周王室在南方的前沿阵地，所封之国非姬即姜，而且爵位大多为侯国，也有少数伯国，这两个区域的人文化素养也较高，是周文化在南方的代表。汉水以南及跨汉水两岸的诸侯国，即江汉平原诸国，都被视为蛮夷，此地小国林立，汉夷杂处，文化混乱且相当落后。

1. 江汉平原

我们先来描述楚人居住的江汉平原的形势。

西周中晚期，楚国还是一个混迹于蛮夷之间，居住在江汉平原北部的小国、弱国和卑国。到了熊渠时代，楚国开始走出丹阳，树立了第一块震烁江汉的里程碑。熊渠采取相机乘势和近交远攻的策略，以汉阳平原中部的丹阳为根据地，开始了局部性的对外扩张。

通过“伐鄂”，楚人不仅在鄂州一带建立了一块虽未牢固但尚能维持的战略飞地，从此，楚人无须为缺铜而焦虑了。更为重要的是，通过“伐杨越”，除了南边的权国和更西北部的巴、庸、麇三国，江汉平原西部基本被楚人控制。熊渠为后代在今当阳、江陵、荆门一带建立了一个牢固的根据地，为楚人奠定了在汉阳地区的优势地位。到了熊通时代，在汉水一带，史料有载且可以考证的，除了江汉平原北部的楚国外，还有若干小国（见表5）。

表5 春秋初期江汉平原的列国

国名	方位	今湖北故址	族属及居住地	公族姓
权国	楚王南	湖北当阳东	是商代中期以后南迁的殷人	子姓
卢国	楚东北	湖北襄阳西南，南漳境	居今蛮河中游北。臣民多戎人	妫姓
罗国	楚东面	蛮河下游北	—	不详
鄢国	卢和罗南面，楚东南	蛮河中游南	—	不详
穀国	卢国西北	湖北谷城境	居今跨汉水支流南河两岸，都城在汉水南、南河北	不详

在卢国东北，有一个邓国（今湖北襄樊北郊），横跨汉水两岸，是江汉平原与汉北地区之间的一个战略缓冲国，文化上与汉北诸国相近，公族为曼姓，是进入汉北地区的门户，战略意义重要。权国再向南，在云梦泽东面有一个州国，故址在今湖北监利东（或洪湖东北），其臣民可能是三苗的遗部。以上七国是楚国的近邻，与楚人一起居住在狭小的江汉平原东、西、南部。

江汉平原北部，丹江中游，还有鄀国、绞国。绞国是比麇国更小的一个庶姓小国；鄀国是允姓小国，都城在今河南淅川境内，是北上中原的一个前哨，战略位置比较重要。

江汉平原再向西走，便是庸国、巴国与麇国。庸国（今汉水支流堵河上游）在穀国的西面，约三倍于穀楚之间的距离，族属是濮人，居住在今竹山东南。在庸国的西北，是巴国（今陕西汉水上游东段），公族为姬姓，臣民为巴人。庸国北面、巴国东面是麇国（今陕西白河），此国即《尚书·牧誓》和周原甲骨记载的“微”国，“微”与“麇”通假，麇国的东面便是绞国。

这些江汉诸国构成了熊通前期江汉平原的地缘形势，可谓小国林立，竞争激烈，生存不易。

罗、卢两个小国在东面，逼近楚国，但实力不比楚国强大，只要不联合起来，就不会对楚国构成威胁。鄖、邓两国与楚国之间隔着罗、卢两国，鄖、邓虽不比楚国弱小，但只要不与罗、卢联合，还不至于危及楚国的安全。穀、楚之间有崇山峻岭，彼此来往不易。整体来说，楚人对东部尚能应付。楚国的南北面算是比较安全，南面只有权、州二国。北面的都、绞两国，比穀国还靠北，距离较远。西面的庸、巴、麇三国，离楚国一个比一个更远，庸国虽小而强，但限于距离，还不敢贸然与楚国对抗。但是，这些小国却成为楚人拓展生存空间的阻碍，楚人与他们必有一战。

《左传·昭公九年》记周詹桓伯说：“及武王克商……巴、濮、楚、邓，吾南土也。”巴即姬姓巴国，濮以庸国为中坚，加上楚和邓，大致是从西向东排列的，都在汉水上中游之间。看来，在中原诸国眼中，整个江汉平原就这四国比较出名，其余各国就不足诸夏挂齿了。

2. 汉东与汉北

汉东与汉北的国家间形势比较复杂。如图 4 所示。

西周晚期，几个姬姓和姜姓的中小诸侯国南迁到了淮汉之间。目的有二：其一，就是填补这个区域的政治真空，控制南方诸夷渡汉水北上中原的要道，同时监控他们的举动，保证周王室在南方的统治；其二，就是控制南方的红铜资源，防御杨越和淮夷对红铜的垄断。

前锋是迁徙至随枣走廊的姬姓曾国（随国），还有唐国，以及姜姓的厉国，三国都在今湖北随州。一说，在随州东的贰国（今湖北应山境）和南的轸国（今湖北应城西）也是姬姓，但不可考确。还有一个郧国（今湖北安陆境和京山西北），是散居于江汉平原东部的巴人迁徙到涢水流域建立的方国。这六国构成了汉东诸国，其中以随国为大。至于周代所谓的“汉阳诸姬”，其实不限于汉阳，是除了随、唐等国外，将桐柏山、大别山以北淮水流域的若干姬姓国也算在里面了。汉阳诸姬中，以随国为首，随国也是整个淮汉地区文化最盛、名声最大的国家，是周文化在南方的代表。而且随国的铜器制造技艺与中原的水平几乎不相上下。

南阳盆地的申国（今河南南阳北）、吕国（今河南南阳西），南阳盆地南部的蓼国（今河南唐河南），襄宜平原的邓国（今湖北襄阳）构成了汉北诸国。申国和吕国都是姜姓国，其中申国不仅是汉北最大的诸侯国，也是汉阳诸姜之首，是周宣王时徙封到汉北代天子镇守南土的侯国，不仅爵位高，而且实力强大，文化素养也较高。更为重要的是，申国是北上中原的门户，战略位置相当重要。

周王室所封姬姓和姜姓诸侯国，都在汉水以北，就像一个半岛，伸进了蛮夷的海洋。离他们不远的地方，就是杨越、楚蛮和巴人。当年周昭王南征不慎溺死水中，这对周朝是个沉重的打击，从此，周人视汉水为畏途，再也不敢问津，只能转向东征淮夷了。周昭王南征的惨败提醒这些乔迁南方的姬、姜诸国：就到汉水为止，再也不要往南方去了。同时，这些姬姓和姜姓国也阻碍了楚人向北、向东拓展生存空间，楚与姬、姜势必要决一雌雄。

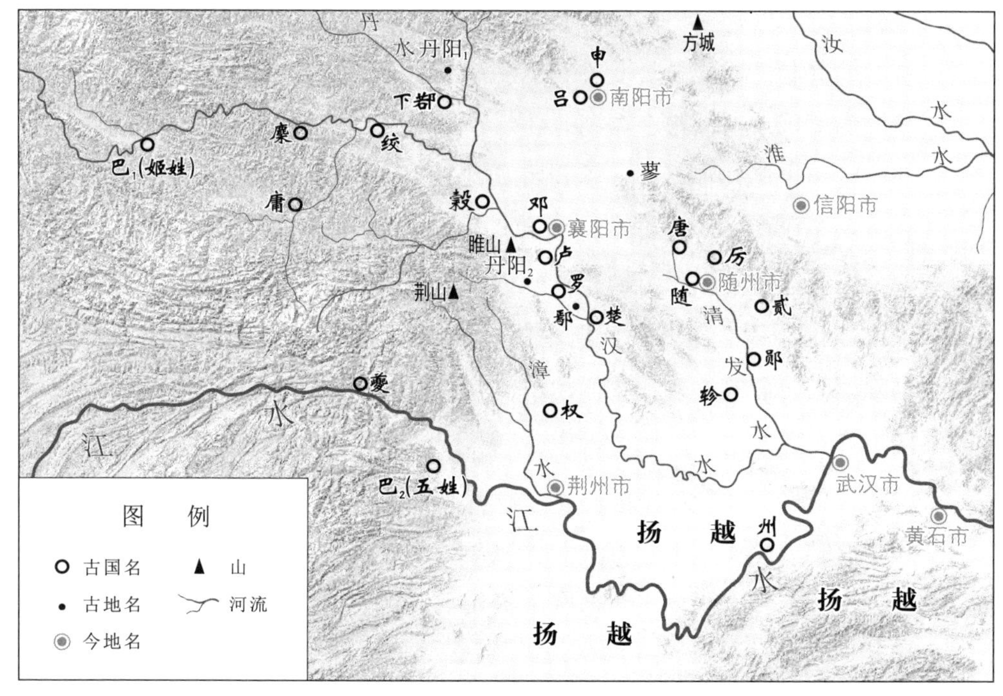

图4　春秋时期楚国及周边列国

三、汉阳地区的少数民族

汉阳地区的周边还分布着四个少数民族，他们是楚蛮、杨越、巴人与濮人。

楚蛮，在汉阳的南边，主体应该是传说时代“三苗”的遗裔，两汉时被称为长沙武陵蛮，多数是苗瑶语族的先民。三苗曾一度北上中原，后被夏人击退。殷人将势力推进长江中游后，被称为“荆”或者“荆蛮”“楚蛮”“楚荆”的三苗遗部就变得七零八落。江汉平原南部的州国，臣民可能是三苗的遗部。

杨越，即杨粤，汉阳东南边的一股势力，分布于长江中游，东南多、西北少，两汉时分为多部，统称为越族，属于壮侗语族的先民。杨越之名得自杨水，是他称，而非自称。杨水在江汉平原中部，联结长江和汉水。楚人最早接触的越人是杨水流域的，因而称为“杨越”。后来把长江中游的其他越人也统称为杨越了。《吕氏春秋·恃君览》说：“扬、汉之南，百越之际……多无君。”所谓“无君”，即指多数为散居，不成国家，没有君主，不相统属。杨越人也曾经有一个较大而且较强的国家，就是鄂国，但鄂国在西周晚期已不复存在了。

巴人，在汉阳的西南方，从大别山脉南下，经由巫山，而进入武陵山脉，两汉时被称为巴郡南郡蛮，属于藏缅语族的先民。上面提到的位于陕南的那个巴国，是一个有子男之号的封国，公族为姬姓，臣民以巴人为主。真正意义上由巴人建立的方国有三个：一个称为七姓巴国，在今四川东南，势力范围扩张到了今湘西北，后世称之为板楯蛮；一个称为五姓巴国，在今湖北西南，也伸张至今湘西北，后世称之为廪君蛮；还有一个就是位于汉东的郧国，是巴人东迁后建立的方国。此外，还有一些巴人的散部，多数在江汉平原的中西部。

濮人，除了庸国外，都是“离居”的。所谓“离居”，与“无君”相近，部落分散不相统属。两汉时被称为西南夷。

楚蛮与杨越内部组织松散，部族分散，力量弱小，不是楚人的竞争对手。巴人和濮人建立的庸国，楚人却不得不防，尤其是庸国，不久将成为西部反楚的中坚力量。

这就是熊通前期整个汉阳地区，以及汉阳以南周边的地缘形势：复杂而多变，既充满危机，也存在着机遇。

《左传·哀公六年》记载春秋晚期的楚昭王曾说："江、汉、雎、漳，楚之望也。"昭公所说的即指江汉平原的四条水系：长江在南，汉水在北，雎水最终汇入汉水，漳水则流入长江。沮漳河是江汉平原的西大门，楚人正是经由这座西大门而纵横出没于江汉平原之上。

四、小国林立的淮域

汉阳以东，便是小国林立的淮域。

1. 淮水上游的列国

淮水上游有息国（今河南息县）、蒋国（姬姓，今河南固始西北）、蓼（缪）国（今河南固始东北）、樊国（今河南信阳）、弦国（姬姓，今河南潢川西北）。息、樊、蓼族姓不明，但息国的爵位不低，是侯国，而且与附近的姬姓国随、蒋的文化相近，可能是姬姓。樊、蓼可能非姬即姜。

除了以上五国，还有很多嬴姓氏族建立的小国。西周初年，武王死后，成王即位，商纣的儿子武庚曾经发动了一次大规模的反周叛乱。这次叛乱主要集中在周人统治的东方，除了东方不少氏族和诸侯参加外，居留在东方的秦人祖先嬴姓氏族也参与了叛乱。据《逸周书·作雒解》记载："三叔及殷东徐、奄及熊盈以畔（叛）。"

《左传·昭公元年》说“周有徐、奄”，杜预《注》说“二国皆嬴姓”。《汉书·地理志》说“临淮郡徐县”，下面注“故国盈姓”，楚国大夫艻贾字伯嬴，《吕氏春秋·恃君览》作“伯盈”，说明“盈”通“嬴”。可见，这些嬴姓人是叛乱的有力支持者，此时尚坚决与西周王室为敌。辅佐成王的周公姬旦在姜姓大国齐、姬姓大国燕的支持下，毅然调动大军东征，一举平定了叛乱。

叛乱平定后，周王除了将参与叛乱者大量杀戮外，对剩下的“顽民”，则采取强迫迁出原地的办法，嬴姓也不能幸免。如对“奄”，据《史记·周本纪》记载：“迁其君薄姑。”其他嬴姓氏族则被迁往各地，其中一部分迁到了黄、淮流域，这些嬴姓氏族后来在此建立了一些小国，到了东周初年依然存在。《左传》有五处记载了这些嬴姓小国，它们是淮水上游的黄国（今河南潢川西）、江国（今河南正阳县东南）、葛国（今河南睢县北）、穀国（今湖北谷城西），淮水下游的徐国（今江苏泗洪境）。

还有一部分参与叛乱的嬴姓氏族被迁往西方，在那里建立了一些小国，如梁国（今天陕西韩城西南）。原来在殷商西陲的一部分秦人祖先，因西周占据了殷人的势力范围，已经被周人赶向更西的西周边陲。这时，又有被从东方迁来的部分嬴姓氏族。两部分加在一起，构成了西周时期最大的嬴姓氏族，这些人就是秦人的直接祖先。秦人的祖先被赶到遥远的西方，居住在荒凉的黄土高原，但是随着周王朝边境的不断扩大，秦人最终被挤压到了今天甘肃天水附近。

西周初年，由于整个嬴姓氏族遭到了周王室的严重打击，成为周人奴役的群体，所以秦人内部的阶层分化也暂时停滞下来，由于族群内部演化的停滞，导致整个族群的社会和文化发展远远落后于东方诸族。

淮水上游地带是汉阳地区与淮域之间的一个十字路口，无论从民族成分来看还是从文化因素来看，都是这样。楚人占领以前，这个地区的文化景观可谓多元，但占绝对优势的是随、息、蒋等国代表的周文化。

2. 淮水中下游的世界

淮水中游，主要由偃姓的英氏国（今安徽金寨、霍山两地之间）、六国（今安徽六安）、舒国，还有一些淮南地带的小国组成。这些方国大致都亲附横跨淮水中游与下游而自大的徐国。

舒为偃姓国，是淮水中游文化水平最高的方国。舒国的政治结构为领主制。据《世本》记载，舒国由舒庸、舒蓼、舒鸠、舒龙、舒鲍、舒龚六国组成，属于同宗异国，被称为“群舒”。宗国（群舒的宗主国）大致在今安徽舒城县以及庐江县之间，其他六国散居于舒城、庐江、果县一带。为了对抗徐人，舒人亲近楚人。周惠王二十年，即公元前657年，舒国被徐国攻灭，但因徐的国都在长江下游，与舒国相距百里，不能建立牢固的统治，所以不久后舒又复国，直至春秋中期被楚国攻灭。

淮水中下游诸国，被称为“淮夷”。淮夷的南面，长江中游的东段和下游的西段，是当时产铜的渊薮。周昭王在汉水遭到了挫败，便将主攻方向转向了淮夷。周人同淮夷作战，既是主动的，又是被动的。主动，是要淮夷的铜；被动，是因为淮夷不服王化，而且曾经侵入中原的腹地。

广义的淮夷包括徐夷或称徐戎在内，徐夷是淮夷中最偏北又最偏东的一支，本是西周初年南迁的嬴姓氏族建立的方国，故都在今江苏泗洪境。徐夷的文化水平明显高于其余的淮夷方国，因而淮夷诸国唯徐夷马首是瞻。据《古本竹书纪年》记载，周昭王的儿子周穆王曾经大举伐徐，有“楚子”从征。周穆王三传至周孝王，周王室开始出现衰微的迹象。据《敔簋》铭文记载，淮夷趁机北上中原，曾一度逼近了洛邑（今洛阳）。春秋末期，徐夷被楚、吴攻灭。

周王室在连续几代多次伐淮夷的战争中，消耗了大量的财力和兵力，实力不断下降。正是在这样的形势下，给蛰伏在雎山和荆山之间的楚人锋芒初露的机会，才有了熊渠伐越吞鄂的壮举。

3. 楚文化的形成

淮水中下游的文化景观与淮汉之间的完全不同，此处占优势的是以徐、舒为主体形成的淮夷文化。徐国在淮北而偏北，舒国在淮南而偏西，彼此族群相近，文化相似。徐人贵族文化素养在长江下游是最高的，舒人虽然综合素养不及徐人，但铸造技艺却不让徐人。更为重要的是，当时位于今鄂东南和赣西北的铜矿所出产的红铜，往往要经由淮夷转卖到北方去，对楚国来说，这患莫大焉。但当楚人进入淮水中游后，政治上与徐、舒是敌国，文化上却与徐、舒有异曲同工之妙，因为原始的楚文化属于“江蛮文化”。

楚人的创造才能在与淮夷文化的竞争、碰撞和交流中受到了刺激和鼓舞，同时楚人又受到文明程度如鹤立鸡群的随国的影响，吸收了周文化。楚人将这两种文化与自己的江蛮文化融合，逐渐在春秋中晚期（楚庄王至楚惠王时期）形成了楚文化的体系和风格，最终与东南的“吴越文化”一起成为南方文化的表率。

对楚人来说，周边小国环列，楚蛮云屯，淮夷鼎立，楚国似乎陷入了重围之中不能自拔。但是上述的国家环境和人文环境，反而为楚人提供了大显身手的舞台，这个舞台无疑是非常优越的。国家环境诚然相当复杂，但在汉水以南富饶的大平原上，没有一个强大到足以使楚人望而却步的敌人；汉北极其重要的战略位置和经济发达的汉东，也不能阻止楚人的雄心；在淮域地区，淮水上游一带重要的战略位置和淮夷地区铜矿的诱惑，也吸引着楚人东进的步伐。况且，到了熊通时代，楚人基本控制了江汉平原西部的主体部分，有了可以开疆拓土的资本。

总之，天时已定，地利已成，其他的一切都可以说事在人为了。

第三章　崛起：楚人与汉东之战

一、渡汉水，灭权国

若敖和蚡冒秉承先君熊绎筚路蓝缕的苦志，守内虚外，志在恢复国力。《左传·宣公十二年》记晋大夫栾武子云楚庄王援引"若敖、蚡冒筚路蓝缕，以启山林"的往事，意在教育楚人不要忘本。

熊通则继承了熊渠不畏长江风涛，伐杨越东征的壮心，已经不满足于"江上楚蛮之地"，他所关心的是整个汉阳地区，尤其是汉北和汉东。

熊渠占据了江汉平原西部的广大领土，为楚人建立了一块牢固的根据地。今天的江汉平原，古称云梦泽。此泽甚广，除了西缘即潜江以西和东缘即洪湖以东有窄长的平原外，都以湖泊沼泽地貌为主，偶有丘陵和低山。土地富饶，环境优越，据守此地，可以过小国寡民的殷实生活。但要想称霸南方，此地便显得捉襟见肘了。必须走出去，拓展领土，才能扩大楚人的生存空间

江汉平原再向西，便是巴人的聚集地，还有濮人建立的庸国，此地大多山林，山萦水回，道路崎岖。楚人历来住在平原或山间盆地中，积久成习，嫌弃山地。在楚国八百年的历史中，这种喜欢平

原而厌弃山地的习性始终不改。楚军在平原用兵容易成功，在山地作战却容易失败，一贯如此。而且，西部资源匮乏，分布着众多巴人的部落和方国，所以西方不是楚人拓展生存空间的战略选择，只要巴人、庸国、麋国不主动进犯楚人，楚人也不会劳师远征。江汉平原南部也是多山地形，而且有楚蛮散居，不易征服，更不易固守，不是楚人目前的主攻方向。

汉水以北的地区，是大平原地带，与江汉平原一样富饶，而且北接中原，东连淮域，战略位置十分重要。这些特点不仅符合楚人的生活习性，也是楚人用兵逞武的首选地带。地处南阳盆地的申国，是汉北最大的姜姓国；随枣走廊的随国，是汉东最大的姬姓国。征服申、随，汉北、汉东可定。

江汉平原南部的权国，公族为子姓，是殷人遗民，都城在今湖北当阳市，国土虽不广，爵位却比楚国高，实力与楚国旗鼓相当，是江汉平原西南部楚人唯一没有征服的方国，而且也是楚人南进的障碍，两国必有一战。

江汉平原东面的邓、卢、罗三国，从北向南，纵向排列，单独一国，不足以令楚人惧，但三国一旦联合，就如常山之蛇，击其首则尾救，击其尾则首救，击其身则首尾俱救。更为重要的是，三国形成了一个屏障，是楚人向北向东，进入汉北和汉东地区的三个钉子。熊通之前，楚人实力尚弱，深知不可力敌这条常山之蛇，未敢挑衅，而是同三国修好，让他们至少能保持善意的中立，以解后顾之忧。尤其是地处襄宜平原西部的邓国，属于汉北诸国体系，不仅国力不弱，而且是连接江汉与汉北的纽带，是通往汉北的门户，战略位置显要。只要击败邓国，不仅能破坏三国联合体系，而且打开了通往汉水以北的道路。

江汉平原北面，丹江中游的鄀国和绞国，虽然国小力弱，但战略位置重要，尤其是鄀国，是北上中原的一个前哨阵地。

这样看，汉阳地区是十分重要的战略要冲，只有统一了汉阳，楚国才能建立起一块牢固的根据地，并以此为资本，向东攻占淮域，向西夺取庸地，雄霸南方，然后回师北向，挺近中原，与诸夏争霸。

熊通的战略意图十分明显，就是要统一汉阳。南边的权国是通往南方的要道；北边的鄀国是北上中原的前哨；东面的邓国是进入汉北的通道；汉北的申国是通往中原的重要门户；汉东的随国是东进淮域，控制长江中游有色金属产地的要冲。征服了五国，楚人便能统一整个汉阳地区，才能为“观中国之政”打下坚实的基础。熊通终其一生，便为实现这些目标南征北战，为楚国的发展打下了坚实的基础。而他的军事生涯首先从征伐权国开始。

汉水北岸的邓国，在今湖北襄樊，公族为曼姓。熊通与邓国和亲，娶其公族女子为夫人，史称“邓曼”。除邓曼外，熊通还有一位娶自卢戎的夫人。《国语·周语》说：“邓由楚曼……庐（卢）由荆妫。”意思是说曼姓的邓女和妫姓的卢女嫁到楚国。依照《左传》文例当称为“邓曼”和“卢妫”。但是，邓、卢后来都被楚国灭掉了，灭卢是在熊通为王时，灭邓是在楚文王时期。这就是春秋，可以联姻结亲，但仗却照打不误。

楚国公族与他国公族通婚，据史料记载，最迟始于若敖。若敖的夫人大概不止一位，其中有一位是郧国公族女子。在春秋时代，国与国之间的和亲主要是一种血缘式的外交策略，旨在睦邻以宁邦，结援以御敌，尽管它的实效往往令人沮丧，但在国家秩序异常混乱的春秋时代，不失为一种可行的常规外交方式。

楚、邓和亲的政治意图相当明显，就是要借道邓国北上伐申，因为先伐邓，可能引发邓、罗、卢三国结盟共御楚国。这时的熊通意气风发，雄心初显，目的就是要攻占申国，不想分散兵力，消耗实力。

据《今本竹书纪年》记载，周平王三十三年，时为熊通三年，即公元前738年，“楚人侵申”。前面提到，申为姜姓，原在北方，周宣王时徙封之以镇南土，称为“南申”，势力范围在今天河南南阳北，是汉北地区最大的诸侯国，也是汉阳一带诸姜之首，国势强盛。熊通即位不足三年就挥师渡汉，远出南阳盆地，去冲击周朝设在汉北的重镇，可以说其志不小，可惜，却没有得手。也许正因为有了这次伐申的教训，才使熊通早期不得不专力于平定江汉平原西南部，这时他的主要成就是灭掉了权国。

权国领土虽不广，国力却不弱。楚人从熊渠到蚡冒都未能将其击灭。熊通实现了先君的夙愿，一举攻灭了权国，最终统一了江汉平原西南部，打通了南进的道路。但这里要引起我们重视的，不是熊通伐权的用兵方略，而是灭权后的县制政策。

二、一项政治创举：县制的建立

《左传·庄公十八年》说：“初，楚武王（熊通）克权，使斗缗尹之。”熊通灭权后，命斗缗为权尹管理权地，此时虽无县之名，但县制已在孕育之中。这是一项熊通都没有预料到的政治创举，影响深远。

楚国的县制从创设到巩固，经历了一次严重的事变。出乎熊通的意料，首任权尹斗缗居然反叛了。《左传·庄公十八年》记载：“（斗缗）以叛，围而杀之。迁权于那处，使阎敖尹之。”斗缗的反叛与周成王时管叔、蔡叔的反叛颇有相似之处，都有殷人为谋主。管、蔡受周王派遣监管殷人；斗缗受熊通指派监管权人，结果却与被监管者勾结，发动叛乱。殷人富有政治经验，利用斗缗来反抗熊通，这比他们自己去对抗熊通和斗缗巧妙得多。熊通立刻做出果断的决策，迅即发兵平叛，包围了权地，捕杀了斗缗，然后迁权县于那处，并派阎敖监管那处的权国旧民。那处在今湖北荆门市东南那口城，虽与权县故地相距不远，可是权县故地位居战略要冲，那处却不在交通干线上，战略位置较低。

此后，楚人每灭一国，便把该国的公族迁到楚国的后方，严加监管，对该国的故地通常“设县以统之，因俗以治之”，最终形成了楚国地方治理的常态。

《左传·襄公二十六年》说：“穿封戌，方城之外县尹也。”楚国灭申后，方城就成了楚国通往中原的大门。鲁襄公二十六年即公元前 547 年，说明这时楚国的县制已经相当完善了，称县宰为县尹。《左传·宣公十一年》说：“诸侯、县公皆庆寡人。”这是公元前 598 年楚庄王伐陈后对大夫申叔时说的，说明楚国县尹也被称为县公，这是春秋时代楚国县尹的独称。楚国县尹称县公，原因很简单，就是楚是春秋第一个称王的国家。据《淮南子·览冥训》引高诱注说：“楚僭号称王，其守县大夫皆称公。”当时鲁国称守县大夫为县人或县宰，晋国称其为县大夫。

楚国是中国最早设县的列国，县制的创立，满足了楚人在南方扩张的需要。同时，对楚国君主制中央集权的建立和发展起到了保障作用，可以说这是历史发展的趋势，楚人适应了这种趋势，逐渐建立起了君主制政体，可谓意义非凡。

三、东周时代的县制

东周以前的地方制度，不可详考，大略可以分为国（国都）、邑（大邑称都，小邑称邑）、鄙（乡鄙）三级。其后被灭的小国以及大邑逐渐演化为县，边邑又逐渐演化为郡。说明中原的县早在西周就有了，但县在西周还只是泛指郊外的边远地区，未能构成一级行政区划。东周以前，古书中虽然已经有郡县的记载，但大多是晚出的史料，不可深信。到了东周时代，楚、秦、晋、齐等国相继创建了县制。

以县为一级地方行政区划，即自熊通灭权置县始。直到现在，县仍是中国基层治理的行政区划。在东周时代，楚、秦的县制大体相同，晋、齐的县制比较接近。楚、秦的县都直属于国君；晋、齐的县则不尽然，既有直属国君的县，也有分属于陪臣的县，而且以后者为主，多为封给大夫的采邑。这样，逐渐形成了两种县制体制。

楚、秦属于强连接县制，县邑多且大，赏邑（封赏的城邑）少且小（秦国基本无赏邑），这是秦、楚两国强化王权的基础。国君对县有绝对的统治权，所以楚、秦公室特别强盛，王权特别牢固，卿大夫力量较弱，即使发生了变故，大权也不会旁落到卿大夫集团手中。

晋、齐属于弱连接县制，而且对县制不是特别重视，基本上是以邑改县，县与邑差别不大，县邑多但规模小，并且赏邑多，导致卿权逐渐做大，公室的势力不断被压缩，最终出现三家分晋、田氏代齐的局面。至于吴国，据《史记》记载，也有郡县制，模式与晋国大致相同，说明吴文化受到了晋文化的启发。

楚、秦设县的时间大致相同，根据《史记·秦本纪》记载的秦武公十年（前688）“伐邽、冀戎，初县之”，以及十一年（前687）“初县杜、郑”。说明秦国是在公元前688年开始实行县制的。因为自秦武公起，秦国开始了在西方的扩张，疆土从岐山以西扩张到岐山以东，急需一种与快速扩张相适应的地方治理制度。此时，适应历史发展规律的县制就在秦国应运而生了。

楚、秦几乎在同一个时期，按同一个政治步调，先于中原诸国设置县。这表明两国在扩张中，都在探索边鄙被灭后的管理体制。秦人对周室还怀有敬畏之心，毕恭毕敬，在体制上比较保守，不像对周室满怀怨恨之情的楚人那样胆大妄为。但在楚人先于自己设县的时势下，秦人效而尤之就不算是对周室的冒犯了。这时的秦与楚，一个在西，一个在东，不管主观上如何，客观上或多或少有一种惺惺相惜的感觉，相互呼应，效而仿之。

春秋诸国的县，管辖范围以楚为最大，秦次之，晋又次之，齐最小。小国也设县，但小国的县等同于一个乡鄙。

1. 华夏县制

《齐侯钟铭》铭文记载：“（齐灵公）公曰：夷！……余锡汝釐都继嗣爵，其县三百。”即齐灵公一次赐给陪臣三百个县，说明齐国的县非常小，等同于一个乡鄙。

晋县比齐县稍大，约有一邑或一邑的一部分。《左传·昭公五年》说：“韩赋七邑，皆成县也。”即晋卿韩赋的七个采邑等于七个县。《左传·昭公三年》记载：“晋之别县不唯州。”别县即支县，即由一邑中分立所设。

2. 秦楚县制

秦国的县大多为灭他国后改制而成，县的行政范围比晋国稍大。秦国是春秋第二个设县的国家，最早的县就是上文提到的，由国改制而成的邽县、冀县，还有杜县、郑县。

楚国与秦国相同，都是灭国后改制的县，而且规模比秦还大。楚国多大县，这是因为楚人灭掉了许多中小诸侯，即以其地置县，便于利用原有的管理系统。大县的赋税可以支撑千乘，等同一个小国。如申、息两个大县，可以合编为一个军团。楚灵王一度灭陈、蔡为县，加上边境的大县不羹，三县各有千乘之赋，相当于一个中型诸侯国。如遇战事，不需中央支援，大县就能代表霸国之师攻城略地、平叛止乱。正是有了这样的规模，才能保证楚军极强的战斗力，使楚国不断扩张，成为南方的霸主。

《左传·哀公十七年》说："子谷曰……彭仲爽，申俘也，文王以为令尹，实县申、息。"即楚文王灭申（前688）、息（约前680）后，改国为县。

《左传·宣公十一年》说："楚子为陈夏氏乱故，代陈……因县陈。"即楚惠王灭陈后（前479），设陈县。

《左传·宣公十二年》说："郑伯肉坦牵羊以逆……使改事君，夷于九县。君之惠也……"这是公元前597年，楚庄王征伐郑国，郑襄公说的话，即郑国土较大，如果楚国灭郑，可以设置九个县，相当于楚国灭了九个小国。

《左传·成公六年》说："晋栾书救郑……遂侵蔡，楚公子申、公子成以申、息之师救蔡……知庄子（荀首）、范文子、韩献子谏曰：'……成师以出，而败楚之二县，何荣之有焉？若不能败，为辱已甚，不如还也。'" 这是楚共王六年（前585），晋侵蔡时，晋国荀首说的话。楚国为了及时救援蔡国，派遣离蔡最近的申、息二县的军队出征，晋军听到战报后，立刻撤军。说明楚国的大县实力强悍，不仅能立刻组织军队，而且能以区区二县抵御整个晋军。

以上所举史料，可以证明县制已经在春秋时期形成，非秦始皇所创建。根据许慎《说文解字》解释，县的原意为"悬"，即"系而有所属"，意思是说在距离国都较远的地方设立的军事、行政统一的组织，即边境的城邑，这是县的最初意义。后来，县演化为国都统御四方的触角。所以县制必定是由邑鄙制演化而成。古代的国都是君和卿大夫居住的地方，邑鄙则是农民生活的区域，本来附属于国都；之后国家逐渐扩大，需要给予邑鄙一定的自治权，这样，邑鄙便独立于国都，县制便建立起来。尤其是楚、秦急需拓展生存空间，为了治理广大的领地，便自然而然地建立起县制。所以，楚、秦的县制，是领地扩张催生的产物；而晋、齐的县制是制度自然演化的产物。

楚、秦的制度基础比较薄弱，可以不受以前制度的约束，建立起了以国改县的体制，为了控制地方，必须将县纳入国君直接管控的范围；晋、齐的文明程度较高，制度基础比较成熟，必然会受旧制度，包括西周的分封制的影响。所以不仅县小（与邑无差别），而且将这些县邑分于陪臣，这等于变相的封土，必然会导致卿权的强大。

所以，从县制便可窥探出，楚、秦从崛起伊始内部就已经埋下了君主制的种子；而晋、齐所建立的县制和"政霸"体制，只是对西周分封制的一种适应性改造，不符合时代发展的趋势，国家只能走向分裂或被取代。从战国后的三晋和田齐开始，中原各国内部才开始真正孕育出君主制种子，郡县制才真正开始受到重视，在中原发展起来。

四、春秋战国时代的郡制

郡制，据已知的资料推断，应是晋国在春秋中期始创的，也可能要稍早或者稍晚些。秦国继晋国后也开始设郡。春秋时代的郡都设在边地，较县要荒陋很多，而且都在县之下。

《左传·哀公二年》说："（赵）简子誓曰……克敌者：上大夫受县，下大夫受郡。"赵简子即晋卿赵鞅，这是公元前493年，赵鞅伐郑时说的话。据《逸周书·作雒解》说："分以百县，县有四郡。"从以上两条史料看，春秋时，县大于郡。

《国语·晋语》记载："（晋）公子夷吾……私于（秦）公子挚曰……君实有郡县。"这是公元前651年，晋献公死后，晋国公子夷吾为了得到秦国支持以继君位，向秦国公子挚说的话。据吴曾祺《国语韦解补正》引汪氏《发正》说："此言晋国犹秦之郡县耳。"意思是说只要秦助其即位，晋便以秦马首是瞻，相当于秦国的郡县。说明在秦穆公时，秦国已经开始设郡。

春秋时期，晋、秦都开始设郡，郡远而县近，县富而郡荒。"郡者，群也"，群即聚落，说明当时的郡制是由邑鄙制脱胎而来，而且主要集中在边邑与边鄙，并且小于县。

战国时期，构建中央集权、建立君主制成为各国的首要任务。同时，为了抵御边患，保证边境安全，在中央与县之间添加一层管理机构的需要便提上了议事日程。郡制恰恰符合了时代的需要，成为君主制建立的保障，也成为各国管理地方的有效制度。

《史记·樗里子甘茂列传》记载："故楚南塞厉门，而郡江东。"《史记·春申君列传》记载："黄歇之言楚王曰：淮北地边齐，其事急，请以为郡便。"当时的楚国国土面积广大，又攻灭了越国，占据江东，与多国接壤，为了管控地方，保障边境安全，开始大规模推行郡制。

《史记·匈奴列传》记载："置云中、雁门、代郡。"这是赵国为了防控匈奴设置的边郡。战国时代北方游牧民族，尤其是匈奴开始兴起，对赵、燕、秦的安全构成了威胁。汉族与匈奴的战争往往涉及数县，为应对战事，需要在由若干县构成的较大范围中统筹军政，统一调配资源，这时郡制就成为首选。

《史记·匈奴列传》记载："置上谷、渔阳、右北平、辽西、辽东郡以拒胡。"这是燕国设郡抵御匈奴的情况。同时记载："魏有河西、上郡。"因为魏国有部分领土与匈奴接壤，同样设郡以御匈奴。

《史记·匈奴列传》记载："秦有陇西、北地、上郡（占魏地）。"《战国策·秦策》记载："宜阳，大县也。上党、南阳积之久矣。名曰县，其实郡也。"战国时期秦的县比郡小，开始受郡管制。

以上史料可以证明，战国时各国除了韩、齐，都开始大规模推行郡制，且郡多设在边地；而且县较郡小，且统归郡管辖。这些边郡后被秦、汉保留，在西汉建立州制后，成为凉州、并州、幽州的属郡，是两汉帝国抵御北方游牧民族的主要阵地。

战国时代的郡虽然多设于边地，目的之一是保证边关的安全，但最终还是为了保障各国君主制的建立，而且实际效果非常成功。所以秦统一六国后，正式确立了以郡统县的制度（见图 5）。

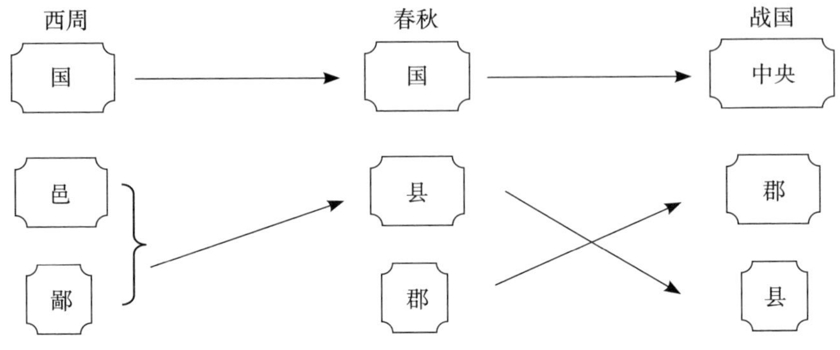

图 5　两周时期地方治理体系

五、秦朝的郡县制

《汉书 · 地理志》记载："本秦京师为内史，分天下作三十六郡。"秦代国都所辖等于一郡，称为"内史"，不列入普通郡中。秦朝的三十六郡，来源有四：七国郡的沿用，将七国的国都改郡，战略要冲设郡，新开疆土后置郡。为便于感受战国至秦朝郡的演化，以下仍以七国疆域为划分，列举至秦朝时存在的郡。

秦：内史（不在三十六郡之内）、上郡、汉中、陇西、北地、巴郡、蜀郡。

魏：河东、东郡、砀郡。

韩：三川、颍川。

赵：邯郸、巨鹿、太原、上党、雁门、代郡、云中。

燕：广阳、上谷、渔阳、右北平、辽西、辽东。

齐：齐郡、琅琊。

楚：南郡、长沙、楚郡、黔中、南阳、泗水、东海、会稽、九江、薛郡。楚国地域广大，新设郡居多。

不久始皇南平百越，添置南海、桂林、象郡、闽中四郡。北伐匈奴，收朔方，又添置九原郡。与以上三十七郡合为四十二郡。

以上秦郡的设置根据全祖望《汉书地理志稽疑》整理。但《汉书·地理志》本文三十六郡中少楚郡、黔中、东海、广阳，而多南海、九原、桂林、象郡。楚郡、黔中见《史记》，东海见《汉志》本《注》，广阳见《水经注》，南海等四郡是后设立的，不应该在三十六郡内，应根据《史记》等书补易楚郡等四郡。应该说，全祖望的补易是有根据、有见地的。

秦郡大多是七国郡的沿用，具有相当明显的列国影子。同时秦不分封宗室建国，导致宗室力量孱弱。这两个硬伤导致秦末农民战争时，六国余烈又起，在前楚将领项氏的领导下，打着灭秦复国的旗号，发动叛乱，导致秦朝孤立无援，瞬时而亡。这样看，秦朝虽不封国而是建郡县，但并没有降低列国的政治影响。同时，又重法轻儒（道），没有快速转变治国方略，导致秦国就像建立在沙土之上的大厦，只有郡县之名，“列国体制”的影响力仍然巨大。

西汉前期，“齐人”“鲁人”“楚人”“魏人”仍然是国民主要的身份认同方式和常用的籍贯地域符号。可想而知，秦朝时，列国体制在抵御郡县制和其他方面的文化统治力量有多么强大。这与列国体制原有的文化结构的性质有关，是“政治文化”（统一与政霸体制）巨大差异导致的后果。这也是本书要展现的观点，后面会详细介绍。

西汉初年，鉴于秦孤立而亡，高祖广建诸侯，实行郡国并行的制度。王国与郡国地位略等，郡属中央直辖，国则独立，常兼数郡之地，逐渐成为与中央并立的地方政权。景帝平定七国之乱，下令诸王不得自治其国，所属官吏都由天子除授。武帝采用主父偃的策略，实施推恩，下令诸侯推私恩，以食邑分封子弟。藩国逐渐越推越小，实力越发孱弱，最终国与郡同等，甚至低于郡。西汉帝国完成了对地方治理的初步改造，得以实际统御天下。

六、随人与有色金属

《左传·桓公二年》记载："蔡侯、郑伯会于邓，始惧楚也。"这次会盟在熊通三十一年（前710）。蔡国离楚国较远，郑国离楚国更远，而且中间隔着汉北的申国。它们都在中原，也开始畏惧楚国了。蔡、郑的忧患也不是没有道理，因为它们，包括陈国，是离楚国最近的中原诸侯，是楚人北上中原的第一打击目标。这种担忧不久后真的变为现实。

不过，楚人只有征服了南阳盆地的申国和随枣走廊的随国，方能打通北进中原和东进淮域的道路。伐申，是为挥师北上建立牢固的前哨阵地；伐随，是要控制长江中游的有色金属资源。邓国是进入汉北的大门，伐申，必然惊动邓，还可能引起陈、蔡的警觉，使楚成文众矢之的。为了避开锋芒，熊通将攻击方向转向了东边。这时，真正受到楚国威胁的是汉东的随国，因为从楚到随，没有他国干扰，一路通畅。

汉水中游大致为西北至东南走向，其间有两处明显的转折，一处在邓国，一处在权县。邓国迤西，汉水大致为东西向；从邓国到权县，汉水大致为南北向；权县迤东，汉水大致作东西向，直到汇入长江。因此，申、邓等国在"汉北"，随、唐等国在"汉东"，它们与"江汉平原"诸国一起构成了汉阳。

汉东诸国，随国为大。汉阳，包含淮汉之间诸姬，以随国为首。

“随”是他称，随人自称为“曾”。曾是早在商代就有的，姒姓，是夏人遗裔。这个姒姓曾国故地在今河南中部，柘城以西、溱水以东。大约在西周中期，这个曾国迁徙到今山东枣庄去了，文献作“鄫”，金文作“曾”。姒姓鄫国于公元前 567 年被莒国攻灭，领土在公元前 538 年又被鲁国攻占，最终划入了齐国的版图。

周朝在姒姓曾国的故地另封了一个姬姓曾国，文献作“缯”，金文仍作“曾”。随着周朝南土的开拓，这个姬姓曾国受周天子指派一再南迁，代天子镇守南土。第一次，它迁到今河南方城县附近，留下了地名缯丘和缯关。《荀子·尧问》说：“缯丘之封人。”《左传·哀公四年》说：“（楚人）致方城之外于缯关。”可以证明曾人曾经在方城为周王守土。第二次，它迁到了今湖北随州，其地固称随，文献也多称为“随”。曾人的第二次南迁，大约发生在西周末叶。根据出土实物，已知有铭文的曾国铜器，最早的属于西周晚期，与随国历史的上限相吻合，而且出土地点多在随枣走廊和南阳盆地东部，与随国的方位和领地相合。《国语·郑语》记载周太史伯论周朝南土诸侯，即提到随，又说到缯，但言随不言缯，言缯则不与随连举，可见随、缯是一国。

鉴于文献称“随”而金文称“曾”，本书以文献为主，称“随”，但为了严谨和实际需要，有些时候也称“曾”。

曾南迁后，逐渐成为汉阳诸姬之首，申（南申）逐渐成为汉阳诸姜之首，两国遂成为代周天子镇守南土的代表。与申国比，曾国似乎更强一些，因为曾与有色金属的关系特别密切。

现藏于中国国家博物馆的曾伯霥簠盖作于春秋早期，盖内壁正中有铭文，记载了姬曾在护送南铜北运中的重要作用。其铭文说：

“……克狄淮夷，抑燮繁汤，金道锡行……”意思是（曾）击败了淮夷，平定了繁阳，就能使运送铜锡的道路畅通无阻。淮夷就是淮水中下游的诸国，繁阳即今河南新蔡。周人经略南土，主要目的在于获取以铜为主的有色金属。为了实现这个目的，周天子迁姬曾到汉东的随枣走廊，使曾国成为最靠南的一个姬姓国，也是离长江中游有色金属产地最近的一个姬姓国，曾国对于维护铜锡北运的道路起着至关重要的作用。迄今已出土的大量曾国铜器，足以证明曾国是春秋早期长江中游铜器铸造水平最高的一个诸侯国，甚至可以比肩中原诸国。

七、伐谋与伐兵：第一次楚随战争

楚国要想称霸南方，进而北上中原，必须全盘控制长江中游的有色金属产地，而要想实现这个目标，非击败曾国不可。但楚国要想击败文化与经济程度都高于自己的曾国，必须使自己的实力和智谋都超过曾国。

但伐随，比起熊渠伐庸、伐鄂，熊通伐权，要难得多。若敖与蚡冒都不敢存这样的奢望。在蚡冒以前楚国只有步兵（北方称为“徒兵”，南方称为“陵师”）。对付南方的群蛮和小国，只要有精锐的步兵就可以稳操胜券了。但对付诸夏，必须要有精锐的车兵，否则就是以卵击石、飞蛾扑火。

熊通灭权直到伐随的这三十余年，没有任何关于楚国用兵的文献记载。可以推断，熊通是在为伐随做准备工作，主要成就是组建了一支能在随枣走廊左右驰骋的车兵，以及为兵车平整道路、架设桥梁的工兵。当然，这不是一蹴而就的，非要多年努力不可。通过上引蔡、郑畏惧楚国，与邓国会盟，也可以佐证，当时楚国已经有了一支精锐的车兵。而在伐随中，楚国的车兵起到了决定性的作用。

这时的楚国基本控制了江汉平原西部，根据地固若金汤；有了一支能在平原开展大规模阵地战的车兵；这次伐随的时机选择得也很好，随土歉收，随人乏食。天时、地利已备，就看人为了。

文献记载，熊通三十五年（前 706），楚伐随。《左传·桓公六年》说："楚武王（熊通）侵随，使薳章求成焉，军于瑕以待之。随人使少师董成。""求成"即用和平方式解决冲突，"董成"即主持和谈，"少师"是随国的官名，即楚随在随地瑕进行和谈。

在开始和谈前，《左传·桓公六年》记载了楚大夫斗伯比对熊通说的一段话。斗伯比说："吾不得志于汉东也，我则使然。我张吾三军，而被吾甲兵，以武临之，彼则惧而协以谋我，故难难间也。汉东之国，随为大。随张，必弃小国。小国离，楚之利也。少师侈，请羸师以张之。"少师即主持和谈的随国官员，此人甚得随侯宠幸。楚国大夫熊率且比说："季梁在，何益。"就是说随国有贤人季梁，必然不会中计。斗伯比说"以为后图，少师得其君"，斗伯比的计划是，不求今日能达到效果，而是为日后再次伐随做准备。熊通于是"毁军而纳少师"。

斗伯比的话，证明楚国在这之前就曾用兵于汉东，却"不得志"，即受到了随军的有力阻击，只是经传对此失载了。

这段对话看似是在伐随中说的，但是仔细推敲会发现，其实在伐随前，熊通与斗伯比已经制定了伐随的战略方向，即"伐谋"，并以此为依据，制定了具体的战术方案。

其一，随人自诩大国，轻视小国，这正是楚国离间他们的大好时机。其二，随国是诸姬之首，在汉东很有势力，而且实力较强，不能奢望一战成功。如果“以武临之”，反而会逼迫随国与他国联合，共御楚军。时间一长，楚师会陷入战争泥潭，不能自拔。只有采取“不战而屈人之兵”（《孙子兵法·谋攻篇》）的战略，才能达到彻底征服随国的目的。其三，采取“求成”和“毁军”的战术策略。派人向随国“求成”，请随使到楚军谈判，然后将精锐部队掩藏起来，故意给随人展示楚军疲弱的一面，以迷惑随人。再视战况发展灵活采取应对措施。不然，楚军是不会在快到随都时，才派人向随侯“求成”。如上分析，这一定是有计划的安排，环环相扣、滴水不漏。

熊通吸取了先前单纯“伐兵”的教训，实行以“伐谋”佐“伐兵”的战略。楚人的军事素养开始进入一个崭新的时期。伐谋所追求的不是毁灭随国，而是让随国做楚国的附庸，代楚国以镇汉东，这比楚国消耗国力自守要划算得多了。第一次伐随正是按照斗伯比和熊通的计划，一步步让随国走入了楚国“伐谋”的陷阱。

在行近随都时，熊通派侄子芀章到随都，向随侯“求成”。在春秋时代，所谓“求成”，即建议用和平方式解决争端。举凡“求成”的情况大致有两种，一是弱国向强国乞和，二是强国向弱国逼和。芀章此行的目的当然是逼和，他必须向随侯显示楚国此次军事行动的实力和决心。果然不出斗伯比的预料，随侯无奈，只得命少师随芀章到楚营去“董成”。所谓“董成”，是当时的一种外交礼节，即充当和谈的全权代表。斗伯比知道这位少师是随侯的宠臣，好大喜功，于是熊通按照“毁军”的策略，将精锐部队隐蔽起来，故意让少师只看到一些似乎羸弱的部队，给这位少师造成楚不敌随的错觉，以引诱随师出城与楚军决战。少师回随都后果然主张迎击楚师，随侯同意了少师的主张。大夫季梁进言，提醒随侯不可中楚人的诱敌之计。随侯听从了季梁的进谏，命令随师固守不出。于是，熊通视战事发展的变化，采取“先舍后得”的策略，就此收兵回国了。这完全符合斗伯比“以为后图，少师得其君”的战略构想，因为少师将得宠随侯，专权随政，这对楚国再次伐随有利。

第一次伐随，看似楚人在“伐兵”上全无收获，但却是一次“伐谋”的胜利。《史记·楚世家》记载，在楚随和谈中，熊通强求随侯替楚国去要挟周天子。熊通说：“今诸侯皆为叛相侵，或相杀。我有敝甲，欲以观中国之政，请王室尊吾号。”随侯慑于楚国的兵威，坚决执行，照办不误，立刻派使者“为之周，请尊楚”，即请求周天子提升楚君的爵位。随侯的请求虽然没有得到周天子的同意，但却反映出随国是顺从楚国的，这既是楚国“兵威”的力量，也是“伐谋”策略的胜利。说明楚人扬威汉东，只是时间早晚的问题了。因此，第一次伐随，楚国是“不战而胜”，是战略上的胜利，因为“伐谋”是一种战略思想，而“伐兵”是一种战术策略。

八、第二次楚随战争

在伐随中，楚国出了一位能臣，即斗伯比。此人成为熊通霸汉东、定江汉的股肱之臣。正是从斗伯比开始，若敖氏开始登上楚国的政治舞台，若敖家族成为左右楚国政局的宗室大族，直到一百余年后被楚庄王诛灭。熊通有斗伯比，随国也有一位贤臣季梁，楚人可能比随人更加尊重季梁。因为季梁对楚国的影响，比对随国的影响更大。

《左传·桓公六年》记载了季梁“以民为神之主”的学说：

“……所谓道，忠于民而信于神也。上思利民，忠也；祝史正辞，信也。……夫民，神之主也。是以圣王先成民，而后致力于神。”祝史是春秋时期主持祭奠祈祷的官员；“正辞”即端正言辞，不违背事实、不虚称国君的美德。按照古人的一般认识，神应当为民之主，逻辑上当然可以引申到民必须忠于君而信于神。季梁的理论，却非常超前，认为“民为神之主”，逻辑上自然是君须忠于民而信于神。这种“民本主义”思想出现在春秋早期，可谓石破天惊，相当先进。后来真正因季梁的理论而受益的，倒不是随国，而恰恰是它的敌国楚国。从楚武王到楚庄王，再从楚昭王到楚惠王，楚国将季梁的理论应用于实践，不仅使楚国雄霸南方、称霸中原，还使楚国转危为安、得以复兴。

儒家所谓的“民贵君轻”思想也受到了季梁的影响。《孟子·离娄章句上》说：“得天下有道：得其民，斯得天下。”《孟子·尽心章句下》又说：“民为贵，社稷次之，君为轻。是故得乎丘民（众民）而为天子，得乎天子为诸侯，得乎诸侯为大夫。”可见季梁的思想影响之深。

《左传·桓公七年》记载：“夏，穀伯绥来朝。邓侯吾离来朝。”楚国汉东扬威，使靠近楚的几个小国惶恐不安。穀伯和邓侯跑到泰山下面去朝见鲁桓公，想靠着鲁国来牵制楚国，可谓用心良苦。但他们却忘了一个简单的道理，那就是远水难救近火；更何况，这时的鲁、齐正在明争暗斗，争夺山东的霸权，全无心力涉足南方的国家间事务。

熊通三十七年（前704），随国通告楚国，说周天子拒绝提高楚君的爵位。《史记·楚世家》记载：“楚熊通怒曰：‘……而王不加我位，我自尊耳。’乃自立，为武王。”显然，“武王”是熊通生前就有的尊号，死后则沿用为庙号。和先祖熊渠一样，熊通也说过："我蛮夷也。"当然，这是为其称王独行所用的遁词。熊通称王，开启了诸侯僭越称王的先河。但中原诸侯还很含蓄，在国内虽偶尔称王，在国外则仍称本爵，而且没有在生前就自选庙号的。楚王却不同，国内国外，生前死后，皆称王。熊通称王后，周天子吃惊不小，中原诸侯和蛮夷瞠目结舌，但这时的楚国已经不是熊渠时代的楚国了，周天子也只得听之任之。

《左传·桓公八年》说："随少师有宠。楚斗伯比曰：'可矣。仇有衅，不可失也。'"上次伐随，斗伯比说的"以为后图，少师得其君"的战略部署终于得以实现。斗伯比认为这时的随国有隙可乘，主张再次伐随，武王从其议。《左传·桓公八年》说："夏，楚子合诸侯于沈鹿。"就是由楚国主持，邀请汉阳和淮水一带若干诸侯来沈鹿（今湖北钟祥以东）会盟。这是楚国第一次召集的"会盟"，一方面要向诸侯展现楚国的实力，另一方面则是窥探诸国的动向，为伐随张本。黄、随两国的国君缺席，黄国离沈鹿很远，情有可原；但随国离沈鹿不远，随侯拒不到会分明是藐视武王，这正中武王下怀。武王一面派芀章去责备黄君，一面兴师伐随，将军队驻扎在汉水和淮水之间。

那位得宠于随侯的少师主张速战速决。季梁主张："弗许而后战，所以怒我而怠寇也。"就是先假意屈服楚国，等楚国不同意后再战，这样既可以激发随人决一死战的雄心，又可以使楚军懈怠。但随侯听从了少师的建议，不顾季梁谏阻，引兵迎击楚师。楚军迂回到随都的东面，随师在速杞（今湖北广水）与楚师相遇，大战一触即发。

春秋时代，南北诸国在交战中的军力部署有很大差别。文献记录中，都是先书右而后书左，说明诸夏尚右。《国语·晋语》记载晋人以左为卑、以左为外。《左传·桓公五年》记周桓王伐郑，周军以虢公林父将右军，周公黑肩将左军；郑军是郑曼伯为右拒，蔡仲足为左拒。《左传·文公七年》记宋国的六官，也是先右师而后左师。《左传·僖公二十八年》记晋国作三行，也是先右行而后左行。随在诸夏之列，也尚右。

楚却恰恰相反，尚左。《左传·僖公二十八年》记城濮之战时楚三军，子玉（令尹）将中军，子西（司马）将左军，子上（大夫）将右军。此次战役，左军的地位虽不及中军，但显然优于右军。《左传·宣公十二年》记邲之战时楚三军，沈尹（令尹孙叔敖）将中军，子重（左尹）将左军，子反（司马）将右军。左尹子重是楚庄王的弟弟，实际地位高于子反与孙叔敖。

《左传·成公十六年》记鄢陵之战时楚三军，令尹（子重）将左军，司马（子反）将中军，右尹（子辛）将右军。左军的地位更为突出。《左传·襄公十八年》记伐郑时楚三军，令尹将左军，司马将号为“锐师”的中军，右尹将右军。当然，作战需临机应变，楚师右军虽然未必弱，但左军大抵较强。

楚、随开战前，季梁对随侯说，楚人尚左，楚王一定将主力部署在左军，建议随侯也随左军行动，避重就轻，不要与楚王相遇，然后去进攻楚师的非主力部队——右军，右军一败，楚师必然溃散。季梁的战术是正确的，但少师却说：“不当王，非敌也。”即王对王才相称。随侯又听从了少师的主张，坚持尚右的传统，仍然随右军行动，命令少师进攻楚师的左军。随军不攻打楚师的软肋，偏要去触碰楚军的硬甲，冲锋之后，胜负立决。随军大败，随侯落荒而逃，楚国大夫斗丹俘获了随侯的戎车和少师。

速杞之战后，武王接受了斗伯比的建议，继续推行“伐谋”的战略，不灭随国，而让随侯在表示愿意悔改之后与楚国会盟，然后回国继续统治随域。从此，随国不敢再公然开罪楚国了，虽然也发生了几次小的叛乱，但都被楚国化解。随国最终成为楚国最忠实的附庸国，为楚国东伐淮域、北争中原提供了强大的保障，还将周文化传播到楚国，促进了楚文化与周文化的融合。并在吴师侵楚后，保护了逃到随国避难的楚昭王。随国也在楚国的羽翼下，不仅铜器铸造技艺日趋成熟，与中原不相上下，而且文化也日益昌盛，迎来了随国最辉煌的时代。这些都是武王“伐谋”战略的成果，不仅造福了楚国，还惠及子孙。后来，庄王将先君“伐谋”的战略推向了顶峰，使楚国“观中国之政”了。

九、大局已定，雄霸汉东

随国已定，但汉东余波未平。三年以后，楚国在汉东又打了一场胜仗，最终使楚国雄霸汉东。

武王四十年（前 701），莫敖屈瑕奉命领兵东行，打算与汉东的贰、轸二国会盟。莫敖是武王前期掌军权的最高武职，即司马，此时的莫敖相当于大司马。屈瑕记载不详，因为楚国前期采用家族式的治理方式，文臣武将几乎是清一色的血亲，因此这个屈瑕可能是武王的一个亲戚。

贰国在今湖北广水南，轸国在今湖北应城市西，与二国交邻的是郧国。郧国在今湖北京山西北或安陆一带，是巴人东迁后建立的方国。郧国认为楚、贰、轸三国会盟将对其不利，便策动随、绞、州、蓼诸国联兵截击楚军。随国虽然离郧国很近，但刚与楚国会盟，没有响应。绞、州二国在江汉平原，蓼国在汉东，三国离郧国较远，虽然表示了联合的意愿，但尚按兵不动，处于观望姿态。郧国则急不可耐，已将军队集结在郧郊的蒲骚（今湖北应城西北）。

对楚师来说，敌军分散且弱，这样的局面不难应付。退一步说，即便五国联合出击，也不可能瞬间集结，可以分而治之，逐个击破。但屈瑕在将东渡汉水时收到上述情报，竟不知所措了，《左传·桓公十一年》说："莫敖患之。"

屈瑕缺乏主帅应有的素质，稍遇逆境便惊慌失措、优柔寡断。副帅斗廉却说："郧人军其郊，必不诫。且日虞四邑之至也。"斗廉认为郧人屯兵郊外，必然疏于防范，而且日夜盼望四国发兵，与郧军合并一处，共伐楚军。如果楚师踟蹰不前，将错失战机，反而会使敌军窥测楚军的虚实，给其备战的时间。斗廉建议屈瑕屯兵郊郢（今湖北钟祥西北或宜城东南），以观察随、绞、州、蓼的动静。斗廉自己则请求带领一支精兵奇袭郧师，如果打败了郧师，则四国不敢轻举妄动。

屈瑕听后，打算请武王"济师"，即派兵增援。斗廉说："师克在和，不在众。"当年武王伐殷，只有战车三百辆、虎贲兵三千，纣王军多，但最终被武王打败。而且军队已经出发，如箭在弦上不得不发，应该抓住战机，速战速决，不必等待援军。屈瑕还是游移不决，打算卜问吉凶，斗廉却说："卜以决疑。不疑，何卜？"斗廉异乎寻常的坚定，促使屈瑕打消了忧虑。斗廉统率的精兵兼程东行，夜袭蒲骚，一举击溃了郧军。

郧人狂妄自大，自蹈大祸，惨败蒲骚。楚国则在胜利的喜悦中与贰、轸举行了会盟。败一国而盟二国，这是楚军一次巨大的胜利。

速杞之战降伏了随国，蒲骚之战打败了郧国，三国会盟又和睦了贰、轸，震慑了汉阳诸国，最终，楚国雄霸汉东。占据汉东，使楚国初步控制了铜锡北运的咽喉，并打通了东进淮域的道路。下一步就是要雄霸淮域，全盘控制长江中游的有色金属资源和贸易，同时建立起北进中原的另一条要道，这个重任最终由武王的后代完成了。

可以说，伐随和称雄汉东，是武王“伐谋”战略的胜利，他要的不是一块死地，而是一块能给楚国的霸业带来持续援助的、固若金汤的根据地，这一目的通过“伐谋”实现了。与随国隔尺相望同在一地的唐国，不久也归附了楚国，成为楚的附庸国，直到昭王时，被秦楚联军击灭。此后汉东尽管还有一些小的叛乱，但大局已定，楚国已经牢牢地控制了这一区域，为文王得志汉北和成王得势淮域扫除了后患。

第四章　进攻：楚人与汉阳根据地的形成

一、远交与近攻：楚人对江汉列国的蚕食

武王在汉东顺风顺水，并没有将侧背的安全置于脑后，东征的胜利使他备受鼓舞。江汉平原是当时楚国的腹地，战略位置非常重要。为了牢牢控制这块阵地，楚国在“伐谋”战略的指导下，因时而变，采取了“近交远攻”、伐兵佐伐交的策略：对较近的诸国“伐交”，集中优势兵力对较远的诸国“伐兵”。

其实，就在熊通称王和战败了随国之后，即移师西进，击败了江汉平原偏西端的濮人，拓宽和加固了后方。

武王三十八年（前 703），江水上游的巴国派使者韩服到楚国，请求楚国协助巴国与邓国通使修好。巴国是江汉平原西北部的一个姬姓方国，爵位是子男，国人以巴人为主。故址在今陕西汉水上游东段。武王接受了巴国的请求，派楚使道朔陪同巴使韩服访问邓国。不料，刚走到邓国南部的鄾邑，还未渡过汉水，就遭到鄾人的暴力袭击，两人都被杀害，礼币也被洗劫一空。鄾人是邓国的一股小势力群体，是邓的一个附庸小国，居住在邓国南境，故址在今湖北襄阳旧城东北十二里，是邓设在汉水以南防御楚的屏障，战略位

置显要，邓亡后随之并入楚国。

《左传·桓公九年》说："（武王）楚子使芳章让于邓，邓人弗受。"芳章奉武王派遣向邓国提出抗议，邓侯竟然态度强硬，拒不接受。

楚、邓是姻亲，但邓国却侵犯了楚国的利益，于是，武王派大夫斗廉率军与巴师合兵讨伐邓国，并包围了鄾邑。这一仗，楚既是主谋，又是主力。邓侯立刻派大夫养甥、聃甥率兵援救鄾邑，迅速渡过汉水迎击楚巴联军。楚巴联军的主帅就是那位后来因奇袭郧师而立下卓越战功的斗廉，这次伐邓围鄾对他只是小试身手。《左传·桓公九年》说："（邓师）三逐巴师，不克（不能攻破）。斗廉衡陈其师（楚师）于巴师之中，以战，而北（败）。邓人逐之，背巴师，而夹攻之，邓师大败。鄾人宵溃。"

这一仗斗廉采取了"欲擒故纵，诱敌深入"的战术，佯装战败，引诱邓师追击，然后突然调转军锋，回师攻打邓军的前翼；巴师则趁机进攻邓军的后翼。前后夹攻，邓师陷入了楚巴联军的重围，兵败如山倒。鄾邑的守军和居民见状，连夜弃城逃逸。楚人击败鄾人，剪除了邓人设在西部的屏障。武王对邓国采取了"伐谋"佐"伐交"的策略，留下了这条已经不堪一击的"釜底游鱼"。

大约在鄾之役不久，楚师便北渡汉水，征伐江汉平原北端的鄀国。

鄀国是楚人北上中原的前哨阵地，具有比较重要的战略位置。鄀之战，史料无载，只记录了楚军击败了鄀师，并得到了一个比灭鄀更大的收获，就是俘虏并收降了鄀师的主帅观丁父，此人颇有韬略，武王得而能用，任命他做"军率"。"军率"是楚军的高级将领，可以独立指挥一军。此人不负武王的信赖，后来帮助楚国攻灭了蓼、州二国，立了大功，这是武王“任人唯贤”用人才能的一个实例。武王对鄀，采取了与对随一样的政策，没有灭鄀，而使其成为楚设在江汉平原北部的一个附庸，称之为下鄀。楚穆王时期，将鄀国迁至今湖北钟祥境内，称之为上鄀。

就在鄀之战的两年后，斗廉与屈瑕在蒲骚大败郧师，与贰、轸两国举行了会盟，确立了楚国在汉东的霸主地位。

武王四十一年（前700），楚王派屈瑕为主帅，讨伐与鄀国同处江汉平原北端的绞国，责问其与郧国合谋袭楚之罪。绞国是个比鄀国还弱小的方国，因此，这次伐绞，就是以石击卵。屈瑕指挥若定，采用了“诱敌深入”的战术，在绞都北门设伏兵，大败绞人。绞人被迫与楚军结城下之盟，这对绞人来说是奇耻大辱。《左传・宣公十五年》记载宋国华元说：“敝邑易子而食，析骸以爨。虽然，城下之盟，有以国毙，不能从也。”这是楚庄王时，楚宋交兵，楚军围困宋都达九个月，而华元却说：“宁可与国俱亡，不能为城下之盟。”由此可见，当时为城下之盟等于败国向胜国认罪，对胜国来说这是莫大的殊荣，但对败国来说这是奇耻大辱。绞人为此而忍辱含垢，屈瑕则由此趾高气扬，为不久楚军在鄢水惨败种下了恶因。

二、楚罗战争与惨败鄢水

鄀、绞既平，江汉平原北部尽归楚国。楚伐绞，是从东南渡彭水，再往西北。彭水，即筑水，就是现在的南河，源头出于湖北房县西南。就在楚军渡彭水的时候，楚国东南的罗人企图乘机偷袭楚都，派大夫伯嘉到彭水去侦察。伯嘉一而再、再而三地点算楚师渡彭水的人数，不禁忘形，被楚人发现。伯嘉逃回罗国，带回的情报，大概是楚师主力没有全部出动，所以罗国按兵不动，以为就此无事。

武王四十二年（前699），楚伐罗，借口大概就是罗国企图偷袭楚都，主帅还是屈瑕。屈瑕趾高气扬，要代武王惩罚如此胆大妄为的罗人。

《左传·桓公十三年》记老臣斗伯比为屈瑕送行，见屈瑕有骄矜之色，深感忧虑，在回楚都的路上说:“莫敖必败。举趾高，心不固矣。”回到丹阳后，斗伯比请武王增援屈瑕。其实，这次伐罗，楚国是全军出动，已无援兵可派了。楚武王听了斗伯比的话，不以为意，斗伯比也没有详说力争。楚武王回宫后还在想斗伯比那番近乎荒唐的建议，不知所为何来，于是告诉了夫人邓曼。邓曼明达事理，善解人意，对武王说:“大夫斗伯比所担心的，恐怕不是士卒寡不敌众吧？我想，他是担心莫敖‘将自用也，必小罗’。”“自用”，即自以为是、独断专行;“小”即轻视罗国，即轻敌致败！武王恍然大悟，派人去追告屈瑕，但为时已晚，一场惨剧即将上演。

《列女传卷三·仁智传·楚武邓曼》全文记载了此事，内容大致与《左传》同。唯文末说:“君子谓邓曼为知人。诗云‘曾是莫听，大命以倾’，此之谓也。”邓曼可以说是一位“窥其德而知其人，知其人而料其事”的识人高手。

屈瑕只是个能力平平的普通武将，单打一国便尽显指挥上的缺陷，对涉及多方参与的战役和变化多端的战局更是束手无策。而且，身为主帅，他还有个致命的性格弱点，就是在逆境和貌似逆境的顺境中会不由自主地变得优柔寡断、多疑难进；在顺境和貌似顺境的逆境中同样会不由自主地刚愎自用、一意孤行。

伐罗不像蒲骚之役，对手是四个距离分散的“散国”，那是貌似逆境的顺境；也不像伐绞那么单纯。罗国不是一个孤国，他有近在咫尺的邓、卢二国呼应。三国就像一条伤而未僵的常山之蛇，在楚国发兵后，旋即动弹起来了，这是貌似顺境的逆境。

《左传·桓公十三年》说：“（屈瑕）莫敖使徇于师曰：‘谏者有刑。’”“徇”就是宣布命令，即凡是提出建议的人都要按军法处置。屈瑕拒谏就是邓曼所说的“自用”。

屈瑕求胜心切、轻敌冒进，为了尽快攻克罗都，督促全军尽快渡过鄢水。鄢水即今蛮河，源出湖北保康县西南，流经南漳、宜城两地，最后汇入汉水。楚师渡河处当在今宜城市南三十里处。楚人称蛮河为雎水，但仅限于中游西段以上。鄢人称蛮河为鄢水，但仅限于中游东段以下。不久，鄢、罗、卢被楚攻灭，楚迁都于鄢而称之为郢都，就把整条蛮河都叫作雎水了。

屈瑕渡河心切，次列错乱也在所不惜，以致渡过鄢水后，楚军竟不成队列了。《左传·桓公十三年》有“遂无次，且不设备”，即毫无防备之心，不设防御工事也不休整队伍。这就是邓曼说的“必小罗”。

楚师本来就疲惫不堪，又未加休整，在行近罗都时，遇上了罗师的正面迎击，这是兵家常事，本不足为奇。但是背面突然出现了卢师的偷袭，这让屈瑕与楚军始料不及、惊慌失色。《左传·桓公十三年》说：“及罗，罗与卢戎两军之。”楚师腹背受敌，不战自溃。屈瑕因退路被罗卢联军截断，不得已，率残部南逃，最后被罗卢联军逼赶到了荒谷（今湖北江陵县西）一带。屈瑕无颜再见君王和楚人，便在荒谷自缢；其他将领则自囚于冶父（今湖北荆州江陵南）等待楚王处罚。《左传·桓公十三年》：“（武王）楚子曰：‘孤之罪也。’皆免之。”楚武王宽恕了全体将士，孤即榖，楚君在春秋时多自称“不榖”，在战国时多自称“寡人”。

屈瑕自缢开创了楚国将帅以死殉国、以死谢罪的先例，逐渐成为楚国治军的一条惯例。这逼着将帅倾其全力夺取胜利，起码不胜也要不败、保存实力，从而保证了楚军强大的战斗力，为楚国的强盛提供了军事保障。战国末期，楚王昏庸，将帅无能，这一惯例逐渐弃用，导致楚军的战斗力不断下降，最终被秦国攻灭。了解这个传统，我们也就不难理解，西楚霸王项羽为何自刎于乌江了。

《左传·桓公十三年》说:“(楚军)大败之。”纵观春秋时期楚军的大小战役，以胜多败少，即使城濮之战和鄢陵之役，也未用“大败”，况且那是与晋国对决。这次伐罗，史书却记载是“大败”，说明这次战役给楚国造成的损失之大。罗之役，不仅是军事上的重创，还给楚人带来了心理创伤，楚人的耻辱深深地埋在心里，举国上下同仇敌忾，发誓要攻灭罗国，以报罗役之耻。

三、因祸得福：罗之役带给楚人的思考

伐罗的惨痛教训也给楚国带来了一些思考。

首先，传统的任人唯亲的选官用将原则，有利有弊，而且弊大于利。此原则已经远远跟不上楚国发展的需要，先贤而后亲才是用人的长久之策。楚自立国伊始，一直采用家族式的治理原则，任人唯亲，重要官职皆出自宗亲。这种家族式的人才管理模式，保证了楚君能牢牢控制权力，也有效地维护了楚国的生存空间。但随着楚国飞跃式的发展，尤其是其地盘越来越大，敌人越来越强，战争的复杂度越来越高，任人唯亲的管理模式已经跟不上时代发展的需

要，必须采取一套更为科学和合理的人才管理方式。于是，武王适应时势的需要，初步制定了“亲贤并用”的原则，这才给了观丁父建功的机会。文王时代，楚国开始“窥视中原”，为了适应战略的需要，文王将“亲贤并用”（即无论亲疏，只要有才皆可用）上升为人才策略，这才有了彭仲爽担任令尹的美谈。顾栋高《春秋大事表·春秋列国官制表卷十》说：“彭仲爽为令尹……楚令尹见传者二十有八人，唯仲爽申（国）俘（俘虏），余皆王族也。”可见文王用人的超前与胆略。

这种选官制度既保证了王权的稳定，也适应了国家发展的需要，成为楚国壮大的重要原因，却没有从根本上解决王权和宗权的矛盾。

成王后期，王权和宗权开始发生冲突，若敖氏已经严重威胁到王权，而且垄断了楚国所有重要官职，成为楚国发展的阻碍力量。成王开始有意削弱和打击若敖氏，打算建立一种更为合理的官僚体制。庄王即位后，借着斗越椒之乱，一举铲除了若敖氏，将宗室牢牢控制在王权的羽翼下。楚国终于建立起了一套行之有效的官僚制度，宗亲和异姓兼用，使两方相互弥补、互相制约，不仅保证了王权的安全，还使楚国贤才辈出，保障了楚国的高速发展。

其次，只图远略、不顾近患的传统用兵方略要改弦更张了，再不能留着这群肘腋之间的小国贻害楚国了，必须要将其全部歼灭。于是，武王后期在“伐谋”战略的指导下，因时而变，采取了“远交近攻”、伐兵佐伐交的策略，即对较远的诸国“伐交”，集中优势兵力对较近的诸国“伐兵”。但对于战略位置十分重要的远国，则奉行交伐并用的原则。这一原则最终成为楚国的战略国策，只是根据时代需要、远近的范围作适当调整而已。

武王时代，江汉平原诸国是近国，必须将其灭掉；汉东、汉北和淮域诸国是远国，可交可伐。文王时代，汉北和淮水上游诸国是近国，必须要逐个侵吞；中原大国是远国，要示好交往；中原南部的小国离楚较近，采取交伐并用之策，震慑和控制陈、蔡、郑，为北上争霸建立战略跳板。成王前期，整个淮域成了近国，必须将其攻灭；中原诸国由近及远，可交可伐。春秋末、战国初，陈、蔡就是近国，除之而后快；中原诸国是远国，根据需要，可交可伐。

伐罗之役，楚师虽然溃不成军，但死伤并不惨重，元气尚存。此后的八年中楚国没有兴师动众，劳军远伐，而是根据“远交近攻”的战略，稳步推进，在巩固腹地的基础上开拓疆土，开始了胜利的东征。

首先是近在肘腋之间，位处江汉平原东面的罗、卢、鄢三国，不久即被楚国攻灭。楚灭三国的文献阙如，但根据武王晚年伐随和文王元年迁都郢地推测，三国灭亡的时间下限应该在武王五十年（前 691）。

《左传·哀公十七年》子谷说：“观丁父，鄀俘也，武王以为军率，是以克州、蓼服随、唐，大启群蛮。”说明在武王晚年，楚国在“近攻”的同时，根据战略需要，攻灭了较远的州国与蓼国。攻灭了州国，楚人南下的路径更加豁然。蓼国在申、邓之间，南阳盆地南部，即今河南唐河县南，是进军中国，打通南阳盆地的一个前哨，战略位置重要，占领蓼国，为文王统一汉北打下了基础。

纵观武王晚期的军事行动，其功绩堪与伐随、雄霸汉东相媲美。楚国最终统一了江汉平原，楚人的腹地再无劲敌，为文王的北伐、成王的东征打下了坚实的基础。

四、“我有敝甲，欲以观中国之政”

自从周平王东迁以后，周天子虽然保持着天下“共主”的名义，但实际地位已经大大降低，几乎与其他诸侯国等同；而且愈往后愈衰落，大的诸侯国甚至不将周天子放在眼里。周王朝对北方已经失控，对南土更是无暇看顾。尤其是武王自封王号后，周王室对楚人在南方的壮大既感到吃惊忧虑，又显得无可奈何。

武王五十一年（前690），武王年近七十，老境已到，病势渐重，然而壮心不减。《史记·楚世家》记载：“（武王）五十一年，周召随侯，数以立楚为王。”周庄王对楚人不满，却迁怒于随人，指责随侯尊楚为王的罪责，说明楚国的壮大已经引起诸夏的警觉。由此，随国对楚国的态度不免有些冷漠。《史记·楚世家》记载：“楚怒，以随背己，伐随。”武王以此为借口，第三次大举伐随了。像往常打大仗那样，这次武王仍然躬临战阵。楚人做了充分的准备工作，车兵装备了戈矛合体的戟（楚语称为“孑”），工兵的装备和技术也改进了。这次伐随简直可以称为楚人展示最新军事装备和强大武装力量的“演兵场”。

《左传·庄公四年》说：“将齐，（武王）入告夫人邓曼曰：‘余心荡。’”“齐”同“斋”，按楚国的惯例，出征前先要斋戒，然后到太庙祭祀，以授兵权。这时，武王却感到心律不齐了。据《庄传·庄公四年》所记，邓曼为之叹息，她坦然对武王说：“王禄尽矣。……若师徒无亏，王薨于行，国之福也。”就是说大王的福寿怕是要到头了！只要这次出征，将士没有损失，即使大王不幸在征途中与世长辞，对国家来说，还算是有福的。

武王就这样出征了，为社稷而视死如归。到达汉水东岸后不久，心疾猝发，便坐在一棵樠树下休息，当即去世。今湖北钟祥东一里有樠木山，因武王病逝于此，又名武陵，应该是武王病故之地。令尹斗祁和莫敖屈重决定严密封锁武王去世的消息，率领全军继续前进，修整道路，在溠水上架设浮桥，在靠近随都的地方扎下了营垒。溠水，也叫扶恭河，源出随州西北鸡鸣山，东南汇入涢水。

其实，这是楚军的权宜之计。武王去世后，楚军打算快速撤回汉西，为了不动摇军心，便秘不发丧，并开道筑桥，在临近随都的地方建造营垒，为的是向随人展示楚军打算久战的决心，以促使随人不战而降，这是应变突发事件的方法。随人见状，以为楚师有久战之意和必胜之志，不胜惶恐。《左传·庄公四年》记“随人惧，行成”，即向楚军求和。

《左传·庄公四年》说：“（屈重）莫敖以王命入盟随侯，且请为会于汉汭，而还。济汉而后发丧。”斗祁继续执行“伐谋”的战略，让屈重代表武王进入随都，与随侯会盟。汉汭即汉水以西，此时楚人尚未控制整个汉水，汉水以西依然是楚人的腹地，为了能安全撤军，不引起随人的警觉，屈重邀请随侯一起到汉水以西再次会盟。这也是最为稳妥的撤军之计。“济汉”，说明随侯同楚军一起渡过了汉水，会盟完毕后便返回随都，这时楚军才为武王发丧。

武王结束了江汉平原的分裂局面，国与国相伐，部与部相攻，这样的战乱局面几近结束。楚文化的灿烂阳光，从江汉平原西部照到了北部，又从北部照到了东边。在楚人的经营下，一个晴朗而安宁的江汉平原破茧而出。汉东地区，铜矿的开采，铜器的铸造，都有蒸蒸日上之势。随国在楚国的卵翼下，走向了更为文明和更为昌盛的未来。

五、为子孙谋：武王的政治遗产

武王不仅为楚人留下了江汉平原和汉东两块根据地，还为楚人北上中原建立了两个前哨，左翼是江汉平原北部的鄀，右翼是汉北中部的蓼，相向窥伺着南襄隘道。下一步要做的，就是打通南襄隘道和占领南阳盆地。具体来说，就是攻灭申国，占据汉北，建立一个可攻可守、可进可退的北上中原的战略要冲。

武王还为楚人留下了一套初具规模的政治制度。王以下有令尹，总揽军民大政。令尹，或称“命尹”，最早出现在《左传·庄公四年》，即公元前690年伐随一役中，当时的令尹是斗祁。但最早一位具有令尹职能的人，可能是斗伯比。《左传·桓公六年》记熊通伐随，当时斗伯比执掌国政，是伐随的主要策划者，但当时熊通未称王，故不著官称。《左传·桓公十一年》尊莫敖为楚国最高的官员，未有令尹一职，但莫敖主要掌军。《左传·桓公十三年》记斗伯比代武王送莫敖屈瑕出征伐罗，其官职应高于莫敖，可能这时楚国已设令尹，但未记载。

《左传·庄公四年》令尹开始与莫敖并称。以后莫敖或设或不设，官位逐渐降低；而令尹从此却成为常设官，而且地位崇高，相当于后世的宰相，直到战国时依旧不变。《史记·楚世家》记载楚怀王时，陈轸对昭阳说：“今君（昭阳）已为令尹矣，此国冠之上。”可以证明楚国设令尹一职，一直到战国末期，都是位高权重的“冠职”。

顾栋高《春秋大事表·春秋列国官制表卷十》说：“彭仲爽为令尹，当在斗祁之后，子元之前。楚令尹见传者二十有八人，唯仲爽申（国）俘（俘虏），余皆王族也。”可见令尹一职大都是王族成员担任，包含公子或嗣君。

莫敖掌军，是武王前期掌军权的最高武职，即司马，此时的莫敖相当于大司马。但楚王另设大司马、右司马、左司马等职后，莫敖则降至左司马之下。《左传·襄公十五年》记载："楚公子午为令尹……公子成为左司马，屈到为莫敖。"

除了中央有令尹和莫敖外，地方还有县尹。当然还有其他官职，可惜的是，关于春秋时期楚国的官制，文献阙如，没有系统的记录，只能根据相关书、传、简和考古史料的碎片化记载，一探真如了。

楚国从武王时代开始实行封邑制，或称为赏邑制。第一位被封的人，便是公子瑕，武王将屈邑封给他，始称屈瑕。屈氏遂成为楚国的大族，尤其在战国时代，与景、昭并称三大族，掌控楚国的政权。屈地在何处，学界尚无定论。

在楚武王的所有遗产中，弥足珍贵的是发愤图强、锐意进取、标新立异、刚毅果敢的精神。发愤图强，表现为继承和发扬先人筚路蓝缕的精神，创业兴国，不断拓展楚人的生存空间。同时，这种图强精神，也不是一味地攻城略地、灭国取物，而是文武结合，积极稳健，有计划、有谋略，既着眼现在，也关注未来的系统式发展。

标新立异也不是只追求与众不同。楚人对中原文明，一向是倾慕和尊敬的，能采用的就采用，能仿效的就仿效。到了武王时代，楚人开始边学习、边模仿、边思考、边创造了。对随国的开明，就是楚人想深入学习中原文化的实例。武王的那句"我自尊耳"，并非夜郎自大，而是楚人自尊心、自信心和创造性的天然流露。这种精神恰恰是楚人身上的一种特质，正是这种特质，才使楚人创造了辉煌灿烂、别具一格的楚文化，而武王又是这一文化的推动者。这种精神又被文王、成王、庄王，甚至是三百年后的悼王、威王所继承，才有了庄王称霸，威王中兴的壮举。

武王所谓“我有敝甲，欲以观中国之政”，意思是说楚国要介入中原政局，帮助周王室维持中原事务。再明确地说，就是楚人要逐鹿中原，与诸夏一起建立新的国家秩序，并维护它。依楚国现在的实力，可以说这有点大言，但也绝非虚张声势的空言，其中既包含了武王的壮志和真情实意，也反映了楚人桀骜不驯、锐意进取的精神。武王“观中国之政”的豪言，不久就由他的子孙实现了。

六、祝融八姓，陆终六子

《国语·郑语》说，楚人是以祝融为始祖的原始民族，曾有八姓，但对祝融八姓的划分，错分误合之处很多。

《史记·楚世家》订正了《国语·郑语》中的一些错误，将祝融八姓修订为陆终六子，这六子是昆吾、参胡、彭祖、会人、曹姓、季连（芈姓）。

《国语·郑语》韦昭注，对祝融八姓重新考订后，将其定为五姓，比《史记》只少了参胡，这五姓是：

己姓：苏国、温国、顾国、董国（昆吾的别封国）。

彭姓：秃姓的舟人（彭祖别部）。

妘姓：郐国（会人）、邬国、路国、偪阳。

曹姓：邹国、莒国。

芈姓：季连（楚人）。

这五姓的别部成立了若干方国。顾国、董国被夏朝攻灭。邹国，后世考订为郝国；莒国，后世考订为己姓。《史记》订正了《国语》的错误，但失之过简。韦昭注继承了《史记》的长处，又补充了它的短处，功不可没。

早在夏代，居住在中原的祝融部落联盟就已经瓦解了，他们在强大的夏族卧榻之旁，虽然尚能苟全，却势难酣睡，分崩离析是他们生存下去的最好选择。商代开始，散居在中原的小国受到大国的讨伐，力不能敌，除降服外，只有避让一策，而迁徙的方向，则以南为益。其实自夏代开始，源于祝融部落的方国就有南迁的。如昆吾，据《左传·哀公十七年》记载，最初迁徙到了卫地；又据《左传·昭公十二年》记载，后来又迁徙到了许地，方向是从东北到西南，虽然未出中原，但离南方已经不远。

与此同时，殷人也开始南迁，不是为了避祸，而是被资源诱惑。中国的有色金属大多分布在南方，而铜矿密集在长江南岸，锡矿和铅矿更在铜矿以南。铜器时代的战略资源，一是铜，其次为锡和铅。因此，商朝中期以后，制定了南进的重大国策，成效卓著。吸引殷人跋山涉水深入南方的，正是铜和锡这些有色金属。在湖北和湖南出土的某些商代铜器上，有“戈”等殷人的族徽；安徽南陵也发现了大型古铜矿，已知开采年代上限为西周。

商朝为了打开通往长江中游的道路，开始讨伐“居国南乡”的荆人。双方力量悬殊，胜负立决。有些荆人被征服了，有些荆人则被驱散了。这时的荆人，含有众多族系不同的部落，主体应该是三苗后裔。这时的祝融部落同样受到殷人武力的打击，部分开始南迁。

《史记·楚世家》说：“季连生附沮，附沮生穴熊。其后中微，或在中国，或在蛮夷，弗能纪其世。”即有些部落留居中原，其余的部落流散到边地去了。楚人即南迁的一部，他们既受到殷文化的熏陶，也遭受殷人的挤压。为了避开殷人的刀锋，大约在商代晚期，开始流徙。最初，楚人的流徙方向与昆吾相似，大致也是从中原东北到中原西南。最后开始南渡，迁徙到了豫西南的丹水流域，即江汉平原的北部，与鄀、绞等国为邻，这便是楚人在南方最早的居住地。

凡迁到商朝“南乡”的祝融部落，都被称为“荆人”；凡是留在黄河流域的，都不是荆人。这样看，南迁的楚人都是荆人，而荆人并不都是楚人。后来非楚人的荆人被周人称为“楚蛮”或“楚荆”，即楚地的蛮族。从周成王“封熊绎于楚蛮”之时起，外来的芈姓反客为主成王公族，土著的楚蛮则成为庶姓了。

直到商朝末年，祝融的后裔尚有己、彭、妘、曹、芈五姓共计不下十国，经过不断裂变和流徙，他们星散地环绕中原居住。南迁的祝融部落后裔主要就是芈姓楚人，他们离中原最远，暂时脱离了历史的主流，战战兢兢地维持着自己的生存。

《史记·楚世家》说：“周文王之时，季连之苗裔曰鬻熊。”楚人的信使时代，就是从这位芈姓的鬻熊开始的。

当楚人开始迁于乔木崛起南国时，那些留居北方的祝融残部则在沦落之中。

彭姓：即秃姓的舟人，原在淮北，早已为西周所灭。

妘姓的郐国：靠近郑国，西周末东周初为郑所灭。

妘姓的路国和偪阳：靠近晋国，春秋时代都成了晋国的领地。

己姓的苏国和温国：可能在夏朝即被攻占，成为夏的附庸；也可能被夏人灭掉之后由商朝重封。到了周朝两国合并，夹在周、郑、晋之间，春秋时代被狄人所灭。

曹姓的邹国，即邾国，靠近鲁国，苟延残喘到战国后期，终被楚国攻灭。

曹姓的莒国：实际为己姓，靠近齐国，活过了春秋，但与邹国一样乏善可陈，公元前431年亡于楚。

楚人同他们像一群任意游走的鱼儿，相忘于江湖南北。但北方的祝融诸姓都消亡在了大国的兵戈之下，只有楚人躲过了锋芒，像一只雏凤栖息在南方的巢穴中，韬光养晦、不断壮大，终于在武王时代一飞冲天了。

周太史伯说："融之兴者，其在芈姓乎！"他的预言实现了。

七、迁都

武王死，太子熊赀即位，是为楚文王。文王即位之年，远在西部的秦国出了一位雄主，即秦武公，这年正是秦武公九年，即周庄王八年（前689）。

熊赀做太子时，熊通特意为他从申国请了一位师傅，史称"葆（保）申"。葆申对太子相当严格，说明熊赀早年受过非常系统且严格的教育，文化素养较高。后来的楚君，也都有师傅。当时在对太子教育这方面，楚国显然比秦国重视。武王在位长达五十一年，熊赀即位时已人到中年了。

文王即位后所做的第一件大事就是迁都于郢。《史记·楚世家》说："子文王熊赀立，始都郢。"但《世本·居》则说："楚武王徙郢。"这极有可能是武王生前就计划好的事，而且已经开始实施，但武王却突然病逝，由文王继续完成。

郢作地名，古意不详。安徽境内称郢的地名特别多，在楚国故都寿春（今寿县）一带尤为密集，应该与曾有大量楚人聚居此地有关。当时的郢都故址在今湖北宜城南部，东不过汉水，南不过蛮河。早在武王中期，楚国就占领了其东面的郊郢，用作渡汉水东征的基地。郊郢，在今湖北钟祥西北或宜城东南。武王四十年（前701），蒲骚之役中，斗廉就曾建议屈瑕屯兵郊郢，监视随、绞等四国的动静。武王后期，攻灭了东面的罗、卢、鄢诸国，原为鄢地的郢就成了比丹阳更好的定都之地。文王迁都郢地，可以说水到渠成。

郢都一带是肥沃的冲积平原，至今宜城还被称为“小胖子”。更为重要的是，它处在南来北往、东走西行的枢纽上，南瞰江汉平原、北望南襄隘道、东临随枣走廊、西控荆雎山地，四通八达，是汉水和淮水之间的战略要冲，汉水中游的重镇。迁都郢，就能牢牢地悬控汉阳和淮域，乃至窥视中原诸夏，还能制驭蛮、越、巴、濮，便于策应，战略位置显要。

武王给文王留下了一个生气勃勃，正在强盛起来的国家；一批能信能用、德才与忠诚兼备的大臣；一支训练有素、久经磨炼、强悍勇猛的军队；一套初具规模、有章有法的国家制度。因此文王做起事来，总是顺风顺水，也会称心如意。文王在制度建设方面没有什么创造性的贡献，其兴趣和精力贯注在战争上。这倒不是文王不愿意或没有能力进行制度建设，是时代不允许他这样做，因为当时正是楚国进行弯道超车、跨越式发展的大好时机。

武王和文王时代正值春秋初期，诸夏都在蚕食周边的小国，扩充实力，为立足争霸做准备，无暇顾及南方事务，这正是楚国得以勃兴的政治环境。因为到了文王晚期，尤其是楚成王前期，中原大国已经造好势，开始了规模浩大的争霸战争，同时将目光转向了南方。但这时的楚国已经变成南方强国，不仅有了称霸南土的资本，还有了“观中国之政”和挑战中原霸权的实力和胆魄。召陵之盟，是诸夏与楚国政治妥协的产物，也是齐楚争霸的序幕。这些自信和实力，都是武王和文王时代积累下来的，如果慢一步，楚国就可能被诸夏侵占，甚至是吞灭。

可以说，正是有了楚国、吴越和巴蜀，尤其是楚人，南方文明才能抵御中原文明的侵蚀，使南方在一个相对和平的环境中，开始了楚文化、吴越文化和巴蜀文化的全面创建。

八、假邓伐申：楚人与汉北之战

文王与武王一样，抓住了楚国弯道超车的时机，在春秋争霸战争的窗口期，有魄力地将治理国家的任务合理地分配给属下，将精力放在对外战争上。文王在其短暂的执政生涯中，通过战争，扩充了领土，壮大了实力，为楚人称霸南方和“观中国之政”打下了坚实的基础。可以说，文王的性格是锋芒毕露、雷厉风行的。

文王二年（前688）冬天，文王急不可耐地挥师北上，开始征伐申国了。《左传·庄公十八年》说“及文王即位，与巴人伐申”，说明这次伐申，楚国还联合了巴人。楚人北上，这是合乎逻辑的发展趋势；但文王避轻就重，不伐近处的邓，而先去伐远处的申，这就耐人寻味了。邓在楚、申之间，楚伐申，必须假道于邓。邓与楚为姻亲，当时的邓君祁侯是文王的舅舅。文王虽有伐邓的心思，一时尚无借口。至于假道伐申，是符合当时国家间惯例的。文王巧妙地利用这个惯例，将其变成了一种策略。

《左传·庄公六年》说：“楚文王伐申，过邓。邓祁侯曰：‘吾甥也。’止而享之。”邓侯以舅舅的身份打算在邓都犒劳楚军。但楚军的行动却引起了三位大夫的怀疑：“骓甥、聃甥、养甥请杀楚子（文王）。邓侯弗许。”邓侯没有听从三大夫的建议，按正规礼仪接待了文王。

文王三年（前687），楚师在自申返楚的途中伐了邓。文献记载是“役”，说明伐申与伐邓都是通过战役完成的，但没有明确指出申已灭与否。《左传·哀公十七年》说：“子穀曰……彭仲爽，申俘也，文王以为令尹，实县申、息。”灭息大约在文王六年，根据这段史料推测，申已经被楚师攻灭，变成楚的一个大县了。同时，申的附庸国，位于今河南南阳西的吕国一起并入楚国。邓虽幸存，但已经危如釜底游鱼，于文王十二年（前678）被楚国剪除了。

这次伐申，文王有一个重大收获，即俘虏了申国的彭仲爽。文王与武王同样注意选贤用能，甚至可以不分民族，不分等级，破格提拔。而且“疑人不用，用人不疑”，一旦任用，便充分信任，使其有用武之地，尽情施展。《左传·哀公十七年》记载，文王以申俘彭仲爽为令尹，使其成为楚国有记载的第二位令尹，也是唯一一位非王族出身的令尹。文王用人的气魄与胆略，即使武王和庄王也望尘莫及。彭仲爽不负所望，战胜攻取，先帮助文王灭申，后协助文王伐蔡灭息，使陈、蔡都朝于楚君，将楚国的边界扩张到了中原的汝水流域。

文王假邓伐申与晋献公假虞灭虢的策略十分相似，都是利用了假道伐国的国家间惯例，使一得二；而邓、虞都轻信楚、晋，忘了“唇亡齿寒”的道理。邓侯说“（文王）吾甥也”。虞君说“晋我同姓，不宜伐我”。借道敌国，最终反受其害。更为重要的是，文王灭申伐邓，控制了汉北，打通了北上中原的路径，为楚国的霸业打下了坚实的基础；献公灭虞、虢二国，将晋国的领地延伸至陕西、河南交界处，在西部设了两个前哨阵地。虞扼茅津，虢据函崤，都是咽喉之地，死死地卡住了秦国出关的通道。献公灭虞、虢二国，为今后晋、秦长期的斗争，创造了有利的局面。

文王占据南阳盆地，意义至关重大。南阳盆地的面积约为两万六千平方千米，东、北、西三面都是山险，中部和南部是宽阔的河湖冲积平原，海拔在五十米至一百五十米，地表有和缓的波状起伏，无霜期较长，降水量适中，发展农业的自然条件比楚人旧居蛮河中游好得多。春秋时期楚国的第一大县申县，就是以申国故地原封不动改设的。申县，向东，经方城隘道（今河南方城与叶县之间）通向中原；向西，经由丹江北岸荆紫关至武关一线通向关中；向南，经过由汉南的襄宜平原和汉东的随枣走廊，可深入长江中游的腹地。从地缘交通上说，叫作南襄隘道。一出方城就是淮北平原的西部，无论北上，还是东下，都没有险阻。申县与楚国第二大县息县成为并立的北上中原的两大门户。

攻灭申国后，文王终于实现了从若敖时代的夙愿，占据了汉北，进而统一了整个汉阳地区，为楚人建立起了一块最基本、最牢固的根据地。下一步就是逐鹿中原、“观中国之政”了。

九、正与奇：楚人对蔡、息的觊觎

文王六年（前 684），楚伐蔡。当时蔡国尚在淮水支流汝水的上游，即今河南上蔡一带，是中原南部最大的姬姓国，西北有郑，东北有陈，三国构成了中原与南方的缓冲地带。因为三国在这个缓冲带中恰如三角分布，相连接便构成了中原南部的势力轮廓，因此，也可称为“夹层地带”。

在中原南部诸国中，蔡与楚离得最近，从郢都到蔡，全程近四百公里。楚人要北上中原，观中国之政，必须要向这个缓冲带的诸小国假道，不像在江汉平原上来往那么自由自在。因此，控制这个夹层地带，对楚来说就至关重要。

文王做事，既有雷厉风行的一面，也有慎重严谨、深思熟虑的一面。具体到治军，武王用兵如波浪式推进，稳扎稳打，步步为营，层层推进，很有章法，主要靠实力，胜在一个“正”字。文王用兵却如跳跃式突进，不拘小节，打破常规，出奇制胜；而且奇中带正，正中有奇，看似毫无章法，实际上是在进行战略性布局，将实力与谋略结合得恰到好处，胜在一个奇正兼顾上。

正就是不变，是一种刚毅与恒心；奇就是变，是一种策略和气度。有了正，就能做到“狭路相逢，勇者胜”；有了奇，就能做到“出奇制胜”。正与奇如同硬币的两面，缺一不可，尤其在险恶丛生的乱世、瞬息万变的战场，如果只正无奇，就会变得故步自封、迂腐僵化，失去良机；如果只奇不正，就会变成轻浮鲁莽、玩世不恭，使自己处于险境。

文王正是具备了正与奇的性格特质，并将它们发挥得相得益彰，才能根据时代发展的趋势，不同时期政治格局的变化，敌我双方力量的此消彼长，以及利益的需要，灵活调整前进的方向，在实现霸业的过程中，达到“以变制变，以不变应万变”的境界，从而能处乱不惊，游刃有余。文王就是靠着这种综合素质，使楚国变得更为强大了。武王扬言“欲观中国之政”，但那时的楚国只具备统一汉阳的实力，尚无力窥视中原；只过了二十二年，文王就开始逐鹿中原了，虽然尚无力与中原大国角逐，但扬威中原小国却绰绰有余。

文王灭申是计划内的事，这是正。但采取了假邓伐申的策略，出奇制胜，不仅除掉了周朝设在南土最大的一个姜姓国，而且顺道给本就奄奄一息的邓国猛烈一击。这次伐蔡灭息也是文王的计划，伐蔡，意在控制中原南部最大的一个姬姓国；灭息，意在为楚人在淮水上游建立起另一个北上中原的门户，这是正。但文王却利用蔡、息交恶，采取伐蔡灭息的策略，出奇制胜，不仅控制了蔡，而且灭了息，这就是奇了。

十、伐蔡灭息：楚人逐鹿中原的序幕

伐蔡的缘由，从表面看，是应息侯之请，去惩罚无礼的蔡侯。息是蔡的南邻，是淮水上游诸国中比较大的一个小国，故址在今河南息县，是北上中原的门户，战略位置十分重要。蔡夫人和息夫人是姐妹，都出身于陈国公室。蔡侯先娶，息侯后娶。息夫人貌美，自陈过蔡，赶赴息国，蔡侯以姐夫名义阻留求见，言谈举止比较轻浮，息侯知道后十分震怒。但息国无力讨伐蔡国，息侯便派使者到楚国，向文王献伐蔡之计，就是请楚假意伐息，息国再假意向蔡国求救，楚即可以以此为理由伐蔡。息侯之计正中文王下怀，文王迅速整军出征了。楚师与蔡师在蔡的南境相遇，楚师锐勇，蔡师一触即溃，蔡哀侯献舞被楚师俘获带回郢都去了。蔡侯被楚国软禁了九年后去世，由其子肸即位，是为蔡穆侯。

上面说到，陈、蔡、郑三国构成了北上中原的一条缓冲带，只有控制了这个三角地带，建立起战略跳板，才能北上与诸夏争霸。蔡国处在这个三角地带的最南端，离楚国最近。如果控制了蔡国，就能打破这个三角的平衡，为控制陈、郑敦实基础。这才是伐蔡的真实目的。

蔡哀侯献舞深恨息侯，为了报复，故意向文王渲染息夫人的美貌。此计果有奇效，文王立即兵发息国。《左传·庄公十四年》说："(文王)楚子如息，以食入享，遂灭息。以息妫(息夫人)归，生堵敖及成王焉。"说明文王不露声色，采取了迷惑战术。息侯以为文王进行友好访问，设宴款待。文王愀然变色，化殿堂为战场，捉住息侯，灭了息国。从此，息夫人成了文夫人。楚人以息国为基础，建立了息县，使其成为春秋时楚国第二大县。

淮汉之间是当时东西南北文化交汇的一个十字路口，谁占领了这个咽喉要道，就能得到来自四面八方的各种信息，掌控东来西往和南来北去的锁钥。申在这个地带的西部，息在这个地带的中部偏北。文王灭申、息，使楚人完全控制了这个十字要冲，不仅打通了通往中原的路径，而且将这个战略咽喉要道牢牢地抓在楚国手中，使诸夏难以进入南土，对楚国的前途和中原的命运都显得至关重要。所以灭息只是时间早晚问题，蔡、息鹬蚌相争，楚国正好渔翁得利，借机灭了息国，而纳息夫人只是一个偶然的小插曲。

楚国伐蔡灭息，恰恰反映了春秋时期是列国向王国转型的时代，大国通过战争兼并小国，不断壮大，最终成为雄霸一方的王国。像蔡、陈、郑、息、许、申这样的小国就是大国争霸的牺牲品，用之便扶，逆之则伐，不用即灭，最终逃脱不了亡国灭种的惨剧。

十一、虽死不辞：楚人的雄心

文王灭申、息，建立了北上中原的两个门户；而且灭息，还为楚人最终占据淮域建立了一个战略据点。伐蔡，则震慑了中原南部诸国，开始逐步将这个缓冲带打造成楚人北上的战略跳板。从此楚人可以自由来往于中原与南土，如一把尖刀，直插诸夏。

《左传·庄公十五年》记载“齐侯、宋公、陈侯、卫侯、郑伯会于鄄”，并评价说：“齐始霸也。”齐国在管仲的执政下，除弊兴利，愈加壮大，在诸侯中脱颖而出，开始成为中原第一个霸国，桓公也逐渐成为春秋时期第一个霸主。《史记·楚世家》则说：“齐桓公始霸，楚亦始大。”这时正值齐桓公七年，文王十一年，即公元前 679 年，齐称霸北方，楚崛起于南土，南北之争正式拉开了序幕。

文王十二年（前 678），楚伐郑。两年前，出奔数年的郑厉公返回郑国，但没有及时告知楚国，文王认为这是对楚国的藐视，以此为借口，讨伐郑国。郑国是中原南部最靠北的国家，居“天下”之中，郑都的故址在今河南新郑，处于中原腹地的边缘。这次伐郑的真实目的，是为了逐鹿中原做准备，也是向正在成为霸主的齐国扬威，因此文王不惜劳师远涉，深入中原的腹地。

同年，在伐郑前或者伐郑后，楚灭了邓国。邓之于楚，如骨鲠在喉，不除不快。灭邓后，方城就成了楚国的北大门，南阳盆地就成了楚的门厅，南襄隘道则成了楚的门廊。

方城是伏牛山东端的山名，在今河南方城与叶县之间，控扼着伏牛山与桐柏山之间的孔道，是联结黄淮平原和南阳盆地的枢纽。春秋时，这里只有城堡，没有长城。战国时，这里才陆续地建筑了长城，经过方城，因而称长城为方城。从此，楚人只要北上中原，必经方城；关闭方城，则诸夏难以入楚，其战略位置可见重要。

文王十五年（前675），文王亲自率兵伐巴，讨伐巴人与权县的阎敖族人联合反叛楚国的罪行。这次发动叛乱的是聚居在清江流域而散居在江汉平原的五姓巴人。

文王亲自出征，也是出于无奈，大概是因为如彭仲爽这样一流的杰出将领已不在人世。文王是个能用将的君主，但不是个善于统兵的将领；遇大事深思熟虑、谨慎小心，能筹划但不善亲自实施。遇大事谨慎的人遇小事可能鲁莽。文王轻敌冒进，竟在一个名为津（今湖北江陵或枝江津乡）的地方打了大败仗。尽管如此，楚师尚未达到溃不成军的地步，巴师则退走了。文王率楚军回到郢都，司宫门守卫之责的大阍鬻拳拒不迎纳。文王为了以功补过，也不进宫门，重整旗鼓，亲自去讨伐黄国。

黄是淮水上游的一个嬴姓小国，西北与息县为邻，故址在今河南潢川县西。文王接受因轻敌而致败的教训，遣将用兵又像先前那样得心应手。击败黄师后，文王迅速撤兵。《左传·庄公十九年》说："败黄师于踖陵。还，及湫，有疾。夏，六月庚申，卒。"文王在将近郢都时，在一个名为湫（今湖北钟祥北）的地方，暴病而死。

武、文两代楚王都抱病出征，又都死在征途中，表明当时楚国的国人，仍然要求他们的君王必须是一位优秀的统帅，必须为社稷的安危和国人的荣辱承担责任。同时，也反映出楚国正处在贵族制向君主制的过渡期，楚国的政治与军事体制还残留着原始社会末期军事民主主义的痕迹。这时的楚王还只是一位戴着王冠的大酋，他仍然是以公族为核心的国人的工具，是他们的代言人。尽管这种旧的习惯法在王权的强光中正在褪色，但当时仍为忠臣所恪守，鬻拳，即与楚同姓的一位公族忠臣。楚王对自己的天职有清醒而正确的认识，虽死不辞。

楚国从武王开始，旧的贵族体制逐步解体；但不经过新旧体制的多次冲突，不经过几代君臣的斗争与妥协，是无法将旧的军事民主主义送进坟墓的。这种冲突在文王死后又一次爆发了，而且到成王晚期愈演愈烈，直到庄王时代，旧体制最终迎来了它的末日。

第二部分

文明与暴力

自周平王东迁后至齐桓公称霸时，周天子虽然维持着天下“共主”的名义，但实际地位已经降低到与其他列国等同。而且愈往后愈衰弱，就像一个得了不治之症的病人，积弱不堪。周王畿在春秋初还据有以洛阳为中心的河南西北部地区，到后来，各诸侯不断侵吞王室的土地，致使周境东不及虎牢（今河南荥阳汜水），南仅达伊、汝二水之间，西不到崤、函，北距黄河，全境不过一二百里。就是这块领地，也维持不住，王畿以内常常遭到诸侯的抢掠，甚至连周天子也时不时被赶出洛邑。因此，春秋以前周王室赖以统治天下的分封制已不复存在，代之而起的是列国争霸局面的形成。

周王室为了自存，不得不依靠“霸主”，先是齐，后是晋。随着齐、晋相继称霸，北方的权力中心（重心）也发生了交替，先转移到齐，后转移到晋。周王室需要霸主维护以苟延残喘，霸主也需要周王室这面旗帜来确立霸权。逐渐地，一种新的国家秩序——“政霸体制”首先在北方形成了。霸主成为国家新秩序的终极维护者，周天子则成为只具有象征意义的“权力符号”。而且随着周天子这面旗帜作用愈来愈小，周王室离灭亡也就愈来愈近。

首先成为霸主的是东方的齐国。当齐国在中原称霸的时候，秦国主要力量尚在关中一带与戎、狄争夺生存空间。因此，齐国称霸时，与秦尚无直接接触。这个时期，楚人已有北上争霸的雄心，碍于齐国的强大，只能采取迂回策略，与齐人展开了一场没有硝烟的战争。

齐国霸权失落后，楚国已经控制了淮水中下游，加上汉阳根据地，楚人将汉水、淮域和长江中游连为一片，一跃成为南方的霸国，出方城，开始“观中国之政”，积极参与国家新秩序的创建。楚国先与宋争霸，再与晋争霸，从而引发了北方国家间格局的变化和权力中心的转移，促进了国家新秩序在北方的形成。

秦国虽然也有称霸中原的野心，但由于晋国占据着“桃林之塞”，死死卡着秦人东进的关口，秦人始终没有越出关中。但秦人控制着“河西之地”，牢牢扼守着晋人西拓的咽喉。两国优劣相当，晋、秦争霸成为一场势均力敌的消耗战。由于秦人同东方的晋国长期处于战争状态，又与南方的楚国结盟共同制晋，实际上也间接地参与了国家新秩序的创建。

这个时期是国家新秩序形成的关键期，四大强国都不约而同地以各种方式参与到这个变革中来。就在四大强国争霸的同时，小诸侯国也被拖入了战争的泥潭，不是依附晋，就是投靠楚，使这个时期成为国家斗争最为激烈和国家关系最为复杂的时代。可谓雄主辈出，精彩纷呈。

巨变：从“共主时代”到“霸主时代”

一、周王室的衰落

周王朝是由商朝“封建”的边疆诸侯发展而成的。同样，建立秦朝的嬴秦，其历史与周朝平行发展了数个世纪。开始它是附庸的贵族，后来发展成诸侯，日渐独立。待周朝被游牧民族打败，被迫东迁，从黄土高原退到平原，在陕西、山西、河南交汇的地方重新建都，秦人“掩护”了这次退却，并继续在西方与游牧民族进行战争。但是，周朝的退却并没有使西部的土地长久沦陷于游牧民族手中，相反，秦逐渐夺取了游牧民族的土地，成为西方强国。

可以推测，当时秦在周的边境上立国，处在周朝与旧社会形态的游牧民族之间，它产生了双向压力，一方面是向游牧民族夺取土地，另一方面使周向东退却。显然，这种现象是周人在商朝与旧社会形态的游牧民族间兴起的重演。只是这种形式随着几个世纪来新社会的发展而变得更趋复杂。

自周平王东迁以后，周天子虽然保持着天下“共主”的名义，但实际上已经降到与其他诸侯国同等的地位，而且愈往后愈衰落。随着周王室的衰落，各个诸侯国一天天强大，在全国形成大大小小数十个割据政权，其中有广袤千里的大国，也有不足五十里的小国。还有一些散居的戎、狄部落建立的游牧政权。

大致来说，西方有秦、梁、芮，以及诸戎；在秦的东方，位于今山西西南部的是晋国。黄河中游，即中原南部有郑、陈、蔡诸国，其中郑国地理位置重要，比较强盛。黄河中下游，今山东境内，有西周始封的两个大国，齐与鲁。鲁国在春秋时发展不大，齐国则蚕食了周围一些小国而愈加强大。齐、鲁的西面是卫国，鲁的南面是宋国，北方较大的还有燕国。南方的楚国从春秋初期开始，不断扩张势力，到了楚文王时代，基本占据了今湖北、湖南的广大区域；到了春秋中期，又占据了今安徽、四川等部分地区，成为国土面积最大的王国。春秋末期，长江下游的吴、越两国迅速发展起来，成为楚的劲敌。

这个时代，虽然列国之间存在着连绵不断的战争，但主要发生在几个大国之间，它们相互争夺土地，夺取霸权，以霸主的身份维持国家新秩序。

周王朝赖以存在的“分封制”和“宗法制”在诸侯争霸的过程中逐步瓦解，国家旧秩序渐渐崩溃。代之而起的是一种全新的、适应时代发展需要的国家新秩序，即“政霸体制”。在霸主执政时期，整个国家秩序趋向稳定，虽然存在着列国战争，但不会演化成大规模冲突。大规模冲突只发生在霸权交替的过程中。

周王室还能苟延残喘地保存下来，是由于在诸侯争霸的过程中，周天子还是一面可以利用的旗帜，但随着国家新秩序的确立，这面旗帜的作用愈来愈小，周王室也就接近灭亡了。

二、周代权力中心的转移

东周国家新秩序从形成、建立到确立的过程，恰恰与周代中国权力中心的几次转移相吻合。从公元前1100年到征战不已的前5世纪—前3世纪，周朝由盛到衰，从而引发了南北权力中心的转移，在权力转移过程中，国家新秩序逐渐建立起来。这里说的南北权力中心的转移有两层含义：一是伴随北方和南方内部各自争霸的胜败而产生的权力中心转移，二是南北方争霸东周天下而产生的权力中心的转移。

西部是北方第一个权力中心。周朝由此兴起，其优势超越了在黄土高原及大平原交界处的商王朝，周人在渭水河谷（即周原）中建立了自己的新中心。这个中心一直维系到周朝自陕西东迁河南的时候。这个时期大体上表现为秦人对陕西北部的戎、狄战争。在当时的列国中，还没有一个政治中心能够发展到与周天子争权，但要承认，周室东迁除了避开游牧民族的威胁外，还是避秦兴起之锋芒，这是一股看不见但潜力巨大的力量。

继之而起的第二个时期是公元前679年至前643年。这时北方的权力中心转移到了齐国。齐国土地多半在今山东，从黄河下游以北至淮河流域边缘，是齐的势力范围。这个时期，对戎、狄的战争仍然集中在陕西、山西，不过新的战争又在河北、山东和河南发生，这里散居着已经汉化的狄人。同时，各地的列国，如楚、秦、晋也逐渐强盛起来。周王室则困于王畿之内，东面是齐、北面是晋、西面是秦。公元前655年，齐国在首止（今河南商丘睢县）会盟诸侯，主要意图是再次确定太子郑的嗣君地位。这次齐国公然干涉周王室的家事，实际上宣告了北方权力中心由周王室手中转移到诸侯手中，加速了东周国家新秩序的形成。

齐桓公死后，霸主空缺，北方出现了权力真空期。楚、宋为了争夺霸主之位，相互攻杀。最终，楚战胜了宋，成为有实无名的“准霸主”。同时，到了公元前636年，战争的性质变得更为复杂，因为北方的游牧民族开始分别成为汉族列国的盟国或附庸，参与到争霸战争中来。这一年，周襄王娶了狄族酋长的长女，并立其为后，情势变得更加混乱了。周襄王与弟弟带（即甘昭公）不和，甘昭公便与狄后相通，想借狄人的力量取得君位。周襄王知道后，废了狄后。王弟带便引狄师击败周师，周襄王逃到郑国避难。公元前635年，在晋文公的干预下，周襄王复位，这种混乱的局面才得到遏制。

晋文公有了称霸的政治资本，又在他的臣僚辅佐下，于公元前632年击败了楚国，直接引发北方权力中心转移到晋，标志性事件是晋文公挟诸侯以令天子，将周王召到河阳（今河南孟州西）去见诸侯。这个情形一直维持到公元前546年，四大国平分霸权为止。但由于春秋末期，秦国持续低迷，齐国内政不稳，在形式上，北方的权力中心依然在晋国。这种虚拟中心的局面一直到公元前453年结束。

公元前546年后，周王室以跨越式的速度继续衰落。由于四大国势力均衡，中国整体上处于和平时期，这种局面一直持续到413年魏国兴起为止。这个阶段的战争主要发生在四大国势力范围内部。南方的楚国面临兴起势力吴、越的威胁。北方主要是汉族与游牧民族的战争，而且多半发生在山西和陕西北部。秦国与晋国继续北进，直达草原边缘。戎、狄被秦、晋挤压，只得迁徙。这个结果改变了整个中国的历史。晋国后来分裂成三个国家，北部为赵，西南部为韩，东南部为魏。

自公元前453年起，北方又开始了权力中心的转移，这次又巧成循环，中心又转移到周朝兴起的西部或西北部。这可以说是另一新兴秩序的开始。

南方的权力中心，至楚武王和楚文王时代开始逐步转移到楚国。到了楚成王占据淮水上中游，并于公元前645年在娄林（今安徽泗县）打败了淮水中下游的徐国后，周朝和诸夏的势力被楚人彻底挤出了南方。同时，也宣告南方的权力中心最终转移到楚国手中，这种局面一直持续到公元前223年，秦灭楚为止。如图6所示。

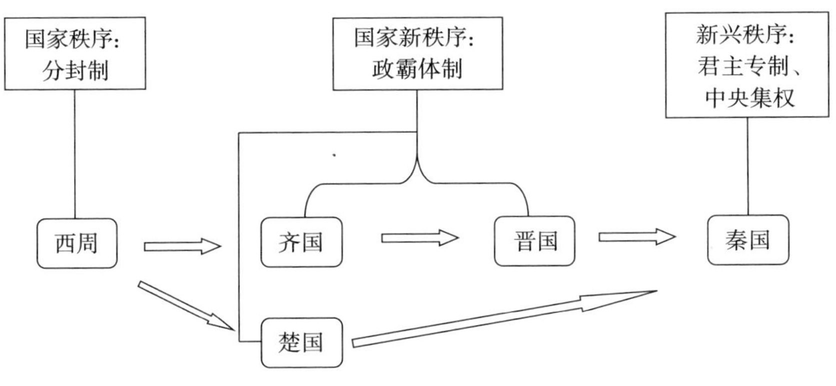

图6　两周时期权力中心的转移

第五章　王室微，霸主起

一、从西垂大夫到始封公爵

秦庄公元年（前821），周秦联军同西戎作战，取得了胜利，秦人不仅夺回了被西戎占去的犬丘，庄公也被周宣王封为“西垂大夫”，封地为秦邑与犬丘。犬丘，即今甘肃天水附近；秦邑，即今甘肃天水清水县。这一地带被秦人称为“西垂故地”。以后，秦人的首领更加卖力地替周王室守卫西土，与西戎周旋，但是，西戎强大，秦人力不能克。因此，从庄公元年到襄公六年，即公元前821年至前772年共50年，秦人的基本方略是忠于周而和于戎。这里的戎，不仅包括劲敌西戎，还有丰戎与骊戎。

《史记·秦本纪》说:“庄公居其故西犬丘，生子三人，其长男世父。世父曰:‘戎杀我大父仲，我非杀戎王则不敢入邑。’遂将击戎，让其弟襄公。襄公为太子。庄公立四十四年，卒，太子襄公代立。襄公元年，以女弟缪嬴为丰王妻。襄公二年，戎围犬丘，世父击之，为戎人所虏。岁余，复归世父。”

丰王即丰戎的首领，聚居在潏水西。襄公将妹妹嫁给丰王，是想结好丰戎。丰戎和骊戎都逼近秦核心之地，位居战略要冲，丰戎在西，骊戎在东。襄公前，秦与骊戎已经是姻亲；现在，秦与丰戎也成为姻亲了。秦人与丰、骊二戎结亲，一是为减轻二戎对秦地的威胁，二是为解除后顾之忧，全力对付西戎。

世父复仇心切，难免冒失，与西戎作战失利，自己也成了俘虏。至于西戎放世父回犬丘，想必是因为襄公想方设法缓和并改善了与西戎的关系。

秦地为王畿的西邻，秦君是朝廷的命官，秦人务须循规蹈矩，不能像楚人那样放肆恣张。秦人的对手与楚人的对手强弱异势。西戎诸部都有君长，他们的部众有与周人、秦人作战的丰富经验，其草原广阔复远而不知所终，不像兵器简陋的楚蛮那样容易对付。只有车兵（周人有而秦人无）、徒兵而尚无骑兵的周人和秦人，对西戎只能是穷于应付。当时的秦人以和戎为上计，除非不得已时绝不轻易用兵，否则兵连祸结，不知将伊于胡底。

襄公即位后采取了西制戎、狄，东窥黄河的策略。西制戎、狄，就是和于戎，即上面提到的，襄公将妹妹嫁给丰戎的首领为妻，以巩固后方，为全力对付西戎、经营西部做准备。东窥黄河，即襄公迁都于汧邑（今陕西陇县），节节向东逼近。这一西一东两个方向，成为秦国前期的战略目标，直到秦穆公时期最终完成。

襄公七年（前771），周幽王废申后与太子宜臼，立褒姒为后，其子伯服为太子。任佞臣，戏诸侯，国人怨，诸侯怒。于是，申侯（西申）联合附近的缯人（西缯），招引远处的犬（畎）戎，发起叛乱。犬戎杀幽王于骊山之麓，申侯实现了自己的政治图谋，使外孙由废太子一变而为真天子，代价是让犬戎饱掠而去。犬戎是西戎的一支，比丰戎、骊戎等部剽悍。犬戎能直捣王畿，是因为诸侯没有发兵勤王，而丰戎、骊戎等部也作壁上观，按兵不动。

就在周王室绝续莫测的危急关头，秦人挺身而出发兵救周。《史记·秦本纪》说：“而秦襄公将兵救周，战甚力，有功。周避犬戎难，东徙雒邑，襄公以兵送周平王。平王封襄公为诸侯，赐之岐山以西之地。……与誓，封爵之。襄公于是始国。”

秦人所救的不是周幽王，而是申侯（西申）与缯侯（西缯）共立的周平王宜臼。“战甚力”，不可能是与犬戎主力决战，只可能是与正在掳掠、尚未尽撤的犬戎小部遭遇。秦的后方与西戎已经化干戈为玉帛，丰戎、骊戎也是秦人的盟友，申侯与秦人关系一向友好。在这些有利条件下，发兵勤王并护送周王迁都洛邑，于秦襄公而言不过是做个人情；周平王以岐山以西赐秦人，所赐的虽是周人已失的土地，襄公也欣然接受。

秦人“始国”之年是在周平王元年（前770），比楚人始国晚了两个半世纪有余。但在册命的爵位上，秦君是公爵，比晋侯还高，与齐、鲁、宋同爵，是最高等级；楚君是子男，是最低等级。秦人从大骆到非子的酋邦（姓氏国），经庄公的西垂大夫（方国），到襄公时代，一跃成为封国（国号秦），而且是等级最高的公国，秦人政治体制发展的速度是罕见的，像一次创纪录的三级跳，尤其是“始封公爵”，在西周分封史上也是绝无仅有，堪称无双。

秦人封爵受土，志得意满。但是周王室东迁却是出于无奈。西周末期，猖獗于王畿和关中地区的戎、狄势力有增无减，周王室力不能制，即使没有“骊山之变”，周王室在这里也难以立足。因此，周平王迁都洛邑（今河南洛阳附近），实际上是被戎、狄挤出了关中，名为迁都实为逃难，这是游牧民族对周王室造成的第一次“挤压式”冲击。

周王迁都，不仅宣告西周的结束，东周时代开始，同时也预示着“共主”时代的结束。北方权力中心开始东移，在春秋时代，相继转移到齐、晋手中，南方的权力中心开始向楚国转移，南北对峙即将开始，霸主时代来临了。

二、“夫国大而有德者近兴”

北方权力中心的东移，使周王室对西土彻底失控，关中处于权力真空状态。秦人不仅跻身诸侯之列，而且远离了周王室的监控，这些都给秦人经略西土提供了便利条件。但是，由于关中失去了京畿地位，造成了西部战略地位的下降，以及周王室与诸夏对西部支持的锐减；秦人不得不依靠自己的力量，单独与西戎等部作战。所以，秦人首先面临着能不能在西土生存下去的问题。

周平王虽“赐”给秦以“岐以西之地”，让秦人在这里建国，但这岐山以西之地，名义上属于襄公，实际上这一带几乎布满了戎人和狄人。岐，就是岐山，即今陕西岐山境内。《史记集解》引徐广说：“山在扶风美阳西北，其南有周原。”就是指这里。在今陕西北部的陕北高原，分布着被称为“白狄”的部落；在今陕西关中、甘、宁、内蒙古及其以北地区，有绵诸、翟、邦、邽、冀等戎、狄部落；此外，关中东部还有西周留下的梁、芮等小诸侯国。这么多的势力在这里生存，使秦国几乎没有立足之地。这些戎、狄部落大部分处在由游牧生活向定居的农牧生活转化的阶段，社会经济较落后，富饶的关中地区，就是他们长期以来掠夺和侵扰的目标。周王室也难以在这里继续统治，才被迫东迁。

《史记·秦本纪》记周平王在封襄公为诸侯时说得很清楚：“戎无道，侵夺我岐、丰之地，秦能攻逐戎，即有其地。”就是说，秦能将戎、狄从这里赶走，就可以在此建国；若不能，也只好任由戎、狄赶走或灭亡。这样看，秦“立国”后，周围戎、狄环绕，能否生存下去，是个未知数。襄公封土为诸侯后，不得不承担历史赋予秦人的使命。

襄公是个比较有作为的君主，《诗经·小戎》毛氏传说：“备其甲兵以讨西戎。”说明襄公即位后一直在整顿武备。在襄公的整备下，秦国出现了用于作战的兵车。兵车上配备着各种毛色的骏马，有些马上还装有甲衣。同时还制造了各种锐利的武器，如“三锋矛”、以朱羽为装饰的盾。在秦人自己看来，这种阵容已经足够强大了，武器和士兵也有所增加。这些确实反映了襄公时期，秦国武装力量有了极大的提高。但即使如此，在秦建国的最初几年，它的武力仍然不足以击败戎人。从襄公八年秦“始国”开始，一直到襄公十二年，这四年中，秦与戎、狄的斗争毫无进展，战绩几乎为零。周平王封给秦的“丰岐之地”仍然在戎、狄的控制下，秦人依旧只能在他们的故居“西垂”活动。

襄公十二年（前 766），《史记·秦本纪》记襄公：“伐戎而至岐，卒。”此举是为了收取岐山以西之地，但未能如愿以偿。《今本竹书纪年》说：“秦襄公帅师伐戎，卒于师。”襄公当年便赍志以殁了。

秦以一个新起的小国，想在短期内击败战斗力强悍的戎、狄并不是轻而易举的，但已经显示了秦人确有夺取丰、岐之地的决心。而且，秦国的地位在诸夏的眼中也迅速上升。《国语·郑语》记载秦襄公五年（前 773），司徒郑徙曾问史伯说：“姜、嬴其孰兴？”史伯说：“夫国大而有德者近兴，秦仲、齐侯，姜、嬴之携也，且大，其将兴乎！”史伯将秦与齐并论，认为他们是大国，且“将兴”，可见秦的势力在襄公时已有很大增长，有了与诸夏争霸的条件。

论实力和国土，襄公时期的秦只是一个小国；但论雄心壮志和发展潜力，秦已然可以与大国并列。但秦国要想成为名实相符的大国，还需要几代国君的努力。

三、“地至岐”：秦人与戎人在岐山的斗争

襄公死后，秦文公即位，秦人又退回“西垂故地”，一直到文公四年（前 762），秦人活动的中心仍在如今甘肃天水清水县一带，他们还不能控制关中的丰、岐之地。

文公三年（前 763），即位三年的文公率兵七百“东猎”。这时的秦人刚从游牧转向定居的时间不久，仍然保持着游牧民族的传统习俗。所谓“猎”，就是在不断战斗中扩大领地，同时还有迁徙的意思。这次“东猎”进行了将近一年，直到文公四年，才到达汧水和渭水会合的地方。

《史记·秦本纪》说:“（文公）四年，至汧渭之会。（文公）曰:‘昔周邑我先秦嬴于此，后卒获为诸侯。’乃卜居之，占曰吉，即营邑之。”秦人的祖先非子曾经在“汧渭之会”养过马，不过，那时的秦人还是周人的奴役，这次秦人重来，地位已经不同，文公决心要把秦国的势力扩展到这里。“即营邑之”，表示秦人要在这里定居。此邑的位置，在今陕西宝鸡东部斗鸡台的戴家湾。营邑于汧渭之间，表明秦人正式走出渭水上游，将前哨阵地建立到渭水中游了。

秦人以这个前哨为据点，用了十二年的时间，至文公十六年（前 750），终于取得了第一个伐戎的胜利，打败并赶走了侵占周原的戎人，实现“地至岐”。当时，在这一带的是丰戎，秦人给丰戎以打击，才真正控制了岐山以西的地区。但是，这只是秦、戎战争

的序幕，因为更为强大的西戎还未消灭。在以后的五十年中，秦的领地仅仅维持在这个范围内，没有什么拓展，可见秦戎斗争的艰苦。

文公率兵至岐以后，虽然五十年内领地没有显著扩大，但这个时期却是秦国发展史上的关键阶段。因为在这个时期，秦国获得了发展经济的两个重要条件：优越的自然环境和充足的劳动力。

岐是周人的故居，那里有关中最富庶的地区之一——周原。周代的渭河中游，林草茂密，郁郁葱葱，地势较高的原和地势较低的隰都是沃土。不像现在这样地貌破碎，植被稀疏，到处都是皱纹般的沟壑和孤岛般的梁。史念海在《河山集·二集》中指出，周代的周原："包括今凤翔、岐山、扶风、武功四县的大部分，兼有宝鸡、眉县、乾县、永寿四县的小部分。东西延袤七十余公里，南北宽达二十余公里。可是这个广阔的周原现在则是有的地方已被沟壑切割成南北向的长条块，最宽的原面不过十三公里，……其他本来较周原为狭小的原，现在多已失去原的形状，有的甚至消失无余。"这里是中国农业生产发展最早的地区之一，在客观上为秦国的农业生产提供了有利条件。

秦至岐后，还将原来居住在这里没有随平王东迁的"周余民"悉数接收。《汉书·地理志》记载："其民（周人）有先王遗风，好稼穑……"至秦建国前夕，周人的农业生产水平是相当高的，相应地，在生产工具方面，也达到了极高的水准。这些周人的加入，对秦国经济结构的变化产生了重要影响。

秦在这个农业发达的地区建国，又将具有较高生产技术和熟悉农业生产的周人接收过来，这些因素加速了秦国社会经济结构的转型。秦人被先进的周文化影响，很快便放弃了原来以游牧为主的生产方式，转而接受周文化，这是历史的趋势，被秦人牢牢地把握住了。秦至岐的五十年中，正是秦人由游牧经济最后完全转入农业经济的关键时期，为秦国以后的发展奠定了基础。

与秦庄公晚期、襄公时期、文公晚期同时的楚君，是若敖、蚡冒和熊通。这时楚人已经安定了后方，灭了权国，创建了县制，组建了车兵，为伐随、雄霸汉东做准备。

秦人封公建国，地至岐以西，建立了向岐山以东伸张势力的基础；楚人筚路蓝缕，基本控制了江汉平原西部，为向汉水以东扩张势力创造了条件。秦人和楚人都是孟子所讲的“天将降大任于斯人也”的典范。

四、扩张：从岐以西到岐以东

取得了岐山以西的秦，虽然具备了进一步发展的基础，但它当时仍在戎、狄的包围之中，东西均有戎、狄族占领的许多据点，必须消灭或制服这些戎、狄，秦国的生存空间才能真正得到扩张。

秦宪公二年（前714），为主动向戎人进攻，秦将国都由汧渭之会迁往平阳（今陕西宝鸡陈仓区），使国都距伐戎前线更近了。当时秦人开疆拓土，采取的是先近后远，梯次推进的战略。从文公四年至“汧渭之会”到文公十六年“地至岐”，历时十二年之久，只推进了五六十公里。秦国迁都后，首先将目标锁定在了距平阳较近的亳国。

亳人是戎人的一支，自号为“亳”，并将居住地命名为“汤”，聚居在“荡社”，首领自号为“亳王”。《史记集解》引徐广说：“荡音汤。社，一作‘杜’。”因此也称为“汤杜”（荡杜）或“汤台”。

因为戎人来往不定，关于“荡社”的具体位置，很难判断，大致在今陕西三原县、兴平市和长安区之间，其城邑在杜（戎部小国，附庸亳）附近。总之，“荡社”是临近秦人的一个戎人据点。

宪公三年（前713），秦发兵进攻荡社，取得胜利，占领其邑，亳王逃往西戎，秦人的势力向东方大大地拓展了一步。

宪公八年（前708），秦国攻打芮国。芮国是洛河下游的姬姓小国，都城在今陕西大荔县东南。秦与芮本无恩怨，攻打芮国应是经周室授意的。《左传·桓公三年》记载：“芮伯万之母芮姜，恶芮伯之多宠人也，故逐之，（芮伯）出居于魏。”《左传·桓公四年》记秦师侵芮后不久，“王师、秦师围魏，执芮伯以归”。《竹书纪年》记载：“取芮伯万而东之。”即将其押赴周都。这是秦国再次介入姬姓的纠葛，事情不大，意义不小，说明周王室已经让秦国参与国家秩序的维护，这为秦人窥视黄河、逐鹿中原创造了条件。

灭亳后，在黄河以西至渭水流域上游，还有不少戎人的据点，如在秦的东方，有彭戏氏（猃狁的后裔），春秋以来占据郑国故地，居住在今陕西白水县东北，势力自洛水西岸达于华山脚下；秦的西方有邽、冀戎，都分布在今甘肃天水境内；再向西北更是有多得数不清的大小戎人。就在秦都附近，即今陕西宝鸡境内，还有一个戎人的据点，即“小虢”。虢在西周时为姬姓小国，大部分都随平王东迁，在中原重新建国，尚有小部分留在原地，称为小虢，并成为戎人的据点。秦人的劲敌还很多，斗争任务依然艰巨。当时西方各国之间的形势，要求秦人必须采取“以攻为守”的战略，不停地向这些戎族势力发起进攻，以巩固领地，如稍有怠惰，就有被戎人反攻的危险。

就在宪公与戎人斗争的同时，楚武王已自封王号，降伏了随国，雄霸了汉东，不久又统一了江汉平原，可谓顺风顺水。

公元前 697 年，秦武公即位，由于秦国没有采纳西周的分封制，而是确立了君主制政体，中央集权得到加强，秦国有能力向外推进。武公即位的当年，便向东边拓展，向居于彭衙（今陕西合阳县西北）的戎人彭戏氏发起进攻，取得了胜利，将势力延伸到了华山之下。获胜后，秦师绕道经过靠近潼关的华山之阴，这等于昭告天下岐以东也是秦国号令所及之地了。

武公十年（前 688），秦国开始向西边扩张，攻打邽、冀戎。邽和冀都是秦人的近邻，都在今甘肃天水境内，邽在东而冀在西。灭邽、冀后，秦将两国改制为县，设立了邽县与冀县。

武公十一年（前 687），秦人在原亳人和彭戏氏统治的范围内设县。一个称杜县（今陕西长安东南），一个称郑县（今陕西华阴北）。就在秦国设杜、郑二县的当年，秦人又灭了小虢。

秦国设县，与楚国创县制一样，都是君主专制中央集权发展的必然趋势，一为巩固领地，二为建立君主制政体。可见，在秦楚早期的峥嵘岁月中，已经流淌着君主制的血液。

武公在位二十年，这是秦国在西方进行扩张，拓展生存空间最为重要的时期。至武公公元前 678 年去世，秦国的疆土已由岐以西扩张到岐以东，即西起甘肃中部，东至华山一线，整个关中的渭水流域，基本上为秦国所控制，成为秦国最原始，也是最牢固的一块根据地。

五、转向：从西据渭水到东窥黄河

秦德公元年（前 677），秦人又一次迁都了。《史记·秦本纪》

记载："德公元年，初居雍城大郑宫。……梁伯、芮伯来朝。"秦人迁都的原因十分明显，因为不论是"汧渭之会"，还是平阳，都在周原之下的河谷地区，这里回旋余地狭小，向东向西拓展生存空间，都很不方便，这就促使秦人在广漠的周原另寻新都。

新都雍，在今陕西凤翔县。史念海说："雍位于漳水上游的雍水附近，这里是周原最富庶的地区。尤为重要的是，雍又位于地势较高的周原，为陇山以东的门户，无论是向东伸张，还是防御西方的戎人，地理位置都十分有利。"秦迁都雍后，开始在这里建筑规模宏伟的城邑和宫殿，直到公元前 383 年秦献公迁都栎阳前，雍一直是秦的国都。

秦迁都后，秦国对所辖领地的统治日趋稳固，关中东部的梁伯、芮伯也来朝秦。梁是嬴姓小国，靠近黄河，在今陕西韩城南，与秦、赵同源，西周时期，既没有东迁河东，也没有西迁陇西，而是在周王室的卵翼下得以苟全于关中东北偏僻的地方。梁地是后来秦、晋战争的北线，此时秦得先机，控制了梁国。芮在今陕西大荔境内。两国都是靠近黄河西岸的小国。此时周室已经没有能力庇护梁、芮了，梁伯和芮伯很识时务，主动朝于秦，说明秦的影响力已达黄河西岸。

德公在位仅仅两年，却完成了迁都和收服梁、芮两件大事，成绩斐然，说明秦国的领地在德公时期已经十分稳固了。

就在武公、德公东征西讨，巩固领地的同时，楚文王已经灭了申国、得志汉北，最终统一了整个汉阳地区，使汉阳根据地固若金汤。同时，伐蔡灭息，讨伐郑国，开始"观中国之政"了。

公元前 675 年，秦宣公即位后，秦国将主要力量转向东方，东窥黄河，开始向东伸张势力，与当时的中原大国，主要是劲敌晋国，开始争夺土地。

宣公四年（前672），秦、晋开始了第一次较量。《史记·秦本纪》记载:“（宣公）四年，作密畤与晋战河阳，胜之。”这是秦国初次与崤函以东的诸侯国作战,《春秋》及三传俱不记。当初，即宣公元年，卫、燕（南燕）两国伐周，逐周惠王，立王子颓。宣公三年，郑、虢两国合兵杀王子颓，重新立周惠王。秦师出崤函，估计只是试探。河阳在今河南孟津县与孟州市之间，南面不远就是王畿，秦国是没有任何口实派兵到那里的。秦师与晋师不期而遇，交锋之后就各自撤退了。虽说只是突如其来，倏忽而去，但秦国对中原的垂涎之意灼然可见。与楚人“观中国之政”一样，秦人开始“东窥黄河”了。

楚师公然驰驱在中原南部，来去自由，大模大样；秦师却悄然出没在中原北部，来也匆匆，去也匆匆。这时的楚国已经统一汉阳，势力延展到淮水上游，影响力已达中原南部，势力强劲；秦人这时只占据了关中的一部分，仍然需要用很大力量来消灭周边的戎、狄势力，受实力所限，东进之心虽有余，东拓之力却不足，还不能像楚人那样气干云霄。但是，尽管当时的秦国与楚国发展程度不等，可是它们都已经走出荒蛮和幽谷，迁于平原和乔木了，幼虎已经成年，雏凤毅然翱翔，都使诸夏为之愕然。

进入春秋早期，秦人和楚人都开始了跨越式发展，俱为爆发。但秦人所关注的是“扫自家门前雪”，而楚国所关注的是“扫他人瓦上霜”。名正言顺的秦公暂且还是模范的王臣，只是窥视着黄河，不堪与戎、狄混称；而名不正言不顺的楚子却早就桀骜称王了，而且要“观中国之政”，并宣称“我蛮夷也”。两者都是历史发展所需要的豪杰与雄主。

第六章　逐鹿中原

一、祸起萧墙：政变中诞生的雄主

就在秦人与晋人战河阳，开始向东方扩张的时候，楚国却发生了一场政变，阴差阳错地将一位雄主推上了历史舞台。

文王灭息后，息夫人一变而成为文夫人，并为文王生下两个儿子：长子熊艰，次子熊恽。熊艰即位时，至多不过五岁，弟弟熊恽也只有三岁上下。

当时周室大乱，国家秩序混乱不堪。公元前675年，周惠王与五大夫争利，五位大夫支持王子颓讨伐周惠王，不能胜，便引卫、燕入京畿，驱逐了周惠王而立王子颓。两年后郑伯与虢公举兵杀王子颓和五位大夫，重立周惠王。同时，齐国渐有霸主的气象，但遇到了重灾。陈国为内乱所苦。中原其他各国也只能自保。楚国方兴未艾，但幼主当国，其命运堪忧。

公元前676年，熊艰即位。国君年幼，真正执掌权柄的自然是那些元老级的宗室旧臣和宿将了。这些元老不像楚文王即位时那么心志齐一了，而是各树党羽，文王留下的两位公子就成为他们派系斗争的工具。熊艰在位三年，无所作为。《史记·楚世家》说“(熊艰）欲杀其弟熊恽”，熊艰即位时不过五岁，一个五岁的小王要杀掉亲弟弟，实难令人相信。这或许是熊艰左右的权臣给他出的主意，借国君的手铲除政敌。内幕究竟如何，史料阙如。文王的弟弟子元和重臣斗谷于菟（字子文）等都是支持熊恽的。熊艰本人未能赢得元老的一致拥戴，一些元老带着熊恽逃到了随国，由此引发一场宫廷政变。

这些元老借助随师袭杀了熊艰，可想而知，那些忠于熊艰的元老和近臣也未能幸免。熊艰，《史记·楚世家》称为庄敖，《左传》称为堵敖，《楚辞·天问》也称为堵敖，楚人言楚事，应以堵敖为准。称“敖”，是因为严格来说他还不是国君；冠以“堵”，是因为他葬在名为堵的地方。本来并不复杂而至为重大的一个政治问题，就这样干脆利索地用暴力解决了。

公元前671年，熊恽即位，是为楚成王。成王即位时，至多不过八九岁，处于幼年，无力执政，政事都由叔叔子元和另外一些权臣执掌。

当时中原的乱局还在持续，陈国内乱未息；晋国内乱突发；齐、鲁、宋合兵讨伐淮水下游的徐国。成王刚即位，他的臣僚就根据天下的形势，制定了若干积极的内政和外交政策。对内，扶绥百姓；对外，上尊天子。《史记·楚世家》说：“成王恽元年，初即位，布德施惠，结旧好于诸侯。使人献天子……”周惠王则以祭肉赐楚王，希望楚国“镇尔南方夷越之乱，无侵中国”，即将代天子镇守南方的重任交给了楚国。这时，楚国已是方圆逾千里的大国，中原诸夏对它不能不给予重视。从成王开始，南方的权力中心开始由周朝逐步转移到楚人手中了。

文夫人顺从命运的安排，不得不把自己放在旁观者的位置上，听凭那些元老杀死她的长子，扶立她的次子。文夫人已经是太后了，但刚到中年，依然天生丽质。令尹子元竟对这位嫂夫人想入非非。《左传·庄公二十八年》记载："楚令尹子元欲蛊（蛊惑）文夫人，为馆（新府邸）于其宫侧，而振万（万舞）焉。"子元居然在文夫人的宫室近旁，为自己营造了新府邸，蛊惑文夫人与自己亲近。而且在府中欣赏万舞，以使隔墙的文夫人听到。万舞即武舞和文舞的混合表演，主要以武舞为主。成王年幼，无力指责叔叔的倒逆行为，只能听任权臣对母亲无礼。但他的近臣对此却不能视而不见，一场政变又将开始。

二、权臣、政变与亲政

成王六年（前666）秋天，令尹子元兴师伐郑。此次伐郑，楚国兴师动众，"以车六百乘"，这在当时算得上是一支罕见的大军了。但是这次军事行动目的不明，纯属无端挑衅。

楚师来得突然，郑人毫无防备，楚师轻易地冲进了郑国的外城门。这时，子元见内城的悬门居然没有放下，怀疑是郑人故意引诱楚师进城，不禁犹豫起来。《左传·庄公二十八年》说："（子元）楚言而出。"子元打算同随行的将领商议对策，但怕郑人听明白，不敢说夏语，便用楚语下令全军到城外安营。不忘楚言，兼通夏语，这是当时楚国贵族的一项特殊才能。出了外城，子元继续用楚语说："郑有人（人才）焉。"意思是说郑国有贤才，在内城中设有伏兵，楚师不会中计。到了城外，子元又担心齐、晋、宋派兵救援郑国，便连夜不声不响地退兵，将帐篷丢弃在原地。

就在子元和将领在外城商议时，郑国的君臣在内城正慌作一团。《左传·庄公二十八年》说:“郑人将奔桐丘。”桐丘，在今河南扶沟县西二十里的桐丘亭。郑人打算弃城溃逃，所以没有放下内城门，却阴差阳错地让楚师退了兵。次日黎明，郑国的谍报人员发现楚营的帐篷上立着乌鸦，断定其中无人，立即上报郑君。郑国的君臣获悉楚师已退，才安下心来。

这次楚国劳师远征做了一次盛大的武装游行，来去匆匆，全无收获，子元的才能如何，可窥一斑。

《左传·庄公三十年》说:“楚公子元归自伐郑，而处王宫。”在做了这次伐郑游行后，子元居然大模大样地搬进王宫里去住了。大夫斗射师谏阻，子元不听，反而将斗射师关押起来。楚伐郑是成王六年的事情，子元关押斗射师也应该是当年的事。

无礼嫂后、挟制幼君、关押忠臣，子元的这些行为自然引起楚国元老重臣的愤懑。尤其是斗氏，无论是为国还是为若敖氏（斗氏是若敖氏的支系），早已对子元不满，这时已到了忍无可忍的地步。

成王八年（前664）秋天，楚国再次发生政变。《左传·庄公三十年》说:“申公斗班杀子元。”申，即申县，楚君称王后，又称县尹为县公。有一段时间又可称尹，又可称公。同年，斗班的哥哥，元老重臣斗谷于菟被成王任命为令尹，史称“令尹子文”。

春秋时期的楚国有两位比较有作为的令尹，一位就是成王时代的斗谷于菟，一位是庄王时代的孙叔敖，也就是艻敖。这两人虽然分属斗氏和艻氏，但都是宗室大臣，说明楚国初期，宗室在楚国发展中扮演了相当重要的角色。

斗伯比从郧国回到楚国后，成为武王倚重的贤臣。其子斗谷于菟在文王时已崭露头角，成为楚王的重臣，并对成王的即位起过重要作用。《天问》在“爰出子文”一句之后接着写道:“吾告堵敖以不长。何试（弑）上自予，忠名弥彰？”意思是说，子文弑君，却自表忠诚，这些都是欲盖弥彰的行为。楚人言楚事，必有实据。可以推断，杀死堵敖和拥立成王的主谋可能就是斗谷于菟。

子元为令尹时，楚国遇上了财政困难。子元被杀后，子文为令尹，他首先要处理的一个棘手问题就是如何缓解财政危机。《左传·庄公三十年》说："斗谷于菟为令尹，自毁其家，以纾楚国之难。"就是献出自己的私产，缓解国难。对贵族来说，这是难能可贵的。《潜夫论·遏利》说："（子文）有饥色，妻、子冻馁。"这段话未免有些夸大其词，但可以反映子文廉洁的形象。《国语·楚语》记楚昭王时大夫斗且引令尹子文的话"夫从政者，以庇民也"。说明子文具有一定的"民本主义"思想，这在当时也是比较超前的。《战国策·楚策》记录莫敖子华对楚威王说："昔令尹子文，缁帛之衣以朝，鹿裘以处，未明而立于朝，日晦而归食；朝不谋夕，无一月之积。"子华意在勉励楚威王要勤政，所以对子文极尽渲染，张大其词，但也反映出子文革新财政的决心。

君有君的学习对象，作为臣子也要有效仿的对象。楚国国君的表率是若敖和蚡冒，筚路蓝缕，开创基业；廉吏的表率非子文莫属。从春秋到战国，都有关于子文治楚的史料记录，这些绝非杜撰。在楚国八百年历史上，子文确实是首屈一指的廉吏，至于后人对其修饰夸张，情有可原。

成王靠元老重臣即位，又靠斗氏（若敖氏的支系）铲除了权臣子元，得以亲政，所以，在成王早期和中期，对若敖氏相当倚重，几位令尹皆出于若敖氏。但到了晚期，成王与若敖氏的矛盾由明到暗，逐渐爆发，直接引发了城濮之败，间接导致成王被弑。说明君权与宗权的矛盾已经不可调和，宗权的强大已然成为楚国建立君主制政体的阻碍，到了非解决不可的程度，而解决的方式非用暴力不可。

三、北上中原：楚人对齐国霸权的挑战

成王借若敖氏铲除了权臣，巩固了君权，消除了派系斗争的隐患，稳定了政局，统一了人心；又靠令尹子文缓解了财政危机。这时的楚国又有了武王、文王时代的气象，君臣团结，国力强盛。更为重要的是，随着成王逐渐成年，雄主的峥嵘初显，他开始将目光转向中原，要“观中国之政”了。

《史记·齐太公世家》讲春秋中期的天下大势，说：“周室微，唯齐、楚、秦、晋为强。”虽然言简意赅，但意味深长，当时的强国分布在东、西、南、北四边。

齐是诸姜之长，晋是诸姬之首，在西周就是爵高力显的强国，基础雄厚，两国的强，好像是理所当然的。秦、楚在西周时是位卑力弱的小国，基础薄弱，到了西周末春秋初，才俱为爆发，实现了跨越式发展，两国的强，虽出乎诸夏意料，但在远见卓识的周太史伯看来是早有先兆的。

秦人从公元前 659 年即位的穆公开始，楚人从成王开始，加快了走向文明昌盛的步伐。他们都师法华夏，但楚、秦所追求的，是“师夏长技以制夏”，期望参与新国家秩序的建立。因此，从楚、秦步入中原的那刻起，东周“政霸体制”才逐渐形成，并得以确立。因为，秦、楚已经成为诸夏不能忽视的力量，如果没有它们的参与，整个东周国家新秩序将难以维系。

王室微，霸主起。首先发起建立国家新秩序的是公元前 685 年

即位的齐桓公，在一代名相管仲的辅佐下，齐国成为春秋时代第一个霸主。

成王十一年（前 661）是齐国霸业的巅峰时刻，齐桓公高举着尊王攘夷的大旗，伐戎讨狄，保护诸夏。《左传·闵公元年》记载："狄人伐邢。管敬仲言于齐侯曰：'戎狄豺狼，不可厌也。诸夏亲昵，不可弃也。宴安酖毒，不可怀也。……同恶相恤之谓也。请救邢以从简书。'"狄，即赤狄，狄族在春秋早期开始分化，演化为多部，成为诸夏的安全隐患。管仲说得很明白：戎狄是异族，贪欲难以满足；诸夏是同族，互为亲近，不能抛弃。安逸等于毒药，放任戎狄的侵掠等于姑息。一国做了恶事，其他国家也应该承担责任；一国有难，他国应感同身受而前去救援。这样，国家秩序才能安定，齐国才能得到天下诸侯的拥戴，成为天下的霸主，这就是"德霸"。桓公听了管仲的建议，发兵救邢。

然而，就是从这一刻，齐桓公的霸业开始走下坡路：一方面原因来自桓公本身，桓公晚年，开始变得傲慢；另一方面则是来自南方强国的挑战。一内一外，使齐国的霸权悄然衰落。

成王十三年（前 659），楚国伐郑，理由是郑国与齐国通好。这时成王已经成年，伐郑可能是他自行做出的决策。这次楚国深入中原腹地，既有警告也有试探的意思：对郑是警告，对齐是试探。因此，速去速回，干脆利索，虽然没有什么具体的收获，但政治影响大于军事成效。

成王十四年（前 658），齐国为了回应楚国，召集宋、黄、江三国在贯会盟。贯是宋地，在今山东曹县南。黄、江是淮水上游的嬴姓小国，与楚国是近邻，黄国在今河南潢川西，江国在今河南正阳县东南。齐国召集南方的黄、江会盟，也是警告带试探。

楚国立刻做出回应，再次发兵讨伐郑国。这次依然是政治性的警告与试探，但有一个小的收获，楚国大夫斗章囚禁了郑聃伯。

成王十五年（前657），齐国又在阳谷（今山东东平）召集宋桓公、江君、黄君会盟，商议讨伐楚国的事宜。这次会盟也邀请鲁国参加，但鲁僖公没有参会。鲁僖公在位三十三年（前659至前627），这是鲁国最强盛的时期，也是鲁、齐斗争最激烈的时期。尤其是在齐桓公晚期，鲁僖公趁齐国霸权衰落，利用楚国压制齐国。

楚国的回应也很快，就是再次讨伐郑国。郑文公被楚国搞得噤若寒蝉，打算与楚国媾和。《左传·僖公三年》说："楚人伐郑。郑伯欲成，孔叔不可，曰：'齐方勤我，弃德不详。'"孔叔说得很明白，齐国为保全郑国奔波，这是"有德"；反过来说，楚国穷兵黩武，征伐小国，这是"无德"。抛弃有德的齐国而顺服无德的楚国，这对郑国是没有利的。孔叔的一句话，说了一明一暗两种称霸的形式。

楚国挑战齐国，不结盟而用兵，讨伐郑国，向齐国示威，这就是"威霸"；齐国制衡楚国，不用兵而结盟，通过会盟给楚国施加压力，这是"德霸"。成王一生奉行的就是以兵威屈服他国，齐桓、晋文则奉行以德服人。正是这种对武力的崇尚，影响了成王后期的军事生涯，使他雄霸南方但夭折中原。

楚师三年三次直捣中原腹地，挑战齐国的霸权，使诸夏无不为之侧目。

四、借题发挥：齐人与楚人的政治博弈

成王十六年（前656），齐国讨伐蔡国。齐、蔡本来相安无事，而且是姻亲，矛盾是由齐桓公夫人蔡姬"杯水风波"引起的。齐桓

公与蔡姬乘舟游于水上，蔡姬素来娇惯，知道桓公很怕落水，便故意摇荡舟身。桓公大惊之余，暴怒逾常，便命令蔡姬回娘家去。蔡姬回母国后，蔡侯以为女儿与桓公的婚姻就此了结，一时糊涂，就把蔡姬另嫁他人。桓公听闻后，深感受辱，决定惩罚蔡国。可是，如果仅凭这点家事就兴兵伐蔡，未免小题大做。管仲老谋深算，经他策划，齐国打着尊王攘夷的旗号，纠集鲁、宋、陈、卫、郑、许、曹组成联军，扬言伐楚。从齐国到楚国，如果不绕道，必然经过蔡国。桓公的真实意图非常明显，就是要在途中偷袭蔡国。

《战国策·西周策》记游腾说："桓公伐蔡也，号言伐楚，其实袭蔡。"《韩非子·外储说左上》说："桓公藏蔡怒而攻楚。"伐楚以伸张正义是假，伐蔡以发泄私愤是真。果然，联军突袭蔡国，蔡人溃逃，桓公心满意足，这才移师到蔡国西面的陉山。陉山在今河南郾城东南，在楚国的北大门方城以东，是楚师出方城入中原的必经之路。管仲是聪明的，他知道，假如联军直捣方城，就等于进入了楚国，不仅没有回旋的余地，还可能凶多吉少。于是，联军顿兵城外，以觇楚人动静。

《左传·僖公四年》记载成王派使者对齐桓公说："君处北海，寡人处南海，惟是风马牛不相及也。不虞君之涉吾地也，何故？"北海、南海的"海"，并非实在的水域，只是特指北方与南方，以说明齐、楚离得很远。但当时的陉山是个独立地带，尚未纳入某国的版图，楚使的话却把它纳入楚国的版图了。这说明楚国根本就不承认齐国天下霸主的地位，而且将南方当成楚的势力范围，暗示楚、齐各为南北霸主，地位相当。楚使言辞之间态度强硬，语气幽默，也很合乎情理。

管仲胸有成竹，他代表齐桓公说："昔召康公命我先君大公

（太公），曰：‘五侯九伯，女（汝）实征之，以夹辅周室。’赐我先君履，东至于海，西至于河，南至于穆陵，北至于无棣。”这番开场白是管仲的立论之本，追述往事，给齐国维持天下秩序寻找合法依据，逻辑自洽，但略显牵强。“履”是指齐国可以征伐的范围，非指统治地域；“海与河”是一清二楚的，即东海与黄河；“穆陵与无棣”就很难实指了。无棣在今河北北部某处，穆陵在今河南光山与湖北麻城之间，特指南方。管仲要表达的意思很明白，就是我先君太公受周王室的指派，有征伐四方的权力，楚国也不例外，言外之意就是南方也是齐国的势力范围。

接着，管仲反答为问：“尔贡苞茅不入，王祭不共（供），无以缩酒，寡人是征。昭王南征而不复（回），寡人是问。”管仲给楚国的先君罗列了两个罪名。一是楚君不纳贡物。熊绎被周成王封爵后，要替周王效力，不仅要纳贡，还要当差。其中“苞茅”就是楚人给周室的贡物，用途之一就是“缩酒”以敬神，是周王与诸侯会盟时不可缺少的东西。因为南方盛产此物，楚国就成为“苞茅”的主要提供者。管仲却欲加罪名，指责楚君不供苞茅，导致祭奠仪式不能进行。二是当年周昭王南征伐楚，被楚人谋害，因此楚国要为周王之死承担责任。其实，这是一宗冤案或者一场误会，《史记·周本纪》《竹书纪年》等史书都没有提到昭王之死与楚人有什么牵连。周昭王南征，打的是讨伐“楚荆”的旗号。楚荆是以地名代族名，泛指长江中游江汉之间桀骜不驯的诸多方国和部落，其中的土著，即三苗后裔被周人称为“荆”或者“楚荆”“楚蛮”，并非指楚人。昭王南征的真实意图是为了索取南方的有色金属资源。当时的楚国还只是江汉平原北部的一个小国，无力犯上作乱，虽有铜但很少。昭王既用不着无端问罪一个服服帖帖的子男国，也犯不着到穷乡僻壤去搜刮铜。

长江中游的铜矿集中在鄂东南和赣西北，离楚国很远。昭王南征的路线，应该是从南阳盆地绕到随枣走廊，然后渡过汉水，跟楚国沾不上边。《吕氏春秋·音初》记载，昭王“亲将征荆”。归途中过汉水，“梁”（桥）坏了，昭王溺毙在水中。周人习惯陆战，还没有足够的经验和器械在汉水上架桥，用船来渡过大队人马又很困难。估计周人只能把大大小小的船连接起来，架设浮桥。由于缺乏经验，导致昭王在过桥时，浮桥突然解体，昭王落水并在慌乱中溺死水中。

前一个罪名是小题大做，捕风捉影；后一个罪名是道听途说，无中生有。但都与周天子有关，似乎非同小可，但却漏洞百出。

对于这两个拼凑的罪名，楚使回应得很巧妙，承认一个，否认一个。楚使回复管仲说：“贡之不入，寡君之罪也，敢不共（供）给？昭王之不复，君其问诸水滨。”不纳贡，罪小，楚国承认了；谋害昭王，罪大，楚国当即否认。《左传·僖公四年》杜预注说：“昭王时汉非楚境，故不受罪也。”楚使回答得很轻巧也很俏皮，善辩的管仲竟无言以对，可见管仲提出的责问只是借着地点相近找来的一个由头，并非深信确有其事。

管仲也没有什么可以数落楚国的了，既然尊王攘夷的名义也用上了，蔡国也得到了惩罚，楚国也有了认错的表示，那就适可而止，于是决定与楚国会盟。

五、召陵之盟：楚齐争霸的序幕

齐人为了能体面撤军，决定与楚人会盟。这时，楚师已出方城，以备不测。成王派将军屈完代表自己参与会盟。联军为了表示会盟的诚意，朝东北方向后撤了一天或两天的路程，移驻召陵（今河南漯河郾城区）。

《左传·僖公四年》记载齐桓公让联军站得整整齐齐，然后同屈完一起乘车阅兵。起初，桓公的话很友好客气，屈完的回应也很谦虚。可是，桓公话锋一转说："以此众战，谁能御之？以此攻城，何城不克？"这是露骨的武力炫耀。屈完毫无惧色，回答说："君若以德绥（安抚）诸侯，谁敢不服？君若以力，楚国方城以为城，汉水以为池，虽众，无所用之。"屈完义正词严，桓公无可奈何。

"汉水以为池"，即把不是护城河的水当成护城河；"方城以为城"，这个方城不是楚国北上中原的门户方城，而指把不是城的山当作城。意思说得很明白，齐若伐楚，楚国将全民皆兵，迎击敌寇。楚国的军事思想注重外线作战，就是"御敌于国门之外"；对于内线作战则能依托辽阔的国土和众多的子民，消耗敌人，打持久战。这是很有特色的，楚国鼎立南方五百年不倒，这一军事思想起了至关重要的作用。

召陵之盟无失败者，也没有胜利者，楚、齐各得所需。齐国以空间换和平，放弃南方，默许了楚国在南方的扩张，换来了楚国对齐国霸权的承认；也将楚国暂时压制在南方，保持了中原的稳定，巩固了齐国霸主的地位。楚国以时间换发展，采取以退为进的策略，暂时放弃逐鹿中原的计划，名义上承认齐国是天下的霸主，换来了齐国对楚国经营南方的默许，一方面可以暂时避开齐国的锋芒，一方面可以抓住时机，经略南土，拓展生存空间。

可以说，召陵之盟是楚齐争霸的序幕，初步确立了南北二元发展的格局，即南北国家间秩序分别由楚、齐维护。楚齐争霸是一场没有硝烟的战争，是战略和战术全方位的博弈。

成王借着召陵之盟，采取迂回战术，制订了攻占淮域的计划。淮水上游是北上中原的另一条大道，占据了此地，就掌握了进军中原的先机。而这一带列国大都亲附齐国，这等于间接挑战了齐国的霸权。只是这种挑战讲究策略，不与齐国直接交锋，而是迂回着一步步接近中原，等待时机，再图北上。文王灭息，已经在淮水上游建立了一个据点，于是，成王以息县为前沿，开始了横扫淮域的壮举。

六、衰落的霸权：齐桓公晚期的政治形势

成王十七年（前655）秋，齐国召集鲁、宋、陈、卫、郑、许、曹和周惠王的太子郑在首止会盟。"首止"是卫地，离郑国很近，在今河南睢县东南。《左传·僖公五年》说："（诸侯）会于首止，会（惠）王大子郑，谋宁周也。"说明这次会盟的主要意图是再次确定太子郑的嗣君地位。惠后生王子带，甚为宠爱，惠王因惠后而有废太子的意思。齐国支持太子郑，为了确保其即位权，桓公召集了"首止之会"。于是，齐国与惠王之间出现了裂痕。这次齐国公然干涉周王室的家事，宣告了北方权力中心完成了转换，正式由周王室手中转移到诸侯手中，加速了东周国家新秩序的形成。

周惠王本来就对齐国非常不满，本想利用鲁国来对抗齐国，不想鲁国也参加了会盟，尊太子郑。于是，周惠王对齐、鲁两国啧有烦言，想利用郑、晋、楚来对抗齐国。《左传·僖公五年》说："（惠）王使周公召郑伯，曰：'吾抚女（汝）以从楚，辅之以晋，可以少安。'"惠王离间齐、郑关系，让郑国靠拢晋、楚共同对抗齐国

是有原因的。

齐国虽然名为天下的霸主，然而，强国诸侯——秦穆公和楚成王——依然把桓公的号令当耳边风。秦穆公是晚辈，没能赶上齐桓公霸业的高峰，而且没有到过中原，不理会那些兵车之会和乘车之会情有可原。成王与秦穆公不同，他是中原的常客，来来去去如入无人之境，总爱与齐国对着干，齐桓公竟无可奈何。

晋国与齐国的关系相当微妙，若即若离。这时晋国内乱已平，再次统一。晋献公又是一位比较有作为的国君，靠着雄厚的基础，晋国逐渐恢复了国力，将势力范围由今山西西南一隅，延伸至陕西、河南交界处，重新成为中原强国。纵观齐桓公一生召集的会盟，基本没有晋国参加，不参加意味着不承认齐国的霸权；但晋也没有公然反对过齐，这等于默认了桓公霸主的地位。总之，齐、晋各霸一方，和平共处，相安无事。

《左传·庄公十七年》说："十有七年春，齐人执郑詹。"叔詹、堵叔、叔师是郑的三位贤臣，尤其是叔詹，是当时郑国的执政大臣，杜预注认为郑詹即叔詹。据《史记·郑世家》记载，叔詹为郑文公弟，郑厉公之子也。齐国囚禁郑詹是在公元前677年，从此，郑、齐两国便有了隔阂，但是郑国慑于齐国的霸权，只能隐忍。当年齐国囚禁郑詹就是因为郑不朝齐，二十二年来，郑伯依然没有朝齐，所以害怕齐国的报复。周惠王正是抓住了郑国恨齐又惧齐的心理，策动郑文公叛齐，并让其与楚、晋结盟，保护郑国对抗齐国。

《左传·僖公五年》说："（郑文公）郑伯喜于王命，而惧其不朝于齐也，故逃归不盟。"孔叔劝郑文公不要逃盟，以免引祸上身，郑文公不听，"逃其师而归"。按照春秋的礼制"君行，师从；卿行，旅从"。"逃其师"，说明郑文公害怕被齐国截留，是弃师只身逃逸的。郑国中途逃归，这对齐国来说是辛辣的讽刺。

就在“首止之会”的同时，令尹子文灭了弦国。弦国是淮水上游的姬姓小国，故址在今河南潢川西北。弦国被楚攻灭震动了淮水上游和中原南部，于是，江、黄、道、柏四国“方睦于齐”，这四国与弦国是姻亲，弦国被灭，它们自然寝食难安。齐国这时正在全力维系中原霸权，无力看护南土。

成王十八年（前654）夏，齐国纠集鲁、宋、陈、卫、曹五国兴兵伐郑，很快便到达郑境，围困了新城（今河南密县东南三十里）。新城即新密，郑文公逃盟后，为了防止诸侯讨伐，故建此城。

郑国只得向楚国求援。

这时的楚国正在全力以赴向东拓展，蚕食淮域，暂时不想涉足中原事务，以免与齐国发生正面冲突。但齐伐郑，起因是郑“从楚”；而且郑国地处夹层地带，是楚国今后北进中原的战略跳板。为了近略也为了远图，楚国不能作壁上观。成王不想与齐国正面交锋，又想救援郑国，于是楚师采取了“避实击虚”的迂回策略，决定“围许救郑”。

七、围许救郑：中原南部的地缘形势

许是中原南部的一个姜姓小国，也是齐的盟国，夹在郑、楚之间。楚师出方城，包围了许都，六国联军只能弃郑救许。等到联军赶到许都时，发现楚军早已退走，六国也全军撤退。其实，这种“围甲救乙”的战术，在之后桂陵之战（前353）中也有应用，孙膑就是采取“围魏救赵”的战术，既避免了与魏军正面交锋，又解除了赵国的困境。

许僖公见楚师仍在方城外，旦夕可至，忧惧不已，央告蔡穆侯带他到武城（今河南南阳北）去朝见楚王，等于归服了楚国。“围许救郑”是成王第一次亲征，也是他第一次同中原诸侯周旋，不仅实现了不战而屈人之兵的战略意图，也降伏了许、蔡，为今后北进创造了条件。

成王十九年（前653），齐国再次伐郑，郑文公杀申侯以取悦齐国。申侯是楚文王的宠臣，文王死后，申侯逃往郑国并得到郑厉公宠幸。郑文公杀申侯是向齐国示好。但桓公对郑文公逃盟耿耿于怀，不久又召集诸侯在宁母会盟，策划伐郑事宜。

《左传・僖公七年》记管仲对齐桓说:“臣闻之：招携以礼，怀远以德。德礼不易（不违背），无人不怀。”管仲说的是“德霸”的精髓，就是要以德服人。桓公听从了管仲的建议，同意与郑国结盟。《左传・僖公七年》说:“冬，郑伯使请盟于齐。”郑国迫于压力，不得已而从齐。

郑是姬姓国，周宣王时封国，第一代郑君是郑桓公，初封地位于今陕西华县。公元前770年，郑武公与晋文侯护送周平王东迁洛邑，因功被迁往今河南新郑一带，其势力范围约包括今河南中部北端一隅。郑国虽小，但因地处中原南部的北端，是连接中原腹地与夹层地带的要冲国，被称为“天下之中”，战略位置重要。依托地缘优势，郑国成为春秋初期的强国，宋、卫、陈、蔡均忌之。但因四面强国林立，不易拓展生存空间。到了齐桓公称霸时，郑国成为齐、晋、楚三国交争之地，苦守弹丸，无力称雄。从这时起，郑国就成为立于天下之中的一只“风信鸽”了，哪里刮来的风大，它就转向哪里，此时朝齐暮楚，彼时朝晋暮楚。郑的忧和喜，都从这天下之中而来。所忧虑的是，强国竞逐，天下云扰，郑地成为它们的角逐场；所喜悦的是，这里南来北往，巨贾云集，百货流通。动荡加富裕，这是郑人典型的生活。对郑国的君臣来说，利重于义，权术重于公理。

郑国与西南端的蔡国、东南端的陈国一起组成了中原与南方的缓冲带，恰如一个夹层。这个夹层地带小国林立，厉、项、胡、顿、沈、房、道、许、应、郯等国，都挤在这个狭小的区域生存。陈、蔡、郑便是夹层地带的核心。

在中原南部诸国中，蔡与楚离得最近，从郢都到蔡，全程约四百公里，楚国北大门方城的东边便是蔡国的陉山，是楚师出方城入中原的必经之地。降伏了蔡国，就能为楚人控制这条缓冲带打开良好的局面；而这条缓冲带也成为诸夏遏制楚国向北扩张的前沿防线。

陈国位于颍水上游，是中原南部最大的妫姓国。陈国与郑国一样，也在四通八达之地，商业的兴盛仅亚于郑国。《史记·货殖列传》说："陈在楚夏之交，通鱼盐之货，其民多贾。"陈国北面便是宋国，再北则是鲁国。控制了陈国，楚人就能直接威胁宋、鲁的安全；同样，这里也是诸夏遏制楚人北进的前沿阵地。

对于晋、齐来说，这个夹层地带是抵御南方势力的战略屏障；对于楚国来说，这个地带更加重要，它既是楚人北上中原的战略跳板，又是其据守南土的战略缓冲。因此，无论对于晋、齐，还是楚国，只有控制了这些夹层小国，尤其是陈、蔡、郑，才能据守己方宰制对方，成为天下的霸主。

楚人要北上中原，观中国之政，必须向中原南部的诸小国假道。因此，楚国从文王时代开始，便开始与中原南部诸国博弈，使陈、蔡朝于楚君，第一次使楚国的影响力达到了中原的汝水一带。

成王为了实现“观中国之政”，制定了“夹层战略”，目的是建立起通往中原的战略跳板。这个战略一直持续到春秋末期的惠王时代陈、蔡被楚国攻灭为止。不难看出，这个夹层地带（见图 7）对于楚国的前途和中原的命运都是至关重要的。

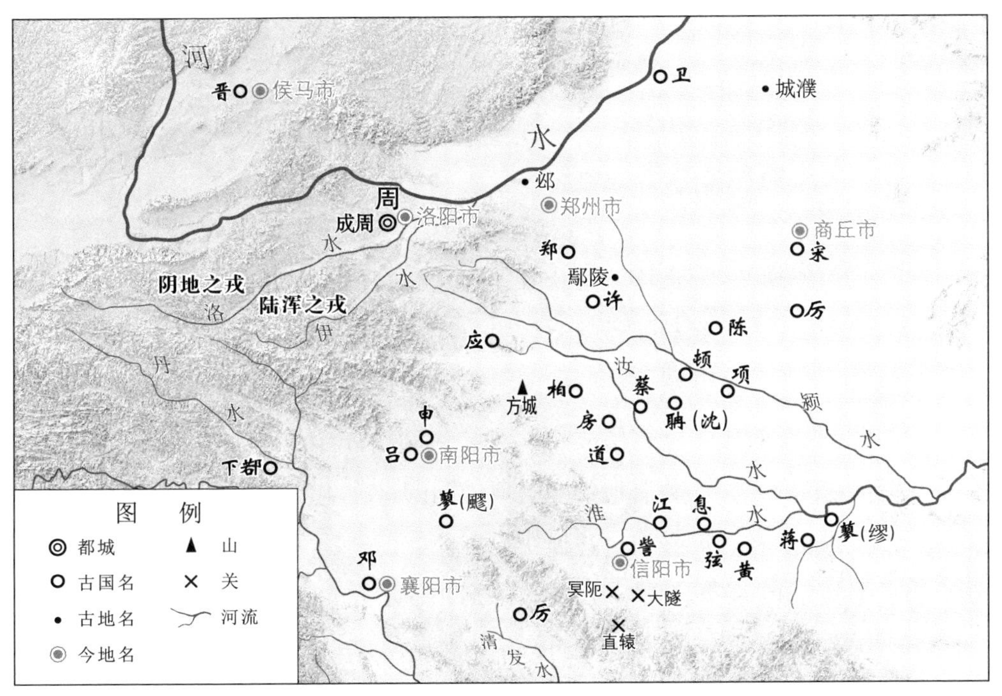

图 7　中原南部（方城内外）的列国

第七章　两个战场，两场战争

一、横扫淮水

楚救郑后，郑反而背楚从齐，但这时，楚对郑的向背已不甚介怀，因为成王已经转换了战略目标，变北上中原为东进淮域了，这是近略。但成王并没有放弃远图，为了建立起通往中原腹地的战略跳板，成王制定了“夹层战略”，对这些小国外松内紧、时时监控，人不在而威在，使夹层地带不脱离楚国的势力。等完成近略，再以夹层战略跳板为突破口，逐鹿中原。因此，楚国实施的其实是“连环战略”，吃一个、夹一个、望一个，即攻占淮域、控制夹层、图望中原，一环套一环，犹如组合拳，张弛有度，远近兼顾。

楚国从武王开始，便有了“观中国之政”的雄心，但武王时代的楚国主要在江汉平原和汉东一带发展，中原只是一个看得见摸不着的诱人远景。文王占据汉北，打通了北上的路径，还与中原南部的小国成了近邻，才真正开始出方城入中原，他的主攻方向是北面的夹层小国，前期以蔡为主，后期以郑为主。

成王继续贯彻文王的中原战略，在召陵之盟前，也将主攻方向锁定在中原南部，而且开始深入中原腹地，主攻郑国。一是控制夹层地带，为争霸铺路；二是挑战齐国的霸权。召陵之盟使楚国暂时放弃了北上的计划，以时间换发展，将主攻方向变为东面的淮域了。

从政治因素看，淮水上游的弦、黄、江三个小国及夹层地带的道、柏两个小国都亲附齐国，虽为癣疥之疾，却在肘腋之间，不可听之任之；淮水中游的一些淮南小国，如英、六、群舒等，是为淮夷，大都亲附横跨淮水中下游而自大的徐国。从经济因素看，今鄂东南和赣西北一带当时盛产红铜，这些红铜往往要经过淮夷专卖到北方去，如果控制了淮夷，就能控制红铜贸易，这不仅有着巨大的经济效益，还有着重要的政治意义。所以，如果说楚人北上中原是为了争名，那么，楚人东进淮域就是既争名也争利了。

成王二十四年（前 648），楚灭黄。黄是淮水上游的嬴姓小国，故址在今河南潢川西。楚伐黄的借口很简单，就是黄人亲附远处的齐国而不向邻近的楚国纳贡。早在成王十四年，齐国在贯（今山东菏泽曹县）与黄、江会盟的时候，管仲就提醒齐桓公不要轻易与楚国的近邻结盟。《春秋穀梁传》记载："贯之盟，管仲曰：'江、黄远齐而近楚。楚，为利之国也，若伐而不能救，则无以宗诸侯矣。'桓公不听，遂与之盟。"管仲看得很长远，楚国为了利必灭江、黄，如果齐国不能援救，必然失信于诸侯。齐桓公开始没有接纳管仲的劝谏，直到召陵之盟，齐国为了安定中原，不得不放弃远图而着眼于近略。所以，楚灭黄，齐国作壁上观，没有救援。

灭黄后，楚国对淮域发起了闪电式的扫灭。成王二十六年（前 646），楚灭英。英氏是淮水中游的偃姓小国，故址在今安徽金寨、霍山两地之间。灭英，使楚国的势力一举拓展到淮水中游，为控制"红铜之路"打下了坚实的基础。

淮水上游与汉东之间族姓不明的樊国（今河南信阳），淮水上游与中游交接地段的姬姓蒋国（今河南固始西北）和族姓不明的蓼国（今河南固始东北），大概都在成王中期被楚国攻灭了。其间，楚军还灭了方城北边的应国（今河南鲁山东），巩固北上中原的门户。这样，除了葛、榖、江三个“釜底游鱼”，淮水上游的主要方国都被楚攻灭，成为楚国的腹地。下一步就是淮水中下游了。

成王二十七年（前645），即秦穆公打败晋军，擒获晋惠公的同年，楚国两次征伐徐国。徐是嬴姓南迁后建立的方国，故址在今江苏泗洪，是淮夷中最偏北又最偏东的一支，也是淮夷中文化水平最高的国家，因而淮夷诸国唯徐马首是瞻。因为齐桓公有一位夫人是徐国公族，所以齐与徐是姻亲，徐也就成为诸夏设在淮水中下游的据点，通过徐国，诸夏可以控制红铜贸易，也可以牵制楚国。这对楚来说患莫大焉。

早在公元前657年，就在楚国第三次伐郑的时候，徐国攻灭了淮水中游的舒国。舒人为了对抗徐人，与楚人亲近。这次徐灭舒应该是在齐国的授意和支持下进行的。但徐的国都在长江下游，与舒国相距百里，不能建立牢固的统治，不久后舒又复国。所以，征伐徐国是楚人东拓淮域必须要打的一仗。

第一次伐徐是在春季。徐都在今江苏泗洪县东南，楚师即使从申县出发，逶迤东行，到达徐国边境，也有千里之遥，这是远道奔袭。这次春季攻势，楚人为了不违背农时，只能是小规模和短时间的；但是已经惊动了齐国。

二、一场没有硝烟的争霸：楚、齐在淮域的角逐

楚人通过三年的征伐，从淮水上游进取中游，现在又从中游袭击下游，速度之快出乎中原诸侯的意料。淮水上游离楚国很近，是楚的必攻之地；离齐国却较远，对齐国战略意义不大，齐国可以作壁上观，容忍楚人横扫。但淮水中下游离中原较近，又是南铜北运的枢纽，战略位置重要；诸夏就是通过徐人控制淮夷，进而控制红铜之路。如果徐被楚攻灭，对诸夏来说同样患莫大焉，所以，必须救徐。

《左传・僖公十五年》记载："三月，（鲁僖公）公会齐侯、宋公、陈侯、卫侯、郑伯、许男、曹伯，盟于牡丘，遂次于匡。"牡丘，在今山东聊城市茌平区；匡，是宋地，在今河南睢县东。这次救徐的主力是齐国，另有七国合兵从征。由于楚师进退迅速，齐师尚未赶到徐国，战事就结束了。七国诸侯与将士持观望态度，走到匡地就按兵不动了，待齐师后撤，便各自解散，白忙了一场。楚师的春季攻势就此结束。

楚国的春季攻势虽然没有什么实际的战果，但已深入徐国腹地。待联军撤退后，楚师又对徐国发动了冬季攻势，这时的成王同他的臣僚配合相当默契，用兵如神，从容不迫，直捣徐地。

齐国这次的情报工作做得不错，楚师刚动，战报便到达齐都，齐国迅速纠合了一支号称"八国"的军队，准备救徐。齐、曹伐厉。当时有两个厉国：西边的一个在汉东的随州，姜姓；东边的一个在中原南部的东面，它的西边是陈国，北边是宋国。东边厉国的姓氏不详，故址在今河南鹿邑县东，即老子的诞生地苦县厉乡。同鲁国是姻亲，这时已经成为楚国的附庸，这是成王"夹层战略"的

成果。“八国联军”所围困的当然是后一个厉国。

这次齐国蹈袭楚师“围许救郑”的战术，采取“围厉救徐”的策略，用意很明显，想以厉国逼楚师撤军。深通“围甲救乙”战术的成王不为所动，命令楚师长驱直入。徐师驻守娄林（今安徽泗县东北），等待齐、曹来救，不料被猝然而至的楚师击溃。

楚伐徐发生在齐桓公晚期，是楚国与诸夏在南方的最后一次交锋，以楚国的胜利结束，楚人基本控制了淮域，此后淮域尽管还有一些动荡，但大局已定。同时，齐国势力被赶出淮域也宣告了齐国霸权的终结。三年后，管仲与齐桓公相继离世，北方权力中心开始了第二次转移，由齐国转到晋国手中，新的霸主即将诞生。

出方城而北上是文王确立的战略方针，成王奉行不替；沿淮水而东下是成王根据国家间形势的发展和楚国的需要，确立的战略方针，与出方城而北上并行不悖。楚人北上的意图和意义非常明确，就是要“观中国之政”，投入文明世界的主流，登上政治舞台，成为国家新秩序的维护者。

至于楚人东下的意图和动机，就比较复杂，既有政治因素也有经济因素。政治方面，就是通过控制淮夷，拓展楚人的生存空间，建立淮水防线，将诸夏的势力彻底挤出淮域，实现楚国称霸南方的意图。诸夏当然也懂得这个道理，否则就不会劳师救徐了。经济方面，就是要力争垄断长江中游的有色金属并且尽力侵夺长江下游的有色金属，而控制淮夷是实现这个目标的前提条件。简而言之，楚人东下是为铜而战，东下得到的实惠，比北上得到的实惠更大。

这两个目标，在成王时期基本实现，楚人不仅控制了南方有色金属资源的开发与贸易，而且将诸夏的势力完全挤出了淮域。至此，南方的权力中心完成了转换，正式由周王朝和诸夏手中转移到楚国手中，南北对峙的局面正式形成。更为重要的是，楚人可以按照自己的设想建立美好家园，正是从这时起，楚文化逐渐成熟。

上文提到，淮水上游地带是汉水与淮域之间的一个十字路口，无论从民族成分来看还是从文化因素来看，都是这样。楚人占领以前，这个地区的文化景观可谓多元，但占绝对优势的是随、息、蒋等国代表的周文化。楚人进入淮汉之间，获益匪浅，主要得益于文明程度如鹤立鸡群的随国。其他小国的文化对楚国也不是全无影响，比如河南光山黄君孟（黄国国君）夫妇合葬墓，是已知最早有封土的竖穴土坑墓，其封土形制对后来楚墓的封土形制似有导向作用。

淮水中下游的文化景观与淮汉之间的完全不同，占优势的是以徐、舒为主体形成的淮夷文化。徐国在淮北而偏北，舒国在淮南而偏西，彼此族群相近，文化相似。徐人贵族文化素养在长江下游是最高的，其铜器铭文结体娟秀而用韵精严。舒人虽然综合素养不及徐人，但铸造技艺却不让徐人。舒墓所出土铜器中的牺形鼎、平盖扁鼓腹鼎、异形盉等都独具特色，所出土印纹硬陶和原始青瓷与越文化相通。楚人进入淮水中游后，政治上与徐、舒是敌国，文化上却与徐、舒有异曲同工之妙，因为原始的楚文化属于江蛮文化。

楚人的创造才能在与淮夷文化的竞争、碰撞和交流中受到了激发和鼓舞，同时楚人又吸收了周文化。楚人将这两种文化与自己的江蛮文化融合，逐渐在春秋中晚期（楚庄王至楚惠王时期）形成了楚文化的体系和风格，最终与东南的吴越文化一起，成为南方文化的表率。

《史记·齐太公世家》说："楚成王初收荆蛮有之，夷狄自置。唯独齐为中国会盟。"所谓的"荆蛮"是广义的表述，即将楚蛮、淮夷、杨越等都包含在里面。可以说，楚成王时期，通过对淮水流域的控制，最终形成了楚文化的原型，这是战争影响文化的典型模式。

成王实现了东进的战略预想，得志淮域，称霸南方，有了北上争霸的实力，这时他开始调整战略方向，变东进为北上了。

三、秦晋之好

《国语·晋语》和《史记·晋世家》记载，晋原与周同族。周初，周成王灭掉了唐国，将幼弟虞封在唐地，称“唐叔虞”，这就是晋国的始祖。唐叔虞的儿子晋侯燮父迁到晋水之旁后，才改国号为“晋”。

进入春秋后，晋国曾发生了长达六七十年的内乱，直到周釐王四年（前 678），才由曲沃武公重新统一了晋国。晋国内乱时，正值秦文公、宪公、武公统治时期，秦国忙于在关中地区同戎、狄作战，无暇外顾。因此，当时秦与晋没有直接接触。

《史记·晋世家》和《左传·僖公五年》记载，晋献公二十二年（前 655），也就是楚齐召陵之盟的第二年，晋献公采用“先予反取，先舍后得”的策略，借道虞国讨伐虢国。虞与晋同族，都是姬姓，故址在今山西平陆县东北。晋国此时的国都在绛，即今山西翼城县东南，虞国在晋国的南边。虢国又在虞国的南边，所以晋师伐虢国，必借道虞国。虞君因贪图晋国的“屈产之乘”和“垂棘之璧”，又轻信“晋我同姓，不宜伐我”，不听宫之奇“虞、虢二国‘辅车相依，唇亡齿寒’”的劝谏，两次让晋国借道。结果，晋灭虢后，趁在虞休整的时候，突袭虞都，灭了虞国。

晋国吞灭两个小国，在当时看似乎与秦无关，但是虢、虞所处的方位，正是秦国东向的出口：虞扼茅津，虢据函崤，都是咽喉之地，也是秦国出关的重要通道。晋国趁秦国还未能东顾的时候，抢先占领这里，在西部设了两个前哨阵地，为今后与秦长期的斗争，创造了有利的局面。而且将晋国的领地从山西西南一隅延伸至陕西、河南交界处，为晋国今后的发展奠定了基础。

这时，在秦国，虽然秦穆公已经即位，但关中的基业未固；在晋国，内乱刚刚平定，晋献公的主要任务是恢复国力。所以两国基本上保持友好往来，没有发生战争。

秦穆公名任好，即位时风华正茂，是一位颇有壮志和雄心的君主。在公元前 659 年即位的当年，就亲自领兵征伐茅津，并取得了胜利。茅津在今山西西南角的芮城县与平陆县之间，位于黄河北岸，是秦、晋之间的咽喉要地，战略位置十分重要。茅津居住着少量的戎人，被称为茅戎。穆公的意图不是打败茅戎，而是打开通往晋国的渡口。

穆公四年（前 656），就是齐楚召陵之盟当年，穆公迎娶晋献公的女儿穆姬为夫人，与晋国结为秦晋之好。因周代有“同姓不婚”的规定，所以对妇人、女子称姓而不称氏，因晋姓姬，所以称穆姬。这位穆姬的长弟就是晋太子申生，穆姬也是后来相继为君的晋惠公夷吾、晋文公重耳的异母姐。晋献公灭虞后，又特地将从虞国掳来的百里奚，作为穆姬的媵臣送至秦国。从这些举措来看，在穆公和晋献公统治时期，两国都极力促进双方之间的和睦关系；而结为姻亲，确实使两国的关系密切起来，尽管它的实效往往令人沮丧。所以，当两国国内的局势稳定之后，就需要向外扩展势力，这种密切的关系，也恰好成了互相干涉最方便的口实。

春秋时期列国之间可以结亲联姻，但仗却照打不误。从此，秦就卷入了晋国的君位之争，也开启了与晋长达百年的全方位的博弈，从政治、外交再到军事，与楚国一样，开始逐鹿中原了。

四、秦国的“客卿制度”

穆公是一位有称霸野心的国君。《史记·高祖本纪》《正义》引《三秦纪》记载，穆公将兴修的宫殿称为“霸城宫”。《汉书·地理志》又记载，穆公将关中的兹水改名为霸水，“以章霸功”。这样以霸业为己任的国君，当然不会满足于局限在关中地区“称霸”。穆公渴望的是中原霸权，但要想东进，必须具备两个条件：一个是人才，一个是东进的渡口。

秦国历来多良将而少贤臣，这是因为秦国的文明进程不如东方诸国，导致秦国重武轻文，善于治国的贤臣匮乏，甚至连楚国都比秦国发展快。秦国的国君中，第一位受到良好教育的就是穆公。正是这位志向远大的君主，开创了秦国“客卿制度”的先河，形成了重用“客卿”的第一个高峰，加速了秦国迈向文明的步伐。

穆公求贤若渴，但苦于左右没有管仲那样的相才。似乎天公有意投其所好，晋献公给他送来了百里奚。百里奚原来是虞国大夫，虞被灭后做了晋的俘虏，年纪已七十有余。晋献公大概觉得这个老者不堪大用，就让他去做穆姬的媵臣。百里奚借机逃出秦国，到了楚国申县的宛邑（今河南南阳），被当地农民抓了起来。穆公听说百里奚是位贤臣，准备不惜重金把他赎回来，又怕引起楚人的怀疑，就派人到宛邑交涉，只说这个人是逃亡的媵臣，秦国愿意用五张公羊皮把他赎回。楚人不知底细，觉得用一个老汉换五张羊皮很划算，当即成交。

百里奚被押回秦国，想必懊悔至极，但事态的发展竟变得柳暗花明了。《史记·秦本纪》写道："缪公（穆公）释其囚，与语国事。谢曰：'臣亡国之臣，何足问！'缪公曰：'虞君不用子，故亡，非子罪也。'固问，语三日，缪公大悦，授之国政。"百里奚的挚友蹇叔也是贤才，但不为世所知，经百里奚举荐，"缪公使人厚币迎蹇叔，以为上大夫"。后来的事实证明，穆公破格重用百里奚和蹇叔是明智之举。

当然，穆公重用百里奚和蹇叔只是他重用人才的一个缩影。由于秦国文明程度不如诸夏，反而使秦国没有建立起严格的宗法制，同族人被重用得不多，这就为穆公重用外国人才创造了条件。秦国宗族同姓见于记载的，在春秋时只有公子絷等三人；而外国人才却有百里奚、蹇叔、由余、丕豹、公孙支、内史廖、随会、白乙丙、西乞术、孟明视等。这些人才中有来自敌国晋的，如丕豹、随会；有戎人，如由余。特别是由余，帮助穆公讨伐戎王，"益国十二，开地千里"，扩展了秦国的生存空间，使秦"遂霸西戎"，成为西方的霸主。

穆公突破"亲""贵"的界限，而以"贤"与"不贤"为标准，为秦国建立起"客卿制度"的雏形。从这方面来看，即使是任人唯贤的楚文王、楚庄王也相形见绌。这是秦国实现跨越式发展的人才保障。

五、"骊姬之乱"与秦国插手晋国内政的开端

穆公五年（前655），就在百里奚入秦的当年，晋国发生了"骊姬之乱"，晋献公的夫人骊姬陷害太子申生，申生绝望自缢。穆公

闻讯，亲自率兵讨伐晋国，与晋军在河西交战。当时，晋国已先于秦灭了虞、虢，卡住了秦东进的通道，而且占据了河西，使晋、秦国土接壤。对秦来说，这时患莫大焉。因此，河西对秦而言，战略位置更显重要。秦如果占据了河西，不仅能抵御晋国向西扩展，还能向东与晋争斗，形成对晋国的战略优势。这次秦、晋交战的地点就是河西，即今天陕西华阴市一带，秦似乎未获大胜也没有大败，但这次河西之战，却成为晋秦争霸的序幕。

第二年，晋公子重耳、夷吾为避祸相继出走。重耳北走狄国；夷吾逃奔梁国，以便求援秦国。

穆公九年（前651），齐桓公在葵丘会盟。“葵丘”，在今河南民权县东北。周襄王派宰孔参加会盟，并厚赐桓公。召陵之盟后，齐国的霸权开始全面衰落。南边有楚，西边有晋，楚、晋虽然默认齐国的霸主地位，但齐对楚、晋几乎没有控制力，只能在一些中小诸侯面前“施霸”。这时的桓公也是昏庸至极，傲慢自大，已经有一些诸侯开始叛离齐国，桓公的霸业全靠管仲苦苦维持。到葵丘会盟时，齐国的霸主地位已削弱，霸权实已失落。

这次葵丘会盟让齐国很难堪，《史记·齐太公世家》说：“诸侯颇有叛者。”《春秋公羊传》说“叛者九国”。这些诸侯之所以敢公然违抗齐国，主要是得到了正在崛起，发展蒸蒸日上的楚、晋的支持。最终参加会盟的，除了齐这个大国，只有宋、卫、郑、许、曹五个中小国家。陈、蔡亲附楚国；鲁国为了摆脱齐国的遏制，与楚、晋交好。秦与楚态度一致，从来不屑于参加此类唯他人马首是瞻的会盟。晋献公姗姗来迟，途中遇到因对齐桓公不满而先行离会的宰孔；听宰孔说桓公无德，便意兴索然，当即归国了。

葵丘会盟反映了当时国家间力量的此消彼长。东周国家新秩序已由齐国创建，但尚在雏形期，老牌的强国晋已悄然复兴，新兴的楚、秦也已壮大，它们都希望参与天下新秩序的建立。随着齐国霸权的衰落，这种意愿越发强烈，当时有实力继承齐国霸权的非楚即晋。

同年，晋献公死，骊姬的儿子奚齐继位，大夫里克、丕郑等联手杀了奚齐，准备立重耳为君。但大父荀息则将骊姬的另一个儿子卓子立为君，于是，里克等又杀了卓子和荀息。晋国的一团乱局，使穆公为晋国无君而忧虑，他开始向晋国伸手，想借拥立新君的机会控制晋国，但对立重耳还是夷吾却举棋不定。经过与大夫百里奚、孟明视和公孙支商议，决定派公子縶为使者，先到狄国去找重耳，后到梁国去找夷吾。

重耳听从了狐偃的意见，先为父亲的死而号啕大哭，然后向公子縶表明无意继位。此时的重耳以“仁”示天下，以小失而得大利，“德霸”天下的雄心已经显露。这与其父献公“假途灭虢”，先予反取、先失后得的策略如出一辙。这就是不争之争，不得之得，“夫唯不争，故天下莫能与之争”，重耳的“不争”与“德霸”在不久的晋、楚争霸中取得了成效。

夷吾却欣然向公子縶许诺，若能回国继位，将把河西五城献给秦国，还厚赠了公子縶。公子縶向穆公如实复命，穆公表示倾向于立有孝心和仁心的重耳。《国语·晋语二》记公子縶说：“若求置晋君以成名于天下，则不如置不仁以猾其中，且可以进退。”意思是说，秦国要想靠拥立晋君而成就威名于天下，如果立有仁心的将成全晋国，立无仁心的却能给秦国留下可进可退的余地。穆公同意了公子縶的建议，派百里奚领兵送夷吾回国继位，是为晋惠公。

《史记·秦本纪》记夷吾对百里奚说：“诚得立，请割晋之河西八城与秦。”据《左传·僖公十五年》记夷吾许诺割让的八城是：“河外列城五，东尽虢略，南及华山，内及解梁城。”河外，指河西五城；虢略，在今河南灵宝虢略镇；解梁城，指河内的城邑；华山是秦、晋的边界。这样的交换条件对穆公来说非常有诱惑力，如果实现，秦国将不费一兵一卒就能得到河西部分之地，还将势力范围深入了晋的腹地，对全面控制晋国非常有利。

穆公知道重耳贤德，但为何还要立夷吾呢？一方面是贪慕八城，更为重要的是想用夷吾乱晋。《左传·僖公九年》记穆公对公孙支说：“忌则多怨，又焉能克？是吾利也。”吴闿生在《文史甄微》中说：“是时众望在重耳，不在夷吾，故（夷吾）厚赂以求人。（穆公）秦伯知其无援，特立而用之。”穆公知道夷吾在晋国没有势力，而且同晋国当权大臣里克不和，这对秦国是很有利的。穆公希望晋是一个君臣不和、内乱迭起的邻国，这与公子絷说的“不如置不仁以猾其中，且可以进退”不谋而合，因此，积极护送夷吾回国。

穆公十年（前650），夷吾在秦国的支持下顺利继位，是为晋惠公。晋惠公派里克的同伙丕郑出使秦国，向穆公致谢，但自食其言，不给秦河西八城。丕郑刚到秦国，就听说晋惠公处死了里克，不胜惊恐，便对穆公说，晋人想立的国君不是夷吾，而是重耳，背约食言的主意都是大夫吕甥、郤芮所出，请尽快把吕、郤两人叫来，以便改立重耳。穆公采纳了这个计谋，但不料丕郑回国后事情泄露，吕、郤便唆使晋惠公杀了丕郑。丕郑的儿子丕豹逃到了秦国，请穆公发兵攻晋。

《史记·秦本纪》记载：“百姓苟不便，何故能诛其大臣？能诛其大臣，此其调也。”《左传·僖公十年》记载穆公说：“失众，焉能杀？”穆公认为晋国的形势还没有达到“百姓不亲”的程度。晋惠公能杀死丕郑，说明还是有人拥护他，他还没有“失众”。基于这样的判断，穆公决定暂时先不出兵，等待时机。穆公明里表示与晋国交好，不听丕豹的建议，却暗中重用丕豹，为伐晋做准备。

立夷吾为晋君，穆公和百里奚都失策了。不过，正像公子縶所讲的，秦还有可进可退的余地。

六、反目：秦晋争夺河西的斗争

晋惠公继位后的几年中，秦、晋之间没有发生战争。穆公十一年（前 649），伊洛之戎进攻周王室，秦、晋合兵救周。伊洛之戎，即居住在今伊河、洛河之间的戎族部落。《左传・文公八年》记载：“遂会伊雒之戎。”《左传・成公六年》记载：“晋伯宗、夏阳说、卫孙良夫、宁相、郑人、伊雒之戎、陆浑、蛮氏侵宋。”说明春秋时期聚居在今洛阳西南的诸戎逐渐汉化，宛然小的方国，与诸夏交往密切，频繁参与诸夏之间的斗争。

穆公十三年（前 647），晋国发生饥荒，向秦国求援。丕豹劝穆公趁机伐晋，但穆公采纳了公孙支和百里奚的建议，为了争取晋国民心，给晋运去大批粮食。《史记・秦本纪》说：“以船漕车转，自雍相望至绛。”雍是秦都，绛是晋都。说明这是春秋时期一次史无前例的国家间救灾行动，不仅显示了穆公的格局，还显示了秦国君臣的仁心和大度。

老天似乎爱捉弄人，第二年，秦国也发生了大饥荒。于是，秦向晋求援。晋惠公与群臣商议后，决定不给秦国粮食，大臣虢射还主张趁机伐秦。但《左传・僖公十四年》记晋大夫庆郑说：“背施无亲，幸灾不仁，贪爱不祥，怒邻不义。四德皆失，何以守国？”接着又说："背施幸灾，民所弃也。近犹仇之，况怨敌乎？"庆郑的话说得很明白，民心向背是决定大国之争的关键，失去了民心，对晋国不利。晋惠公不听，依然拒绝给粮，但并没有在当年出兵。不过，这一切都表明秦、晋之间的战争一触即发。

穆公十五年（前645），晋准备出兵攻秦。秦国已从饥荒中挺了过来，穆公当机立断，命丕豹为将，主动率兵迎击。《左传·僖公十五年》说："晋饥，秦输之粟；秦饥，晋闭之籴（粮），故秦伯伐晋。"这次战争，秦有理而晋无理。

晋师三战三败，退到韩原（今陕西韩城西南）。晋惠公率军来到韩地，双方摆好阵势，准备决战。晋惠公派韩简探察敌情，韩简回复说："（秦）师少于我，斗士倍我。"接着说，国君当初逃亡梁国，是依靠秦的资助；继承君位，是依靠秦的支持；晋国饥荒，是依靠秦的输粮。秦国三次帮助晋国，却得不到报偿，所以兴兵伐晋。"我怠秦奋，陪犹未也。"这是晋国将领对敌我双方的分析，言外之意就是：秦国必胜，晋国必败。

正如韩简所说，秦军人数虽然少于晋军，但同仇敌忾，将士一心，斗志昂扬；而晋军内部矛盾重重，人数虽多，但士气低落。这正是秦国收取晋国民心所取的成效。

早在晋国发生饥荒，向秦国求粮时，秦国君臣曾展开了一场关于"收民"策略的讨论。《左传·僖公十三年》公孙支对穆公说：秦给晋输粮，若晋报偿，目的就达到了；若晋忘恩负义，就会失去民心，晋失民心，秦再伐晋，必然能取胜。百里奚也说："救灾恤邻，道也。行道有福。"穆公也认为晋君固然有罪，晋民却无罪。君臣一致同意必须给晋国输粮。

秦国君臣与晋国的大夫庆郑一样，能看到大国之间的实力相差无几，决定胜负的关键实际是民心的向背，为了战胜敌国，必须争取民心。因此，秦国君臣实际是把争取民心作为战胜晋国的一种斗争策略。《国语·晋语三》记公孙支说："君有施于晋君，晋君无施于其众。……不若予之，以说（悦）其众。众说，必咎其君。其君不听，然后诛焉。虽欲御我，谁与？"公孙支建议给晋国送粮，以激起晋国人民对晋君的不满，而使他们对秦国产生感激之情，待秦出兵讨晋时，晋国人民就不会拼命抵抗了。

穆公收取民心的措施不仅体现在对晋国的斗争上，在经济改革方面的效果更为显著，直接体现就是秦、晋的"韩原之战"。

七、韩原之战与"爰田制"

公元前645年九月的一天，秦、晋军队在韩原（今陕西韩城）展开了一场激战。《史记·秦本纪》和《晋世家》，以及《左传·僖公十五年》对这场大战都有记载。一开始，由于穆公与麾下一心一意急追晋惠公，不料反被晋师包围，晋大夫梁由靡等截住穆公去路，眼看穆公就要被擒，在这危急时刻，突然从秦军中出现三百壮士冒死冲击晋师，不仅救出了穆公，而且将晋师杀得溃不成军，并生俘了晋惠公，取得了韩原大捷。

穆公经询问，才得知这三百壮士的由来。《史记·秦本纪》记载："初，（穆公）缪公亡善马，岐（山）下野人共得而食之者三百余人，吏逐得，欲法之。……（穆公）乃皆赐酒而赦之。三百人者闻秦击晋，皆求从，从而见缪公窘，亦皆推锋争死，以报食马之德。"《吕氏春秋·爱士》也记载了这件事。

君若爱民，民必爱君，乃至不惜为国君而效死。穆公是一个善于笼络人心的君主，使他转祸为福的正是民心。当然，秦军的胜利不仅是靠这三百壮士取得的，正如韩简对晋惠公所说：“师少于我，斗士倍我。”是什么激发了秦军的斗志，使其保持较强的战斗力呢？答案很简单，就是秦国君臣将“民本”思想转化为具体的制度，在秦国全面实施“爰田制”。

西周时期实施的是“井田制”。井田制下有“公田”与“私田”的区别，主要劳动力便是“野人”。《孟子·滕文公上》说：“无君子莫治野人，无野人莫养君子。”君子，是指土地所有者和平民；野人，就是在土地上劳动的奴隶。由于野人是从事农业生产的主要群体，按周王朝的规定，野人不准当兵。因为在两周时代，当兵是一种光荣的权利，被奴役的野人不能享受这种权利。更重要的是，大土地所有者宁可把战争的负担加给平民和中小土地所有者，也不愿意让野人们去打仗，而影响自己的土地收入。晋、齐等中原列国实施的也是“井田制”。

秦国文明程度发展较低，到秦建国的时候，西周的井田制已经崩溃，在有关秦国的史料中，找不出一点秦实施井田制的影子，甚至连《商君书》中，都看不到有井田制的记载，所以秦国没有实施井田制的基础和条件，秦建国后实施的是“爰田制”。

所谓爰田，就是国家定期将土地按上、中、下三等分配给奴隶耕种，不分“公田”与“私田”，劳动者将粮食以“彻”的形式上缴给土地所有者。《汉书·地理志》注引孟康说：“爰土易居。”就是土地所有者为了提高劳动生产率，充分发挥土地的肥力，定期更换每个劳动者的土地和居住地，这就叫“爰田”，也称“辕田”。秦建国后，每占领一片土地，就将当地的人民与奴隶按军队方式编制起来，分配给每个人一定的土地，并按规定“爰土易居”。这些劳动者平时是从事农业生产的奴隶，战时就成为士兵。

“爰田制”与“井田制”相比，是一种巨大的进步。因为没有公、私田的划分，“野人”上交的“赋”比以前要轻一些，这样可以调动劳动者的积极性。更为重要的是，“野人”的社会地位有了一些变化，可以直接参加军队作战。秦国正是由于推行了“爰田制”，不仅增加了政府的赋税收入，还扩充了兵源，使被奴役的野人有了当兵的权利。所以，三百壮士才能为穆公效死力，秦军中的“野人”士兵肯定不止三百，所以秦师的战斗力和士气才高于晋师。可以看出，秦国实施“爰田制”是有一定积极效果的。

进入春秋后，井田制成为阻碍晋国发展的羁绊，晋惠公被俘，晋师的甲兵也伤亡殆尽。于是，晋国从公元前645年开始推行“爰田制”，这意味着井田制在晋国彻底崩溃。紧接着，为了扩大兵源，晋国开始“作州兵”，平时生产，战时出征。这些改革取得了成效，使晋迅速恢复了国力，为晋文公的进一步改革和称霸打下了坚实基础。

《孟子·滕文公上》说:“夏后氏五十而贡，殷人七十而助，周人百亩而彻。”从这里说的“夏后氏”“殷人”“周人”中就透露出贡、助、彻代表了古代三个不同时期的田制形态。助，是在井田上实行的；彻，是在井田制崩溃后爰田上实行的。当然，“爰田制”是由领主封建制社会向君主制社会过渡的一种经济制度，它最终会演化为君主制下的土地私有制，这是历史发展的趋势。

八、占据河西，以危晋人

韩原大捷，说明穆公对内政策是富有成效的，不仅笼络了民心，在一定程度上还激发了秦国下层人民同敌国作战的热情，表现出了较强的战斗力。秦军胜利的另一个原因，就是秦国实施了正确的外交策略。秦国君臣善于抓住作战的有利时机，当晋惠公杀死大臣丕郑以及晋国发生灾荒时，都曾有人鼓动穆公出兵。但穆公与臣僚都认为时机不成熟，暂时未动，而是推行“孤立晋君，收取民心”的策略。战前，晋国内部君臣间的矛盾已经十分明显，大臣庆郑、韩简等就一直反对同秦国作战。而且晋国士兵斗志不高，不愿全力抵抗秦师。这些都是秦国笼络“民心”策略的成效。在天时、地利、人和都具备的形势下，穆公果断出兵，以少数兵力深入晋国腹地，取得了对晋作战的胜利。

晋惠公被俘后，晋国内部一片混乱。狄人又趁火打劫，夺取了晋的狐厨、受铎两地，渡过汾水，一直打到昆都。内忧外患，迫使晋国开始推行“爰田制”。

《左传·僖公十五年》记公子縶建议杀死晋惠公。公孙支却说：“晋未可灭，而杀其君，只以成恶。”秦国君臣估计，此时秦尚无力完全吞灭晋国，如果杀了晋君，只能进一步激起晋对秦的仇恨，这样对秦不利。于是穆公决定释放晋惠公回国，与晋讲和。就在这一年，晋国又发生灾荒，秦国再次给晋输粮，从此两国又结为“秦晋之好”，两国的战事也暂告一段落，一直到公元前628年崤之战，两国战火重燃，开启了长达七十余年的东西之争。

秦、晋虽然和解，但秦国并未放弃控制晋国的企图。秦放回晋惠公是有条件的：第一，以晋国太子圉为人质，留在秦国；第二，割河西八城给秦。秦得到了晋的河西八城，领地一下扩张到了黄河西岸，在地势上更容易深入晋的腹地。

秦国得到河西后，晋的河西有少量飞地在河东，于是，秦国在属于河西的河东设司马，征收赋税。约一年半以后，晋太子圉到秦国做人质，穆公就把河东之地还给了晋国。穆公为了牢牢地控制太子圉，还把宗女怀嬴嫁给他做妻子，当时太子圉只有十岁左右。这样，在晋惠公归国当政的数年中，秦对晋的威胁更大了。

穆公二十年（前 640），秦灭掉了河西北边的梁国和河西南边的芮国。这样，秦国完全控制了河西，建立起了进可攻、退可守的战略缓冲带，打通了通往中原的路径。晋国灭了虞、虢后，始终控制着茅津和函崤两个咽喉通道，使秦不能深入中原腹地。因此，在后来的晋秦争霸中，秦国虽然败多胜少，处于劣势，但靠着河西使晋军不能西拓；秦国虽然不断进逼，但晋国靠着两个通道，使秦军难以东进。晋、秦势均力敌，形成了东西方的战略平衡，为“弭兵之会”和“政霸体制”的最终确立奠定了基础。

公元前 645 年对诸夏来说注定是个忙碌的年份。南方的楚国征伐徐国，迫使桓公两次发兵救徐，结果无功而返。“娄林大捷”使楚人的势力一下扩张到了淮水中下游，基本控制了整个淮河流域，诸夏的势力被彻底挤出了南方。西边的秦国发兵攻晋，“韩原大捷”使秦国得到了梦寐以求的河西之地，秦人的势力一下子延伸到了黄河西岸，进一步威胁着诸夏的安全。这一切都说明，一个雄主争霸的时代将要来临。

第八章　争霸

一、齐国的内乱

楚成王二十九年（前643），管仲和齐桓公相继去世。凡倚重人治的，人亡则政息。齐桓公死后，诸子争位，宠臣易牙联合内官寺人貂（竖刀）发动政变，杀死诸大夫，立卫姬所生的公子无亏为君，郑姬所生的太子昭逃亡宋国。宋襄公想趁中原霸主空缺的时机，借拥立太子昭控制齐国，再借齐国的余威号令诸侯，成为中原盟主。第二年，宋纠集了曹、卫、邾三国合兵伐齐，护送太子昭回国争位，齐人害怕，诛杀了无亏。

楚成王三十年（前642），就在齐国发生内乱后，郑国这只"风信鸽"似乎感到楚国有霸主的气象，开始"朝楚暮齐"，向楚国靠拢。《左传·僖公十八年》"郑伯始朝于楚"，说明以前郑国"朝齐暮楚"，始终没有朝拜过楚王。成王送给郑文公一批红铜，刚送出就后悔了，但不便收回，就和郑文公盟誓，让他保证不用来铸造兵器。郑文公信守诺言，用这些铜铸造了三口钟。这说明当时楚国的铜产量已经跃居列国之首，有了这样的经济优势，楚国的发达与昌盛可想而知。

郑文公朝楚，宋襄公伐齐。无亏死后，宋襄公用了大约两个来月，总算战败了诸公子，使太子昭顺利即位，是为齐孝公。齐国经过这次内乱，元气大伤，以后的三十余年内先后更换了四位国君，即孝公、昭公、懿公和惠公，而且四位国君都是兄弟。更为重要的是，动荡的政局引发了宗权和卿权的扩张，为以后齐国长期的权力斗争埋下了隐患。

前面提到，西周分封制与宗法制关系密切，构成了上下等级序列。周天子除了授以诸侯土地外，还命以姬姓和异姓诸侯大宗小宗，始祖的姓为大宗，由祖姓分出的氏属于各大宗下的小宗。按清代顾栋高《春秋大事表》所记，从齐分出的有高氏、国氏、隰氏、崔氏、庆氏、宴氏、东郭氏、芦蒲氏、栾氏、高氏（两高氏）。

齐国自姜太公受封开始，经过几百年的制度沉淀，逐步形成了“姜氏主政，宗室辅政”的“共政政体”，宗室在齐国的影响力巨大。同时，从桓公时代开始，卿大夫的地位不断提高，鲍氏、田氏等异姓大族开始崛起。尤其是公元前672年陈国内乱，从陈逃亡齐国避难的陈完，得到了齐桓公的器重，被任命为工正一职。后娶大夫齐懿仲的女儿为妻，从此陈氏便在齐国定居，改陈为田氏。至齐桓公时代，君权尚能控制宗权和卿权，三者互为表里，保障了齐国中原强国的地位。

桓公死后，齐国政局动荡，君权不稳，宗室和卿大夫趁机扩充权力，拉开了齐国君权、宗权、卿权长期博弈的序幕。这种权力斗争，不仅导致齐国无暇顾及中原事务，还使其陷入了长期的低迷。于是，齐国调整了对外战略，退出争霸，转而与晋国联合，支持晋与楚、秦争霸，以维持齐国东方霸主的地位。

由于齐国经济基础雄厚，实力比较强，特别是田氏专权后，进行了一系列经济和政治的改革，逐渐恢复了国力，稳定了政局，安定了民心，成为与晋、楚、秦并立的四大强国，顺利进入了战国时代。

二、硬充霸主的宋襄公

齐孝公即位后，其余七位公子都逃到了楚国，成王想利用诸公子作为与齐国斗争的政治筹码。于是，把他们都封为上大夫。这七位公子中，最有希望取代齐孝公的是桓公宠姬宋华子所生的公子雍。

成王三十二年（前640），随国串通汉东的小国背叛楚国。这是汉东诸国试图挽回往昔光荣的最后一次尝试，结果还是失败了。令尹子文一出兵，汉东诸国就求和了。楚国君臣以罕见的大度和政治家的远见卓识处理了随楚关系，一度飘荡在汉东上空的阴霾瞬间消散，两国又和睦如初了。成王继续推行“一国两制”的制度，给随国高度的自治权，随侯保住了自己的安富尊荣，随人也保住了自己的宗庙和制度。从此，随国成为楚国的忠顺附庸达三个世纪，这些都是楚国“德霸”的成效。但成王却没有将“德霸”带到中原，反而以傲慢粗鄙的态度对待中原小国，以盛气凌人的姿态面对中原强国，最终使楚国在与晋的争霸中陷入孤立局面。

这时，成王踌躇满志，环顾四周，齐国政局不稳，晋国正受到秦国的威胁，楚国似乎在国内和国外都没有敌手。于是，成王调整了战略方向，要北上中原，“观中国之政”。但是，偏偏有一个宋襄公想为诸侯执牛耳，硬充霸主，这在成王看来实在匪夷所思。

宋襄公使齐太子昭得以即位，不禁忘乎所以，以为自己有了霸主的气象，居然想继齐桓公之后，成为天下秩序的维护者。宋襄公一向标榜“仁义”，推行“仁霸”策略，但是他的“仁霸”与齐桓公的“德霸”相形见绌，甚至连成王的“威霸”也比不上。

成王三十一年（前 641），《左传·僖公十九年》记“宋人执滕宣公”，同年六月“宋公、曹人、邾人盟于曹南”，鄫国国君没有参加会盟，而是私下与邾人会盟，宋襄公震怒，逼迫邾人抓住鄫子，以牲畜的头代替鄫子的头祭奠妖神，以侮辱鄫君。宋司马子鱼对宋襄公说：“齐桓公存三亡国以属诸侯，义士犹曰薄德。今一会而虐二国之君（滕公与鄫子），又用诸淫昏之鬼（祭奠妖神），将以求霸，不亦难乎？”子鱼说得很明白，用这样的方法想当霸主，会给自己和宋国带来灾祸。

同年秋六月：“宋人围曹，讨不服也。”子鱼又对宋襄公说：“文王闻崇（崇侯虎）德乱而伐之。……今君德毋乃犹有所阙（欠缺），而以伐人，若之何？盍姑内省德乎！无阙而后动。”子鱼劝宋襄公应该实施“德霸”，先修德，德成而后动，这样才能使诸侯信服。

宋襄公这一系列“求霸”的行为首先引起了陈国的警觉。陈、宋是近邻，宋的强大必然会威胁陈的安全。为了保护陈国，制衡宋国，陈穆公邀请蔡、郑、楚到齐国会盟，目的是想让齐孝公继承齐桓公的霸业，维持天下秩序的稳定。

宋襄公志大才疏，以为霸主不一定要有强兵和奇才，只要能召集几次诸侯会盟，就算是霸主了。可是却发现楚国对中原的影响越来越大，没有楚国的支持，不可能称霸诸侯。

成王三十三年（前 639）春，宋襄公邀请楚成王和齐孝公到宋邑鹿上（今安徽阜阳南）会盟。鹿上离齐国远而离楚国近，宋襄公的意图很明显，就是想借助楚国的力量号令诸侯。宋襄公一系列的表演，简直让中原人士咂舌，也印证了子鱼劝宋襄公说的话，“小国争盟，祸也”。

同年秋，宋襄公邀请楚、陈、蔡、郑、许、曹六国国君到宋地盂邑（今河南睢县境内）会盟，意在求楚国支持他做盟主。子鱼对宋襄公说：“祸其在此乎！君欲已甚，其何以堪之？”按照当时国家的会盟规则“一之谓甚，其可再乎？”，成王觉得宋襄公太狂妄了，已经主持了一次不该由他主持的盟会，怎么还想再来主持一次呢！成王赫然震怒，要惩罚宋国。

三、威霸与仁霸：楚宋争霸的战术较量

春秋时期的盟会有两种形式，一种是乘车之会，与会的诸侯只能带乘车去，不能带兵；另一种是兵车之会，与会的诸侯都要带一定数量的兵车去。这次是乘车之会，但成王带兵车去了。《春秋公羊传》记载：“宋公与楚子（成王）期以乘车之后，公子目夷（子鱼）谏曰：‘楚，夷国也，（强）疆而无义，请君以兵车之会往。’宋公曰：‘不可。吾与之约以乘车之会，自我为之，自我堕之曰不可。’终以乘车之会往。”

果然，在会上，成王授意随行将士把宋襄公捉住，押回楚国去，宋人竟不知所措，一筹莫展；中原诸侯也是瞠目结舌，吃惊不已。同年冬，楚、鲁、陈、蔡、郑、宋等国在宋地亳邑（今河南商丘北）会盟，成王才释放了宋襄公。《左传·僖公二十一年》记子鱼对回国的宋襄公说：“祸犹未也，未足以惩君。”宋襄公还没有醒悟，宋国的灾祸还没有结束，子鱼的预言不久即成真。

宋襄公诚然是自讨苦吃，但成王做得也有失分寸。成王在各诸

侯国中一向特立独行，奉行“威霸”，从来没有把外交信义放在心上。这次虽然惩罚了宋襄公，却因小失大，使一向看重信义和仁德的中原诸侯开始左右观望，防范楚国。就这一点来说，成王的见识和气度，比秦穆公差远了。

成王三十四年（前638），郑文公再次去朝见成王。吃过大亏、受过大辱的宋襄公，竟然以宋、卫、许、滕联军讨伐郑国，这无异于“捋虎须”。同年秋，楚师伐宋救郑。宋师撤到泓水附近（今河南柘城北）。时已入冬，楚宋战于泓水。楚师在泓水南，宋师在泓水北。楚师北渡泓水，宋大司马公孙固主张待楚师渡到一半时，袭击楚军，宋襄公认为这样乘人之危不符合作战的惯例，拒不采纳。楚师渡过泓水后，正在布阵，公孙固建议出击，宋襄公仍不接受，理由还是不可乘人之危。待楚师列队完毕，宋襄公才击鼓进兵。宋襄公的迂腐和蠢钝，实属罕见。楚师人多，宋师数寡，结局不问可知，宋师大败，宋襄公腿上也中了一箭，伤得不轻，第二年便去世了。

公孙固的主张是正确的，但不足为奇。有人认为只要宋襄公采纳了公孙固的主张，宋师就会打败楚师。实则未必，因为杰出的兵家总是善于出奇制胜，有时不惜作背水之战。秦末汉初的韩信和东晋的谢石，都曾创造背水作战获胜的范例，何况成王这样一位杰出的军事家。

楚宋争霸，以泓水之战中楚国大胜落下帷幕，虽然此战短暂又充满了戏剧性，却反映出春秋时期“德”“仁”“兵”三种立霸思想的较量。

春秋乱世，要想成为天下的霸主，必须具备三个条件：第一，就是子鱼劝诫宋襄公所说“盍姑内省德乎！无阙而后动”；第二，要有一定的实力和军事威慑力；第三，要有杰出的才略和高远的格局。这就是所谓的“德霸”。齐桓公、晋文公、楚庄王具备了这三个条件，最终成为天下的霸主。

楚成王具备了后面的两个条件，但特立独行，没有把信义放在心上，崇尚“威霸”，虽然具有霸主之实，但尚无霸主之名，始终得不到中原诸侯的拥戴。楚国一有风吹草动，这些小国便会背离楚国，不是向晋靠拢，就是与齐结盟。这一方面是因为中原诸侯对楚人的民族歧视心理尚未褪尽，另一方面也是楚国君臣迷信“兵威”造成的结果。

宋襄公三个条件都不具备，却想走捷径，妄图依靠标榜“仁义”和借助齐、楚的力量“求霸”，这就是子鱼所说的“小国争盟，祸也”；最终使自己受辱，也给宋国带来了灾祸。

四、燕飨，交战

楚师在泓水之战获胜后，控制了黄河流域的许多中小列国，尤其是中原南部的夹层小国，它们只得背齐投楚，都成了楚国的盟国。从此，楚国便有了“霸主”的气象，成为最有可能代替齐国的盟主。

成王在返回楚国途中乘兴到郑国访问。这时的楚郑关系很是热络，两国既是盟友，又是姻亲，郑文公的夫人芈氏是成王的姐姐。芈氏见兄弟成王凯旋，觉得十分风光，便带着郑文公的另一位夫人姜氏，出郑都迎接。成王喜不自胜，派乐尹师缙将宋国的战俘，以及从战死的宋人头上割下的耳朵，拿给两位夫人过目，然后让师缙奏乐以助兴。

成王与芈氏的这些举动在中原人士看来未免出格，有违礼制。《左传·僖公二十二年》说："君子曰：'非礼也……'" 按照中原的礼制，妇人送迎以不逾门为限，不仅见外人，见兄弟也是如此。而且规定"戎事不迩女器"，戎事特指兵器，就是这些利器不能接近女子。成王和芈氏的行为却不合礼制，芈氏不仅出都迎接，而且到了楚师的驻地；成王不仅欣然接受，而且还给妇人观看战俘。可见楚人对男女之别还不像中原人士那样恪守不渝。

第二天，郑文公在宫中为成王举行非常隆重的"燕飨之礼"。《左传·僖公二十二年》说："九献，庭实旅百，加笾豆六品。"这是当时最高的礼宾规格。"九献"，即主宾互相敬酒九次；"庭实旅百"，即陈列于庭中的礼品以百计；"加笾豆六品"，即外加六件盛着果品或野味的笾豆；这些都是国君或上公才能享受的礼仪。成王却来者不拒，全盘接纳。当夜，宴毕，成王回到城外楚营，郑文公又献给成王两位姬姓少女，由芈氏送到楚营。

郑国大夫叔詹觉得成王的举止太不像话。《左传·僖公二十二年》记叔詹说："楚王其不没乎！为礼卒于无别，无别不可谓礼，将何以没？"《史记·楚世家》记叔詹说："有以知其不遂霸也。"叔詹背后诅咒成王不得好死，最后果然应验，成王最终被自己的儿子商臣杀死；叔詹还预测成王终究不能完成霸业，因为他"无礼"，不会得到中原诸侯的拥戴，这个预言不久便成现实了。

成王三十五年（前637）秋，楚国司马成得臣讨伐陈国，理由是陈国背叛楚国，亲近宋国；一举夺取了陈的焦、夷两邑（今安徽亳州）。又帮助受陈欺凌而不得不迁都的姬姓顿国营建了新都。顿国在今河南项城，旧都在项城北而新都在项城以南。

成氏也是若敖的后人，名得臣、字子玉。令尹子文年事已高，想辞官养老，见子玉有功，便推荐他接班。成王从其请，任命子玉为令尹。

到宋邑会盟，到郑都访问，这些都使成王增长了见识，开拓了思路。楚国与中原诸国相比，除了礼制外，其他方面几乎都处于领先地位。这时的成王，虽无霸主之名，但已有霸主之相。齐国中衰，晋国内乱，宋国创巨痛深，郑国俯首帖耳，其他诸侯莫敢与楚争胜。这些都是霸主的气象。楚国君臣以为只要有了兵车战甲，就能成为维持中原秩序的霸主；但中原诸侯却认为除了实力，“仁德”“信义”和“礼制”才是霸主最为重要的修养，而这些恰恰是楚国君臣所缺少的。

五、霸主的“名”与“实”

公元前 637 年冬天，晋公子重耳访问楚国。重耳于公元前 655 年为了避祸而出亡，那时他只有十七岁，随从有狐偃、赵衰等数人。狐偃是重耳的舅父，夏化的戎人；赵衰是造父的后裔，出自嬴姓。他们在狄国住了十二年，后来又在卫、齐、曹、宋、郑住了六年多。狄、齐、宋待他以上宾之礼，卫、曹、郑对他都未能以礼相待。

重耳君臣之所以匆匆来到楚国，有两个原因。第一，前年，晋惠公重病，公子圉因为母家梁国被秦国攻灭而怨恨秦人，听说父亲病重，私下逃回晋国，准备继承君位。秦穆公没想到公子圉竟敢私逃回国，这样的晋君自然不能为秦所容。这正是重耳争夺君位的时机。第二，重耳看到，当时的楚国对中原的政局已有举足轻重的作用，而且重耳可望与毗邻的秦国取得联系，以便借助其中一国的力量返回晋国，夺取君位。楚与秦的态度究竟如何，他暂且不得而知，难免忐忑不安。

使重耳一行喜出望外的是，成王以接待国君的礼仪欢迎重耳，“燕飨、九献、庭实旅百”都用上了，这似乎是向郑国学来的。看来成王也开始关注中原礼仪了，要把楚国建设得“郁郁乎文哉”。重耳对此愧不敢当，狐偃说这是“天命”，他才大大方方地受了礼。在盛宴上，成王与重耳展开了一场霸主之间的对话。

《国语·晋语四》记宴会将结束时，成王问重耳：“子若克复晋国，何以报我？”重耳答道：“子女玉帛，则君有之；羽旄齿革，则君地生焉。其波及晋国者，君之余也。又何以报？”重耳的话说得很实在，论财富，当时晋国不如楚国。成王坦然承认楚比晋富，但仍然要重耳说出报答的办法来：“虽然，不穀愿闻之。”这给重耳出了一道难题，如何既能使成王满意，又能不给晋国留下遗祸呢？重耳答道：“若以君之灵，得复晋国，晋、楚治兵，会于中原，其避君三舍。若不获命，其左执鞭弭，右属櫜鞬，以与君周旋。”

这是一段精彩的对话，双方都把话说到了边缘。重耳不卑不亢，先礼后兵，柔中带刚，他的答词是自谦与自尊高难度的结合。这与当初召陵之盟，屈完回答齐桓公趾高气扬的问话如出一辙。成王盛气凌人，刚而不柔，是一种傲慢与无知的表现。而这位还过着流亡生涯的晋公子，已经显露出雄主的气象，具有霸主之名了，他所缺的就是霸主之实，这个“实”就是晋国的君位。同时，这番看似纸上谈兵的对话，也揭开了 晋、楚之间“德霸”与“威霸”较量的序幕。

令尹子玉主张杀死重耳，以绝后患，成王不同意，还把重耳和他的随从夸奖了一番。子玉又建议留重耳的舅父兼智囊狐偃做人质，成王仍不同意，还引用了《诗·曹风·侯人》里的诗句来驳斥令尹子玉。

显然，成王不是只讲霸道、不讲王道的；也不是只有军事才略，没有文化素养的。他鄙薄像宋襄公那样在其位的假英雄，而敬重像重耳这样未得其位的真英雄。重耳也确有人君的气象，虽在逃难中，不移其志，不忘国家。反观晋惠公夷吾，为了得到君位，而不惜重贿，又不惜以国土为交换条件，从这点来看，两位国君孰优孰劣不言自明。

同年，晋惠公去世，公子圉即位。秦穆公得知重耳正在楚国，大喜过望，当即派使者迎重耳去秦国。成王以厚礼相送，重耳君臣顺利从郢都出发到达了雍城。

六、一场风花雪月的政治交易

《史记·秦本纪》记秦穆公“益厚礼遇之”，并将公子圉的妻子怀嬴和四位秦女送给重耳。秦穆公的意图很明显。重耳也觊觎着晋国君位，他在外流浪了十几年，具有丰富的政治阅历，周围又集聚了一批谋臣，当时唯有他才有力量与公子圉争位。所以秦穆公便将筹码押在了重耳身上，要借辅立新君的机会，继续控制晋国。

秦穆公与成王一样，以接待国君的礼仪宴请重耳，重耳由善于辞令的跟随者赵衰作陪。秦穆公是秦国第一位受过良好教育的国君，在他的努力下，秦国文化建设蒸蒸日上，秦国贵族也效法周人，俨然以深通“诗书礼乐”自居了。《史记·秦本纪》记秦穆公对西戎派来的使节由余说：秦国以“诗书礼乐法度为政”，你们戎、狄没有这些东西，“何以为治”？这说明到秦穆公时，秦国贵族阶层确实已经精通“诗书礼乐”了。他们也像西周贵族一样，常在宴会中用赋诗含蓄表达自己的意见，以显示高雅。秦穆公也精于此道。

《国语·晋语四》和《左传·僖公二十三年》记载了这次“诗歌外交”。宴会中，秦穆公赋《采菽》，赵衰请重耳降拜，秦穆公为之降辞。赵衰请重耳赋《黍苗》，并画龙点睛地说:“重耳之仰君也，若黍苗之仰阴雨也。”表达出重耳希望得到秦穆公的援助。

秦穆公赋《鸠飞》，表示一定要帮助重耳抢夺君位。重耳赋《河水》:“沔彼流水，朝宗于海。”这是重耳对秦穆公含蓄的许诺，表示如取得君位后，要像流水归大海一样，朝事秦君。

秦穆公赋《六月》，其中有“以匡王国”“以佐天子”“以定王国”的诗句。这是秦穆公预言重耳将来必成大业的意思。赵衰又恰到好处地说:“君称所以佐天子匡王国者以命重耳，重耳敢有惰心，敢不从德？”

以上五首诗，除《河水》为佚诗外，其余都是《诗经·小雅》中的诗篇。这样，一场政治交易便在堂而皇之的赋诗奏乐中完成了。

成王三十六年（前636）秋，秦穆公与公子絷等率秦师，护送重耳回国争位。子圉派晋师拦阻秦师，秦穆公派公子絷去说服晋师接纳重耳，狐偃代表重耳与秦、晋两国的大夫会盟之后，重耳驰入晋师，秦穆公就回雍城了。重耳回国后，在一些大臣的支持下，将子圉赶跑，夺得了君位，是为晋文公。

晋文公即位后，又派人把逃到高梁（今山西临汾东北）的子圉（谥号晋怀公）杀死。这时，晋惠公的旧臣吕甥和郤芮等密谋杀害晋文公，幸亏寺人披向晋文公告密，晋文公估计自己在国内的实力尚不充足，就偷跑出国，在王城（今陕西大荔县东）与秦穆公相会，寻求庇护。吕甥、郤芮等这时还没有发现晋文公已经潜逃，就放火烧了王宫，等得知晋文公不在宫内，便率兵追至河上。秦穆公用计将二人诱杀，重新派了三千秦兵护送晋文公回国。这次政变后，晋文公除掉了政敌，晋国政局逐渐安定。

从晋国不断的内乱中可以看出，秦国极力干预晋君的废立，目的无非是想通过扶植新君控制晋国，这充分反映了秦国贵族阶层称霸的野心。

为使重耳成为晋君，秦穆公和楚成王配合得很好。这也许就是英雄惜英雄吧。然而，在这个利益和权力至上的时代，英雄之间的相知终归是短暂的。

七、貌合神离的“秦晋之交”

秦穆公扶持重耳夺取君位，原是企图控制晋国。然而事与愿违，在晋文公执政时期，晋国愈加强大，秦国却不得不追随晋国，充当为晋国助威的角色。

公元前636年，宋与楚讲和。宋成公造访楚国，在归国途中顺道访问郑国，郑文公以“丰厚”的礼仪接待了宋成公。尽管宋成公对楚、郑全无真实诚意可言，但不得不对楚低声下气。此时，除秦、晋外，楚国是最有霸主气象的强国。

成王三十七年（前635）秋，周襄王与弟弟带（甘昭公）不和，王弟带引狄师击败周师，周襄王逃到郑国避难，这就是所谓的“蒙尘”。周襄王派人到鲁、秦、晋告难。这正是抢“勤王”旗帜、捞取争霸的政治资本的好时机。秦穆公听到消息后，立即派兵驻扎在黄河岸边，准备将周襄王接到秦国。

《左传·僖公二十五年》记狐偃对文公说：“求诸侯莫如勤王。诸侯信之，且大义也。”在晋国君臣看来，“勤王”是求霸的必经之路，不仅能借天子号令天下，还能取得诸侯的信任。晋文公立刻率领晋师抢在秦穆公前面，挥师南下，杀死王弟带，迎立周襄王复位。

秦穆公要派兵援助晋师，被晋文公婉言谢绝了。谢绝的理由，就是《史记·晋世家》中赵衰对晋文公说的“求霸莫如入王尊周。周晋同姓，晋不先入王，后秦入之，毋以令于天下。方今尊王，晋之资也”。曾经的晋文公因流亡而不得不寄人篱下，这时他已经成为一个强国的君主，就不甘再做池中之物了。晋文公城府较深，不知深几许。对此，曾当面听他说过以后晋、楚可能“治兵”的成王是心中有数的，但身为岳丈且只见重耳对他卑躬屈膝的秦穆公似乎还心存幻想。

周襄王复位后，晋文公去朝见。周王以异常隆重的礼仪接待晋文公，并赐给晋土地。从此，晋国有了称霸的政治资本，也预示着北方权力中心即将易手。

同年秋，秦晋联兵伐鄀。鄀是介乎秦、楚之间的一个小国，鄀城在商密，故址在今河南淅川西北。早在楚武王时，鄀已成为楚的附庸。秦、晋与楚，在上一年还是玉帛相通的友国，这时突然干戈相见了。秦是伐鄀的主谋和主力，晋只起着掎角之势的作用，大概只是表示道义上的赞同，或者只是派出了一支象征性的偏师为秦声援而已。真正派兵去鄀的是秦国。

春秋时代，楚、秦之间的关系比较友好，很少发生正面冲突。这是因为在秦穆公执政之前，秦国无力向关中以外的地区拓展空间；而秦穆公执政时期，向东发展首先遇到的阻碍就是晋国，所以秦的劲敌是晋，而不是楚。

公元前628年，秦、晋开始了为期七十余年的东西争霸，秦国为了对抗晋国，与楚结盟，利用楚牵制晋。《诅楚文》记载秦穆公与成王联姻和结盟"绊（伴）以婚姻，袗以斋盟"，并发誓"叶万子孙毋相为不利"，即楚秦世世代代永远不相互攻击。同时，从楚共王时期开始，楚、晋开始了为期四十余年的南北对峙，楚国为了对付晋国，与秦联合，利用秦制约晋。楚、秦的共同敌人都指向晋，联合是它们必然的利益选择。

春秋时期，秦、楚只发生过两次战争：一次就是秦晋联合伐鄀；一次是秦国站在晋国一边，派小股部队参加了晋对楚的"城濮之战"。其他时期，秦、楚确实维持着长期的联盟关系，两国无战事。

八、鄀之役：一场莫名其妙的战争

秦国这次伐鄀，主要是基于战略考虑。秦对鄀的直接了解，始于秦穆公派使者到宛邑去换百里奚。此时的鄀，夹在楚、秦之间，丹江又是两国之间一条敏感的地带，战略位置显要。楚国君臣或许还浑然不觉，秦国君臣却意欲问津了。

楚国在方城内外有申、息两个大县，申公和息公是守卫国门的封疆大吏。这次秦、晋伐鄀，楚人起初不甚在意，以为只是寻常的边境冲突，令尹和司马都还在郢都，只派了申公斗克和息公屈御寇率申、息之师去戍守商密。秦师却抢在楚师到达商密以前，绕开商密北边荆紫关附近的丹江湾道，路过析邑（今河南西峡西北）时，把一批随军役徒捆绑起来，冒充攻占析邑所得的俘虏，再向商密进军，趁着暮色渐重的时候兵临商密。鄀人因天色已暗，看不真切，以为析邑被秦人攻克，不免恐慌，只能寄希望于楚师及时赶到。

晚上，秦人燃起许多火炬，在火光中杀牲取血，伪装与申公、息公会盟。鄀人从城上见到这般情景，以为自己被楚国出卖了，固守无望，不得已向秦师投降。

秦师随即东进，突袭正在途中的楚师，申、息二公疏于戒备，稀里糊涂成了秦人的俘虏。秦师怕楚国的大军追赶，匆匆离开商密。令尹子玉听到战报后，当即发重兵追赶秦师，但没有追上。子玉害怕成王责怪，领兵伐陈，一面包围陈都，一面把正在楚国避难的顿国国君护送到顿城，然后收兵回国，算是以功补过了。

这次秦伐鄀，是秦、楚的初次交锋，结局是秦胜楚败。事体不算大也不算小，楚国丧失的兵员不算多，然而对自己的国家形象却大有损害。秦人原先的目的只是试探性的警告，没有取鄀的意思，却一举俘虏了楚的两位县公，大喜过望，复无所求，随即得胜回国。

秦的胜利，是因为知彼知己，避实就虚，兵不厌诈；楚的失败，是因为不知彼不知己，骄傲轻敌，没有防范诡诈的秦人。子玉作为令尹，难辞其咎。至此，鄀国又成了秦国的附庸，但却朝秦暮楚，不久被秦人攻灭。

楚人自立国以来，屈瑕曾败于罗，文王曾败于巴，这都是兵家常事，没有留下后患，此外楚师几乎是战必胜、攻必取。这次子玉败于秦，却是不祥之兆。假如楚人从初次与秦人交锋起就注意总结经验，以诈制诈，之后是不会重蹈覆辙的。无奈楚人计不出此，对秦人总是宁信其诚而不信其诈。直到公元前323年之后，在离商密不远的丹阳，吃了更大的败仗，楚人才发现自己陷入了遇秦必败的怪圈，然而为时晚矣！

九、此地无声胜有声：大战前的政治局势

成王三十八年（前634），齐一再伐鲁，宋助齐，鲁国不胜其扰，但又没有实力抗拒齐、宋，鲁僖公便派东门襄仲（即公子遂）和臧文仲向楚国求援。《左传·僖公二十六年》说："臧孙见子玉而道之伐齐、宋，以其不臣也。"臧文仲多谋善言，对子玉说齐、宋对楚国"不臣"，表示鲁国自愿做讨伐齐、宋的向导。子玉被臧文仲说动了。

齐、鲁两国是近邻也是宿敌，从西周一直斗到春秋，都想压倒对方，做东方的霸主。齐国一步步壮大，鲁国却内乱不止，政局不稳，在与齐国的竞争中逐渐陷入被动局面。与此同时，与鲁实力相当的宋国也威胁着鲁国南部的安全。鲁国陷入腹背受敌的困境，只能寻求外援。

鲁国君臣知道楚国有称霸中原的野心，且楚国与宋国不和，便采用"遗祸策略"，引楚入中原，将战火引向齐、宋，借楚国的力量保存鲁国。这条引狼入室的蠢计，不仅成为晋楚"城濮之战"的导火索，还引发了中原战乱。

楚国自武王时代开始逐渐形成了外线作战的军事思想，而外线作战的具体方略便是打"歼灭战"和"闪电战"。由于楚国的对手都是中小型国家，"歼灭战"便成了楚国对外扩张的有力武器，屡试不爽，效果显著。但楚国要想称霸中原，必须面对晋、齐、秦的挑战，再想用"歼灭战"去对付这些强国，无异于以卵击石，自讨

苦吃。楚国即使夺了几座城池，对这些强国来说也无关痛痒，时间一久，反而使自己陷入战争的泥潭。因此对付强国要用“持久战”，这里所说的“持久”不是单指军事，而是从政治、经济再到外交、军事的全方位的大国博弈。

当时的局势是天下二分，黄河中游的主宰是晋和秦；黄河下游、长江中游连同其间的淮水上中游都是楚的势力范围。伐鄀，表明秦、楚关系比较紧张；至于晋国，不言自明，晋文公志向远大，绝不甘心做池中之物，在与成王的对话中，已经预言了晋、楚之间必有一战；齐国虽然中衰，但依然是东方的强国。楚与秦、晋之间已经是暗流涌动，如果现在去帮助毫无战略意义的鲁国，与举足轻重的齐国交恶，楚国就会陷入以一抗三的不利局面；还有那些左顾右盼、三心二意，根本就不服楚国的中原小国，对其也是一大隐患。

更为重要的是，楚国内部已经危机四伏，成王与若敖氏的矛盾开始由暗到明，逐渐升级，内局不稳何以外顾？所以，现在的国内局势对楚国来说非常不利，楚国选择这个时候介入中原事务，必然凶多吉少。

楚国伐齐前，先要去处理另一件大事，就是灭夔。夔是楚的别封国，始君是熊渠次子熊挚（也称挚红），故址在今湖北秭归，土著是巴人。夔立国已经二百余年，夔君已经巴化，而且认为楚国歧视夔国的先君，于是拒不祭祀先祖祝融和鬻熊。《左传·僖公二十六年》记楚国派使者去责问夔君，夔君竟然说：“我先王熊挚有疾，鬼神弗赦，而自窜于夔。吾是以失楚，又何祀焉？”这虽然是牢骚，但分明是不承认夔与楚同出芈姓了。楚国不能容忍夔君公然闹分裂、搞独立，决定对其严惩。同年秋，令尹子玉和司马子西（斗宜申）引兵灭了夔国。

灭夔后，子玉可以腾出手来惩罚齐、宋了。这时的若敖氏势力庞大，控制着楚国的政权，成王力不能制。为了稳定政局，避免与若敖氏发生正面冲突，成王显出了倦于国事的迹象，由子玉执权柄。

位于晋、楚之间的宋，国小民弱，但自襄公以来，国君却雄心不小，志大才疏，总爱惹出是非来。这时，宋又介入齐与鲁的冲突，乃至引发了晋与楚的战争。

宋成公因为先君宋襄公为楚所辱而耿耿于怀，叛楚亲晋，并助齐伐鲁，意图很明显，就是要以晋制楚。同年冬，令尹子玉和司马子西引兵东征，号称伐宋，其实主要目的在于伐齐。楚师将宋国的缗邑（今山东金乡）包围了几天，让宋人明白楚师随时都可能打进宋国去，然后移师北上，征伐齐国。

对于齐国，楚有一笔政治筹码握在手中。当初，齐桓公死后，诸子争位，卫姬所生的公子无亏被害，郑姬所生的公子昭即位。其余七位公子都逃到了楚国，成王采取“以齐制齐”的策略，把诸公子都封为上大夫。这七位公子中，成王最看重的是公子雍。子玉带着公子雍随军东征，攻克了齐国的谷邑（今山东东阿县南），然后把公子雍安置在那，并派申公叔侯戍守谷邑，自己和子西则班师回朝了。

楚国竟然在遥远的齐国扶植了一个傀儡政权，维持一支卫戍部队，这在中国历史上还不曾有过。楚人敢这样做：一是因为他们有遥控飞地的经验，当初熊渠封三子为王，就是开辟了三块飞地；二是因为楚人确信当时天下莫强于楚，深知齐人无力把这块飞地吃掉。果然，齐人对宛然国中之国的谷邑无可奈何。

成王三十九年（前633），楚国准备再次伐宋，主帅依然是令尹子玉。子玉是一位使人敬畏的将才，治军颇严，但苛求枝节而忽视了根本。同年秋天，为了伐宋，成王先派前令尹子文阅兵于睽，又派现任令尹子玉阅兵于蒍（邑名，是蒍氏家族的封地）。子文阅兵，只用了一个早晨，没有惩罚一名士卒。子玉阅兵，用了一整天，用鞭子责打了七名士卒，用长箭刺穿了三名士卒的耳朵。

阅兵完毕后，一些老臣向子文道贺，说他荐举子玉是知人善任。子文也很高兴，向子玉敬酒。当时的蒍贾还很年轻，遇上在自己家族的封地举行阅兵大典，也去观礼。当众人都在夸赞子玉的时候，唯独蒍贾不去向子玉道贺，子文十分好奇，便问蒍贾。《左传·僖公二十七年》记蒍贾回答令尹子文说："不知所贺。……子玉刚而无礼，不可以治民，过三百乘，其不能以入矣。"

楚国令尹位高权重，军民兼治。蒍贾不仅不向子玉道贺，还说子玉既不善于治民，也不善于用兵，如果带兵超过三百乘，非打败仗不可。春秋时代，每乘战车配属的士卒多少不等，按照《左传》杜预注统计，车上的甲士和车后徒卒合计，至多七十五人。三百乘战车配置的士卒，至多两万两千五百人。偌大一个楚国令尹，充其量只能指挥这个数目的军队，国人道忧尚恐不及，何遑道贺？这或是初生牛犊不怕虎的少年蒍贾狂言，但少年的狂言却不幸言中了。

同年冬，成王以楚、陈、蔡、郑、许五国联军包围宋都。

就这样，倦于国事且与权臣不和的成王，刚愎自用且能力不足的令尹，带着几个左顾右盼、三心二意、力量软弱的附庸小国，打着惩罚宋人的旗号，在天时、地利、人和都不具备的条件下，开始介入中原事务。一场影响天下格局的战争即将开始。

十、扩军与备战

秦晋韩原之战后，晋惠公被俘，甲兵伤亡殆尽。狄人又乘晋国失败之际，夺取了狐厨、受铎两地，渡过汾水，一直打到昆都。晋国一时陷入内忧外患的局面。这时，晋国的一些大臣为了挽救国势日削的危机，决定改革早已不适应国家发展的旧制度。他们首先从井田制改革开始。

《左传·僖公十五年》记载："晋于是乎作爰田。"这意味着从公元前645年开始，晋正式宣布废除井田制，同秦一样实行"爰田制"。由于爰田制下"使自赋"，奴役的负担减轻了，而且改变了井田制下"野人"不准当兵的旧制，奴役的地位有一定提高，开辟了充足的兵源。紧接着晋国开始"作州兵"，以两千五百家为一州，由州长统率，自备兵甲，一到战时就按这样的编制出征。这些改革不久就见了成效，出现了"群臣辑睦，甲兵益多"的局面。

晋国的这些改革，适应了历史发展的趋势，在一定程度上调整了生产关系，不仅缓和了阶级矛盾，也使贵族阶层内部的矛盾有所缓和，顺利度过了国难，这都为晋文公的霸业创造了条件。

晋文公即位后，对内，继续推行晋惠公时代的各项改革，"修政，施惠百姓"；对外，实施"尊王"策略，通过帮助周襄王复位，捞取了称霸的政治资本。晋国渐有起色，日益强大。晋文公和他的谋士曾周游列国，对当时的国家间形势非常了解。这时晋国的财力和兵力已经与秦、齐旗鼓相当，虽然还不如楚国，但晋国君臣已萌发了争霸的雄心。自公元前638年楚师在"泓水之战"大败宋师后，楚国便代替宋国，以"霸主"自居。晋的势力发展起来后，必会与楚发生冲突，晋、楚之间的对决不可避免，只是时间早晚的问题。

楚成王三十九年，晋文公四年，即公元前633年，楚伐宋，楚师行动迅速，很快包围了宋都商丘（今河南商丘南）。宋向晋求援，晋文公与群臣商议对策。

《左传·僖公二十七年》记大夫先轸对晋文公说："报施救患，取威定霸，于是乎在矣。""报施"，是报宋襄公曾经厚赠重耳的恩惠；"救患"，是解宋都之围；至于"取威"和"定霸"，不言而喻，就是要用打败楚国的伟绩确立晋国的霸业。

前一年，楚师攻占了齐的谷邑，成王派申公叔侯戍守，给齐国造成了很大压力。晋国大夫狐偃主张采取"围甲救乙"的策略，攻打曹、卫，因为曹刚与楚结盟，卫和楚则是姻亲，曹、卫被围，楚必往救，不仅宋围可解，齐患也可纾。

先轸是少壮派的健将，一味主战；狐偃是元老派的重臣，细心走稳。他们的意见有出入，但不是对立的。先轸是从战略层面分析救宋的意义，狐偃是从战术层面提出救宋的策略。既有战略，又有战术，晋文公当即接受了他们的意见，将狐偃的策略作为第一阶段的方案，先解宋围，拉拢宋、齐与晋结盟；将先轸的意见作为第二阶段的方案，与楚开战，确立霸权。

决策既定，晋文公立即扩军备战。晋献公十六年（前661）作二军。这次为了与楚决战，晋文公决定增编一军，共设中、上、下三军。晋师的主力部队在中军，晋国的公族（即宗室）子弟也都在中军，中军的战斗力最强，所以晋国以中军为三军主帅。经赵衰举荐，晋文公任命老臣郤縠统领中军，郤溱为副帅；狐毛统领上军，狐偃为副帅；栾枝统领下军，先轸为副帅。三军主帅由郤縠担任。

楚国应鲁国之请进攻齐国，同时为了阻止晋国的势力向南发展，就对倒向晋国的宋发起进攻，为称霸做准备。晋国借口救宋也向南进军，为称霸打基础。这样，鲁国的“遗祸策略”取得了成效，使晋、楚交兵，提前拉开了南北争霸的大幕。

这场战争的主角是晋与楚，但卷入战争的国家很多。晋方有秦、齐、宋三国，楚方有陈、蔡、郑、许、鲁五国，殃及的还有卫、曹两国，是春秋时期少有的列国战争。

十一、撤兵？决战？

楚成王四十年，晋文公五年，即公元前 632 年春正月，晋师南渡黄河，先侵曹，后伐卫，逼迫楚国从宋国撤兵。曹的国都在今山东定陶，卫的国都在今河南滑县。二月，郤縠病死，晋文公让先轸统领中军，成为新的三军主帅。胥臣补先轸的缺，成为下军副帅。

晋楚决战之前，晋国必须取得秦、齐的支持，才能全力对付楚国。但这时的秦、齐虽然口头上支持晋国，态度却比较暧昧。于是，晋文公与齐昭公在卫国的敛盂（今河南濮阳市东南）会盟，共同商议救宋抗楚的大计。与此同时，鲁国派公子买率兵支援卫国，楚国也派偏师救卫，但没有击败晋师。卫成公害怕，而且卫人多数不愿亲鲁从楚，于是，卫成公设计，诈杀了公子买，却对楚国说鲁师不曾来救。三月，晋师经过惨烈的战斗，攻破了曹都。事态的发展证明狐偃失算了，惯于此道的楚人没有上当，楚师仍然攻宋不止，宋向晋告急。

晋文公举棋不定，召集将佐商议。《左传·僖公二十八年》记晋文公说：“宋人告急，舍之则绝，告楚不许。我欲战矣，齐、秦未可，若之何？”这的确是一个困难的抉择：撤兵？不仅会与宋国绝交，而且会失信于天下诸侯；决战？但是齐、秦两国未必肯真心助晋。如果决策不当，就会给晋国带来灾祸。

尽管晋、宋都请齐、秦出兵，可是两国的回应都是只有口惠而没有实惠。齐国态度暧昧，原因很简单，齐桓公死后，齐内乱不止，政局不稳，处于中衰，而且齐昭公刚刚即位，不想陷入晋楚之争这场乱局。

秦国不出兵，可能有如下两个原因：第一，秦师从来没有到洛邑以东去过，不愿在人地两生的情况下长途跋涉前往宋都；第二，当时，楚强晋弱，诸侯皆知，秦人不敢贸然参战，以寡击众，以劳击逸。

《左传·僖公二十八年》先轸向晋文公献策说："使宋舍我而赂齐、秦，藉之告楚。我执曹君，而分曹、卫之田，以赐宋人。"即先让宋人假装不向晋国求救，然后让宋国用丰厚的财货去贿赂齐、秦，请求两国向楚国说情，撤退围宋之兵。同时，晋国再把曹、卫的土地割一些给宋。楚国当然不会答应齐、秦的斡旋。这样，齐、秦因为得不到宋国的财货而怨恨楚国，必然与晋国一起抗击楚国。晋文公听从了先轸的建议，立刻宣布将曹、卫的土地割一些给宋国。

先轸的策略非常高明，只要齐、秦出面斡旋，两国就已经开始介入晋楚之争，且在不知不觉中被拉入了晋国的战壕。更为重要的是，无论楚国同意与否，晋国都处于主动地位。楚国同意，宋围可解，晋国可以借此取信诸侯，成为霸主；楚国不同意，就能激发齐、秦两国坚决站在晋国一边，共同抗击楚国。现在，晋国将"撤兵"还是"决战"的难题抛给了楚国。

《左传·僖公二十八年》说："（成王）楚子入居于申。"申县在方城内，成王决定撤军，自己先回申县。同时派出使者，命令戍守谷邑的申公叔侯及正在围攻宋都的子玉都领兵回国。撤军的理由是:“（晋文公）晋侯在外十九年矣，而果得晋国。……天假之年，而除其害（平定吕甥、郤芮之乱），天之所置，其可废乎？”成王的话说得很是冠冕堂皇：晋文公颠沛流离，取得君位不容易，这是天命所归，楚人不能违抗天意。同时，特意让使者引用《军志》的三句话转告子玉：第一句是“允当则归（适可而止）”，第二句是“知难而退”，第三句是“有德不可敌”（仁者无敌，德者无畏）。

成王撤兵的理由，让人匪夷所思；给子玉的三句话，也让人费解。

到底是什么左右了成王的决策呢？根据史料的先后印证，可能有以下几点：

第一，成王可能识破了先轸的意图。楚国的军事思想是外线作战，外线作战的具体战术就是打“歼灭战”。这次围困宋都，实际上是震慑晋、齐，迫使两国与楚国媾和，从而承认楚国霸主的地位；但出乎成王预料的是晋国针锋相对——围困卫、曹，逼迫楚国撤军，现在又将秦、齐拉上了战车。这样，楚国“围宋制晋”的企图被瓦解，楚国可能要与晋、齐、秦三国打持久战，这与成王的军事思想背道而驰。因此，撤军是保存实力的最好办法。以成王的精明和才略，此因可能性很大。

第二，成王感到现在晋楚争霸的时机还不成熟，晋国虽弱，但“有德”，得道多助；楚国虽强，但树敌过多，诸侯不服。

第三，晋文公城府颇深，柔中带刚，这点成王是心中有数的。虽然其执政时间不长，但深得晋人信赖，百姓同仇敌忾，士气高昂。同时，晋国君臣团结，将士齐心，军队的战斗力不比楚师弱。

第四，楚国惯于外线作战，以前对付的都是中小国家，这是第一次与中原强国正面交锋。以楚国现在的实力，还不可能吞并晋国。晋的实力虽然不及楚，但相差并不悬殊。如果与晋开战，就要投入大量兵力，与晋国打持久战，可能使楚国陷入战争的泥潭，这对习惯打歼灭战的楚人来说，弊大于利。一旦楚、晋打得两败俱伤，齐、秦就可能从中取利，使楚国陷入东西夹击的不利局面。

第五，齐、秦与楚的关系比较紧张，与晋的关系比较亲密，晋胜对它们有利，晋败对它们无益，两国必然会联晋抗楚。

第六，这时楚国内部可能已经暗流涌动，若敖氏权可敌君，已经开始威胁到王权的稳固。子玉想用楚国的安危换取若敖家族的辉煌，这显然是成王不能允许的。成王必须先安内再攘外。从成王特意派使者告知子玉撤军的理由，子玉坚持请战，成王迁就顺从，以及成王晚年被杀，庄王即位不久便诛灭若敖氏这些史料推测，这种可能性非常大。

成王崇尚“威霸”，况且这时楚国的实力明显强于晋国。但深谙用兵之道的成王也感到此时称霸中原的条件还不成熟。因为要想成为名实相符的霸主，必须“有德”。如果对付实力悬殊的小国，可以不考虑“德”这个因素，但与实力相当的强国争霸，“德”便成为左右胜负的关键。这点成王在与齐国争霸中已经有了体会。而晋文公恰恰具备了“德”这个条件；况且，还有来自内部的不安定因素。于是，成王审时度势，采取“知难而退，以退为进”的策略，收兵中原。

成王撤兵，宣告了晋文公“德霸”战略的胜利。至于成王说的那些冠冕堂皇的理由，都是楚人为体面撤出中原找的托词罢了。

十二、隐患：若敖氏与成王的矛盾

成王打算撤兵，看来，一场对晋、楚两国都吉凶难测的恶战似乎可以避免了。但出乎成王的意料，令尹子玉竟派大夫子越（斗越椒）到申县去，代他向成王请战。

《左传·僖公二十七年》记狐偃对晋文公说："一战而霸，文之教也。"这是晋国准备救援宋国前狐偃的预言，说明晋国要想称霸，必要与楚国打一仗。这个预言不幸被子玉实现了。

楚师战败的原因，令尹子玉指挥不当是次要的，君臣不和，以及国君的迁就才是主要的。子玉向成王请战的理由很简单：不是要去建立功业，而是要塞住说坏话人的嘴。言外之意，是要用自己的胜利去证明少年蒍贾的话是错的。这当然只是他请战的一个理由，还有一个他不能明言的企图，就是要用战胜晋国来扩充若敖氏的势力。

《左传·僖公二十八年》说"王怒"，但还是让"若敖之六卒"约兵车一百八十乘，"西广、东宫"之卒约兵车三十乘去增援子玉。深谙用兵之道的成王已经对子玉说了要"允当则归"，而且认为子玉的请求不对，却不能制止子玉，反而要派兵去增援。史料中没有道出其中的秘密，但是从史料中的某些迹象，或从某个侧面，仍然可以推测出当时的真实情况，那就是若敖氏与国君失和了。

若敖氏在当时的楚国公族中是最大最强的一个家族，成王就是由若敖氏扶持起来的。长期担任楚国令尹的子文即斗谷于菟是若敖氏的家长，此时仍健在。子玉即成得臣属于若敖氏的分支，是子文举荐的。不仅如此，当时楚国的重要官职几乎都被若敖氏垄断。若敖氏枝叶繁茂，权可敌君；他们对成王的话可听可不听，成王对他们的话却不能不听。子玉之所以敢挑战成王的权威，坚决请战，一定是得到了以子文为首的若敖氏核心人物的赞同与支持，否则“若敖六卒”是不会迅即出征的。成王如果强迫方城外的子玉撤军，或者派人代替子玉，都会引起方城内的若敖氏不满，可能还会对成王有非礼之举。成王允许派出以若敖氏家族武装为主的援军，一则可以顾全以斗谷于菟为首的元老的情面；二则也寄希望于子玉能体会“允当则归”的深意，正确运用战略战术，最好以小胜收场，或者以平局收场。

这些都说明楚国还残留着原始社会末期的军事民主主义思想，君主制在成长过程中受到宗权的制约。但是君主制是历史发展的趋势，在君主制政体下，宗权或者卿权的过分扩张必然会引起君主的警惕。因此，斗争与妥协成为旧体制向新体制演化过程中的政治现象，一旦两者到了势同水火的程度，武力便成为解决冲突的唯一手段。

武王和文王时代，若敖氏开始崛起，逐渐成为楚国公族中的强者。成王前期，若敖氏靠着拥立大功受到成王的重用，一跃成为权可敌君的强族。与此同时，若敖氏的强大必然会威胁到君权的稳定，到了成王晚期，若敖氏与成王的矛盾逐渐扩大，终于失和。城濮之战，说明两者的矛盾到了难以调和的程度，若敖氏已成为阻碍楚国君主政体发展的绊脚石，到了非解决不可的时候了。

成王是顾全了子文的情面，自己的希望却落空了。

十三、诱敌深入

《左传·僖公二十八年》说，成王所派的援军只有西广、东宫和若敖氏六卒，人数少了，其实不然。西广是随从楚王的两广之一，有兵车十五乘；东宫是随从太子的兵车，也有约十五乘；若敖氏六卒，以每卒通常有兵车三十乘计算，六卒共有兵车一百八十乘。三者合计约二百一十乘，总计一万五千余人。加上原在宋国作战的兵车，子玉所指挥的兵力够多了。说成王故意少派援军，是晋籍楚裔的王孙启的臆断。

王孙启是子元的儿子，他在子元被杀后逃亡晋国，受封为大夫，这次随同晋文公出征。《国语·晋语》记载，晋师得到子玉移兵北上的消息，准备先退避，再相机行事。王孙启却对先轸说，与楚国结盟的诸侯大约有一半不再追随子玉了，若敖氏也不再听从子玉了，楚王派给子玉的援军只有东宫和西广，楚师必败无疑，晋师不应该撤退。王孙启说动了先轸，先轸才决心迎战。

子玉先派大夫宛春对晋国的君臣说，只要晋国允许曹、卫复国，楚国就从宋国撤兵。这是一个极好的建议，既顾全了晋、楚两国的体面，又保存了宋、曹、卫三国的社稷。可见，子玉并非有勇无谋，也颇有韬略。

《左传·僖公二十八年》记狐偃对晋文公说："子玉无礼哉！君取一，臣取二，不可失矣。""无礼"就是不尊敬晋君，为自己谋私。晋国如果答应，仅能得到宋国的感激，子玉却能得到曹、卫二国的拥戴。所以，机不可失，这正是与楚决战的大好时机。这说明，现在晋国君臣的态度很坚定，已下定决心要与楚国打一仗，然后"一战而霸"。这段史料也从侧面反映出子玉请战的动机，就是要捞取政治资本，借机扩充若敖氏的势力。晋人都能看出子玉的企图，说明楚国内部的权力斗争已经很激烈了。

先轸同意狐偃的意见："（晋文公）子与之。我则无礼，何以战乎？”先轸认为子玉的建议会得到宋、曹、卫三国的欢迎，晋国如果悍然拒绝，三国必然怨恨晋国。先轸的对策是：私下允许曹、卫复国，但条件是要它们叛楚从晋；同时，扣留宛春，借以激怒子玉，待子玉移兵北上后再相机行事。果然，曹、卫两国都向子玉表示与楚国绝交。子玉怒不可遏，当即命令全军解除对宋都的包围，直奔晋师所在的卫国。这样，晋国不仅解除了宋围，还争取了曹、卫，进一步孤立楚国。更为重要的是，晋国从被动转为主动，楚国却被晋国牵着鼻子走，陷入了被动的局面。

《国语·晋语四》记成王一再提醒子玉不要贸然与晋军发生正面冲突，要死围宋都，以牵制晋军。但“子玉释宋围从晋师”，这不仅仅是因为子玉被晋国激怒，主要还是出于其刚愎自用，依仗若敖氏的力量挑战君权的企图。现在宋国是楚国与晋国博弈的唯一筹码，子玉离开宋国是功败垂成，直奔卫国将冒巨大的风险。

晋人没有料到楚师来得这么迅速。当时，晋师寡而楚师众，晋国君臣审时度势，唯恐邀击失利，便采取“以退为进”的策略，下令全军后撤。晋师一撤就是三天，以每天一舍计算，恰好退避三舍。这时，晋国军吏提出了异议，狐偃对他们说，这是国君先前对楚人的许诺。对此，军吏多信以为真。其实，晋人何曾有信义可言？早在三年前，他们就有意无意地配合秦人，对楚人不宣而战了。晋师退避三舍，完全是出于军事需要的考虑。假如当时是晋师众而楚师寡，晋国君臣不但不会后撤，而且一定会命令全军出击。

《吕氏春秋·义赏》记载晋文公将与楚人战于城濮，召咎犯而问曰：“楚众我寡，奈何而可？”咎犯答道：“臣闻繁礼之君不足于文，繁战之君不足于诈，君亦诈之而已。”可见，晋师退避，名为报惠，实为行诈，这既是缓兵之策，也是麻痹战术。所诈者：一是避开楚师的锐气，二是动摇楚师的斗志，三是寻找有利地形，四是以静制动，捕捉有利战机，五是制造知难而退的假象以助长子玉的刚愎和傲气。秦人对晋人的诈术一定特别欣赏，所以在三百多年后将其载入了《吕氏春秋》。

晋师连续后撤，楚国的许多将士觉得楚师也不妨适可而止，然而，子玉却命令全军追击晋师。

十四、城濮之战与晋国霸权的确立

公元前 632 年四月初三，晋师进驻卫邑城濮（今山东鄄城）。这时，秦穆公派小子慭在决战前夕赶到城濮。虽然秦国只是象征性地派出了军队，不能构成一个独立的作战单位。但小子慭是秦穆公的儿子，秦国派他为代表，说明秦、晋关系十分密切。同时，齐国也象征性地派出了军队，由大夫国归父和崔夭率领，来到城濮。同来的还有宋成公。

楚师很快便追上了晋师，随即据险立营，晋文公不胜忧虑。狐偃说，与楚一战，对晋国没有害处，胜利了，可以称霸；不胜，“表里山里”，晋国也能固守。《左传》杜预注说：“晋国外河而内山。”晋国西有秦，东有齐，南有楚，北有戎、狄，就是依靠“表里山河”的地理优势，形成了进可攻、退可守的战略优势，成为中原强国。

子玉派大夫子上（斗勃）向晋文公请战说：“请让晋国的将士同楚国的将士做一场角力游戏，请您靠在车轼上观赏，让我也开开眼界。”晋文公派栾枝回答说：“寡君没有忘记楚君的恩惠，所以退到这个地方。晋人以为楚军也退走了，没有敢阻碍楚军。既然楚军不退走，那就有劳大夫（斗勃）转告子玉、子西等各位将领，收拾好你们的战车，处理好你们的事情，明天一早来和晋军相见吧！”

次日，两军对阵。《左传·僖公二十八年》记临战前，子玉夸口说：“今日必无晋矣。”就是一定要让晋师不复存在。子玉轻躁忿肆、傲慢轻敌，未开战先取败；晋人稳重谨慎，同仇敌忾，未开战而先取胜。

楚师的部署是：两广、东宫、若敖六卒等组成主力军团，作为中军，由令尹子玉统率；申县与息县的兵力组成申、息军团，作为左军，由司马子西（斗宜申）统率；以陈、蔡军团作为右军，由大夫子上（斗勃）统领。郑、许支持楚国，但没有出兵。楚师三军有战车近一千二百乘，兵力约九万人。

晋师以中军抵挡楚中军；以上军抵挡楚左军；下军将佐则各有分工，主将栾枝负责诱惑子玉，副将胥臣负责抵挡陈、蔡军团。晋、秦、齐、宋联军有战车约一千乘，兵力约七万五千人。

在冷兵器时代，一般来说，军队的数量是左右战争胜负的关键因素。楚众晋寡，但并没有达到数量悬殊的程度。在双方力量相差不大的时候，主帅便成为胜负的决定要素。

楚师右军的陈、蔡军团比较薄弱，他们是作为附庸，心不甘情不愿来帮忙的，以保全自己为天职，顺境下尚能冲锋陷阵，逆境下势难坚持抵抗。先轸看准了楚师这个软肋，命令晋下军先疾攻陈、蔡。晋下军将战车前列的马披上虎皮，然后突然出现在楚师右军阵前。陈、蔡的战马受了惊吓，难以驾驭，将士见状，争相逃散。楚师右军被击溃。

就在楚师右军溃退的同时，晋下军佯装后撤，以迷惑楚军。子西指挥左军的申、息军团追击晋下军，不料遭到晋上军和晋中军的联合夹击，伤亡惨重，且战且退。楚师左军被击溃。

子玉的中军失去左右两翼的依托，唯恐被晋师包围，只好退出战场，得以保全。如果子玉只是一位将领，保全自己统领的部队，无可厚非。但作为三军的主帅，不去救援，反而为了保全自己家族的部队，一仗未打，便弃离战场，难辞其咎。

这场中原大战，打了不过半天，《左传·僖公二十八年》记载"楚师败绩"。所谓"败绩"，就是大败。大败的直接原因是主帅无能，根本原因是君臣不和。君臣不和的主要责任，在于若敖氏。若敖氏居功自傲，飞扬跋扈，不惜拿楚国的安危和楚人的生命作为扩充家族权力的筹码，成王只能徒唤奈何。看来，若敖氏已成为阻碍楚国健康发展的一颗恶性肿瘤，到了必须切除的时候了。

晋人大胜，或多或少出于侥幸，但晋国君臣团结，上下一心，不仅获得了秦、齐的支持，还得到了中小诸侯道义上的声援。而且，主帅善于权变，指挥得当，可以说是"水到渠成，众望所归"。楚人大败，可是元气没有大损。子玉虽然不是一位帅才，但在晋人心目中仍然是一位令人敬畏的骁将。对此，晋文公是明白的。因而，他在战后仍惴惴不安。

申和息是楚国的头等大县，财富和兵员规模都等于一个中小国家。申、息军团溃败后，在战场上遗弃了大批辎重。晋师在楚师遗弃的帐篷里住了三天，三天中所吃的都是楚师的遗粮，可见申、息二县的富庶。

郑国原来是亲楚的，这时迫于时势，不得不亲晋了。五月丙午，郑文公和晋文公在郑国境内会盟，这只是暂时的妥协，双方对会盟结果并不满意。

五月丁未，晋文公献楚俘于周襄王。《左传·僖公二十八年》

记载“(周襄王)策命晋侯(晋文公)为侯伯”，并赐以天子之车(“大辂之服”)和元帅之车(“戎辂之服”)，还有弓箭和香酒，以及号为“虎贲”的卫士三百人。《周礼·大宗伯》记载：“壹命受职，再命受服，三命受位，四命受器，五命赐则，六命赐官，七命赐国，八命作牧，九命作伯。”这里的“伯”即“侯伯”，为诸侯之长。

同月，周太宰王子虎与晋文公，在践土(今河南原阳、武陟两县交界处)召集齐、鲁、宋、蔡、郑、卫、莒七国的国君会盟，宣告晋文公为“侯伯”，初步确立了晋国盟主的地位。

楚师“败绩”后，子玉率残部回楚国，行近方城时，成王的使者对子玉说：“大夫要是进方城去，怎么向申县和息县的父老交代呢？”子玉无以自白，便在方城外自缢了。

继子玉为令尹的是芳吕臣，一个老实且平庸的人。芳氏是蚡冒的苗裔，势力与地位虽然不及若敖苗裔斗氏和成氏，但也属于宗室望族。成王逼子玉自缢，以及有意起用芳氏，说明他对桀骜不驯的权臣已深恶痛绝，要起用恭顺、谦抑的大臣了。同时，也表明成王已经开始酝酿铲除若敖氏的计划了。

《史记·晋世家》记城濮之战后，晋文公对臣僚说：“子玉犹在，庸可喜乎！”子玉自尽后，晋文公大喜过望，说：“我击其外，楚诛其内，内外相应。”《左传·僖公二十八年》记芳吕臣为令尹，晋文公喜形于色，说：“莫余毒也已！芳吕臣实为令尹，奉己而已，不在民矣。”就是说芳吕臣只能自守，胸无大志。但是，对于一位指挥三军的主帅来说，志大才疏可能比胸无大志带来的祸乱更大。如果不是成王审时度势，将楚师拉回方城，楚国可能陷入更大的危机中。

同年冬，晋、齐、鲁、宋、蔡、郑、陈、莒、邾、秦在河阳（今河南孟州西）会盟。秦国虽然参会，但秦穆公只派出小子慭出席。周襄王也被晋文公召到河阳与诸侯相见，这是挟诸侯以令天子，比挟天子以令诸侯更使周王难堪。《左传·僖公二十八年》记孔子对此事的评论："以臣召君，不可以训。"但孔老夫子忘了，这时的君早已非君，这时的臣已经是天下的霸主了。

这次会盟，正式确立了晋文公霸主的地位，北方的权力中心完成了交替，正式由齐国转移到晋国手中。东周国家新秩序，即"政霸体制"在北方正式形成了。

第三部分

争霸与妥协

“周室微，唯齐、楚、秦、晋为强。”这句言简意赅的话，见于《史记·齐太公世家》，讲的是春秋中期的大势。晋是姬姓诸侯国的首领，齐是姜姓诸侯国的领袖，它们的强，好像是理所当然的。秦曾经被诸夏视为夷，楚曾经被诸夏视为蛮，它们的强虽出乎诸夏意料，但在远见卓识的周太史伯看来是早有先兆的。

国家新秩序已经形成，但并不成熟，因为缺少了对中原局势举足轻重的楚人的参与。楚国虽然经历了城濮之败，但元气未伤，经过十几年的修复，国力更为强盛。这时南方的权力中心已被楚人掌握，经过楚人，当然还有东南的吴人和越人，西南的巴人与蜀人，几个南方地区主要族群的融合发展，在南方的淮河及长江流域逐渐产生了中国文化的第二个中心。随着国力的强大，楚人又将目光锁定在了中原。

这个时期的各诸侯国之间的关系并不复杂，给天下新秩序的建立创造了近乎适宜的环境，也给楚人称霸创造了条件。

齐国自桓公死后，内乱不断，君昏臣昧，声望一落千丈，不得已退出了争霸的行列，与晋结盟，成了晋国称霸的旗手。秦国自穆公死后进入低迷期，变得萎靡不振，在晋秦争霸中逐渐处于劣势；但依靠雄厚的国力，尚能维持西方霸主的地位。晋国自文公、襄公之后，政权掌握在十几家卿大夫手中，卿权逐步强大，君臣逐渐失和，政局不稳。但晋国挟霸主余威，对中原的影响力依然不小。这样看，只要战败了晋国，楚国就能成为霸主。

公元前 597 年晋楚邲之战后，楚国成为新的霸主，宣告了楚人对政霸体制的正式接受。正是有了楚人的参与，政霸体制得到了天下诸侯的承认，东周国家新秩序在南北均得以建立起来。

南方：中国文化的第二中心

一、楚人与中国文化第二中心的兴起

汉族与游牧民族之间的交往与冲突早在商周时代就开始了。从根本上说，这反映了农耕文明与游牧文明之间的交互。

傅斯年在《夷夏东西说》一文中提到了这一交互的早期形态。他认为汉族和“蛮夷”在初期的分化是东西分裂，这与从东周开始的南北分裂完全不同。他把黄土高原的居民与大平原的居民分开。黄土高原地区的居民聚居在河谷中，大平原居民则居住在高地上以避洪水。黄土高原地区易于防守，并且是对外扩张的基地。大平原则很容易被侵入，也不是良好的对外发展的根据地。黄土高原地区的农业生产力较差，但却是饲养牲畜的好地方。大平原的生产力要高很多，但不利于牲畜的饲养，尤其是在黄河下游的沼泽排干之前，是很难饲养牲畜的。在黄土高原有向蒙新草原移殖的趋势；在大平原上有向东北地带迁徙的趋势。

平原和高原的居民互相影响。黄土高原地区的居民有两大群体：一个是集中于汾河河谷并发展到河南的夏；另一个是分布于渭水、泾水和洛河谷底的周（渭、泾、洛是陕西三大河流，上游都到达甘肃）。

平原也聚集着两大群体：居住在河南北部及河北的商；散居在山东、河南东部、江苏北部以及东北南部与高丽的夷。商族控制着黄河下游平原的北部；夷则从这个平原的南部伸展到淮河流域，并通过短近易行的海程，与东北南部及高丽沿海保持原始的交流。商人和夷人不但土地接壤，而且时代相同。但在黄土高原地区，夏和周之间有一段时间上的空缺。

根据傅斯年的观点，我们可以得出这样的结论：这些民族的交替兴起促成了早期华夏文明的形成。夏统治下的第一黄土高原时期，有夏和夷的战争；商统治下的平原时期，商人利用夷人的人力和经济资源增强了自己的力量；周人统治下的是第二个黄高原时期。

公元前 770 年—前 769 年，周人把都城从黄土高原迁到大平原上，从此，周朝的统治开始衰微，国家秩序发生了巨大转变，南北对峙也由此开始。这个转变的中枢是长江流域的楚国，加剧这种转变的是西部的势力秦国。

综上所述，周、秦、楚所以能出人头地，是因为它们能够脱离所属的中国文化圈而独立前进。无论是前期的东西对立，还是从东周开始的南北对峙，以农耕为主的华夏文明在这两次对峙中逐渐形成。而南方的真正开拓者，非楚人莫属。

楚人崛起于南方的长（长江）淮（淮海）流域，那里的气候与作物条件与北方相比有显著的不同。中国南部的稻米种植文化，建立在灌溉基础上。当然，即使没有灌溉，只要雨量充足，雨泽平均，并且有地方蓄水，南方的原始居民仍然可以种植水稻。灌溉的重要性在于它可以改进稻种的种植，使一年两熟的制度成为可能，并且增加了亩产。如果没有其他力量的推动，不论其有没有灌溉，或只有一种原始灌溉，建立在稻作上的原始社会可以无限制地维持平衡或静止状态，不会自行产生进化的趋势。

黄河流域社会发展活跃，从而出现了不平衡趋势，因此要采用新方式以适应这种高速的发展。北方的粟和小麦比南方的稻米在生产潜力上要低，但北方的实际生产力、生产方式和社会组织的复杂性，要比这个时期的南方成熟很多。不过，北方虽然比较进步，但还没有达到能够占领南方的程度。这种南北不平衡趋势的影响在早期表现为北方社会组织与统治方式进入长江及淮河流域，促使南方改革生产方式和社会经济组织。

这样，在南方的淮河及长江流域逐渐产生了中国文化的第二个中心。在政府力量强大到能够从北到南统治整个中国文化地域以前的多个世纪（或说西汉以前），这个次级中心能够积极独立发展，形成与北方并行发展的趋势，并逐渐衍生出以江汉平原为主的“江蛮文化”，以随、息、蒋为主体的“南周文化”，以徐、舒为主干的“淮夷文化”。最终，这三大文化群在楚人的拓展中被连接在了一起，尤其是在春秋早期（楚成王时代），南方权力中心转移到楚人手中，楚人通过战争的方式将汉水、淮水和长江打造成了一条“文化地带”。到了春秋中期（楚共王、康王时代），“江河文明”在南方形成，与北方的“河谷文明”一起构成了中国的原初文明。

事实上，长江南部由于丰富的稻作种植而发展起来，甚至可以积极地向北拓展。秦国为北方之雄，楚国为南方之长，秦楚战争（军事加外交）把春秋时代的南北对峙推向了顶峰，形成了南方与北方、长江与黄河间统一中国的战争。楚国在春秋和战国两个时期的南北对峙中成为南方的政治和文化中心，为南方的开发与“江河文明”的成熟打下了坚实的基础。可以说，中国第二文化中心的兴起与楚国的崛起几乎同步，了解楚国就能了解早期南方文化的发展。

二、南方之珠：东周时代的湖北地区

楚国是在今湖北一带崛起的，这里是“江蛮文化”的发源地。湖北在古代历史上所占的地位和所起的作用，以在楚国的统治下最为显赫，任何其他朝代都相形见绌。在楚国的经营下，湖北成为春秋战国时代南方的中心。

首先，需要把湖北当时的地缘环境和人文环境作一个简要的介绍。从地貌来看，湖北正好处在东西之中、南北之间。说湖北处在东西之中，是因为中国的地势从西到东由高变低，呈三级阶梯的状态。青藏高原为第一阶梯；南起云贵高原、中经四川盆地和黄土高原、北至内蒙古高原为第二阶梯；华中迤东的丘陵和平原为第三阶梯。湖北正好处在从第二阶梯到第三阶梯的交接地带，鄂西在第二阶梯的东部，鄂中迤东在第三阶梯的西部。说湖北处在南北之间，是因为鄂北连接着秦岭、大巴山、桐柏山和大别山，鄂中迤南则为江汉平原和江南低山丘陵，整个地貌呈箕形，中部的江汉平原又低又平，西部、北部、东部是山地，南部向洞庭湖敞开。

长江中游平原是一个“饭稻羹鱼”之乡，早在新石器时代就已如此。在湖南澧县彭头山新石器时代早期的遗址中，发现了已知年代最早的人工栽培稻谷的遗迹，距今八千余年。在新石器时代中期江汉平原屈家岭文化的若干遗址中，发现过很多炭化的人工栽培稻谷。

周代的湖北，植被比现代茂密，水域比现代宽阔，水位比现在低。至于气温，西周时代的湖北比现在冷些，而东周比现代暖些。从若敖到蚡冒，恰在两周之交，气温由低转高之时。从此，江汉平原显得比以往任何历史时期都更加富饶了。东周初期，从襄阳到江陵，都有喜温怕冷的橘和柚生长，可见当时虽夏有酷热而冬无严寒。

当时的湖北，不仅是鱼米之乡，而且盛产丝、麻。山中多漆（鄂西南的毛坝漆，至今为中国第一名漆），泽中多鹿（直到五代，江陵周围仍多鹿，《北梦琐言》记载“南中多鹿”），水中多珠（《吕氏春秋·重己》有“江汉之珠”），还有铜、金、银之类有色金属矿和盐矿。其中，铜矿储量丰富，品质极高，开采和运输都比较容易。

熊渠时代，楚人从江汉平原北部出发，开始了第一次扩张之旅。伐庸，伐杨越，终点是鄂国，开“江上楚蛮之地”，占据了江汉平原西部。即便在这样优越的环境里，楚人也不会满足于居住在区区江汉平原西部。

从民族和文化来看，湖北也恰好位居东西南北之中。汉藏语系的四大语族，最迟在周代已具雏形。汉语族的先民在北，壮侗语族的先民在东，苗瑶语族的先民在南，藏缅语族的先民在西。四大语族相互接触，彼此交错的中心，就在湖北。北来的姬姓、姜姓和殷人的遗民是汉语的先民；杨越属于壮侗族的先民；楚蛮的多数应该是苗瑶语族的先民；巴人属于藏缅语族的先民。四大语族文化的碰撞，逐渐形成了“江蛮文化”的雏形，楚人就是在这样的人文环境下发展壮大的。

优越的地缘环境和人文环境，为楚人提供了一试身手的大好舞台。这个舞台无疑是非常优越的，地缘环境和人文环境诚然复杂，但在汉水以南富饶的平原上，没有一个强大到足以使楚人望而却步的权力实体，楚人在那些“离居”和“无君”的部落中尽可游刃自如地发展。

三、铜矿、文化与民族思想

楚国到了成、庄时代，已雄霸南方，成为天下最富饶的王国，不仅国富，而且将“江蛮”“南周”“淮夷”文化融合在了一起，形成了楚文化的原型。晋文公重耳说楚国的物产比晋国的丰饶，这是实情，并非客套。当时的楚国农业发达，物产丰富，羽毛齿革之类尚在其次，铜和锡才是最让北方诸侯垂涎三尺的资源。这些都为楚国的扩张创造了条件。

当时楚国的铜矿，无论从数量看还是从规模看，都超过了其他任何一国。小铜矿尚且不论，那是北方各国也有的；大铜矿则独见于江南地带的楚国、吴国和越国。楚国的大铜矿集中分布在鄂东南以及与鄂东南相连的赣西北，即今大冶、阳新、瑞昌一带，品质比吴越的高很多，开采数量和规模也远远高于吴越。

成王南抚杨越，北收弦、黄，东征徐夷，控制了大别山南北的通道，使长江中游的铜矿成为囊中之物。大冶铜绿山发现的古铜井和古炼炉，表明春秋时代的采铜、炼铜工艺达到了当时世界的最高水平。

铜绿山在大冶市西南，山势作西南—东北走向，长约两公里，宽约一公里。铜绿山春秋时的矿井，深度可达四十米至六十米。采矿用的斧形铜凿，已知最大的一件重十六公斤。当时的炼炉都是竖炉，外观为圆台状，由炉基、炉缸、炉身三部分组成。根据 1982 年铜绿山考古发现，这些竖炉可以连续投料，连续排渣，间断放铜，持续冶炼。一座炼炉，一天之内大约可以投入物料三千公斤，矿石平均含铜量比重为百分之十二，在正常情况下，一天可炼红铜约三百公斤。（中国社会科学院考古研究所铜绿山工作队:《湖北铜绿山古铜矿再次发掘——东周炼铜炉的发掘和炼钢模拟实验》,《考古》1982 年第 1 期）

覆盖在铜绿山古矿区的古代炉渣，总重约达四十万吨，由此推算，可知曾炼出红铜约一万吨左右，这是一个惊人的数字。楚国的冶炼中心就在铜绿山及与铜绿山相连的古矿区，铸造中心则在郢都和其他通都的大邑。有了杨越的冶炼技术和随人的铸造技术，并在发展中加以改进和提高，楚国的铜器生产突飞猛进、一日千里，无论数量和质量都赶上并超过了北方。

外求诸人以博采众长，内求诸己而独创一格，这是楚国铜器的发展道路，大而言之，也是楚文化的发展道路。

《左传・襄公十三年》记楚共王时代的令尹子囊（共王弟公子贞）说:“赫赫楚国，而君临之，抚有蛮夷，奄征南海，以属诸夏。”子囊所讲的“抚有蛮夷”“以属诸夏”，是楚人奉行不替的文化路线。这条路线草创于武王，确立于成王，光大于庄王、共王及以后的楚君。

这条路线显示了楚人贯通南北，融合夷夏的气度和胆略，与诸夏比，显示了最先进的民族思想。蚡冒以前，楚文化尚在滥觞期，处于“混沌”发展阶段，楚人被诸夏看成蛮夷，但被蛮夷当成诸夏。就像西方寓言中的蝙蝠，鸟类把它当作兽类，兽类把它看成鸟类。从武王起，楚文化进入快速发展期，随着楚人向汉水以北发展，周文化开始冲击和影响楚文化，但受影响不等于全盘接受。楚人虽乐于以华夏自居，但在与周王室和诸夏闹别扭的时候，也不惜以蛮夷自处。正是由于长期处于“非夏非夷”和“亦夏亦夷”的状态，楚人的民族偏见在先秦各族中是最为淡薄的；与此相适应，楚人的民族政策在先秦各国中也是最为开明的。能与楚人相论的，便是西方的秦人。这种文化的开放性，使楚人对江蛮文化和淮夷文化也能兼收并蓄。

楚文化就是在与各种文化的碰撞中蓬勃发展起来，并不断走向成熟的，生命力顽强。楚人灭越国后，吴越文化还能不受干扰地蓬勃发展，这与楚人的文化自由精神是分不开的。

春秋时代的民族思想，可以简单分为三家。第一家以管子（管仲）为代表。《左传·闵公元年》记管子说：“戎狄豺狼，不可厌也；诸夏亲昵，不可弃也。”这是管子一派（原始法家）的纲领性主张，即“诸夏主体”论。这一派思想契合了春秋早中期华夏大国（齐、晋）在尊王攘夷的旗号下建立霸业的需要。

第二家以孔子为代表。《左传·定公十年》记孔子说：“裔不谋夏，夷不乱华。”裔，指诸夏以外的地域；夷，指诸夏以外的蛮族。这是孔子一派（原始儒家）的纲领性主张，即“夏夷割裂”论。这一家思想契合了春秋中晚期华夏小国（鲁、宋、郑等）对外务求相安，对内务求自保的需要。

第三家以楚人为代表。其纲领性主张便是子囊所讲的“抚有蛮夷”“以属诸夏”，即“夏夷并立”论。楚人的思想，契合了春秋时代边缘国家（楚、秦）开疆拓土的需要。

相比之下，楚人，包括秦人的民族思想对社会发展、民族融合、中国统一最有利。所以，楚国和秦国版图的扩大、财富的增值、政局的相对稳定、兵势的长期强盛及文化的进步，都是诸夏难以企及的。所谓能统一天下的“非楚即秦”，根本原因也在于此。

共王时代，楚人败于鄢陵。此后，在与晋国的争雄中，楚国逐渐处于下风。楚人在方城以外受到了一些挫折，但在方城以内却取得了不少值得骄傲的文化成就。从已知的考古资料来看，楚文化的特质风采正是在共王时期形成的。共、康时代，楚人开始引领南方的文化潮流，并确立了楚国南方文化中心的地位。

四、青铜器与物质文明

楚共王、康王时代，楚人在东周国家秩序中的影响力平平，但文化却在高速发展。1978 年—1979 年发掘的河南淅川下寺的二十四座楚墓，披露了公元前 6 世纪中叶楚国社会的许多信息，从侧面印证了楚文化和南方文化发展的盛况。

下寺楚墓所出的青铜器，主要是用分铸法制成。只有少量的器物和部件，如鬲身连同鬲足及器盖等，用了早期青铜铸造工艺的浑铸法。春秋时代的分铸法，中原以先铸附件、后铸器身为常规。下寺的青铜器则不然，多数是先分别铸造出器身和附件，再用铜或锡作焊接剂把器身和附件焊接起来，这是一种新兴的生产工艺，相比中原的分铸法要复杂很多。(《考古》，1981 年第 2 期）

当时楚国青铜器铸造工艺的最高成就，是娴熟地掌握了熔模铸造法。西方的熔模铸造法发明时间虽然比中国早，但发展却比较缓慢；与楚国的熔模铸造法制成品相比，显得简单又粗糙，落后不止一个发展阶段。

春秋时代的农器、匠器、车具和马具等都用青铜铸造，在境土相接、商旅相通的列国之间，生产工具的民族风格和地方风格差异不大，属于常规器物，制作工艺比较简单，无秘密可言，不登大雅之堂，惯例不用来随葬。但熔模铸造工艺就不同了，那是高端技艺，属于楚国的最高机密，北方诸侯虽欲效法但终不能及。当时的铜器，可登大雅之堂的是礼器、兵器和乐器。

楚国的青铜礼器虽以中原和关中的器物为张本，但有不少别出心裁的变化，到春秋中期已自成一体。比如鼎，鼎为两周青铜礼器之冠，青铜礼器的系属和特色首先显示在鼎上，楚鼎融合了周鼎（周文化）和南鼎（淮夷文化）的精华，令人耳目一新，在春秋时代可谓鹤立鸡群。

青铜铸造的乐器主要是编钟，此外还有钲。这时楚国的编钟造型巧，音色美，体制大，已经全面超越了中原同期的编钟。编钟有甬钟、钮钟、镈钟三类，每套都有严谨的组合关系。下寺 1、2、10 号墓出土编钟 4 套共 52 件：计甬钟 1 套 26 件；钮钟 2 套，每套 9 件；镈钟 1 套 8 件。其中出土的甬钟，最大的一枚通高 1.2 米，重达 152.8 公斤，比周景王所铸的大钟重了约一倍，可谓举世罕见。

下寺楚墓所出的铜器和其他器物，无论是技术水平还是艺术风格，都可以作为共康时代的代表性器物。这种艺术风格创立于庄王时代。在楚文化高速成长期铸造的青铜器，器型清秀，工艺精巧，纹饰富丽；与北方青铜器形成了并驾齐驱的状态，而且特色鲜明。

冶金、髹漆、织帛三大行业，最能显示楚国物质文化的先进性。共康时代的楚国，在冶金这个行业中占据着领先地位。髹漆、织帛两个行业是否领先，尚难断言。但可以肯定的是，与中原列国比，很难分辨孰优孰劣，大致水平相当，难分伯仲。

武文时代，限于生活空间的狭小，能操夏言的楚人很少，主要是少数贵族。经成庄到共康时代，随着楚人生存空间的不断扩展，多数楚人，无论贵族还是平民，已经兼通楚语和夏言了。此后的发展趋势是操楚语的日渐减少，操夏言的日渐增多。这是一个进步的趋向，楚人并不因此而抱憾。楚国上等贵族熟知北方的文献，经常引经据典。楚人引的最多的北方经典，是《尚书》《军志》和《诗经》。他们所受的多元文化教育，显然比北方上等贵族要丰富，与秦人一样，对多元文化的吸收，要强于诸夏。

《吕氏春秋·本味》说："伯牙鼓琴，钟子期听之。……又曰：善哉乎鼓琴，汤汤乎若流水。"一方水土养一方人，楚俗喜乐舞，楚人多精于此道，因而产生了钟子期和伯牙这样的音乐大师。高山流水，已成为中华民族的千古佳话。

总之，中国文化第二中心首先在楚国形成绝非偶然，这与楚人开放的精神与进取的心态紧密相连。战国末期，楚人的进取精神开始衰退时，南方的文化和政治中心也开始逐渐转移到东南。但这种转移却加速了南方更大规模的开发，使南方的经济和文化高速发展。从东吴开始，又形成了中国第二次南北对峙的局面，这次对峙，不仅进一步强化了南方作为中国文化第二中心的地位，而且逐渐赶超北方，南北二元中心的格局开始形成。

第九章　将战争进行到底

一、友谊的小船说翻就翻

城濮之战，北方权力中心转移到了晋国，晋国取代“准霸主”楚国，成为东周国家新秩序的终极维护者。在这次晋楚争霸中，秦国实际上是被用来替晋文公争霸效力的；尽管当时秦穆公还没有认识到这一点。但是，后来秦国君臣很快就醒悟了，晋秦关系由热到冷，进入了短暂的“冷战”期。

秦穆公二十九年，晋文公六年，即公元前 631 年，晋国狐偃、宋国公孙固、齐国国归父、陈国辕涛涂和蔡国的代表，以及周天子的卿士王子虎，分别代表本国国君和周天子，在翟泉（也称狄泉，今河南洛阳城外）会盟。秦国的小子慭也代表秦参加了这次会盟。

翟泉之会的主要成果，是在晋国的策动下，联合与会各国共同讨伐郑国。一是因为当初重耳出亡到郑时，郑国不以礼相待；二是为了惩罚郑国曾经背晋从楚的行为，为晋文公巩固霸权扫除障碍。这都是晋与郑的旧怨，与秦国无涉。秦穆公却助晋伐郑，动机令人费解。

第二年，秦穆公按照盟约，亲自率兵配合晋文公伐郑。问罪之师浩浩荡荡向郑国开来，九月，秦晋大军紧逼郑境，晋军驻扎在函陵（今河南新郑市北），秦军扼守氾南（今河南襄城县南），郑国的形势十分危急。这时，郑国大夫佚之狐向郑文公推荐了谋臣烛之武。《左传·僖公三十年》记佚之狐说："郑危矣，若使烛之武见秦君，师必退。"烛之武趁夜色来到秦师的驻地，打算游说秦国撤兵。

《史记·秦本纪》记烛之武对秦穆公说："亡郑厚晋，于晋而得矣，而秦未有利。晋之强，秦之忧也。"烛之武的话虽不多，但直击秦、晋关系的要害：秦晋联合攻郑，郑国必亡。但是，灭了郑国以后，得到好处的是晋，而不是秦。郑距晋近而离秦远，秦助晋灭郑，是为晋国火中取栗，结果只能是壮大了晋的势力。晋国强大起来后，会对秦国构成极大的威胁，因为晋今天图郑，明天就会攻秦。所以，秦助晋灭郑的结果，会使秦受损而让晋从中取利。

秦、晋关系本来就十分微妙，两国的和平中总是有着战争的影子，秦晋之争，是由两国地域形势造成的客观现象，谁也阻止不了。所以，谁掌握了主动，谁就能在竞争中占据制高点，形成对对方的战略优势。现在，晋国已经成为霸主，具有得天独厚的政治优势，如果再吞并了郑国，实力会更加强大。这对于想控制晋国，东进称霸的秦穆公来说，是绝对不能容忍的。烛之武正是抓住了秦、晋矛盾的关键，从秦的立场出发分析形势，有力地打动了秦穆公。

秦穆公听完烛之武的分析后，如梦方醒，决定不再替晋国当马前卒，下令单独撤军，并与郑国结盟，随即径直回雍都去了；并留下杞子等三个地位不高的大夫和小部秦师帮助郑人戍守郑都。狐偃建议袭击秦师，晋文公不许。晋文公估计晋师暂时无法攻灭郑国，也不得不下令撤军。攻郑之举也就不了了之。

秦国从助晋转向助郑，保全了郑国，这是秦国战略预判的一次胜利，为今后的晋秦争霸创造了比较有利的局面。这就是当时国家间关系的特点：信与义可以化为烟云，敌与友可能迅即转化。

综观晋文公时期（前636—前628），由于晋国逐渐强大，北方权力中心转移到了晋国；秦国在晋国的战略威慑下，不得不追随晋国，从而形成了数年之内秦晋联盟的“和好”局面。从郑国撤兵后，秦、晋之间便有了间隙，由友好开始转向“敌对”。

二、由东转西：秦国战略方向的调整

秦国虽然忌恨晋国，但由于当时晋国占据着政治战略优势，秦人不得不审时度势，调整战略方向，由东进转变为西拓。这次秦国战略方向的调整，一方面来自晋的挤压，强大的晋国堵着秦人通往中原的大门；另一方面，西戎是秦的背腹之患，秦与西戎的和平只是长期战争中的短暂状态。一旦条件成熟，秦人必然要切除晋国这个毒瘤，否则就很难向东方迈进。

既以垂翅东土，何妨奋翼陇西。因此，秦穆公不能不少安毋躁，暂时放弃东进的目标，采取“以时间换发展”的策略，避开与晋的正面对抗，调整了战略方向，转向西方，开始了巩固西部根据地的壮举。这与齐楚召陵之盟，成王暂时放弃北上，转而经营淮域目的是一样的，都是为今后争霸做准备。

其实，在秦穆公即位之初，就形成了“东进与西征”的战略构想，这两个目标就像楚人“北上与东拓”一样，并行不悖、奉行不替，只是根据国家形势的变化做适时的调整而已。

春秋初期，在今陕西和山西交界处、山西平陆附近，散居着许多戎人，他们被称为“茅津之戎”。在秦国的东面，这些茅戎阻挡着秦国向外拓展生存空间的路径。当秦国在关中的势力初步稳固之后，就开始逐步将战略方向转到东方，而首先要铲除的就是阻碍秦人东进的茅戎。公元前 659 年，秦穆公即位的当年，他就亲率大军“伐茅津”，并取得了胜利。扫除了障碍后，秦的目标便转向了与晋的斗争，但也没有忘记侧背的安全，随时去扫荡一些小的戎人割据势力。秦穆公二十年（前 640），秦在韩原大败晋国，取得了对晋斗争的阶段性胜利，就顺便将边境上的梁、芮消灭了。

在诸戎中，有一支称为“陆浑之戎”，又被称为允姓之戎或姜戎，与中原的姜姓同源，只是文明程度较低。这一支戎人原居住在瓜州。《左传》引杜预注：瓜州地在今敦煌。在秦的肘腋间还有这样一股戎族势力，当然不能为秦人所容。秦穆公二十二年（前 638），秦人用武力将陆浑戎赶走，占据了瓜州。晋国却将这些戎人“诱以来”，将他们安置在荒凉的伊州。晋国将陆浑戎迁来后，就迫使他们服役，在以后的战争中，就有不少陆浑戎被晋人征发去打仗。

伐茅戎、驱陆浑戎，只是秦人大举伐戎的前奏，当秦国受挫东方，再次调整战略方向时，秦人就向威胁最大的西戎进攻了，开始了西征的壮举。

所谓西戎，泛指秦国西方散布于广大地区的诸戎部落。这些戎人聚散无常，游移不定，究竟有多少人，确实难以计算。《史记·匈奴列传》记载：“故自陇以西有绵诸、绲戎、翟、豲之戎，岐、梁山、泾、漆之北有义渠、大荔、乌氏、朐衍之戎。……各分散居谿谷，自有君长，往往而聚者百有余戎，然莫能相一。”这里说戎国的数目有上百个，其中较大的有八个。

所谓“陇以西”，主要指今天的陕西以西、甘肃的陇南及陇西广大地区。《史记》所列举的四个戎国：绵诸在今甘肃天水附近；绲戎在今陕西凤翔一带；翟居于今甘肃临洮县；豲在今甘肃陇西县北。这四支是西戎中较强悍的，而其中又以绵诸最强，可以说打败了绵诸戎，西戎可定。秦穆公时，西戎派到秦国来的使者由余，可能就是绵诸之戎。

到了秦穆公时代，进入关中的其他戎、狄，由于受中原文明的影响，其社会性质正在迅速变化，使原有的战斗力逐渐丧失。如陆浑之戎就是典型，由于丧失了原来的战斗力，便毫无抵抗地被秦人赶走了，进入伊川后，又被晋人奴役。

西戎却不同，据《吕氏春秋·壅塞》说，在秦穆公时代，西戎仍保持着较强的国势和战斗力。这大概有两个原因：第一，由于西周末年戎、狄部落进入中原，中原地区一些具有较高文化素养的人融入戎族，这对于西戎文明程度的提升有着巨大的促进作用。如秦穆公晚期著名的政治家由余原来就是晋人，后来流亡到西戎。第二，西戎没有像其他戎族一样，在与汉文明接触的过程中而丧失其善战的传统。它们与文明社会保持着若即若离的状态，靠着本身的文化传统顽强地抵御着文明社会的影响，从而更多地保持着较强的战斗力。这就促使秦穆公在大规模西征前不能不做长时间的、充分的准备，以及不得不采取特殊的手段征服它们。

三、切除毒瘤，遂霸西戎

秦穆公三十二年，晋文公九年，即公元前628年，晋文公去世。准备西征的秦穆公抓住这个时机，再次将目标转向东方，在郑人策动下，举兵伐郑，其目的是“敲山震虎”，形成对晋斗争的优势。第二年四月，就在秦师返国的途中，晋师伏击秦师，秦、晋大战于崤，结果是秦师全军覆没，三员大将也被晋师俘虏。

秦穆公三十五年（前625），秦穆公为了报崤之败的大耻，对晋不宣而战，结局依然是晋胜秦败。在遭受了崤和彭衙两次失败后，秦穆公仍然不放弃对晋斗争，并再次调整了战略方向，形成了“西东并进”的方略。秦穆公一面在国内推行改革，为再次伐晋做准备，一面积极备战，进入对西戎战争的攻坚阶段。

秦穆公称霸西戎，首功当推由余。就在秦晋彭衙之战的前后，戎王派由余到秦国观察国情。由余来到秦国后发表的一些见解，恰好指出了秦国的时弊，《韩非子·十过》记录了由余答秦穆公的话，比如他对秦穆公的穷奢极欲就很不以为然，提出了以俭得国、以奢失国的言论。秦穆公发现由余竟有如此才华，大为惊异，他没有料到戎狄中还有这样的“贤”人，百年难求。

《史记·秦本纪》记秦穆公忧心忡忡地同臣僚商议，决定要设法策反由余，让他弃戎归秦。于是，秦穆公采用内史廖的计谋：首先向由余打探西戎的“地形与兵势”，以了解戎情；同时又利用戎王的猜忌心理，离间戎王与由余的关系。秦穆公不断说由余的好话，然后让人散布出去，让戎王知道。又在由余应当离秦的时候，故意将他“留而莫遣”，耽误归期。这样一来，当由余回戎后，戎王已经对他产生怀疑。接着，秦穆公又送给戎王一些能歌善舞的女子，戎王欣然领受，终日沉醉于酒食声色之中。由余数次向戎王直谏，戎王不仅不听，最后竟然宣布：谁敢说秦兵来攻西戎，立即将谁射死。由余自忖西戎无望，恰在此时，秦穆公派人来游说他，于是，由余只好弃戎归秦。秦穆公对由余优礼倍加，并向其请教灭戎之策。通过由余的介绍，秦穆公对西戎的地理和国情了如指掌。进攻西戎的条件已经成熟。

秦穆公三十六年（前 624），秦穆公亲率大军伐晋。在王官等地与晋师交战，接连取得胜利，然后班师回朝。王官之战后，秦国的领地又向黄河西岸扩展了不少。

第二年，秦人借着东方战场胜利的余威，采用由余的策略，在戎人毫无防备的情况下，向西戎发起突然袭击。长期解除武装的戎兵，在秦兵的突然攻击下，毫无抵抗能力；沉湎于酒色的戎王，当秦兵到来的时候，酒醉尚未醒。秦穆公就这样打败了西戎，成功切除了这颗腹背之上的毒瘤。《说苑·反质》说戎："亡其国，由离质朴也。"这是秦穆公使用女色和财货腐化戎王的策略，目的是让戎人失掉质朴的本色，从而使他们丧失战斗力。这一灭戎策略是高明且成功的。

《史记·秦本纪》说："秦用由余谋伐戎王，益国十二，开地千里，遂霸西戎。天子使召公过贺缪公以金鼓。"打败西戎后，东面从陕西、山西的交界处黄河起，一直到遥远的西方，至少到今甘肃中部，都成为秦的势力范围。那些自西周以来长期盘踞在泾河、洛河以及渭水流域丰、岐之地耀武扬威的戎、狄，未被秦人消灭或制服的，皆遁向更遥远的西方和北方去了。

因为戎、狄当时尚处于较为落后的社会阶段，聚分不定，所以，究竟有多少国被秦消灭，各种文献记载非常不一致，或说"益国二十"，或说"益国十二"，或说"八国"。总之，在秦国境内必然还留下许多戎人和狄人，但他们已经不能对秦构成威胁了，反而成为秦国发展可用的重要劳动力。

"开地千里"，据《汉书·韩安国传》记载，所开之地，一为陇西，一为北地。陇西、北地二郡都是秦所始置，汉陇西治狄道（今甘肃临洮），北地治马岭（今甘肃庆阳）。由此可知，秦穆公新开的戎地在陇西和陇东。

总之，秦穆公伐西戎，这是一项空前的伟业，不仅使秦与戎的关系由势均力敌转为秦优戎劣，还使秦国成为西方的霸主，这与晋文公的霸业相比，毫不逊色；虽不能一劳永逸，后来还有动荡，但大局已定。

秦穆公统一西土，不仅对秦国，而且对中国历史产生了连锁式效应。秦人的西征在客观上使长期以来被众多戎、狄割据的广大地区，恢复了生产，实现了局部统一，为这一区域社会、文化和经济的发展创造了条件。与此同时，在统一的政权下，加速了民族融合，这种融合不仅促进了戎、狄落后的社会形态向文明社会演化；同时，也为秦国社会经济结构的转变开创了有利局面。不久，秦国也成为国家间政治新秩序的重要组成部分，与晋、齐、楚一样，逐步由列国转化成具有独立自治意识的“王国”，为君主制在秦国的进一步发展扫清了障碍。这些条件的最终结果是为战国末期整个中国的统一奠定了基础。

四、崤之役：第一次秦晋战争

上面提到，秦国的东进道路被晋国堵塞，于是，从秦穆公三十年（前630）后，秦国开始调整战略方向，将主要目标锁定在西方，开始了扫灭西戎的斗争。但随着国家形势的变化，秦国在奉行既定目标的同时，多次调整战略方向，既兼顾侧背的安全，也不放弃东进的企图。秦穆公晚年，秦、晋之间爆发了三次较大规模的武装冲突，从而拉开了秦晋争霸的序幕。

秦穆公三十二年（前628），晋文公去世，秦、晋就爆发了大战。战争起因是这样的，郑国掌管北门的人一向亲近秦国，此人来到秦，鼓动秦穆公派兵偷袭郑国。《史记·秦本纪》记郑人说：我掌城门，若秦兵偷袭，郑唾手可得。秦穆公为了形成对晋斗争的有利局势，第一次调整了战略方向，变西征为东进，决定伐郑。先前秦国从郑国撤兵后，留下杞子等三位大夫率兵助郑守城，可以作为内应。

第二年，郑穆公即位，秦穆公不顾蹇叔的劝诫，派秦将西乞术、白乙丙和孟明视率兵袭郑。秦师从周王室的王城北门外经过，脱下头盔，跳下战车，以示对天子的敬意。可是，刚过了北门，就有约三百乘将士跃上战车。这时，还是少年的王孙满见了，认为秦师轻佻、傲慢无礼、军纪松弛，入险必败。

秦师继续前进，经过姬姓的滑国（今河南偃师市西南），遇到郑国的商人弦高。弦高捷智大勇，一面大大方方上前应付秦师，一面派人回郑都送信。郑穆公兰得知消息后，派人去侦察留守郑国的三位秦将的动静，发现他们已经收拾好行装，磨快了兵器，喂饱了战马，准备与秦师里应外合，偷袭郑都。郑穆公随即派大夫皇武子对三位秦将说：诸位久居郑国，现在郑国已经没有肉食供给各位了，不得已，就请诸位自己到原野去猎鹿吧。这是郑国向秦人发出的逐客令。三位秦将听了，知道阴谋败露，慌忙出走，他们预测晋、郑联合已经截断西去的道路，只得向东逃逸。杞子逃到了齐国，逢孙、杨孙逃到了宋国。孟明视闻讯，认为郑国早有准备，偷袭无望，只得班师回国。但秦师不甘心无功而返，在回师的路上，顺道灭了滑国。《史记·秦本纪》说："（滑）晋之边邑。"说明滑是晋的附庸国，相当于晋的一个边邑。

秦师无理灭滑，是一个大的错误。《左传·僖公三十三年》记原轸说:“秦违蹇叔，而以贪勤民。”蹇叔是反对伐郑的，说明早在秦部署此次军事行动时，晋已经探知。晋国将领原轸、先轸是强硬派，本来就认为秦是晋的西部大患，主张对秦斗争，但一直没有找到合适的借口。现在晋正好借秦灭滑的时机，打击秦师，以削弱其优势。《左传·僖公三十三年》记主战派领袖先轸对晋襄公说:“秦不哀吾丧而伐吾同姓，秦则无礼。……一日纵敌，数世之患也。”于是，晋师联合迁徙到伊州的姜戎（即陆浑戎），大兴问罪之师，于当年四月，趁秦师归途经过崤厄，发动突然袭击，伏击了秦师，两军大战于崤（即崤山，今河南洛宁县西北）。结局是秦师大败，全军覆没，孟明视等三员大将也做了晋的俘虏。

秦师惨败的原因十分明显。首先，秦师是在晋文公、郑文公刚刚去世时，乘人之危，举兵伐国。出师无名，使秦国在政治上和战略上陷入被动。其次，秦师开始希冀偷袭郑国成功，把希望建立在敌国毫无防备的前提下，当认为郑国有准备时，立刻丧失信心。反而无理取滑，更是心虚理亏，士气自然不振。再次，秦师此次袭郑，抱有侥幸心理，傲慢轻敌、军纪松弛，也种下了失败的种子。

晋师方面，则选择了一个很有利的时机，占据了一个有利的地形，找到了一个冠冕堂皇的理由，又实行了伏击战术。晋襄公为了鼓舞士气，穿着凶服驾车，以激起晋师对秦人的仇恨。这就使晋师在政治上、战略上和战术上都处于主动地位。因此，晋师势如破竹，秦师则一触即溃，一胜一败绝非偶然。秦人固喜诈，无奈晋人更胜一筹，小诈不敌大诈，秦师焉能不败?

晋襄公的嫡母是秦穆公的女儿文嬴，她向晋襄公求情，诡称离间秦、晋两国关系的正是这三位秦将，秦穆公对三人恨之入骨，文嬴劝晋襄公将他们放回，让秦穆公“烹之”。晋襄公听从了文嬴的话，释放了三将。先轸知道后，非常生气，对晋襄公说这是“堕军实（秦囚）而长寇仇”，纵敌为患，会给晋国带来灭亡的危险。晋襄公当即醒悟，派阳处父将三人追回，但追到黄河岸边时，发现他们已在船上了。

五、《秦誓》与穆公的高姿态

《史记·秦本纪》记载：孟明视等回国后，秦穆公穿着素服在郊外迎接，向着秦军痛哭，承认自己不听蹇叔劝阻，招致失败，将责任都归到自己身上，并仍命三将复“官秩如故”。这就是秦国历史上第一个“罪己诏”，即流传至今的《尚书》中的《秦誓》篇。

《秦誓》不仅仅是总结失败的教训，它的作用主要在笼络人心，把秦国君臣中出现的裂痕重新弥合起来。早在秦穆公开始决定袭郑时，秦国的谋臣蹇叔就反对这样轻举妄动。《左传·僖公三十三年》记蹇叔劝秦穆公：郑距秦很远，劳师远征，郑人不可能不发觉。郑国有所防备，秦师偷袭无功，军心就会动摇。“且行千里，其谁不知？”蹇叔的话说得非常明白，这次伐郑，师出无名，不仅达不到偷袭的目的，还会引起他国的警觉，使秦师陷入孤立无援的被动局面。但是，秦穆公不听劝阻，贸然派蹇叔之子白乙丙、百里奚之子孟明视等人帅师出征。当秦师整装待发之际，蹇叔对孟明视哭道：我能见到秦师出征，但再也见不到他们回来了。秦穆公见此状十分生气，甚至粗暴地骂道：“尔何知？中寿，尔墓之木拱矣。”意思是说，你这个老朽知道什么，等着进棺材吧！蹇叔是秦国群臣的领袖，威望使然。秦穆公如此骄横武断，粗暴无知，当然使秦国君臣间的关系骤然紧张起来。

崤之败后秦穆公极力想缓和君臣关系，便主动承担失败的罪责。《尚书·秦誓》记秦穆公说："邦之杌陧（不安定），曰由一人。"表示今后要虚心纳谏，并责备自己以前不能信用良臣："询兹黄发，则罔所愆。番番良士，旅力既愆，我尚为之；仡仡勇夫，射御不违，我尚不欲。惟截截善谝言，俾君子易辞，我皇多有之，昧昧我思之。"秦穆公说这番话，一方面固然是发自内心的感慨和懊悔，另一方面也是向蹇叔等良臣表示姿态，希望他们放弃前嫌，仍旧同过去一样忠实地为秦国效力。

秦穆公为了国家的利益，放下姿态，引咎自责，显示了雄主的高风和大度。他信任将帅，爱护将帅，对将帅的功过有公允的判断，胜了固然可以受重赏，败了也不至于获死罪。后世的秦君对秦穆公如高山仰止，也效法先君，信任和爱护他们的将帅。因此，秦军主帅多能放手用兵，大胆作战，不会畏首畏尾，从来没有因大败而自杀的。

楚与秦相异，雄主虽不乏引咎自责之例，主帅却视大败为死罪。莫敖屈瑕领兵伐罗，大败，自缢荒谷，群将自囚；开创了楚帅自缢、群将自罪的先河。令尹子玉大败城濮之后，自缢方城。此类主帅因大败而自杀的事件，在楚国历史上，接二连三，牵四挂五，蔚为壮观，逐渐形成了楚将战败殉国的军事文化。

楚与秦的军事文化，目的都是让主帅全力以赴，率领军队取得胜利。但由于秦与楚各自的文化特点，以及秦人与楚人的性格差异和不同的心理定势，形成了这种截然相反的军事领导风格。

六、彭衙与王官之役：第二次晋秦战争

秦穆公三十五年（前625），秦国在执行“西征”的既定方略时，为了对晋斗争，第二次调整战略方向，仍由孟明视为主帅，率兵伐晋。这一次，晋襄公亲自领军迎战，双方激战于彭衙（秦境，今陕西白水县境内）。秦师虽系主动进攻，但准备不充分；晋师则以逸待劳，士气高昂，将士协同一致。在战斗紧张之际，晋将狼瞫率领所属部队冲锋在前，猛击秦师，秦师犹如被潮水席卷的帆船，应对无力，且战且退，被晋师杀得溃不成军，又一次遭到失败。

彭衙之役实际上是崤之役的尾声。虽然在崤之役后，秦穆公下决心改善国内政治，但由于战略上的误判和准备不充分，结果大败。

崤之役后，秦国打算联楚制晋。《左传・文公十四年》记载：“初，斗克（子仪）囚于秦。秦有崤之败，而使归求成，成而不得志。”斗克原为申公，在公元前635年的秦楚商密之战中被秦师俘获，到公元前627年秦晋崤之战时，已在秦过了八年难挨的阶下囚生活。崤之战后，秦为了联楚制晋，将其释放，让他作为联系人，说服成王助秦抗晋。前期比较成功，在成王晚年，楚、秦关系一度紧密无间，不仅结盟而且联姻。

斗克的使命之所以中途夭折，是因为楚国发生政变，成王死于非命，而穆王对斗克又极不信任。但是秦穆公却误判了形势，认为秦楚关系非常牢固，才敢贸然出兵，征伐晋国，结果陷入孤立无援的境地。《左传・成公十三年》记公元前578年晋厉公派使者与秦绝交，曾提到在崤之战后，晋国“犹愿赦罪于穆公，穆公弗听，而即（联）楚谋我。天诱其衷，成王陨命，穆公是以不克逞志于我”。说明当时秦在国家关系中比较被动，在诸侯中已经连一个盟友也没

有了。而晋国却仰仗霸主的余威，成为当时天下秩序的终极维护者，在诸侯中的影响力依然强大。

秦穆公对国家形势的误判，导致其决策草率，备战匆忙，而且走漏了消息。晋师却以攻为守，先声夺人，御敌于国门之外，以致秦师惨败于国门之内。

在遭受了崤和彭衙两次失败后，秦国第三次调整战略方向，形成了“西东并进”的策略。秦穆公一面在国内推行改革，为再次伐晋做准备；一面积极备战，进入对西戎战争的攻坚阶段。

孟明视一败再败，但秦穆公对他的重用一如既往，让他放手对内政进行改革。孟明视感恩图报，为秦国改弦易辙。《左传・文公二年》说：“增修国政，重施于民。”说明秦国内政经过一番整顿，颇见成效，有了很大改善。晋卿赵衰获悉后，预计秦师还会倾其全力与晋师决一死战，嘱咐晋国的将帅说：“秦师又（将）至，将必辟（避）之。”秦国的军队“惧而德增，不可当也”，秦国的将领“念德不怠，其可敌乎”？可见，秦军的战斗力倍增。同时，秦国对西戎的战略部署基本完成，形成了较为有利的局面。天时、地利、人和已成，秦国顺理成章地将目光又锁定在了宿敌晋国身上。

穆公三十六年（前624）夏，秦穆公亲自统兵，与孟明视等大举伐晋。这一次，秦师准备与晋师决一死战，过了黄河，便烧毁战船，以示义无反顾，有进无退。随即长驱直入，占领了王官及郊（又作鄗，晋与平阳间的小邑），两地俱在今山西闻喜县西南。晋师见秦师来势凶猛，不敢出击，而是遵循赵衰的策略，守而不战，企图逼秦师撤军。秦师转而从茅津南渡黄河，到了三年前战败的崤地。《史记・秦本纪》说：“封崤中尸，为发丧，哭之三日。”然后才班师回国。

王官之役后，时隔一年，晋国又出兵攻取了秦国边境的邧（即元里）、新城，但并没有改变晋国的劣势处境。同年，秦国取得了对西戎战争的最后胜利，“益国十二，开地千里”，成为西方的霸主。而王官之役只是晋秦争霸的开始。

综观秦国自秦穆公执政（前659—前621）以来，晋与秦的关系，呈现出比较复杂的趋势。晋文公执政以前，秦穆公企图趁乱控制晋国，虽然没有达到期望，但通过韩原之战，秦得到了河西八城，将势力扩张到了黄河西岸，成为晋国的西部大患。晋文公执政时期，晋日趋强大，不仅成为新的霸主，而且使北方权力中心转移到晋国，秦不能操纵晋，反被晋利用，只得调整战略方向，向西拓展。晋文公去世后，晋国势日衰，秦穆公抓住这个机会，在继续执行西征战略的同时，根据国家间形势的变化，三次调整战略方向，极欲向东扩张势力，拉开了秦晋争霸的序幕，秦又逐渐有压倒晋的趋势。

但是，由于早在秦晋争霸前，晋国就占领了被称为“桃林之塞”的秦国东进的门户，这也是晋国最初灭掉虞、虢两个小国的战略意义。所以，在春秋时代秦、晋的长期博弈中，尽管秦国势力有时很强大，并曾经数次战胜晋军，但其基本势力范围，始终没有越出崤函以西。同样，晋国也极欲向西扩张势力，尤其是秦穆公死后，秦国出现中衰，晋国企图抓住这个时机，铲除秦这个西部大患。但秦国依靠“河西”，牢牢控制着晋国西进的要冲，形成了对晋斗争的战略优势，虽然在与晋的战绩中处于劣势，但没有出现实质性的失败。

秦依靠“河西”，晋依靠“桃林之塞”，启动了晋秦之间长期的消耗战，逐渐形成了势力均衡的局面，为春秋后期“政霸体制”的确立和共霸局面的形成创造了条件。

第十章　攘外必先安内

一、政变：君臣之争公开化

成王四十四年（前628），楚使斗章到晋国聘问，建议晋、楚修好。晋使阳处父随即回聘楚国，表达了修好的诚意，这是晋、楚之间第一次见于经传的外交活动。同年冬天，晋文公去世。紧接着，秦国征伐郑国，目的是向霸主晋国挑战。

第二年四月，晋师伏击了自郑归秦的秦师，两军大战于崤山，秦师全军覆没，三位元帅也做了俘虏。崤之战的胜利，使刚刚即位的晋襄公踌躇满志，他仰仗晋国霸主的余威，开始了维持霸权的斗争。晋襄公首先将目标锁定在南方，向楚的近邻蔡发起了进攻。

芳吕臣任令尹的时间不长，公元前627年，即成王四十五年，令尹已经是子上（斗勃）了，子上就是在城濮之战中指挥楚师右军的那位主将。同年冬，晋大夫阳处父伐蔡。晋师在楚国的北大门外耀武扬威，成王自然不能容忍，立刻派令尹子上率兵救蔡。晋、楚两军在泜水（今河南中部的沙河）两岸对峙。

晋伐蔡，一是为了警告，向中原南部诸国宣告，晋国依然是霸主；二是投石问路，试探楚人的反应。阳处父担心晋师“老（劳）

师费财”，因此不愿与楚师发生直接冲突。为了能体面撤军，阳处父派使者去见子上，对子上说：“如果您有意开战，那晋师先退一舍，等楚师渡河、列好阵，再决战，或迟或早都听您的；不然，楚师先退一舍，让晋师渡河、列阵后，再开战。”子上准备渡河，与晋师会战。

《左传·僖公三十三年》记副帅成大心（字孙伯，前令尹子玉的儿子）提醒子上说：“不可。晋人无信，半涉而薄（突袭）我，悔败何及？”于是，子上命楚师先退一舍，等待晋师过河。不料阳处父大肆宣扬楚师逃跑了，当即整军，以胜利者的姿态返回晋国。子上见晋师撤兵，也整军返楚了。当时，晋文公虽死，但霸主的余威尚存，而且晋的主要敌人是秦国；楚人经过城濮大战，虽元气未伤，但不愿与晋国发生冲突，而是希望与晋修好。晋、楚两国都不想交恶。所以，阳处父和子上的军事策略是正确的，既顾全了两国的体面，也为今后晋、楚关系的发展预留了更多的回旋余地。

楚国的边境安定了，内部却暗流涌动，酝酿着政变的种子。大约在四年前，成王想立长子商臣为太子，唯独子上持不同意见，商臣为此而衔恨子上。太子商臣抓住这次机会，趁机进谗言，对成王说子上是受了晋人的贿赂有意退兵的，这是“楚之耻也，罪莫大焉”！当初城濮之战，子上统领右军，不当战而战；泜水之役，子上为主帅，当战而不战。在楚人的传统中，国家的荣辱和民众的安危是至高无上的，即使是楚王也必须奉行。因此，作为主帅，即使没有大败特败，而是应战不战，也可能获死罪。商臣的谗言直击成王的要害，使成王失去了冷静，偏听偏信，不经细思和查证便处死了子上。子上死后，成大心继为令尹。

成王四十六年（前 626），成王觉得商臣不如其庶弟王子职，打算废黜商臣，改立太子。机事不密，被商臣听到了一丝风声，但不明究竟，便向老师潘崇求教。潘崇让商臣设宴款待正在郢都的姑妈江芈，席间故意失礼，惹江芈生气，听她说些什么。《左传·文公元年》记商臣依潘崇之计行事，果然，江芈骂商臣："宜（难怪）君王之欲杀（废）女（汝）而立职也。"真相大白了，商臣又去向潘崇问计。潘崇问：你能甘心事奉王子职吗？商臣说：不能。潘崇又问：你能做大事吗？商臣说：能。所谓"大事"，顾名思义，就是不择手段自立为王。商臣毫不迟疑，立刻率领东宫的甲士包围了王宫，逼成王自尽。成王为了拖延时间等待救援，请求在死前煮一只熊掌吃（相传熊掌难熟）。但商臣不允许，成王只能自缢了。

商臣自立，是为楚穆王。刚即位，便尊潘崇"为大（太）师，且掌环列之尹"。环列之尹，即负责宫廷警卫事宜的官职，相当于汉朝时的卫尉。并将先前当太子时所有的财物和仆妾都赏赐给了潘崇。

商臣弑成王轻而易举，没有遇到明显的障碍。商臣即位后也没有引发明显的政局动荡，令尹成大心对此也没有任何质疑，何以如此？关键在于若敖氏在这场政变中保持了中立的姿态。成王是若敖氏拥立的，直到成王被杀，若敖氏依然掌握着权柄。当性情随和的子文为令尹时，对成王毕恭毕敬，君臣的关系如鱼得水；当性情刚愎的子玉为令尹，凡事喜自作主张，处处挑战王权，令不行、禁不止，君臣之间有了隔阂，摩擦和冲突也就产生了。城濮之战使若敖氏的一颗政治明星颓然坠落，对此，若敖氏不会责怪保全了中军的子玉，只会埋怨成王支援不到位。更让若敖氏感到不满的是，成王开始扶持新的政治势力，来制衡进而消除若敖氏对楚国政治的影响力。于是，若敖氏为了家族利益，开始寻找新的代理人。

商臣与若敖氏的关系尚属不恶，他的东宫甲士曾赶到前线去支援子玉，后来把他送上王位的正是这群宫甲。子上被杀，若敖氏可能不知道是商臣当初对成王进献谗言所致，只能归结为成王对若敖氏的打击。所以，若敖氏成了左右父子胜败的关键力量，只要若敖氏袖手旁观，商臣就能毫无阻力地办成他的“大事”。

穆王即位后，对拥立之功的潘崇只封作太师，依然让成大心担任令尹。这是一笔穆王和若敖氏都心知肚明的政治交易。

成也若敖氏，败也若敖氏。成王的一生，早年的喜剧和晚年的悲剧就是这样。这场看似平静的权力交替，恰恰反映了若敖家族已变得腐朽和堕落了，只要家族利益得到保障，其他都可以牺牲。看来，王权与宗权已经到了势同水火的地步，若敖氏已成为影响楚国健康发展的一颗恶性肿瘤，摘除它只是时间问题了。

二、楚穆王的征伐之旅

穆王即位后，楚国的政局尚称安稳。对君父，商臣可以不择手段；对楚国的权贵，穆王却不能不心怀顾忌了。楚国的大族，如斗氏和成氏，就连颇有才略的成王也驾驭不了。还有正在崛起的芀氏和屈氏，也都族大根深。而对于老奸巨猾、深通人情世故的潘崇，穆王更是要言听计从。

穆王三年（前623），楚国趁着秦、晋交战的机会，灭了与秦人同根同源的江国。江是淮水上游的一个小国，故址在今河南息县西。由于秦、楚交好，而且楚、江是姻亲，楚成王便留下了这条“釜底游鱼”。江国被灭，远在关中的秦穆公为之举哀。同年，郑国公子士到楚国聘问，其母为江国公族女子。穆王唯恐公子士对楚国不利，竟派人在叶县的客舍中毒杀了他。

穆王四年（前622），鄀国因朝秦暮楚，都城商密被秦人击破。鄀的公室被迫南迁到楚国的腹地，被穆王安置在今湖北宜城与钟祥之间，称为“下鄀”。秦人为了与晋斗争的需要，不久便从鄀地撤兵，楚国便在鄀国故地商密设县，称为“上鄀”。从此鄀国只能一心一意做楚国的附庸了。同年，楚灭六。六，是淮水中游的一个小国，故址在今安徽六安北，公族为偃姓。这样，除了时叛时降的群舒外，楚国进一步巩固了在淮水中游的统治。

穆王八年（前618），穆王听了大夫范山的建议，趁晋灵公年少，讨伐郑国。目的很单纯，就是对中原诸侯施加压力，迫使其背晋从楚。前期颇有战绩，不仅俘获了郑的三位大夫，还迫使郑向楚请和。但在晋、鲁、宋、卫、许救郑联军将到之时，楚却不知所措，慌乱撤退了，结果是前功尽弃，一无收获。

同年夏，穆王派息公子朱伐陈，夺取了陈的边邑壶丘（今河南新蔡东南），理由很简单，就是陈亲近晋。同年秋，楚又伐陈，理由不明。这次，楚师竟然稀里糊涂地被陈师战败，公子茷也做了俘虏。陈以小胜大，惧怕楚国报复，向楚请和。

楚人两次北上，争霸晋国，时机选择得很好，因为晋灵公年少，朝政被六卿把持，君臣不和，六卿争权。晋、秦又打得难解难分，齐、鲁、宋、卫等诸夏正忙着与狄人交战。整个国家间秩序一片混乱，晋国苦苦支撑，已力不从心。这正是北上争霸的好时机，但都以失败告终，实际上反映出楚国旧贵族萎靡不振、腐朽不堪的现状，他们已不能带领楚人北上争霸，实现“观中国之政”的壮举了。同时，也表明楚军的战斗力有所减弱。这一切都说明楚国正面临着始料不及的严峻考验，必须进行一场深刻而彻底的改革，方能挽回国家的颓势。

穆王九年（前617），工尹子西（斗宜申）和大夫子家（斗仲归）谋叛，事情泄露，被捕杀。子西就是城濮之战中指挥楚师左军的那位主将。子玉自缢后，成王派人赦免了子西，封其为商公，子西到郢都向成王请罪，成王任命他做了工尹。工尹即工正，《左传》杜预注说："（工尹）掌百工之官。"如遇战事，也可临时统兵。《左传・文公十年》记二人被杀的罪名是"谋弑穆王"，证据为何不得而知。子西、子家是族大根深的若敖氏的核心人物，他们的获罪被杀，表明若敖氏与王室的关系已经非常恶化了。

同年，穆王与郑穆公、陈共公在息县会盟。不久，三位国君同赴厥貉（今河南项城），与蔡庄侯、麇子会合，商议伐宋。宋昭公大惧，亲自到厥貉慰劳楚师，表示输心从楚。于是，伐宋计划不了了之。陈共公、蔡庄侯因故先行回国，麇子则擅自逃会回国了。

第二年，为了惩罚逃会的麇子，穆王先后派令尹成大心和太师潘崇两次伐麇。麇是江汉平原西北部的小国，故址在今陕西白河附近，它的东面是都县，西面是巴国，南面是庸国。两次伐麇，楚师一度将战线推进到麇都锡穴（今湖北郧阳区）附近，但战果甚微，只是播下了仇恨的种子。

穆王十一年（前615），令尹成大心去世，其弟成嘉（子孔）继为令尹。同年，群舒叛楚，因为群舒是楚人控制红铜贸易的重要渡口，战略位置显要，令尹成嘉亲自率兵平叛。舒国的政治结构为领主制，舒国由舒庸、舒蓼、舒鸠等六国组成，属于同宗异国，被称为"群舒"，由宗国（群舒的宗主国）统领。群舒在成王中期成为楚的附庸。《左传・文公十二年》说："夏，子孔执舒子平及宗子。"宗子即宗国的国君，舒子平可能是群舒中一个方国的国君。

春秋时代，诸夏多将“蛮夷”的国君称为“子”。这次伐舒，取得了胜利，楚人依然采用“伐谋”的策略，让舒复国，继续作为楚的附庸，帮助楚人维持红铜之路的通畅。但群舒仍不臣服，叛乱的火种依然不灭。

穆王十二年（前 614），穆王死，子熊旅继位，是为楚庄王。

穆王在位十二年，虽然平庸，所作所为也无足称道，但依靠楚国雄厚的基础，以及平庸但尚属勤勉的几位大臣，中规中矩，维持着楚国南方霸主的地位。君臣的主要成就是巩固了楚人在淮水中上游的统治，客观上为楚庄王的霸业创造了有利的内部环境。

三、“韬光以远祸，敛翼以待时”

穆王在楚国的历史上留下了平淡的几页，存在感是历代楚王中比较低的一位。这也难怪，穆王之前有雄主成王，之后有霸主庄王，两位楚王如参天大树，就连齐桓公、晋文公、秦穆公和后来的晋景公、晋悼公也为之折服。但是这平淡就像风暴来临之前的沉闷，令人不安。

庄王即位后，楚国的形势使贵族中的一些有识之士忧心忡忡。然而，楚人惊奇地发现，邻国则惊恐地看到，原来有其父未必有其子，犬父也能生下一个虎子。就是这位虎子，将楚人的雄心推向了顶峰。看来，时势比家庭对人更具有决定作用。

穆王与成王一样，似乎对太子的教育并不重视，他为儿子熊旅选的两位老师都是才智平庸、不受宠信的政客。《国语·楚语上》说:“昔庄王方弱，申公子仪父为师，王子燮为傅。”这里说的子仪即斗克，就是那位在成王三十七年（前 635），与屈御寇率兵救援鄀国，被秦军俘虏的申公。八年后，秦人在崤山被晋师打败，才放子仪回国，以求与楚结盟。穆王不信任子仪，子仪怏怏不乐。王子燮即公子燮，是一位志大才疏的贵族，曾经向穆王请求做令尹，没有实现，也郁郁不欢。

庄王元年（前613），东边的群舒骚乱又起，令尹成嘉和太师潘崇率领楚师主力再次伐舒，留下子仪和王子燮共同镇守郢都。两人趁机发动政变，捏造成嘉和潘崇的罪名，擅自瓜分了他们的财物和仆妾。随后在郢都建造防御工事，准备据守；同时派刺客去暗杀成嘉，但没有成功。成嘉和潘崇闻变回师，子仪和王子燮感觉自己的势力不能敌成嘉，便与析公串通，挟持庄王逃离了郢都，计划逃往析邑（即商密，今河南淅川县西）。刚走到庐邑（卢戎故址，今湖北南漳县东北），就被庐邑的大夫戢黎和叔麇用计诱杀了，析公逃往晋国。析公后在公元前585年楚、晋绕角之役中，成为晋国的谋主。

庄王即位时，年不满二十，威信尚未确立，地位也不牢固。朝政大权由令尹成嘉和太师潘崇共同执掌，他们联手，希望像控制穆王那样控制庄王，将楚国的大权牢牢掌握在自己手中。尤其是成嘉，作为现在若敖氏的宗主，更希望利用庄王扩大家族的势力。现在，两位师傅又猝然政变，使庄王也不免染上了嫌疑，陷入了权力斗争的旋涡。

政变后，庄王性情大变。《史记·楚世家》记载："庄王即位三年，不出号令，日夜为乐，令国中曰：'有敢谏者死无赦！'" 庄王的这种行为，可能是自发和被迫兼而有之：自发，即庄王本来就对声色犬马不能自已，情不自禁；被迫，即庄王为权贵挟制，势不得已。

当时楚国政权虽然掌握在成嘉和潘崇手中，但实际上仍然是几大权贵在操纵国家的运作，不同派系明争暗斗，势同水火。大族和权臣控制着楚国的政权，君权逐渐被边缘化。纵使庄王即位后有雄心壮志，但就目前的实力对比，怕也解不开楚国这盘错综复杂的棋局，一步走错，满盘皆输，甚至会激起废立之变。堵敖之死、成王自缢，都是前车之鉴。"韬光以远祸，敛翼以待时"，这是庄王保存实力的上计。于是，庄王采取"以退为进，韬光养晦"的策略，不理朝政，淫逸无度；但是在钟鸣鼎食、醉生梦死、美目巧笑之下，却暗藏着无人能察觉的苦心、雄心和信心。

西汉贾谊似乎颇能领会庄王的苦心，在其《新书·先醒》中说："昔庄王即位，自静三年，以讲得失。""自静"就是韬光养晦；"讲得失"就是暗中规划霸业的蓝图。这一策略使庄王以超然的姿态看着这些毫无远略、只图安逸的权贵竞相表演，在旁人的冷眼和漠视下暗中发力、等待时机，安全度过了权力危险期。

庄王二年（前612），晋国毫无理由地讨伐蔡国，目的很明确，就是在楚国门前耀武扬威，挑战楚人的底线。蔡的求救书信接连不断发到楚国，让人大跌眼镜的是，楚竟然坐视不救，以致蔡不得不与晋人为城下之盟，这对蔡国来说是奇耻大辱。可见，庄王即位时的楚国权贵已经变得萎靡不振、无心远略了；但谁也不曾料到，一场天灾竟然帮助了庄王，也帮助了楚国。

四、巩固后方：楚人与灭庸之战

庄王三年（前611），楚国发生了严重的饥荒，西部的几个少数民族相继发动叛乱。《左传·文公十六年》记载："楚大饥。戎伐其西南，至于阜山，（楚）师于大林。又伐其东南，至于阳丘，以侵訾枝。庸人帅群蛮以叛楚，麇人率百濮聚于选，将伐楚。于是申、息之北门不启。”戎，不是北方的戎族，而是南方的山夷，楚地所谓的“山夷”主要是巴人。巴人刚一骚动，庸人、麇人也趁机煽动起了蛮、濮的反叛。楚国西部边境形势严峻，于是，楚人将申、息两个北大门关闭，以防叛乱分子与北方勾结、夹击楚国。

巴人的骚乱不是出于政治原因，而是出于物质原因，因为巴国同样发生了饥荒，而且比楚国还严重，到了急不可耐的程度，只得铤而走险，到富裕的楚国去抢粮和打游食。当时，既能在郢都西南起兵，又能在郢都东南起兵的，只有巴人了。巴人的这次骚动，波及面虽广，但目的单纯，持久性不强，不足为患。庸是楚国西面最大的一个邻国，这次充当了骚乱的骨干。麇人虽然有复仇的雄心，但国小民弱，处于观望的姿态。就这样，庸人将巴人单纯的骚乱，成功演变成一场威胁楚国西部安全的叛乱。

楚国的执政权贵闻讯，竟然方寸大乱，不去商议如何应敌，反而主张迁都避祸。这时，庄王被推到了风口浪尖上，成为左右楚国命运的关键人物。是庸君还是明主，是弱者还是强者，就看庄王如何处理这场危机了。

《史记·楚世家》记伍举和苏从相继入谏，庄王“于是乃罢淫乐，听政，所诛者数百人，所进者数百人，任伍举、苏从以政，国人大说（悦）”。所诛和所进者各数百人，似乎夸大了。据《吕氏春秋·重言》记载，所退者为十人，所进者为五人，这个比较可信。在回答伍举所问的有鸟不蜚不鸣这个隐喻时，庄王答道：“三年不蜚，蜚将冲天；三年不鸣，鸣将惊人。”

楚国经过百年的发展，国势渐强，但遇到了发展的瓶颈，逐渐开始颓废，到了非改不可的程度了。这次国难将楚国的问题暴露得淋漓尽致，使仁人志士挺身而出。有了这些新贵族的支持，庄王才敢有恃无恐，借机进行人事改革，罢黜庸臣，启用贤才。新提拔的大臣中，如伍参、苏从、戢黎、蒍贾，都是楚国贵族中的有识之士，却未见一名若敖氏族人。尤其是重用蒍贾，说明庄王开始布局更大的人事改革，要用蒍氏去打压若敖氏，然后趁两族相斗的时机，铲除若敖氏，削弱蒍氏，彻底解决王权旁落的问题。但庄王首先要做的是面对现实，解决这次危机。

大夫蒍贾反对迁都。《左传·文公十六年》记蒍贾对庄王说："不可。我能往，寇亦能往，不如伐庸。夫麇与百濮，谓我饥不能师，故伐我也。若我出师，必惧而归。百濮离居，将各走其邑，谁暇谋人？"蒍贾的主张很明确，庸人是这次叛乱的中坚，麇人和百濮都以庸人为风向标，只要打败了庸人，百濮不战自退，这是擒贼先擒王的良策。庄王采纳了蒍贾的建议，决定伐庸。

庄王任命戢黎为元帅，这一举动意味着庄王力图打破旧权贵主宰朝政和执掌军权的局面，敲山震虎，直指若敖氏。麇人和百濮见楚人大动干戈，未战先怯，纷纷罢兵。楚军乘势集结在庐邑，戢黎用官仓的储量供应军需，然后将大军驻扎在楚的西部边界句澨（今湖北均县废治西），戢黎则率先锋部队推进到庸国的"方城"，与据守的庸师交战。方城在今湖北竹山县东，是庸人为防御楚、秦等国修建的防御工事，易守难攻。戢黎是位贤臣，但不是统兵的良将，没有打攻坚战的经验，导致方城久攻不下，初战失利。大夫子扬（斗般）也做了俘虏，被关了三天，才逃回楚营，主张等主力赶到后再战。

大夫潘尪（即师叔）不同意子扬的主张，向戢黎献出了"欲擒故纵，败中取胜”的计策。就是不妨将计就计，暂时让庸人得胜，使他们因骄傲而懈怠，然后再寻找战机反攻庸军。戢黎听从了潘尪的建议，命令楚师故意七战七退，佯装失败。庸人果然以为楚师不堪一击，只派了三股蛮卒部队追击楚师，并宣扬“楚不足与战矣”，逐渐放松了对楚师的防备。

这时，楚国已说动了秦国，秦国为了对晋战争，同意支援楚师；巴人也被楚国笼络了，给他们粮食。楚国的外交攻势取得了成效，庸国陷入孤立。前方战事逐渐明朗，庄王便乘着快速的驲车，率领主力赶到前线。楚师分左右两翼，在秦师、巴师的配合下，向庸师发起进攻。群蛮见楚师强劲，立刻背庸从楚了。三国之师展开钳形攻势，一举灭了庸国。

其实先占领庸都的是秦师，这时秦与晋正在北方争霸，急需楚的支持。于是，秦人为了对晋斗争，将庸都移交给楚国。秦国助楚灭庸，对今后国家间关系的发展有着重要影响。因为庸的战略地位十分重要，是楚、秦两国必争之地。秦占领庸，如同站到楚的背面；楚得到庸，就能“窥秦之腹”。然而，秦国不仅助楚灭庸，还将取得的庸还给楚国，是有其战略考虑的：一方面可以加强与楚的联盟，以安定后方；另一方面可以隔山打牛，利用楚直接牵制晋。所以说，秦助楚灭庸，实际上是在制晋，为对晋斗争创造有利局面。楚与秦联手灭庸后，关系更密切了，庄王也想利用秦国牵制晋国，为北上争霸创造条件。秦、楚的共同敌人是晋，两国“以彼制此”的策略在不久的邲之战中见了成效。当然，秦与楚的矛盾只是暂时让位于共同的利益，一旦强大的晋国衰落下去，秦与楚之间更剧烈的斗争则不可避免。

庸国被灭，不仅使楚国转危为安，还使楚国领地扩张到了巴国边境，使汉阳、淮水和庸地连为一片，形成了楚国最原始、最基础、最牢固的根据地，为楚国在风云变幻的春秋战国雄立南方三百余年打下了坚实的基础。庄王实践了自己的誓言，一飞冲天，一鸣惊人。

庄王通过这次伐庸，树立了威信，震慑了群蛮，为霸业开创了有利局面。楚人为他们又得到一位雄主而庆幸。庄王依靠的新权贵阶层正在崛起，他们要用自己的才智为楚王的霸业、楚国的振兴贡献力量；旧权贵这颗“恶性肿瘤”也正在被逐步切除。楚国国家机器又能正常运转了，但这些只是开始。

五、机遇与挑战：庄王时代的国家间关系

庄王时期的天下形势对楚人并不严酷，倒是给了楚人向诸夏挑战的良机。

齐国自桓公死后，内乱不断，君昏臣昧，声望一落千丈，不得已退出了争霸的行列，与晋结盟，成了晋国称霸的旗手。齐孝公、齐昭公两兄弟死后，昭公弟弟齐懿公即位。《史记·楚世家》记，齐懿公做公子时，与大臣丙戎之父为争夺猎物发生冲突，即位后，“断丙戎父足，而使丙戎仆”。近臣庸职之妻有美色，齐懿公将其“内（纳）之宫，使庸职骖乘”。丙戎和庸职不胜其辱，于齐懿公四年（前609），联手弑齐懿公于车上。君臣关系如此混乱，齐国内政如何就可想而知了。其后即位的齐惠公、齐顷公平庸无大志，齐国虽然走出了内乱，政局逐渐稳定，但国势已大不如前，出现中衰的迹象，只能在东方称霸。

秦国自穆公死后，秦康公、秦共公、秦桓公相继执政。三君统

治时期，秦、晋多次交锋，但秦胜少败多，在晋秦争霸中逐渐处于劣势；但依靠雄厚的国力，尚能维持西方霸主的地位。

晋国自文公、襄公之后，国君是晋灵公。这时晋国的政权掌握在十几家卿大夫手中，卿权逐步强大，其中以赵氏的力量最强。卿权开始蚕食君权，君臣逐渐失和，政局不稳。但晋国挟霸主的余威，对中原的影响力依然不小。这时楚国也从困境中解脱出来，使诸夏又感受到它的威胁了。

庄王四年（前610），郑国这只“风信鸽”又忽南忽北地转动起来，晋不能不怀疑郑的忠诚了。《左传·文公十七年》记郑卿子家派人送信给晋卿赵盾，向晋表明郑的忠心，同时声明如果晋逼郑太甚，郑可能“铤而走险”，言外之意，就是亲近楚国。然后突转话锋，向晋坦言了郑“朝三暮四”的理论根据：“（郑）居大国之间，而从于强令，岂其罪也？大国若弗图，无所逃命。”这封信写得很直白，点明了春秋时代小国的苦衷和命运，赵盾也无言以对。于是，晋、郑交质，郑国公子夷、石楚到晋国做了人质，晋、郑的关系有所改善。但不过两年，郑又背晋从楚了。

庄王六年（前608）秋，楚、郑合兵伐陈、宋，理由是两国背楚服晋。楚、郑联军大败宋师，缴获战车五百乘。不久，晋卿赵盾率领宋、陈、卫、曹合兵伐郑，郑向楚告急。蒍贾率兵救郑，在北林（今河南新郑北）大败晋师，俘虏了晋将解扬。

第二年，在楚人的授意与支持下，郑伐宋，在大棘（今河南睢县南）战败宋师，俘获了宋国的执政大臣右师华元，缴获战车四百六十乘，俘虏宋兵二百五十人，可谓战绩辉煌。同年夏，晋卿赵盾率领宋、卫、陈合兵伐郑。楚国令尹子越（斗越椒）率兵救郑。《左传·宣公二年》记斗越椒扬言：“能欲诸侯而恶其难乎？”

这显然是不把晋国放在眼中。面对狂妄的斗越椒，赵盾说："彼宗竞于楚，殆将毙矣。"随即率兵回国了。楚自子文以来，若敖氏世为令尹，把持着楚国政权，君臣之间的矛盾已相当恶化。赵盾已预测到若敖氏必然会被楚王铲除，所以才引兵回国，等待楚国发生内变。

但是，晋国的君臣关系也令人沮丧。就在同年秋，晋国发生了内变。《史记·晋世家》记载："（赵）盾昆弟将军赵穿袭杀灵公于桃园，而迎赵盾。"赵穿杀死晋灵公的理由冠冕堂皇：灵公暴虐，奢侈无度，随便处死大臣，在高台上以用弹弓射人为乐。其实，这些都是口实，灵公被弑，说明赵氏与国君已经失和，晋灵公对以赵氏为首的卿大夫感到不满，已经有了铲除赵氏、收回君权的打算。只是赵氏先发制人，用暴力铲除了阻碍卿权扩张的灵公。赵氏代表的是卿大夫的利益，所以赵氏弑君并没有引发政局明显的动荡。至此，晋国开始了臣弑君的传统，也拉开了君权与卿权长期斗争的序幕。

晋灵公死后，继位的是暗弱无能的晋成公和志大才疏的晋景公，这时的晋国正处在变革的攻坚期，表面上一团祥和，实际上，君臣貌合神离，卿大夫之间争权夺利。内部暗流涌动，政局晦暗不明；外部四面树敌，威望大不如前。晋国名为霸主，但已无力维持各诸侯国之间秩序的稳定，只能靠着霸主的余威勉强支撑。

这样看，只要打败了晋国，就能称霸中原。这对于已经恢复元气和斗志，与诸侯关系尚且和睦的楚国来说，机会难得，稍纵即逝。

六、问鼎周室：楚晋争霸的预演

庄王八年，周定王元年，即公元前606年春，庄王打着“尊王攘夷”的旗号，率军北上中原，讨伐陆浑之戎，这是庄王首次涉足中原。陆浑之戎在今河南伏牛山与熊耳山之间的伊水流域活动，实力很弱，自顾不暇，未曾开罪楚国。这次庄王伐陆浑戎，政治意义大于军事意义，既有试探性质也有警告目的，醉翁之意不在酒，实为敲山震虎，意指晋国。楚人在陆浑戎虚晃一枪，就行至伊水与洛水之间，在周都的南郊举行盛大的阅兵仪式。周都毗邻晋国，庄王意在震慑诸夏，挑战晋国。这是既狂妄又天真的举动，只有年少和缺少政治经验的庄王才做得出来。楚王阅兵周郊，使即位不久的周定王忐忑不安，立刻派善于交际的大夫王孙满去慰劳楚师。

《史记·楚世家》记庄王问王孙满，周天子的九鼎有多大，多重。九鼎，即九个大鼎，是周王室统治天下的权力象征。庄王的言外之意，是要与周天子比权量力。王孙满似答非答地说：“在德不在鼎。”庄王继续灼灼逼人地问：“子无阻九鼎！楚国折钩之喙，足以为九鼎。”所谓“折钩之喙”，即将楚师戈援的尖端折下来，就能铸造九鼎。面对庄王的逼问，王孙满发表了一番“德”与“霸”的宏论。

王孙满首先以感叹的语调反问：“呜呼！君王其忘之乎？……”然后开始介绍九鼎铸造和传承的历史：“昔虞夏之盛，远方皆至，贡金九牧，铸鼎象物，百物而为之备，使民知神奸（邪）。桀有乱德，鼎迁于殷，载祀六百。殷纣暴虐，鼎迁于周。”王孙满之言主要想表达：君主地位在德不在鼎，无德便无鼎。

接着他开始阐述“在德不在鼎”的理论根据。《左传·宣公三年》记王孙满说“德之休明，虽小，重也。其奸回昏乱，虽大，轻也”。这句话虽短，却意味深长：德是根本，鼎是形式。只要君主有美德，九鼎虽小，也难以撼动；君主无德，九鼎虽大，也会失去。德是治国的根本，鼎只不过是国家的象征而已。

王孙满的结论是：“（周）成王定鼎于郏鄏，卜世三十，卜年七百，天所命也。周德虽衰，天命未改。鼎之轻重，未可问也。”

王孙满的话不卑不亢，严谨周密，使庄王获益匪浅。这与当初子鱼劝宋襄公“盍姑内省德乎！无阙而后动”的思想如出一辙。从此，庄王对“德”与“威”的关系有了更深的认识，形成了“治国先治身，德成而后动，以德而显威”的“德霸”思想。庄王离开周郊，应该是欣然而行的，这才是霸主应有的气度。

楚庄王观兵周郊，问鼎周室，北方诸侯国噤若寒蝉，这是因为它们一无德，二无威，难以望其项背。

庄王离开周郊，便挥师伐郑，以问郑背楚从晋的罪名。年初，晋伐郑，郑不得已又投靠了晋国。庄王懂得，郑国虽小，但夹在晋、楚之间，是两国争霸的焦点地带，战略意义重大，谁能使郑成为自己的附庸，就掌握了争霸的主动权；反过来说，谁要想成为事实上的霸主，必须彻底降伏郑国。因此，夹在两强之间的郑，怎样才能保持中立，的确是一个“囚徒困境”式的艰难博弈，一步走错，就会带来亡国的危险。

庄王对郑采取了“大棒加萝卜”的策略，对其略作惩罚后，又略施小惠。第二年，郑灵公即位，庄王为了表示祝贺，给郑灵公送去了一车大鳖。当时大鳖是珍馐美食，北方不产，郑国将它当成不可多得的美味。庄王没有料到，这车大鳖竟引发了郑国一场内乱。

《左传·宣公四年》记载，郑国的子公和子家两位公子去朝见郑灵公，快到宫门的时候，子公的食指突然弹动。郑国人比较迷信，认为食指弹动就是有口福的象征。子公举起食指对子家说："他日我如此，必尝异味。"进了宫中，发现宰夫正在切已经煮熟的大鳖，两人不禁相视而笑。郑灵公问他们为何发笑，子家如实相告。心胸狭窄的郑灵公觉得这些贵公子都是潜在的政敌，一定不能让他们有任何放肆不恭的苗头。

于是，当天晚上，郑灵公便摆下宴席，请臣僚一同品尝大鳖，子公也在受邀之列，但郑灵公却唯独不让子公品尝"异味"。子公大怒，竟然把食指伸进鼎中，蘸上鳖汁，塞进嘴里品尝，然后拂袖而去。"染指"的典故，即由此来。郑灵公大怒，密谋要杀死子公，但事机不密，被子公侦悉。子公与子家先发制人，杀死了郑灵公。郑人拥立郑灵公庶弟公子坚做了国君，是为郑襄公。

这场政变，实质上暴露了郑国公族内部的利益冲突和权力斗争，虽然它对郑国的前途没有产生任何作用，但引发了君位的更替。郑穆公一共生了十三个儿子，公子夷先即位，是为郑灵公，诸公子不服。郑灵公被弑后，郑人想立郑穆公庶子公子去疾（子良）为君，子良不愿意，支持公子坚即位。《左传·宣公四年》记，郑襄公即位后，担心诸公子威胁君权，打算将他们逐出郑国，唯独留下子良，以表彰他让位的贤德。子良不同意："穆氏宜存，则固愿也。若将亡之，则亦皆亡，去疾何为？"于是，郑襄公将诸公子都封为大夫，其中以罕、驷、丰、游、印、国、良七族枝叶繁茂，它们被称为"七穆"，七穆逐渐成为掌握郑国权力的大族。

就在郑国发生内变不久，楚国也上演了一场惨烈但意义重大的权力角逐。

七、一场惨烈的权力博弈

楚庄王回国后，暂时收敛了霸气，韬光养晦，不问中原事务，安心经营南方。对内，广揽贤才，内修德政，巩固王权；对外，和睦诸侯，努力践行“在德不在鼎，德成而后动”的思想，为不久的“霸”打下了坚实的基础。其中铲除若敖氏，是庄王一生中对楚国最大的贡献，为君主制在楚国的发展扫除了障碍，意义深远，堪比称霸中原的壮举。

灭庸后，孙叔敖（芀敖）还没有登上楚国的政治舞台，伍参、苏从、戢梁、芀贾等执政大臣，虽然“贤”，但都是专业人才，没有做令尹的才能。庄王虽然厌恶若敖氏，但若敖家族毕竟族大根深，庄王为了稳定政局，平衡各方势力，便任命柔顺的子扬（斗般）为令尹，刚硬的子越（斗越椒）为司马，芀贾为工正。庄王想通过扶植芀氏，来制约若敖氏，逐渐削弱若敖家族的影响力。

若敖氏是楚君若敖的后代，芀氏是楚君蚡冒的后裔，两氏都出身高贵，族大根深。自从熊通杀其侄自立后，楚国贵族内部就有不止一个势力集团，其中以若敖、芀氏、屈氏三族最为强大。从武王到成王，倚重的都是若敖氏，尤其是若敖氏中有巴人血统的斗氏。成王后期，若敖氏的支脉成氏也开始崛起；令尹皆出若敖氏，其他显官也都被若敖氏垄断（见表 6）。

表 6　楚国若敖氏为令尹略表

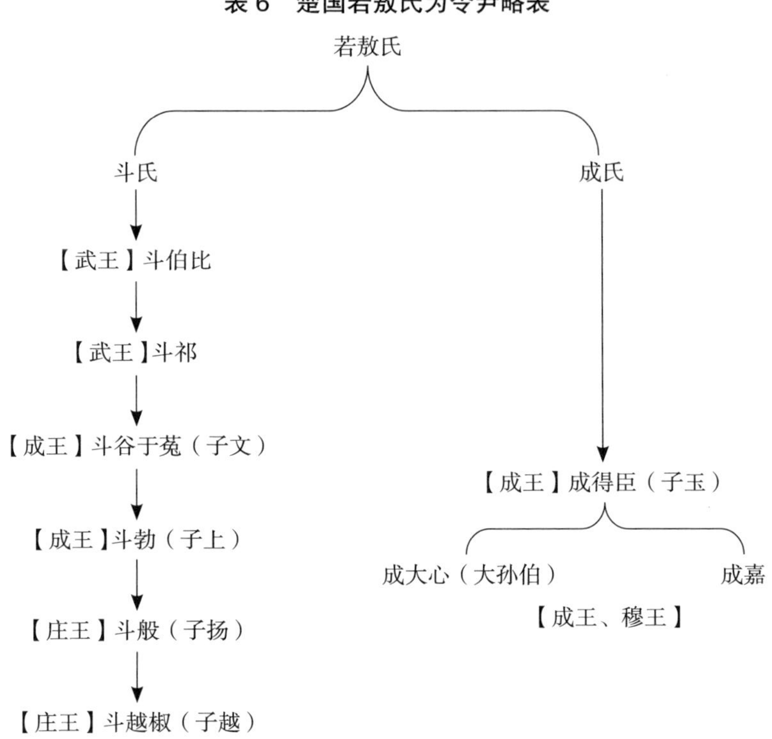

芀氏也是楚国的公族，但因为是楚厉王蚡冒的后裔，一直受到冷遇，不免心怀觖望。若敖氏执政既久，族人不免飞扬跋扈，不仅对君权构成了极大威胁，还阻碍了楚国的发展。因此，从成王晚期，楚王开始有意识地限制若敖氏权力的扩张，芀氏得以崛起。但是，由于若敖氏势力庞大、枝叶繁盛，成王、穆王只能采取斗争佐妥协的策略，从而拉开了君权与宗权斗争的序幕。庄王试图调和若敖氏与芀氏，利用芀氏制衡若敖氏，但对芀氏既用且防，以防止"若敖衰，芀氏骄"情况出现。不想竟酿成了一场政治巨变。

芀氏常以屈居若敖氏之下为憾，芀贾在少年时便有了对若敖氏专权的愤懑。芀贾虽然被任命为工尹，但令尹与司马依然由若敖家族担任。于是，芳贾散布流言，在庄王面前诋毁令尹子扬，庄王对芳贾的话未必全信，但顺水推舟处死了子扬。随后，任命子越为令尹，芳贾为司马。

庄王九年（前605），就是郑国发生内变，郑灵公被杀之年，芳贾又向庄王说了些对子越不利的话。子越感到不安，认为庄王偏袒芳氏，对芳贾越发憎恨，竟悍然起兵谋反。君权与宗权之间注定要进行的决战，因子越谋反而提前爆发了。

子越是前令尹子文的侄子，司马子良的儿子。《左传·宣公四年》记子越出生不久，斗谷于菟（子文）横看竖看都不顺眼，以为此子有“熊虎之状”和“豺狼之声”，劝子良将其杀死，子良不从。斗谷于菟非常忧虑，在弥留之际对族人说:“(子越)椒也知政，乃速行矣，无及于难。”就是说如果子越做了令尹，你们就赶紧逃出楚国，否则若敖氏就要亡族灭宗了。这可能是后人杜撰的故事，半真半假，但楚人对此深信不疑，乃至被《左传》所采录。《左传·文公九年》记穆王八年（前618）子越出访鲁国，态度非常傲慢。鲁国大夫叔仲惠伯说:“是必灭若敖氏之宗。”这是鲁人亲眼所见，必有实据。看来，子越与子玉的性格十分相似，刚愎自用，傲慢无知。当然，这也是若敖氏衰落的写照。

《左传·宣公四年》记载，子越在申县诱杀了芳贾，然后率领若敖族人和私卒向郢都进发，驻扎在烝野（今河南新野境内）。子越谋反虽然有些突然，但尽在庄王的意料之内。庄王为了拖延时间，以便部署，也为了占据主动，争取人心，派使者告诉子越：愿以三位先王的子孙做人质，并保证不杀子越。子越不同意，挥师渡过汉水。庄王调集重兵，与若敖氏在皋浒（今湖北襄樊西郊）决战。

子越在阵前对庄王连射两箭，都没射中。王师见状大惊，前锋部队望而却步，不敢前进。庄王为了稳定军心，派人传告将士，说文王在灭息时，得到三支利箭，传给后世，子越偷去两支，现在两支都已射尽。听完庄王的鼓动，王师士气大振，在军鼓声中昂首前进。若敖氏由于准备仓促，终因寡不敌众而溃败，子越被杀。庄王本着除恶务尽的原则，不惜株连无辜，尽灭若敖氏。子越的儿子斗贲皇逃亡到晋国，晋成公为了对楚斗争的需要，赏之以苗邑，斗贲皇遂以苗为氏，称苗贲皇，在晋国定居下来。

斗谷于菟之孙，斗般之子斗克黄为箴尹（谏官），奉命出使齐国，归途中经过宋国，听到若敖氏被灭的消息，随从劝斗克黄不要回国，斗克黄说："君，天也，天可逃乎？"于是返回楚国，先向庄王复命，再向司败（司法官）投案。司败不敢擅自论处，请庄王裁决。庄王对斗克黄恪守厥职的行为赞赏有加，说不能让斗谷于菟没有后人，依然让斗克黄担任箴尹，改其名为"生"。

这次子越谋反，起因是若敖氏与蒍氏旧怨新仇的大爆发和总结算，实质上是君权与宗权的最后较量，虽然是意料之中，但因提前爆发，不免使庄王卷入了旋涡的中心。事态的恶化使庄王在非此即彼的抉择中毅然投向了便于控驭的一方，果断地攻灭了若敖氏，切除了这颗"恶性肿瘤"，使楚国转危为安，为北上争霸扫除了后患。

更为重要的是，庄王铲除若敖氏，强化了王权，彻底结束了军事民主的遗痕，使君主制得以巩固并顺利发展，最终完成了旧制度向新制度的转化。《韩非子·喻老篇》中留下了一段关于孙叔敖的故事："楚庄王既胜，狩（猎）于河雍，归而赏孙叔敖，孙叔敖请汉间之地，沙石之处。楚邦之法，禄臣再世而收地，唯孙叔敖独在。此不以其邦为收也，（贫）瘠也，故九世而祀不绝。故曰：'善建不拔，善抱不脱，子孙以其祭祀，世世不辍。’孙叔敖之谓也。”

这个故事在《太平御览》195卷，《史记·滑稽列传》正义所引《吕氏春秋》，以及《淮南子·人间训》中都有记载。这里的“禄臣再世而收地”，就是所谓的“楚邦之法”，即君主体制。

前面提到，楚国王室的王子及由此产生的王族构成了楚国的支配氏族集团。构成楚国政治权力核心的令尹、司马、莫敖等显职，均由出自楚王室的王族，如斗氏、成氏、蒍氏、屈氏等世族及诸王子轮流占据。所以，以王室为中心的氏族之纽带非常牢固，使这个支配氏族集团体制不易被分化涣散。即使是楚王与若敖氏的斗争，也是宗族内部的权力博弈，本质上不会破坏君主制的基础。庄王铲除若敖氏，只是进一步彰显了王权的强大而已。因而，比起华夏诸国，楚国的王权在春秋末至战国时代，保持了相对安定的体制结构。即使到了战国末期，屈、景、昭三族掌握着楚国政权，但依然要在王权的卵翼下生存，说明楚国王权体制稳稳地建立在同姓氏族之上，坚固而强大。

如果说东周时代能与楚国王权媲美的国家，恐怕非秦国莫属了。

八、秦人与君主体制

春秋时代，秦国与楚国一样，在很早便建立起君主制的雏形，在君主制的政体下，又演化出一套不同于诸夏的官制与军制，不仅保证了君权的强大，还促使秦国高速发展，出现了四大强国平分霸权的局面。与楚国一样，由于君主制政体的建立，秦国也没有出现宗权或卿权对抗君权的局面，保持了秦的统一与稳定，为战国时代秦的二次崛起创造了条件。

西周和春秋时期，秦、楚以外的各诸侯国，都实行分封制，即周天子把王畿以外的土地以“授民授疆土”的形式分给诸侯，作为他们的“封土”。作为“封臣”的诸侯，又以“锡田锡邑”的名义，将一部分土地封给卿、大夫作为“采邑”。这种层层分封的制度，构成了西周和春秋时期主要的政治治理形式。

然而，秦和楚却不实行这种分封制。楚国从春秋初期开始大规模推行县制，地方权力牢牢掌握在楚王手中。但由于残留着军事民主制的遗痕，宗权相对强大，中央权力处于相对“二分”的状态，若敖氏世代为令尹，逐渐形成与君权并驭的局面，直到庄王灭若敖氏，中央权力才得以收归楚王。中央与地方权力统一后，楚国的君主制政体进入良性发展的阶段。

秦国比楚国更为彻底，中央与地方权力很早便统一在国君手中，君主制的基础更加牢固。在秦国发展历史上，找不出像西周时期那种“裂土封疆”的事实，也没有出现足以与君权抗衡的家族，秦国国君子弟及王族贵戚，皆无尺寸之封。如秦宣公九子，秦成公七子，秦穆公四十子，都没有被立为“封臣”，也未见任何授以“封土”的记载，足以说明秦国没有实行分封制。

文献中有两条史料需要说明。《史记·秦本纪》记载:“（秦）武公……有子一人，名曰白。白不立，封平阳。”《国语·楚语》中又说:“晋有曲沃，秦有征、衙。”韦昭注：征、衙，是秦桓公之子、秦景公之弟公子鍼的采邑。从这些记载来看，白和鍼都有封地，秦国似乎也实行分封制。但如果仔细印证，这两条史料大有问题。

首先，白封平阳就不可能。因为早在秦武公之前，秦宪公之时，平阳就成了秦的国都。秦武公时，秦都仍在平阳，《史记·秦本纪》说秦武公“居平阳宫”，这时怎么可能把国都封给白呢？

其次，征、衙也绝不是鍼的封地。《史记·秦本纪》记载，秦景公三十六年：“景公母弟后子鍼有宠，景公母弟富，或谮之，恐诛，乃奔晋。”这里仅记载鍼“富”，未提及有封地。《左传·昭公元年》也记载了公子鍼担心被秦景公诛杀，于是投奔晋国，携带的财物不计其数，但没有提及任何关于封地的事实。

除了这两条有问题的记载外，史料中再无任何关于秦国分封的记载。可见，秦国历史上没有诸夏社会那种严格意义的“裂土封疆”的封地，充其量不过是“食邑”，食邑制与分封制完全不同。分封制的原型是“天子建国，诸侯立家”，封臣对封地有直接统治权。食邑制是指某一地的赋税作为某人的收入，至于此地的治理权，仍由君主派人去管理，食邑者不得干涉，是一种单纯的封赏制，比如战国时代商鞅所封的商地，仅有“衣食租税”的“职田”性质，治理权仍归中央。

宋人马端临在《文献通考》卷二六五中写道：“按古之所谓爵者，皆与之以土地。如公侯伯子男以至附庸及孤卿大夫，亦俱有世食禄邑也……盖秦之法未尝以土地予人，不待李斯建议而后始罢封建也。”秦“未尝以土地予人”是问题的关键，说明秦从建国开始，就没有建立分封制。

秦国不实行分封制，这就为君主制的壮大与县制的建立创造了条件。秦一建国，实行的就是中央集权式的君主制，全国的土地都由国君直接控制。随着军事斗争的胜利和领地的扩张，秦国每占领一地都设立由国君直接任命长官的县或其他行政机构，称为“置官司”，或者由国君委派的庶长对该地区进行军事统治。如武公十年

（前 688）设立邽、冀二县；秦穆公十五年（前 645），秦占领河东，次年就在这里“置官司”。这些制度虽然形式不同，但目的是一样的，都是从制度层面对君主制的发展予以保护。

可见，秦国不实行分封制，实施的是君主制，不仅中央权力，地方的治理权也直接把持在国君手中。之后，秦国又建立起适应君主制发展需要的“官制”“客卿制”和“军制”，通过官长和军队对各地实行统治。这就是秦国君主制的统治形式，具有政治与军事中央集权的特点，成为秦国实现跨越式发展和不断壮大的有利保障。

楚、秦的文明程度虽然不如诸夏，但适应了历史发展的趋势，建立起了比较先进的政治文明和政治制度。随着国家新秩序的确立，各国之间的交流不断加强，楚、秦在借鉴诸夏文明的同时，逐渐建立起了自己的文明体系，尤其是君主制政体，楚、秦远远高于诸夏。所以，具备统一条件的“非楚即秦”，这是历史赋予秦人与楚人的使命。

第十一章　最后一位霸主

一、灭群舒，会吴越

公元前 605 年，纵横楚国百年的若敖家族覆灭。若敖氏多良将，它的覆灭给楚国留下了短期难以愈合的创伤，暂时削弱了楚国的兵威。此后三年内，庄王伐郑，一而再，再而三，但都无功而返，没有取得实质性的进展。若敖氏曾经是楚国的战神，胜利和战神一起消失了，要夺得新的胜利，非有新的战神不可。但庄王把成王和穆王都没有解开的一个死结剪除了，这对楚国的强盛利多而弊少。

庄王十三年（前 601），群舒叛楚，楚在淮南的属县岌岌可危，有如惊涛骇浪中的数叶扁舟；楚在江南的铜矿安全也受到威胁，如果淮夷与杨越串通一气，楚就可能丧失这些重要的有色金属资源。不得已，庄王倾其全力大张挞伐，这次楚人放弃了“伐谋”，转而采用“伐兵”，一举攻灭舒蓼，威服舒鸠、舒庸，为群舒划定了不得擅自逾越的边界。至此，群舒彻底被楚人制服。《左传・宣公八年》说：“楚为众舒叛，故伐舒蓼，灭之。楚子（庄王）疆之。”

刚刚崛起的吴国和越国对楚灭舒表示出严重的关切，唯恐楚人得寸进尺，渡江而东，相继派遣使者来聘，请求与楚国建交。庄王在离巢湖不远的地方与吴、越使者会盟，然后班师回国。这是吴、越第一次见于经传的记载。

“吴”和“越”都是简称，吴的繁称是土语“攻敔”，越的繁称是土语“于越”。吴人与越人族属相近，语言相通，居处相连，恩怨分明。吴是姬姓国，吴国的公族是周人与土著吴人的混血，初封于梅里（今江苏无锡东南三十里），吴人的腹地在太湖流域，西进和北上的基地是宁镇丘陵。越国的公族是土著越人，始封于会稽（今浙江绍兴），越人的腹地在宁绍平原，西进和北上的基地是杭嘉湖平原。

早在新石器时代，吴越地区就有了发达的稻作农业和成熟的丝织工艺，而玉器文化尤为一枝独秀。吴人在西周早期已能铸造相当精美的铜器，可是后来发展缓慢。越人铸造铜器的历史比吴人短些，发展也不快。吴、越两国都有铜矿，铜器以农器、匠器和兵器为大宗，礼器和乐器很少。春秋早期以前流行铅青铜，其不宜作炊器、食器和酒器。春秋中期以后，锡青铜逐渐取代了铅青铜。淮夷受到楚人的重创后，吴人开始渡江而西，把前锋推进到了淮南。越人不甘落后，也在吴人的南方渡江而西，把触角伸进了淮南。同样的拓展目标，两国势必要发生冲突。但吴人和越人还有一个共同的敌人，就是南方的霸主楚国，这次吴、越的使者与庄王会盟，是吴、越登上诸侯竞逐舞台的序幕。

二、楚国出了个孙叔敖

就在庄王灭舒的前后，孙叔敖登上了楚国的历史舞台。孙叔敖执楚政，宣告了以芀氏为主体的新贵族开始崛起，他们战胜了以若敖氏为首的旧贵族，成为春秋中期至战国初期楚国的主要政治群体，填补了若敖氏被灭后楚国的人才断档。尤其是芳氏，经过芳吕臣、芳贾几代的努力终于取代若敖氏，成为楚国第一公族，从庄王到灵平时代，芳氏一直是楚国政坛上的领袖。如庄王时代的令尹芳敖，贤臣芳艾猎；康王时代的令尹芳子冯和善于理财的司马芳掩；灵王时代的令尹芳罢，善于直谏的太宰芳启强，忠厚仁德的贤臣芳泄。

《吕氏春秋·贵当》记楚国有一位奇人，善于看相，每言必中。庄王把他请来，问其所以然。相士说："臣非能相人也，能观人之友也。"以国君为例，如果其臣僚多忠志贤能之士，见国君有过失即交相进谏，国家就会安定，国君就有尊荣，天下就能归心，这样的国君就是"吉主"。庄王受到启发，从此开始广罗贤才，察纳雅言。庄王灭若敖氏数年之后，楚国贤相良将并出，就是这一人才战略的体现。孙叔敖就是在这样的历史背景下进入楚国政坛的。

楚国出了很多令尹，以才德兼具的品格而论，除了成王时代的令尹子文外，就是庄王时代的孙叔敖了。孙叔敖即芳敖，是芳贾的次子，芳艾猎之弟。因为孙叔敖死后其子封于寝丘，楚人才称之为孙叔敖。"孙"通"寝"，"叔"表明他有两位兄长，"敖"是他的本名。

童年时代的孙叔敖受到良好的家庭教育，长大后却变得壮貌奇特了：发短而顶秃，左臂长于右臂，站着还没有车前的直木和横木高。总之，貌丑、形奇、身矮。

青年时代的孙叔敖跟随家人住在一个名叫期思（今河南淮滨）的小县。这是一个营造世家，芳贾曾任工正，芳艾猎也精于筑城。孙叔敖受父兄影响，对土木工程和桥梁建设也产生了浓厚的兴趣。

在期思，孙叔敖修筑了一个灌溉雩娄附近农田的水利工程。雩娄是楚国的一个城邑，在今河南固始东南，是楚人进取淮水中游，尤其是淮南的一个重要据点。在修筑“期思陂工程”的时候，孙叔敖没有官职，在赴郢都前，孙叔敖就住在期思陂附近。

沈县的县尹沈茎听说后，便向庄王举荐了孙叔敖。庄王念孙叔敖筑期思陂工程利国利民，而且知道他是芳贾之子，芳艾猎之弟，出身名门望族，就任命他为令尹了。事情就是这样简单，庄王与孙叔敖的相遇，并没有后世杜撰的那样离奇古怪，富有戏剧性。

《韩非子·难说》说:“楚庄举孙叔而霸。”《墨子·所染》和《吕氏春秋·当染》都说，庄王以举孙叔敖和沈尹而成为霸主。《吕氏春秋·尊师》说，庄王以孙叔敖为师。《吕氏春秋·情欲》说:“世人之事君者，皆以孙叔敖之遇荆庄王为幸。自有道者论之则不然，此荆国之幸。”

庄王与孙叔敖就像当时的齐桓公与管仲，相见恨晚，一拍即合。孙叔敖就是一条鱼，庄王就是水，孙叔敖因庄王的信任而尽施其才，成为一代名相;庄王因孙叔敖的悉心辅佐，成就了一番霸业，名垂千古。你用什么样的态度对待人才，人才就会用什么样的态度对待你。这在庄王与孙叔敖身上体现得淋漓尽致。

三、挺进中原

庄王十四年（前600）和十五年（前599），楚国为了控制中原南部，将这个地带打造成楚人北上的“战略跳板”，两次伐郑。第一次因为晋师而小败。第二次郑主动与楚讲和，但晋国却联合诸侯伐郑，楚师主动撤退。楚人两次伐郑，属于战略试探，不存在什么胜与负，只是更大军事行动前的预演。

对庄王来说，要想成为武王、成王那样的雄主，非经受多年实战的磨炼不可，包括经受多次失败的考验在内；对新崛起的楚将来说，要想成为若敖氏诸杰那样的将帅，同样要经历磨炼。楚人和楚国的君臣正经受着这样的磨炼和考验。

就在楚人两次伐郑之间，陈国又大乱了，起因是“床帏风波”。夏姬是郑穆公之女，嫁给了陈国大夫御叔，其子是陈国大夫夏徵舒。御叔死后，夏姬便与陈灵公、大夫公孙宁（即孔宁）和仪行父长期私通。四人的“床帏之事”，逐渐由暗到明，搞得陈国尽人皆知。三人穿着夏姬的“衵服”（贴身衣）在朝堂上嬉戏，大夫泄冶劝谏，反被公孙宁和仪行父杀死。此后，四人越来越不成体统，不仅戴着时髦的楚式“南冠”招摇过市，而且还在夏姬家聚饮，相互调谑，甚至说到夏徵舒长得既像公孙宁、又像陈灵公。夏徵舒怒不可遏，发动政变，射杀了陈灵公。公孙宁和仪行父逃亡楚国，太子午逃奔晋国。陈国君臣关系如此混乱不堪，正好为庄王干涉陈国内政制造了借口。

庄王十六年（前598）春，楚国起兵伐郑。《左传·宣公十一年》记子良（公子去疾）对郑襄公说：“晋、楚不务德而兵争，与其来者可也。晋、楚无信，我焉得有信？”这时晋景公刚即位，晋国卿大夫争权，内政不稳；楚国却恢复了霸气，士气高昂。郑国这只“风信鸽”嗅到了楚盛晋衰的气味，又一次“背晋从楚”了。随后，楚师以平息陈国内乱为借口，移兵伐陈。楚人没有经过重大战斗，只是通过军事威慑便迫使陈国俯首了。同年夏，楚、陈、郑在辰陵（陈地，今河南西华县西北）会盟，陈、郑“服也”。

庄王在陈地会盟，还有一个战略考虑，就是为侵宋做准备，陈的北面是宋国。就在三国会盟的时候，庄王派其弟左尹子重（即公子婴齐）侵宋，这是对宋的警告加威慑。子重来到宋地，庄王便移驻郔，郔属郑地，离陈、宋都不远，庄王不仅可以声援子重，还能监视郑、陈。

就在庄王“攘外”，在中原南部构建“战略跳板”的同时，芀艾猎暂时接替孙叔敖为令尹，在沂邑（今河南正阳）筑城。沂邑是楚国的边塞，战略位置非常重要，南控淮域，北通陈、宋，筑城是为了驻军，建立起悬控南北的要冲。芀艾猎颇有管理才能，只用了三十天，筑城工程就竣工了。

这时，庄王已经有一个安定而富足的后方，一批称职能干的臣属，一支胜不骄、败不馁的军队，几位善于治军用兵的将领，君臣一心，上下一体。更为重要的是，庄王也积累了一些宝贵的经验，成长为一名成熟的领袖，楚人可以将北上中原的计划提上日程了。

四、山雨欲来风满楼：大战前的国家间形势

公元前 598 年，楚又伐陈。这次伐陈的既定目标很明确，就是吊民伐罪、为国锄奸，讨伐作乱的夏徵舒，捞取称霸的政治资本。同年夏天庄王还与夏徵舒、郑襄公在辰陵会盟，等于默认了夏徵舒弑君的行为，承认其为陈国国君。时未过年，楚人突然翻脸，举兵伐陈，说明夏徵舒自立后，陈国必有不服者，自易生乱，庄王为了称霸的需要，只能牺牲夏徵舒。这样，既能借讨乱控制陈国，又能取信于诸侯，因为在春秋时代，“弑君”在中原诸侯眼里是大罪。这就是春秋时代，利益永远大于信义。

庄王声明，只杀有弑君之罪的夏徵舒，别无他求，请陈人不

要惊慌。同时，为了争取齐国中立，庄王还派大夫申叔时出使齐国游说。

由于政治攻势做得很到位，而且夏徵舒不得陈人心，楚师基本没有遇到什么抵抗，轻松占领了陈都，随即捕杀了夏徵舒。陈人以为楚师即将撤军，但没有料到，庄王却自食其言，不但不撤军，反而宣布灭陈国为陈县。这一行为让已经是楚国附庸的若干诸侯惊恐不已，让楚国的其他县公也感到忧虑。但他们不但不向庄王进谏，而且莫不向庄王道贺。

恰巧，完成出访任务的申叔时来到陈国，向庄王复命。申叔时述职完毕，当即退走。庄王问他为何不像别人那样为灭陈而道贺。申叔时反问：能容许我申述理由吗？庄王说：当然可以。《左传·宣公十一年》记申叔时对庄王说："夏徵舒弑其君，其罪大矣。讨而戮之，君之义也。"然后，申叔时给庄王说了"牵牛入田"的典故：牵着牛从别人的田间过，田主人却将牛占为己有，牵牛人固然有错，但田主人却"夺之牛"，这样的惩罚太重了。申叔时接着说："诸侯之从（楚）也，曰讨有罪也。今县陈，贪其富也。以讨召诸侯，而以贪归之。无乃不可乎？"庄王听完申叔时的话后，当即醒悟，立刻宣布收回成命，派人到晋国去迎接公子午回陈即位，是为陈成公。为了监视和制约陈国，庄王让公孙宁和仪行父回陈，仍为大夫。

《史记·陈杞世家》说："孔子读史记至楚复（国）陈，曰'贤哉楚庄王！轻千乘之国而重一言。'"《孔子家语·好生》多了"一言之信"的"信"字，这是孔子第一次高度赞赏庄王。《左传》也给予了极高的评价，说庄王"有礼也"。庄王这次"伐陈复国"取得了意想不到的效果，使一向看重"信义"的诸夏对楚国刮目相看，这是庄王“德霸”战略的成功。

庄王虽然保全了陈国，但也是有条件的，他要陈国每个乡派出一个人到楚国去落籍服役。楚人将这些人安置在汉水下游，设立了一个夏州，来管理这些外来人口。州在北方出现较早，《国语·齐语》记“群萃（居）而州处”，《国语·郑语》记“谢西之九州”。说明这种州不是一级行政区划，只是居民点或居民区，相当于聚落。作为行政区划的州是由庄王始创的，但州在楚国也没有得到推广，原因很简单，就是州中的“民人”是国家的奴役。奴役制在楚国不占主导地位，既然如此，也就没有推广州的必要了。但庄王设夏州，却开启了人口流动的先河，促进了南北的文化交流，这是庄王当时没有料到的。

西周是分封制的典型时代，国中有国，上有天子之国，中有诸侯之国，下有附庸之国。诸侯之间的关系，既是国家间问题，也是国内问题。一个诸侯国有变，只要符合国家间惯例和周朝的礼制，其他诸侯国可以去干涉，这就等于代天子去行使权力，不同于现代的“干涉他国内政”。庄王讨伐陈国，如果拿当时的标准去衡量，是吊民伐罪，行的是义师，而且又帮陈国迎立新君。这样，不但符合国家间惯例，而且能得到诸夏的赞赏。只要把握住“伐而不残，惩而不灭”和德与霸的度，就是真正的霸主了，这就是所谓的“德霸”。

庄王十七年（前 597）春，楚伐郑。郑国在去年的辰陵会盟中答应从楚，不久又“求事于晋”，开始“朝楚暮晋”了。前面说过，郑居“中国之中”，是晋楚争霸的战略要冲，谁降伏了郑，就能称霸中原。郑在晋、楚之间反复无常，成为楚人北上争霸的潜在隐患，为了彻底制服这只“风信鸽”，庄王决定予以严惩，随即兴师北上，包围了郑都。十七天后，郑都城垣已残，旦夕将破，楚师的一支小股部队就能将城池攻破，但庄王对郑采取围而不攻的策略，要实施“伐谋”，不战而屈人之兵。

郑人找巫师占问吉凶：卜和，凶；卜战，吉。于是，郑人按吉卦的指示部署，准备巷战，满城军民哭声震天，以示与楚军决一死战。庄王因势利导，采取心理战术，即刻命楚师稍退，让郑人修补城垣，等郑人修补完毕后再把全城严严实实地包围起来。如此一进一退，攻城与攻心同时展开，立威与立信一同使用，就是要消磨郑人的意志和信心，达到不战而屈人之兵的目的。楚师围攻郑都达三月之久，终于不费一兵一卒破城而入了。

《左传·宣公十二年》记庄王挥师入城。郑襄公袒露着脊梁，手牵着一只山羊，在宗庙前面的大路上迎接庄王。首先向庄王表示“孤之罪也，敢不唯命是听”，接着说即使自己被迁往海滨，郑国的男女被贬为臣妾，也在所不辞；如果得以保存社稷，则心甘情愿像楚国的县公那样事奉庄王。随从庄王入城的一些大夫要求灭掉郑国；庄王不同意，说郑襄公能伸能屈，必能取信于郑人，是一位贤君。《史记·郑世家》记庄王对群臣说：“所为伐，伐不服也。今（郑）已服，尚何求乎？”

于是，庄王下令楚师退出城外一舍（三十里）之地，然后派大夫潘尪入城与郑人议和结盟。这次郑人被楚人彻底制服，又一次背晋从楚，做了楚的附庸，一直到庄王去世。为了守信，郑襄公的弟弟子良被送到楚国做人质。

庄王这次“伐郑存郑”的军事行动取得了巨大的成功，是“德霸”战略的又一次胜利，不仅安定了郑国，还树威立信，获得了郑人和中原诸侯的敬服。《春秋公羊传·宣公十二年》记将军子重劝庄王灭郑，庄王说："是以君子笃于礼而薄于利，要其人而不要其土。"这段史料，说明了庄王这次伐郑的战略意图，就是要笼络人心，树威立信，为北上争霸创造舆论条件。孔子也赞扬庄王存郑是"重义轻利，言而有信"的行为。

庄王"复陈存郑"，用德霸收服了两国，全盘控制了具有战略意义的"夹层地带"，完成了战略跳板的构建。这时秦晋之争处于胶着状态，秦、晋的多次交锋中，秦胜少败多，处于劣势。秦为了对晋斗争，急需楚国支持，楚秦联盟更为牢固。齐国中衰，不想涉足中原事务，陷入晋楚争霸的泥潭，遂在晋楚之争中作壁上观，保持中立。楚人有了秦的声援，又没有齐的掣肘，等于孤立了晋国，取得了战略上的优势。这时的国家间关系对楚有利而对晋无利。庄王"德已成"，可以"后动"，一战而霸了。

五、战还是和：晋军内部的战略分歧

庄王用德霸服陈降郑，威望日增。而以霸主自居的晋国，在陈国问题上却反应迟钝，郑被楚围攻时，晋国又迟迟不去救援，威望日衰。西部的秦国步步紧逼，东方的齐国又态度暧昧，晋国把睦邻关系搞得非常紧张，陷入孤立。更为致命的是，这时晋国内部暗流涌动，君臣不和，诸卿争权，危机重重，这些都为不久的邲之战埋下了隐患。

时届夏末，晋救郑，三军悉出：

荀林父统帅中军，先縠为副帅，赵括、赵婴齐为中军大夫（参谋）。

士会统帅上军，郤克为副帅，巩朔、韩穿为上军大夫。

赵朔统帅下军，栾书为副帅，荀首、赵同为下军大夫。

三军主帅是荀林父，司马是韩厥。

晋师的配置可谓豪华，掌握实权的晋卿几乎全部出动，但此举却令人费解。晋与郑是近邻，早在楚师刚围困郑都时，郑人便向晋告急，晋人如有救郑的诚意，应该在郑都被围的三个月中就出兵了。但晋师却姗姗来迟，用意很明显，是想利用郑消耗楚，等郑、楚俱弊之时，以逸待劳，收郑制楚。可是，晋人却失算了。晋师刚走近黄河北岸，就得到了郑降楚的消息，晋师将领不知是进是退。主帅荀林父立刻召开军事会议，商议下一步的对策。

主帅荀林父主张退军，士会附和。《左传·宣公十二年》记士会说："德、刑、政、事、典、礼不易（合乎道），不可敌也，不为是征。楚君讨郑，怒其贰（朝楚暮晋）而哀其卑（郑襄公卑辞以求服）。叛而伐之，服而舍（赦）之，德、刑成矣。伐叛，刑也；柔服，德也，二者立矣。"士会所说的"刑"就是霸，"柔服"就是德，庄王"德""霸"都已具备，将无敌于天下。

士会接着说：孙叔敖为令尹后，整顿内政，制定法令，推行礼制，楚国政令统一,百官各司其职，将士一心，军纪严明，"军政不戒而备，能用典矣"。庄王任贤使能，只要有才能，无论内姓（公族宗室）和外姓（异姓大臣）皆可得到重用，而且将"德操"作为选拔人才的重要指标，君臣一心，臣僚同德。对待百姓，"老（老人）有加惠，旅（旅客）有施舍"，楚人大悦。最后，士会总结说："（楚国）德立刑行，政成事时，典从礼顺，若之何敌也？见可而进，知难而退，军之善政也。"

如果从反面来理解士会的话，就是晋国德不立、霸已衰、政未成、政令不从、礼制不顺。楚国占尽天时、地利、人和，晋国处于劣势，现在不是晋国用兵的时机，应该采取“以退为进”的策略，避开与楚国正面交锋。士会对目前楚、晋形势的分析十分透彻，中肯得当，应该说是当时晋国对楚斗争的上策。

中军副帅先縠（先轸之子）不同意荀林父和士会的建议，主张与楚决战。《左传·宣公十二年》记先縠说：“晋所以霸，师武（武力）臣力也。今失诸侯，不可谓力；有敌而不从，不可谓武。由我失（失去）霸（霸主），不如死。且成师以出，闻敌强而退，非夫（丈夫）也。命为军帅（中军副帅），而卒以非夫，唯群子（其他将领）能，我弗为也。”中军是晋师的主力军团，负责三军的协调与调度，中军统帅荀林父与副帅先縠意见不合，而且不能驾驭属下，这是晋师最大的隐患。

其他将佐对战与和也颇有分歧，晋师内部瞬时分裂为三派：荀林父、士会、荀首、栾书是主和派；先縠、韩厥、赵括、赵同是主战派，建议趁楚军劳师远征、久战疲惫的时机，与楚师决一死战，战败楚军，维持晋的霸主地位；郤克、赵朔、赵婴齐、韩穿是中间派，没有明确的政治主张，服从多数意见。最终主战派占了上风。于是，主帅荀林父只得下令晋师渡过黄河，以待楚军。

六、这里的黎明静悄悄

就在晋军内部讨论“和与战”的时候，楚师与庄王向北行进，徘徊于中原腹地，来到郔（今河南郑州市北），准备饮马黄河，然后班师。行至中途，得知晋师渡过黄河，正向楚军赶来，庄王和令尹孙叔敖考虑将士疲惫，打算退兵。近臣伍参劝庄王迎战，遭到孙叔敖的申斥。孙叔敖对伍参说：“去年攻陈，今年伐郑，征伐过于频繁。要是打不过晋国，你的肉够我们吃吗？”伍参称得上一位奇人，官位不高，见识不浅，而且胆量不小，竟对令尹反唇相讥：“要是打赢了，就证明您无谋；要是打输了，我的肉将为晋人所得，您还能吃着吗？”孙叔敖不屑与伍参多言，下令楚师将车辕转向南方，准备班师。

伍参没有退缩，不卑不亢地给庄王分析晋国的形势：晋师的主帅荀林父执政不久，没有威望，难以驾驭众将；副帅先縠刚愎不仁，独断专行，不服从命令；晋军的三位元帅，荀林父、士会、赵朔貌合神离，都想专权，保存实力；其余的将佐虽欲效命，但“听而无上”，无所适从。晋军将帅不和，令出多门，这样治军统兵，晋师必败。况且，庄王是君，晋军是臣，国君遇上敌方的臣子就逃避，有辱社稷。这番话说服了庄王，可能也说服了孙叔敖。庄王吩咐孙叔敖下令全军把车辕转回北方，开往管邑（今河南郑州）迎击晋军。

楚师三军的部署是：孙叔敖为中军元帅，子重（庄王弟）为左军元帅，子反（庄王幼弟，即公子侧）为右军元帅。三军协力同心，并立齐进。

孙叔敖本出于恤民和求稳的愿望，主张收兵中原，这与庄王想法不谋而合。但在庄王被伍参说服、决定与晋师决战之后，孙叔敖态度很坚定，坚决执行。庄王善于纳谏，孙叔敖顾全大局，伍参忠心直谏，君臣都以国家利益为出发点，这样才能君臣同德，政令统一。楚国将士同心协力，有令则行、无令即止，军纪严明，才能保障有效的战斗力。这就是所谓“未开战，先取胜”，在两军实力相当的状态下，君臣同德、将士同心成为决定战争胜利的关键。

这时，晋师已经到了敖、鄗两山之间（今河南荥阳北）。《左传·宣公十二年》记郑人害怕晋人报复，派郑卿皇戌潜赴晋营，对晋人说："郑所以屈服楚，是为了保全社稷，对晋国没有二心。庄王自灭庸以来，屡次伐陈、宋，又伐陆浑戎而观兵周郊，又灭群舒，去年伐陈，今年伐郑，屡胜而骄，久战而疲，没有戒备。只要晋师从正面打，郑师从背面攻，楚师必败。"先縠听了皇戌的话，信心倍增，对晋将说："败楚服郑，于此在矣！"

郑国位置处于大国争霸的枢纽，特殊的地缘环境和长期政治斗争的磨炼，使郑这只"风信鸽"练就了辨识和应对复杂形势的能力。当前的局势对楚有利而对晋不利，楚盛晋衰诸侯皆知。郑已经服从楚，子良又作为人质在楚国，对郑来说当时最好的策略就是亲楚，背楚从晋的风险太大，对郑不利，但也不能得罪晋。为郑计，当然是保持中立为上算。因此，郑对晋采取了只有口惠而没有实惠的许诺。若晋胜，郑毕竟还算是盟友；若楚胜，郑还有可进可退的余地，既能取信于楚，也不算是公然与晋对抗。精明如郑人，不会想不到这些。但先縠却轻信了郑人的诈术，误判国家形势，将晋师一步步拖入了险境。

郑人的游说又一次引发了晋师内部的争论。下军副帅栾书依然主和，他认为楚人自灭庸以来，励精图治，继承了若敖、蚡冒筚路蓝缕的精神，德成而后动，准备充分，战斗力强。况且子良是郑的贤臣；潘尪在楚人中很有威望。潘尪代表楚人与郑人结盟，子良到楚国做人质，说明楚、郑关系亲密。郑人劝我们与楚开战，无非是为了郑的利益，"我克（胜）则来，不克遂往"，以晋的胜负决定郑的外交方向。所以，郑人不可信。

赵括、赵同依然主战，发誓"必从彘子（先縠）"。荀首说二人"咎之徒也"，即咎由自取，必遭大祸，依然主和。下军元帅赵朔同意栾书和荀首的主张，但没有明确表示是战是和，保持中立，服从大局。晋师内部争论不休，莫衷一是。

七、“知己知彼，百战不殆”

大战一触即发，谁都不敢掉以轻心。楚师方面虽然已做好迎战的准备，但“只知己”而“不知彼”，不敢贸然出击，因为楚师的战斗力虽然比晋师略高一筹，但两军的体量和兵力相当，而且楚军劳师远征，在体力上也处于劣势。于是，庄王提出与晋议和。这是个高明的策略，对晋来说是被动的，对楚来说，无论何种结果，都是胜利者。如果晋、楚议和，晋人则一无所获，而楚人则得到了服郑和制晋的双重美名，晋国实际上默认了楚是霸主；如果晋不同意，将背负挑起战争的罪名。而且还可以通过求和窥探晋军的虚实和反应。前一个是不战而屈人之兵，后一个是以战而定霸，形式不同但结果都是一样的。

就在晋人还在为郑人的游说争论不休，对是战是和犹豫不决时，楚使已经来到晋营，提出议和的请求。晋军的主和派将领，上军元帅士会代表主帅致答词，也表达了议和之意。先縠认为士会在谄媚楚人，让中军大夫赵括另致答词，不同意议和，态度强硬地说：“晋师奉寡君（晋襄公）之命来到郑国，目的就是要把楚军的脚印抹掉。寡君嘱咐我们不可避敌，我们不能违抗寡君的命令。”这些话的潜台词就是，晋非与楚决战不可，一定要把楚人赶出中原。显然，先縠的态度十分坚定，千方百计要打这一仗，但他毕竟不是主帅。只是郑人的游说和楚人的议和，已经激化了晋师内部的分歧，使晋军将领之间的矛盾愈加扩大。

庄王趁热打铁，又派使者到晋营求和，荀林父表示同意，双方约定了会盟的日期。庄王提出议和，是一种“知彼”的策略，主要是为了窥探晋军的虚实，为下一步行动提供决策依据。通过第一次求和，不仅印证了伍参对晋师内部分析的正确性，而且进一步激化了晋军将帅的分歧和矛盾，增强了楚人与晋决战的决心和信心。因此，第二次求和楚方并没有诚意，是麻痹和迷惑晋人的一个手段。但晋人也很诡诈，他们边等着会盟，边准备着打仗。事态的发展如箭在弦上，一触即发。

议和的空言被挑战的行动撕得粉碎，这时的楚人已经“知己知彼”，可以“百战不殆”了，他们的求战之心甚于晋人，士气高昂，斗志冲天。正是楚人先到晋营去挑战。当时的挑战，史书称为“致师”，是由猛将驾着一乘战车飞速冲向敌阵，做一次突袭和示威后就回本阵。《左传》杜预注说这是“单车挑战”，这等于向晋不宣而战了。

楚、晋经过一轮挑战后，晋人见楚人来势颇猛，不禁滋生了怯阵的情绪。荀林父和主和派依然希望与楚人讲和，不想将晋师逼入绝境。于是，一面应对楚师的挑战，一面寻找与楚和谈的机会。

晋将魏锜当初请求成为公族大夫，没有得逞，于是怨恨晋君，希望晋师战败。便请求到楚营去挑战，荀林父不许，魏锜便请求作为使者前去谈判，才被获准。魏锜到了楚营，言不及和，反而激化矛盾，只是请战，旋即离开。楚将潘党驾车追赶，魏锜射杀了一只鹿，献给潘党，潘党便将魏锜放走了。晋将赵旃（赵穿之子）当初请求成为卿，没有实现，便怨恨晋君，希望晋、楚交恶。他请求作为先锋，与楚开战，荀林父不准，便请求到楚营去商议会盟事宜，荀林父才同意。赵旃到楚营后，不谈会盟，反而让随从去寻衅。然而，楚人不为所动，赵旃只得在破晓时回本营去了。

《左传·宣公十二年》记二将走后，士会认为应该做两手准备:“备之善。若二子怒（激怒）楚，楚人乘（乘机伐）我，丧师无日矣。”如果楚人同意结盟，再解除防备，对晋师无损；如果楚人坚决开战，晋师有备，也不会失败。况且晋、楚处于敌对状态，应该加强警备。但先縠认为没有必要防备，不肯设防。

士会为了有备无患，保全上军，命令上军大夫巩朔、韩穿在敖山前设了七处伏兵。中军大夫赵婴齐也在黄河岸边为自己预备了渡船，以备不测。中军与下军没有任何防备，全部暴露在楚师面前。

次日七月乙卯，即庄王十七年，晋景公三年（前597），晋、楚决战于邲。

八、邲之战

邲是水名，在今天河南郑州西北，因为这场楚、晋大战而知名。护卫庄王的战车有三十乘，名为“乘广”，左广和右广各十五乘。因为楚王会轮流乘坐左右二广指挥战斗，所以二广都有楚王的御（主驾）和右（护驾）。许偃御右广，养由基为右；彭名御左广，屈荡为右。是日清晨，庄王乘左广追逐刚离去的赵旃，右广紧随其后。赵旃情急，只得跳下战车，逃进密林中。庄王的车右屈荡也跳下战车，追进密林，与赵旃肉搏，拉下了他的战袍，赵旃落荒而去。晋师唯恐赵旃和魏锜激怒楚人，以致楚人紧随他们而来，便派出一队战车去接应他们。潘党在阵前望见扬起尘埃的晋人战车，当即派人传告三军：晋人打来了！这时，楚师已列队而出，孙叔敖传令进军。

《左传·宣公十二年》记孙叔敖说:“进之！宁我薄（逼迫）

人，无人薄我。”然后引用《军志》说：“先人有夺人之心。”楚师就是要做到先声夺人，以有备击无备，直捣晋阵，打乱晋师的部署。

在庄王的引导和孙叔敖的指挥下，楚师全速前进，战车疾驰、士卒飞奔，势不可挡。晋师由于“无备”，将帅各自为战，导致战斗力下降，防线很快就被楚师冲破。主帅荀林父不知所措，无法组织有效的抵抗，竟擂鼓传令全军火速撤退，宣布先渡过黄河回去的有赏。晋中军和下军因为没有防备，在溃败中乱作一团，相互争舟渡河，死伤枕藉，残部狂奔不可止。

庄王早在未开战之前就命唐惠侯截击晋上军。开战后，庄王又派骁将潘党率“游阙”四十乘协助唐惠侯。“游阙”就是楚师的机动部队，主要负责在战场上巡游，何处需要即投入支援。在唐惠侯与潘党的合击下，晋上军且战且退，上军元帅士会亲自殿后指挥。由于士会善于治军，战前预先在敖山前面设了七处伏兵，又应变及时，在晋师溃败时，没有与楚师死战，使上军得以保全。中军大夫赵婴齐也很精明，早在黄河岸边为自己预备了渡船，在晋师溃败的时候，率领自己的部队先渡河逃命了，但中军大部仍滞留在对岸。

晋师的一些战车在慌乱中陷进洼地，搅成一团，动弹不得，士卒束手待毙。追上前来的楚人不但没有俘虏晋兵，反而教晋人抽去车前的横木，拔下车上的大旗，才使战车一乘一乘爬出了洼地。楚人放了晋人，晋人喜出望外，临走时扭头说：“我们可不像贵军那样多次逃跑啊！”这是解嘲的话，意思是说晋人逃跑的经验没有楚人丰富，所以没有办法处理战车陷入洼地的窘况。其实，楚人放晋人，是出于庄王的意思，是一种战略性放弃。《春秋公羊传·宣公十二年》记庄王说：“嘻！吾两君不相好，百姓何罪？”然后下令还师，放晋人逃亡。这是邲之战即将结束时，庄王下的命令。可以推断，楚人放晋人逃出洼地，可能是在庄王下达停止追击令后发生的事，因为当时私放敌军是大罪。

晋师溃败中，下军大夫荀首（知庄子）的儿子荀罃（智武子）也被楚师俘获，荀首救子心切，率领私卒反击楚师。荀首善射，射杀了楚师的连尹（官名）襄老，射伤了公子谷臣（庄王子），然后将死的活的都带到晋国去了，死的是为了邀功，活的是为交换儿子。

晋中军和下军为渡河而争船，都拉着船帮不放，使大船不能前进。两军的士兵为了逃命，反目成仇，操起杀敌的战戈，互相去剁对方的手。《春秋公羊传・宣公十二年》记“晋众之走者，舟中之指可掬（多）矣”，就是说掉在船舱里的断指可以用手一把捧起来。

刘向在《新序・杂事》中说，庄王得知晋人因争渡而相互残杀，便下令停止追击。这条史料可以与《春秋公羊传》相互印证。说明庄王从晋师开始溃退时便形成了战略性撤退的构想，因为只有做到“适可为止”，才能立霸于诸侯；还能为今后楚、晋关系预留可进可退的回旋余地。这是政治家的格局，是霸主应有的气度与智慧。

当天黄昏，楚师在邲水旁宿营。晋师残部仍在渡河，黄河两岸终夜人声鼎沸，哭喊声不断。邲之战进行了一天，晋、楚基本没有进行大规模的阵地战。楚是步步紧逼，晋是节节溃退。就在这一进一退中，楚人取得了最后的胜利。

九、一场早已看出端倪的战争

邲之战，晋是未开战，先取败；楚是未开战，先取胜。晋、楚的较量其实在战前就开始了。

楚占尽天时与人和。外部“得道多助”，获得了诸侯的一致声援；内部君德臣贤，将佐同德，上下同心。战略上，确立了“以德定霸”的方略，做到了“以战止战，以杀止杀”；战术上，备战充分，虚实并用，审时度势，将战争的主动权牢牢地掌握在手中。楚胜利的关键在一个“和”字。

楚国君臣齐心，将士同德，这是晋国不能企及的。但这并不等于君臣、将帅之间没有不同意见，在做出重大决策前，让不同意见充分展示是很有必要的，这样可以使决策更加全面和完善。心志齐一和同心同德还体现在决策既定之后的执行协调上，从国君到主帅，从主帅到将领，从将领到士卒，如大脑指挥身体，身体指挥手臂，手臂指挥十指。

银雀山汉墓竹简本《孙膑兵法·兵情》篇中，孙膑与齐威王讨论治军用兵的道理：如果想知道治军、用兵的道理，可以用弩箭作比喻。箭好比士卒，弩好比将领，射弩的人好比国君。箭是利器，金属箭头装在前面，漂亮的羽毛箭翎装在后面，所以它既犀利又能快速飞行。弩是发射箭的工具，好比将领。弩张开后而弩臂不正，张力或强或弱很不协调，两端弹射箭的力量就会不一致；而且将领之间不能协调一致，也不能战胜敌人。君主是射箭的人，如果弩的质量很好，箭也锋利，但射箭的人左顾右盼、犹豫不定，一会儿拿起一会儿放下，这支弩箭的威力就会减弱。所以说，用兵而能战胜敌人，与射箭能百发百中没有区别。这就是治军、用兵的道理。

孙膑用矢、弩、发为比喻，来说明士卒、将帅和君主的关系，他认为只有这三方面都合乎要求，用兵才能克敌制胜。楚师在邲之战中恰到好处地做到了三者的统一，方能御敌于国门之外，在中原腹地战败晋师。

如果从军事学的角度审视，楚人取胜的第二个重要原因是“知彼知己”。《孙子兵法·谋攻篇》中说：想取得胜利，必须符合五个条件：“知可以战与不可以战者胜；识众寡之用者胜；上下同欲者胜；以虞（防备）待不虞者胜；将能而君不御（不干涉）者胜。”孙子最后总结到：“知彼知己者，百战不殆；不知彼而知己，一胜一负；不知彼，不知己，每战必殆。”楚人完全符合取胜的五个条件，所以能“百战不殆”。

晋国在邲之战中投入的兵力和财力并不少，士气与楚师比也相去无几，而且以逸待劳，占尽了地利，但却失在天时与人和。外部“四面树敌”；内部君臣不和，将佐异心。战略上，依赖“武力”；战术上，僵化愚钝，始终处于被动。最高决策者荀林父和核心将领先縠“不知可以战与不可以战；不识众寡”，将佐“不同欲，不设备”，晋人“不知彼，不知己”，必然适得其反，终招败绩。其中晋人失败的关键是“不和”与“无备”。

晋人首先失在“不和”。邲之战前，晋国将佐便各怀私心，都以保存实力为己任，发生了三次是战是和的争论，而且一次比一次激烈，使将领之间的分歧和矛盾愈加扩大。尤其是三军主帅与中军副帅的分歧，成为晋师溃败的关键隐患。

其次，晋人败在“无备”，就是孙子所说的“以虞待不虞者胜”。而晋人恰恰“不虞”。《孙子兵法·谋攻篇》何氏注说：“春秋时，城濮之后，晋无楚备，以败于邲。邲之后，楚无晋备，以败于鄢（鄢陵之战）。自鄢已来，晋不失备，而加之以礼，重之以睦，是以楚弗能加晋。”这段话反映了春秋时期，无备与有备成为决定大国之争的关键要素之一，也是决定战争胜负的基本条件。

战时，庄王先行，孙叔敖继进，楚师三军心志齐一，同仇敌忾；晋师主帅荀林父却不知所措，不能有效调动三军迎击楚师，反而击鼓传令撤退，使晋军的士气一落千丈，导致三军各自为战，被楚师分割包围，逼入陷阱。战前，晋军便处于被动。战时，又不能审时度势，组织有效的防御与进攻体系，反被楚师牵着鼻子打。楚师有一往无前的气势，晋师当然非败不可。

战后，庄王没有被胜利冲昏头脑，而是知进知退、刚柔并济，拒绝筑高台炫耀武力。只在衡雍祭了河神，修筑了先君的祠庙，行了告庙之礼，旋即班师回国了。

晋楚邲之战是庄王建立霸权的战役，也是东周国家新秩序在南北得以建立的决定性战役。邲之战后，庄王成为春秋时期第三位，也是最后一位霸主，正是有了楚人的参与，政霸体制得到了天下诸侯的承认，正式建立起来。但由于庄王早逝，霸主空缺，晋、秦、楚三国为了争做霸主，又开始了新的博弈，但这种博弈是在国家新秩序体系下的利益分配，已不同于春秋前期的争霸战争。而且这个阶段的战争是局部性的，主要体现在晋、秦东西之争和楚、晋南北对峙。最终，这纵横两条战线交织在一起，构成了一个“稳定三角”，逐渐形成了势力均衡的局面，政霸体制最终确立。

十、“以战止战，以杀止杀”

邲之战后，将军潘党主张用晋军将士的尸体堆积封埋为若干“京观”，借以炫耀战功。所谓“京观”，是将敌军的尸体堆成小山模样，封上土，插上表，用以宣扬胜利者的战绩与功业，在春秋时期十分流行。到了战国，“京观”更为普遍，并逐渐演化为“武军"，一直流行到两汉。《汉书·翟方进传》叙王莽攻破翟义后，"夷灭三族，诛及种嗣"，然后将他们同坑掩埋，筑成宽六丈、高六尺的"武军"封土，并竖起一块高六尺的木牌，上书"反虏逆贼鲸鲵在所"。说明两汉时代，京观与武军是一回事，收尸而封土是"京观"，建表木而书之是"武军"。

庄王对"京观"却不以为然，坚决反对。《左传·宣公十二年》记庄王对潘党说："非尔所知也。"从文字结构来看，"止戈"才是"武"。武有七德：禁暴、戢兵（化干戈）、保大（保护美德）、定功、安民、和众、丰财。上述七德，庄王一德也没有，拿什么去垂范子孙呢？古代的明王杀死了首恶元凶，才做成"京观"以儆效尤。晋人无罪，他们是因尽忠于君命而死的，怎么能把他们的尸体做成京观呢？作为佐证，庄王又引了《诗·周颂》中的《时迈》《武》《赉》《桓》诸篇，即"载戢（禁止）干戈，载橐（掩藏）弓矢"和"绥万邦（和众），屡丰年（丰财）"等句，用得恰到好处，充分体现了庄王的"德霸"思想。

庄王的"德霸"思想是对春秋时期诸侯争霸的总结，是对齐桓公、晋文公称霸经验的高度概括，也是"政霸体制"得以建立的思想基础。可以说，齐桓、晋文、秦穆是"德霸"的践行者，庄王既是实践者也是思想家。

"德霸"理论的集大成，就是春秋时期的《孙子兵法》，其《计篇》中说："兵者，国之大事，死生之地，存亡之道，不可不察（谨慎）也。"这个理论贯穿于整个《孙子兵法》，使《孙子兵法》成为一部论述国家间关系和国家战略的著作，这个战略包含了政治、外交和军事。

到了战国时代，政霸体制开始瓦解，春秋时期建立起的"王国体制”开始向“帝国政体”演化，而演化的推动力量就是兼并和统一战争。随着经济发展，战国时代的战争更加频繁和残酷，规模远超春秋，战争导致国家间秩序异常混乱，社会秩序剧烈动荡，各个王国正逐步由分裂走向统一。春秋时期形成的“德霸”理论随着时代的变化不断丰富和完善，最终形成了体系更为完备，适应统一需要的战争思想与理论，为统一战争和大一统理念提供了思想保证。“德霸”理论的完善者就是战国中期的孙膑，他的主要思想体现在1972年山东临沂银雀山汉墓中出土的竹简本《孙膑兵法》中。

孙膑根据“德霸”理论和诸子学说，建立起了“德霸战争观”理论。孙膑针对儒家以“仁义”去战的主张，明确提出了“战胜而强立”的思想。这一思想，显然比《孙子兵法》的“兵者，国之大事”大大前进了一步。为证明战争是除暴乱、“禁争夺”、服天下，并进而巩固政权实现统一的必然手段，孙膑列举了“神戎战斧遂，黄帝战蜀禄，尧伐共工”，“舜……并三苗”，“汤放桀，武王伐纣”，周公东征平乱等一系列历史典故，作为立论的证据。

孙膑尖锐地指出，面对列国争霸、七雄并立的现实，国君如果“德不若五帝，而能不及三王，智不若周公”却想通过“责仁义，式礼乐，垂衣裳”，以达到“禁争夺”的目的，只能是一种幻想，根本无法做到。然后孙膑提出了“战胜而强立”的思想。

孙膑“战胜而强立”的思想，主张通过战争实现国家统一，达到使“天下服”的目的。但同时，他也看到了战争的负面效应，并不认为战争是解决所有问题的万能手段。孙膑一再强调，虽然“战胜”可以“存亡国而继绝世”，但如果“战不胜”，也会“削地而危社稷”。兵者当然不可以不察，然而从古至今，好战的人必将导致灭亡，贪图胜利的人必将遭受挫辱。所以用兵打仗不是什么好事，胜利者也不可随意贪求。只有事先做好战争准备，然后开始行动，才有可能取得胜利。

在“战胜”思想基础上，孙膑一方面进一步完善了“富国”“强兵”的思想，认为富国是强兵的前提，是“战胜而强立”的基本保证。一方面提出了“慎战”和“知道”的思想，主张进行战争要“事备而后动”，要做到“有委（有备）”和“有义（正义）”。强调“王者之将”（指导战争的人）必须“知道”，即必须懂得战争的规律。孙膑说:“夫安（保护）万乘国，广（扩大）万乘王，全（保全）万乘之民命者，唯知道。”所谓“知道”，就是要“上知天之道，下知地之理，内得其民之心，外知敌之情……见胜而战，弗见而诤（静）”。

很显然，孙膑的战争观是春秋时期“德霸”思想和理论的进一步完善，它吸收了春秋至战国中期诸子百家的思想，特别是“黄老学（术派）”“法家”和“纵横家（鬼谷学派）”的思想，包含了朴素而深刻的辩证法因素。不仅丰富了“德霸”理论的内涵，而且形成了“必攻不守”的“德霸实践论”。

“德霸实践论”是一种积极战略思想。《孙膑兵法·威王问》记载，齐国大将田忌曾向孙膑请教何为“兵之急者”，孙膑在接连否定了田忌认为“赏罚”或“权、势、谋、诈”的看法后，提出了“必攻不守，兵之急者”的观点。所谓“必攻”，是指要坚决和主动地进攻;“不守”，是指敌人防守虚弱而又属要害、一经打击就将影响全局的地方，必须要夺取。《孙子兵法》曾说:“攻而必取者，攻其所不守也。”很显然，孙武只是在战术层面上提出这一观点。而孙膑将“必攻不守”提到了战略层面，并与“德霸”思想结合在一起，将其提升为一种战略指导思想，构成了系统的实践论。如果对闻名后世的桂陵之战和马陵之战稍加剖析，便不难发现，这两次重要战役在指挥上，是孙膑这一思想的具体应用，说明孙膑的这一积极战略指导思想，有着坚实的实战基础，它在很大程度上发展了孙武的战略指导理论。

同时，这一战略思想也充分表现了战国时代新兴阶层一种积极进取、主动出击的精神风貌。应该指出的是，孙膑“必攻不守”的思想，是寡胜众、弱胜强的一个极其重要而宝贵的法宝。这一思想，将战场上的攻与守两种基本手段辩证而有机地结合在一起，不仅使战争中处于劣势的一方能够始终牢固地把握住战场上的主动权，使最终战胜强敌成为一种可能，而且可以使其有效地避免劣势条件下作战最易产生的消极防御意识。所以，这一思想，才是为将的要义，用兵之“急者”。

总之，“德霸”思想是整个东周时代政治、外交和军事体制建立的基础，也是东周国家新秩序得以形成和建立的基础。它形成于春秋初期，经过齐桓、晋文和楚庄的实践，最终被庄王上升为一种“立霸”思想，被孙武上升为一种军事战略理论，成为东周“政霸体制”和“王国体制”建立的基础。到了战国时代，孙膑根据国家形势的变化和时代发展趋势，吸收诸子之长，创造性地发展和完善了“德霸”理论，建立起了“战胜而强立”和“必攻不守”的理论，为“君主体制”和“帝国政体”的确立创造了条件。

第四部分

和平与紊乱

春秋中期以后，政霸体制的理念和精神深入人心。各个诸侯，包括四大强国，都希望休兵罢战，休养生息。

秦、晋在长期的东西争霸中，此消彼长，互有胜负，双方外损严重，逐渐形成了势均力敌的局面。更为重要的是，两国的内耗大于外损。晋国从春秋开始就动乱不已，进入春秋中期后，又开始了卿大夫和国君、卿大夫之间的内斗，这实际上反映了晋国内部新旧势力的斗争。内耗削弱了晋的实力，使晋国建立在火山口上的强盛没有能长期保持下去。秦国自康公以来就一蹶不振，陷入了发展的瓶颈期。新旧贵族为了掌握权力和财富而明争暗斗，矛盾不断扩大，秦国进入了新旧势力的交替期，国力下降。秦、晋两国的贵族都感到有暂时息兵的必要，以便集中全力维持国内的统治。

齐国依然中规中矩，基本不参与各诸侯之间的事务，与晋、楚都交好，维持在东方的霸权。而且齐从庄公开始，将主要精力放在了国内，国君与卿大夫、卿大夫集团内部，为了权力展开了长久的斗争。齐国也需要相对稳定的国家环境，以便集中于国内事务。

楚国自康王时起，东南的吴国逐渐崛起，开始取代晋，成为楚的宿敌。因此，楚国开始收缩北方战线，将主要精力放在了东南战线，楚人更加希望与晋议和，以便全力制吴。

这时四大强国势力均衡，都感到有暂时息兵的必要。集中全力维持国内事务的需求，逐渐代替了各大国之间“争霸”的要求。平分霸权的“弭兵之会”就是在这样的形势下召开的。

弭兵之会后，“共霸格局”形成。不但表明“政霸体制”和“王国体制”最终得以确立，同时在实质上宣告了西周“分封制”和“列国体制”的终结。东周国家新秩序最终确立。

分合：西周至春秋时期的中国疆域

一、创业："国号周"的形成

周人起源于西方，与夏同族，故周人自称"夏"。《尚书·康诰》说："惟乃丕显考文王，克明德慎罚……用肇造我区夏，越我一二邦，以修我西土。"在周代，今嵩、洛以东称为"东夏"；黄河以北今山西安邑一带至塞外称为"北夏"；今嵩、洛一带就是"中夏"；今陕西、甘肃一带称为"西夏"，周人正居"西夏"区域之中。四夏构成了"华夏"的原型。

周人兴起于渭水中游，然后向东拓展生存空间。李仲立在《试论先周文化的渊源——先周历史初探之一》一文中说：周人最早活动在今天邠、泾、渭水上游一带，中心地在今陕西长武、彬州、旬邑和甘肃庆阳地区。这个地区便是周人最早的根据地。周人最早所建的国不是周，而是"邰国"，也就是姬氏国。周人经历了一个氏国（邰国）、方国（豳国）、城国（国号周）的发展历程，后来壮大成为周王国（周王朝）。

《史记·周本纪》说："周后稷，名弃……帝舜……封弃于邰，号曰后稷，别姓姬氏。"后稷通常是古代农官。这段史料说明弃是周人的始祖，封地在邰（今陕西武功县西）。后稷治下的姬氏国（邰国），处于氏族社会的“奉公制”阶段，虽为父权制社会，但还没有出现明显的阶层等级分化。由于后稷精通农事，使其后代在夏王朝能够长期担任后稷，世人便以“后稷”专指弃的子孙，一直到不窋出世。

经过弃的子孙十余世的经营，可以推想姬姓国（邰国）已经搞得有模有样了。到了不窋时代，周人开始拓展领地。《国语·周语》记载不窋在夏王朝失官后，回到家乡，迁都到了豳（今陕西彬州），建立了方国（豳国）。不窋以豳国为周族的主要根据地，同时向外发展，而且在当时（甘肃境内）庆州弘化县南三里建城，这可能是周人的一块战略飞地，处于戎、狄活动的区域。这些都说明，不窋建立的豳国，势力范围一定不小，而且未受夏王朝的节制，为周族的兴旺打下了坚实的基础。

公刘即位后，夏朝开始衰败，周人加快了拓展的步伐。《毛诗故训传》说：“公刘居于邰，而遭夏人乱，迫逐公刘，公刘乃（开）辟中国之难，遂平西戎而迁其民，邑于豳焉。……盖诸侯之从者，十有八国焉。”说明公刘继承祖父不窋的功业，进一步发展壮大了豳国，使周边的一些部落国家与周族部落结盟，形成以周部落为中心的部落联盟制氏国。

公亶父即位后，周族第二次迁徙，将活动中心迁到岐下（岐山之下）。大致在今岐山以西，渭水之北的地区，即周原南北之间。根据史念海《周原的历史地理与周原考古》记载：“周原应包括现在凤翔、岐山、扶风、武功四个县的大部分，兼有宝鸡县、眉县、乾县三县的小部分。”这里土地丰饶，特别适合农业发展。而且东、南、西三面临水，北面有岐山作为天然御敌屏障。周人居住于周原时仍过着半农业半畜牧业的生活，但加速了周族向农耕文明的演进。

太王（公亶父）时周人已有“翦商”大志，到王季（季历）时，周人拓展的步伐更加迅速，势力大张，西挫鬼戎，东伐燕京之戎、余无之戎等，并被商王任命为牧师。鬼戎即鬼方，在周西北；燕京戎在今山西汾水流域；其他戎均在今山西省东境。可见此时周人的势力已渡河而东了。

《史记·周本纪》之《集解》说：“骃案：皇甫谧云‘邑于周地，故始改国曰周。’”这就是“国号周”的来历。正如商代遍布各地的城国一样，周国在公亶父时代已经成为商王朝众多城国中的一个小城国，而且不受商王邦大城国的节制，已具有大方国的性质。因此，周族建立起周城国（国号周），由氏族机构转变为国家机构，进而开启君临天下的大业，均始于太王时代。

二、壮大：“周王国”的建立

商朝末年，天下渐乱，文王继续开疆拓土，东灭崇戡黎（崇侯虎），开始威胁殷人的腹地。文王在拓展领地的同时，制定了“翦商”战略，即从西、北两面威胁殷畿。要达到这个目标，必须先平定西方的邻敌，然后建都渭水中游，以固其本。这个战略实现后，周族第三次迁徙，将都城迁到了丰（今陕西长安南沣河以西）。这时的周国势力庞大，已占有山西西南部，河南温县或沁阳附近，陕西东南部，所谓“文王三分天下有其二，以服事殷”，实际上已威逼商王室。

文王迁都是基于政治、军事等方面的战略考虑，属于王城迁都，而非部落迁徙。因此纣辛十九年，西伯姬昌（文王）迁都于丰后，周原的岐山地带东部为周公旦（文王子）所辖，西部为召公奭（文王子）所辖。至此，太王创建又为王季发展的周原周城国，已成为文王“翦商”的重要根据地。

根据刘启益《西周金文中所见的周王后妃》考证：由文王开始，西周十二王中共十一代，每隔一代即有一位姜姓王后。这是姬姜联姻传统的反映，可以说从文王开始，原来的姬姜联盟转变为周羌联盟后，周人势力更是锐不可当。所以，周的统一事业，奠基于文王，文王七年五伐，最后灭了丰镐之间的崇国。周的势力本在渭北，自文王灭崇以后，便扩向渭南，迁都丰正是适应新形势的发展需要，一方面便于统治新领地，一方面便于继续向东拓展。秦孝公不断向东驱逐魏、韩等国在关中的势力，等东部领地日益扩大，最后从雍迁都咸阳，作为继续向东侵掠的大本营，其战略意图与文王一样。

武王即位后，继续向中原扩张势力，并在商王朝的腹地观兵，然后率领西方诸侯，在牧野（今河南淇县西南）大败纣兵，灭了商朝，统一了商都以西的土地。然后，分封诸侯，定都镐京（今陕西长安西北），最终一跃而成为一个强盛的周王国（周王朝）。

武王灭商后，实际上还没有统治商朝东部全境，而是封殷禄父（武庚）为诸侯，镇守商的故土。同时，武王让自己的弟弟管叔鲜、蔡叔度、霍叔处监视殷人；而武王所封同姓宗亲都在今河南、陕西两省。

武王早死，成王年幼，由叔叔周公旦摄政。成王即位初期，周朝发生内乱，武庚策反了管、蔡、霍三叔，联合东夷等乘机叛周。周公旦对内依靠宗室，对外安抚诸侯，亲率周师东征，用了三年时间平定了东土。然后将顽固不化的殷人迁往洛邑（今河南洛阳），修建东都以镇四方，同时，大肆分封同姓及功臣于东方，镇守东土。至此，周室最终统一了华北大部。

周昭王以后，为了控制南方的红铜资源，周人开始将势力扩张到南土，并取得了巨大的成绩。昭王、穆王时代是周人向南发展的黄金期，后世有“左昭右穆”的说法。虽然周人的势力最终未过汉水以南，但汉水以北却成为周王室宰制南方的前沿阵地，通过申、随等列国，周王室在形式上控制着汉水以南地区。

穆王时代，周人开始向东南扩张，南人渐服。《左传》记载“穆（王）有涂山（今安徽寿县）之会”，即穆王在涂山大会东南夷（主要是淮夷），说明周王室的影响力已达淮水中下游和长江流域。《韩非子》等都记载了穆王时，徐夷（今江苏泗洪境）乘穆王西狩时攻周，周王命楚攻打徐偃王，可见当时楚人比徐夷强，而周王室能命令楚攻徐，说明周室的威权极大。所以，昭穆时代周朝势力强盛，南方的权力中心掌握在周人手中。

宣王中兴，西北征西戎、猃狁，南服徐、楚。《诗经·大雅·江汉》说：“江汉之浒，王命召虎，式辟四方，彻我疆土……于疆于理，至于南海。”南海，即指长江、汉水一带，说明宣王时汉阳一带的强国楚，淮域的强国徐都臣服于周王室。

宣王时代，周朝的疆域基本定型：占有今山东、河南大部，江苏、安徽、湖北北部，河北、山西南部，陕西中部及甘肃东部。除控制华北外，势力范围已达长江流域。

统观三代，扩张速度惊人：夏仅有今河南西部，山西省南部，陕西东端一隅，地域狭小。商时，殷人的势力已达鲁、豫、冀、晋、陕、苏、皖七省（非全部）。周时，实际统治今华北大部，并在形式上控制了长江、汉水（包括淮水）流域。周王室分封的列国星罗棋布，遍布南北，奠定了春秋时代基本的国家间格局。

春秋时周王室衰落，各诸侯国在现有封地的基础上拓展生存空间，使中国疆域有增无减，范围更为广阔。至春秋晚期，已囊括今河北、山东、山西、河南、江苏、安徽、湖北全省，以及陕西、甘肃、浙江、四川部分土地，华夏中国的雏形渐成。

三、分裂：春秋时代的诸国疆域

1. 北方

东周：姬姓。东周的都城在今河南洛阳，国号“成周”，也称“洛邑”。王畿所能控制的范围，至春秋晚期，约有今河南西部一隅。

西周时王畿包括今河南西部和陕西中部。犬戎灭西周，陕西领地尽失。周平、桓、庄、惠四王以来，周依靠晋、郑等诸侯抵御狄人、平定内乱，维持生存。于是，黄河以北的领地渐渐落到晋人手中，洛阳以东的土地逐渐被郑人占有。到了春秋晚期，周王室的领地还不如夏朝晚期的疆域，类似一个中型诸侯国。进入战国后，王室仅有洛阳附近的土地，类似一个县邑。

晋国：姬姓。春秋初期，晋的都城在绛（今山西翼城），称为故绛；春秋中期迁都到新田（今山西曲沃），称新绛。晋在西周时就是大型城国，是周王室镇守中土的重要藩国。春秋晚期，晋的势力范围约包含今山西大部，河北西南部，河南西北部，陕西东端，山东西段。

春秋初期，晋国仅有今山西西南部一隅，晋献公时向西、南、北三面发展，南至黄河，西至河西，北与狄人为邻。晋文公以后，晋人夺取了南阳（今河南北部温县一带）的周地，又屡败狄人，将势力伸到了今山西中部及河北西部。同时，向南侵掠周的北疆，向东夺取郑、卫、鲁等国的土地，势力直达今山东境内。属于四大强国之一。

卫国：姬姓。春秋初年，卫的都城在朝歌（今河南淇县），后相继迁都楚丘（今河南滑县）和帝丘（今河南濮阳）。春秋晚期，卫的领地约囊括今河北南端一隅，河南北端，略涉山东西端，生存空间狭小，属于中型诸侯国。

卫在西周时，西有殷墟，东至泰山附近，疆域较大，属于中大型城国。进入春秋后，领地先被狄人侵吞，后又屡遭晋、齐等国的掠夺，国土面积不断缩小。虽然卫人夺取了邢国部分领地，却是得不偿失。

郑国：姬姓。郑西周时初封于今陕西渭南华州区，后迁河南新郑。春秋晚期，郑的领地约囊括今河南中部北端一隅，国土面积狭小，属于小型诸侯国。

郑国虽小，但战略位置重要，春秋初期郑比较强盛，尚能跻身中型城国行列，宋、卫、陈、蔡等国都以郑马首是瞻，郑成为中小型诸侯的领袖。但是郑四面都是强国，不易拓展领地。至齐桓公称霸后，郑便成为晋、楚、齐三国必争的战略缓冲带，苦守弹丸，无能称雄，终于沦落为朝三暮四的“风信鸽”。哪里刮来的风大，就转向哪里。初时朝齐暮楚，后来朝晋暮楚，成为各诸侯国之间形势的风向标。

齐国：姜姓。齐都临淄。齐国在西周时就是大型城国，也是天下诸姜的领袖，与周王室关系密切，是周朝镇守东土的重要藩国。《左传·僖公四年》说："赐我先君履，东至于海，西至于河，南至于穆陵，北至于无棣。"《管子》说："长城之阳鲁也，长城之阴齐也。"

"履"是指齐国可以征伐的范围，非指统治地域；"海与河"，即东海与（古）黄河；"穆陵与无棣"很难实指，无棣在今河北北部某处，大概方位在盐山县，穆陵在今河南光山与湖北麻城之间，特指南方。可见西周时，齐的势力范围东至东海，西至（古）黄河，北至盐山，南至湖北北端。

春秋时期，齐的疆域基本未变，至春秋晚期，齐的势力范围包括今山东偏北大部分土地，河北东北和西南一部分。属于四大强国之一。

鲁国：姬姓。鲁都曲阜。鲁在西周时也是大型城国，与齐一样，是周朝镇守东土的重要藩国。春秋初期，鲁受到来自北邻齐和南邻宋的挤压，出现断崖式衰落，与卫、宋一样，逐渐沦为二流城国。春秋晚期，鲁的领地约囊括今山东南部，兼有江苏、安徽二省一隅，鲁灭项国（今河南项城）后，又占有河南一隅，国土面积狭小。

宋国：殷人后裔，都商丘。宋在西周时是大中型城国。春秋初期，宋成为楚人北上的必侵之地，同时受到北邻鲁国的威胁，逐渐衰落。宋国的领地在春秋时期基本无大的变化，囊括今河南东端，江苏、安徽二省西北端，兼有山东西端一部，国土面积狭小。

燕国：燕都蓟（今北京附近）。燕是春秋时代存在感最低的国家，《春秋》经、传中很少提及，所以燕在春秋时的领地不能详考，只能凭碎片化的史料猜测，大概燕地西不能至山西，东南不能至山东及河北南部。领地约囊括今河北北部及中部一带，以及山西和东北地区一部分（这是北燕国，春秋时还有南燕国，疆域不详），因为燕国被北戎、山戎等国相隔，所以与中原各国关系疏远，唯一一次出场，是帮助齐桓公攻打山戎。

秦国：嬴姓。秦都雍（今陕西凤翔县）。秦国在西周中期以前，属于姓氏国（嬴姓）。西周末年成为小方国（西垂大夫）。东周初年一跃成为城国（国号秦）。春秋中期成为西方霸主。秦在春秋时的疆域难以详考，至春秋晚期，秦的势力范围约包括今陕西中部，兼有甘肃东端。属于四大强国之一。

2. 南方

楚国：芈姓。春秋初期，楚都郢（今湖北宜城南部），春秋晚期迁都鄀（今湖北宜城）。西周初，楚人居住在今河南西南部的丹江流域，属于姓氏国（芈姓）。西周中期被封为子国（实为小方国）。西周末年，楚国渐强，至东周初，楚益奋发，自封为王，成为名副其实的城国（国号楚）。楚人东略淮域，北侵中原，西灭庸国，一跃成为南方霸主和中原盟主。春秋晚期，楚的势力范围约包括今湖北大部，河南南部，陕西东南端一隅，四川东端，江西及江苏、安徽三省部分土地。属于四大强国之一。

吴国：吴都今属江苏苏州。春秋晚期（吴灭时）吴的领地约囊括今江苏大部，安徽、浙江二省部分土地。

越国：越都会稽（今浙江绍兴）。春秋晚期（灭吴前）越的领地约囊括今浙江大部，苏北运河以东地区，以及全部苏南地区，兼有江西、安徽部分土地。越灭吴后，北会诸侯于徐州（今山东滕州），其领地已达今山东南部。

纵观春秋列国，晋、齐、鲁等是老牌诸侯国，占着北方的领地；楚、吴、越、秦兴起于西周，入春秋后，俱为爆发，开始拓展领地，使中国的范围不断扩大。西周至春秋时期（包含战国）所谓“中国”，尚有异族杂处，如戎、狄纵横南北。随着楚、秦等开疆拓土和列国争霸战争的推进，汉族和少数民族逐渐融合，多文明（诸夏、楚文明、秦文明、吴越文明）的华夏中国开始形成。

第十二章　和与战，友与敌

一、“灭萧围宋”，尽显霸主的本色

楚人从城濮之败，到胜于邲，只有三十五年。从庄王灭庸、观兵周郊、问鼎周室，到成为霸主，不过十四年。如此迅速的跃升，是同时期的秦人、晋人和齐人所不敢想象的。中原还是那个中原，诸侯还是那些诸侯，宿敌依然是宿敌，盟友依然是盟友，虽说此一时，彼一时，但对四大强国实力均等。显然，恢复元气和重振国威的快慢，其决定因素不在国外，而在国内。

庄王十七年（前597）冬天，就在邲之战后不足半年，楚伐萧。萧是宋的附庸，公族为子姓，故址在今安徽萧县。这次军事行动目的很明确，名为伐萧实为警宋。宋、蔡合兵救萧，萧固守待援。

楚师因为轻敌，楚将熊相宜僚和公子丙临阵不慎被萧人俘获。庄王派使者告诉萧人，只要不杀二将，楚师就可以撤军。可是，萧人不明利害，偏偏处死了二将。庄王大怒，传令攻城，对萧国发起了冬季攻势。

申公巫臣（屈氏，名巫，字子灵）报告庄王：天气寒冷，士卒都挨了冻，很难发动有效攻势。庄王巡视三军，勉励将士。三军士卒顶风冒寒，迅速包围了萧都，向萧人连续发动强攻。次日，城破，萧亡。

庄王十八年，晋景公四年，即公元前 596 年，先縠因为在邲之战中不得志，唯恐被晋景公责罚，便联合赤狄发动政变，讨伐晋君，到达到清（地名，即清原）。晋景公因势利导，借邲之败和清之变，将先縠一族悉数诛灭，开始了削弱和限制卿权的行动。

晋灵公时，赵衰弑君，开晋国臣弑君的先河；晋景公时，先氏被诛，拉开了晋国君诛臣的大幕。足见晋国君臣关系之紧张。晋国内部的权力斗争，导致晋政局长期不稳，国势时起时落，直接造成晋景公、晋厉公、晋悼公、晋平公时代争霸的困境。虽然在晋悼公时代，晋国有了一些起色，但想恢复晋国独霸的局面，却已经力不从心。国内，君与卿明争暗斗，内耗严重；国外，西与秦争霸，南与楚对峙，北与狄人周旋，苦苦支撑，没有取得实质的胜利。晋总体趋势日渐衰落，根本原因在于国内长期形成的“君卿二元政体”使晋的复兴大业难以前进。

庄王十九年（前 595），晋因为郑在邲之战中声援楚国，举兵伐郑。郑襄公赶赴楚国，与庄王商议抗晋事宜。庄王派申舟（即文之无畏，楚文王后代）出使齐国，吩咐他不用向宋国提出借道申请，直接过其境；同时，派公子冯出使晋国，吩咐他不用向郑国提出借道要求，直接过境。出使齐必经宋，访问晋必过郑，按当时的国家间惯例，越他国之境必须提出借道申请。《仪礼 · 聘礼》有“遇邦假道”的礼制。庄王的意图很明显，一要试探宋的反应，二要考察郑对楚的恭顺程度，可是这却难为了使者。申舟说：“郑人耳聪目明，处事灵活，绝不会为难楚使；宋人却耳聋目盲，不识时务，我必死无疑。”当时郑从楚，郑襄公刚朝见过庄王，郑、楚关系亲密；宋背楚，与晋关系密切，与楚关系紧张；而且宋昭公曾在孟诸受到申舟的羞辱，宋人衔恨申舟。所以申舟预言自己非死不可。庄王对申舟说："如果宋人杀了你，我就去讨伐宋国。"申舟无奈，就把儿子申犀带进宫去见庄王，然后出发了。

果然，宋卿华元（华督孙、华孙子）得到了申舟过境不假道的报告。华元对宋文公说："楚人将宋国视为边鄙的县邑，这是无视宋国主权的行为，如同将宋当作灭亡之国。杀了楚使，楚必伐宋，宋必亡；不杀楚使，宋也是亡。"于是，宋人在杨梁（今河南商丘东南）之堤杀了申舟。这就是宋国君臣的混乱逻辑，国势如何可想而知。

申舟被杀的消息传到了郢都，庄王勃然大怒，当夜前往城郊，部署伐宋事宜。是年九月，楚师包围了宋都。这是一场空前持久的消耗战，宋人矢志坚守，楚师虽然动用了首创的攻城利器"楼车"，仍不能攻破宋都。楚宋一直对峙到来年春天。

庄王二十年（前594）春，力不能支的宋向晋告急。晋景公打算救宋。《左传・宣公十五年》记晋大夫伯宗说："虽鞭之长，不及马腹。天方授楚，未可与争。"邲之战后，晋元气大伤，而且正忙着与秦人和狄人交战，无力顾及中原事务，也不敢再与楚对抗，爱莫能助。晋不想出兵，又不愿宋降楚，便派使者解扬到宋国，让宋不要降楚，并欺骗宋人说："晋师悉起，将至矣。"

是年五月，农事大忙，按照当时的国家惯例，农忙时节诸侯不得出兵，以免耽误春耕春种。楚师准备回国耕田。庄王已登车，申犀拉着庄王的乘马，对庄王说："家父明知必死而不敢违命，大王却食言了。"庄王默然，无言以对。申叔时为庄王驾车，见庄王进退两难，献出"筑室、反耕"的计策。"筑室"，就是在前沿阵地上建房；“反耕”，就是派一部分士卒回国去种田，其余的士卒留下来继续作战。这是古人“围攻久留”的方法。《晋书·石勒载记》说：“（石勒）遣季龙统中外精卒四万讨徐龛，龛坚守不战，于是筑室返耕，列长围以守之。”

庄王采纳了申叔时的计策，宋人见状，知道楚师有长久围攻的打算，不胜忧惧。当时城中缺粮，民众已在“易（交换）子而食”，劈开死人的骨头当柴烧，再也坚守不下去了。于是，宋卿华元向楚师乞和。庄王见宋人有诚意，退兵一舍。楚宋和议既定，双方举行盟誓。《左传·宣公十五年》记盟辞说：“我无尔诈，尔无我虞。”为表示守信，华元到楚国做人质，不久归国，由公子围龟接替。

灭萧之战和围宋之役，是庄王巩固霸权的最后战役，都是恃强凌弱，小题大做。庄王不惜动用暴力来强化霸主的地位，并取得了成功。诸侯很难指责庄王，因为正是萧国和宋国先采取了不理智的行为，进而激化了冲突，给庄王制造了“以暴而霸”的机会。尽管他们遭到了报复，按照当时“政霸体制”的政治逻辑，也是咎由自取。而且，庄王知进知退，先用武后用德，刚柔并济，言必信、行必果，再一次用德霸结束了与宋的冲突，收服了宋人，威震了诸侯，是当之无愧的霸主。

楚国称霸后，晋人不敢渡黄河而南进，齐人不敢逾泗（泗水）上而西进，秦人不敢越峭山而东拓，中原诸国则唯楚人马首是瞻，庄王成为国家间新秩序的终极维护者，使“政霸体制”得以全面建立，并初步形成了四大国势力均衡的雏形。诸侯希望休养生息，民众渴望和平安康，中国再次进入和平期，争霸时代结束，春秋进入共霸时代，一直到战国初期，天下再无独立霸主。

二、楚国的“内忧”和“外患”

四年之内，楚人的兵锋势如破竹，从伐陈，到降宋，替代晋国成为天下的霸主，诸侯莫不重足而立，屏息而听。伐宋得胜后，楚国息兵养民，三年没有出兵。息兵养民与用兵劳民既是对立的，又是统一的，前者为弛，后者为张。这就是“德霸”的精髓，真正有雄才大略的政治家必须善于掌握张和弛的节奏。公元前 591 年，庄王去世。

庄王末年，齐、鲁交恶，鲁向楚求援。事不凑巧，庄王去世，爱莫能助。鲁不得已，求助于晋；晋景公想趁庄王去世，复兴晋国的霸业，欣然与鲁结盟。共王（庄王长子熊审）即位后，因鲁已背楚从晋，便与齐结好，以待联齐制鲁，与晋争雄。

共王二年（前 589）春，齐伐鲁。夏，晋以兵车八百乘救鲁伐齐，规模很浩大，比当年城濮之战晋师的兵车还多一百乘，三军主帅是郤克。郤克满怀着怨恨去伐齐，因为三年前他曾在齐国受辱。

三年前，郤克为晋使，和鲁使、卫使一起去谒见齐顷公。晋使驼背，鲁使跛脚，卫使独眼。齐顷公做了一个荒唐的安排，派驼背的官员接待晋使，跛脚的官员接待鲁使，独眼的官员接待卫使。齐顷公的母亲听到有这等巧合的奇事，便在楼上观看，看到得意处不禁失声发笑。郤克大怒，感到受辱，发誓非报复不可。这次伐齐，正是郤克报复的时机。六月，晋、鲁、卫联军大败齐师于鞍（今山东济南西）。

是年秋，楚国为了救援齐国，准备讨伐鲁国。出师以前，派申公巫臣到齐国访问。巫臣一反常规，带着亲属和细软同行。原来，他要利用这次出访的机会，到郑国去娶夏姬，随后便一去不返了。

夏姬即夏徵舒之母，楚伐陈，夏姬成了俘虏。庄王有意娶她，因巫臣谏庄王不可“贪色”而夭折。庄王的幼弟子反（公子侧）也想娶她，巫臣以夏姬“不详”相劝而止。最后，经庄王同意，夏姬嫁给了连尹襄老。襄老战死后，夏姬便与襄老的儿子黑要同居。巫臣本人有意娶夏姬，但不便在楚国办婚事，便唆使夏姬回到了娘家郑国。巫臣到了郑国，请副使把准备送给齐国的礼物带回楚国，自己带着夏姬和亲属到晋国去了。晋景公为了对楚斗争的需要，以巫臣为邢邑（今河南温县东北）大夫。巫臣叛逃，楚暂时停止了伐鲁计划。

巫臣叛逃后，司马子反建议厚赂晋国，让晋人将巫臣禁锢终身，共王不许。共王认为巫臣为自己盘算是错误的，为先君谋划却是忠诚的。假如他对晋国有用，晋国是不会禁锢他的；假如他对晋国无用，楚国何必求晋国去禁锢他呢？当时，共王年仅十二，他对巫臣叛楚入晋事件所持的态度，智慧有余但见识不足，宽厚有余而刚猛不足。巫臣在执行公务时公然出叛，这是非常大的政治事件，表明庄王去世后老臣骄狂而法纪涣散了。这是共王树威立信、整顿官纪的最好时机，但共王却没有抓住，导致大臣各树党羽，胡作非为，年幼的共王对此也无可奈何。

令尹子重（庄王弟）和司马子反联合沈尹、王子罢，杀了巫臣的族人子阎和子荡，以及黑要和清尹弗忌，瓜分了他们的田宅和仆妾。巫臣写信给子重和子反，说一定要让他们疲于奔命而死。

是年秋冬，楚伐鲁、卫。子重是先朝老臣，懂得恤民方能用民，出兵之前，豁免欠税，赈济贫民，大赦刑徒。然后，连同王卒在内，全军出动，郑、蔡、许三国合并出征。共王年幼不能出行，但他的戎车由将军彭名驾驭，随军出征。蔡景侯和许灵公比共王大几岁，这次亲历戎行，分别坐在彭名的左右两侧。

楚师先伐卫，后伐鲁，所向披靡。晋人见楚师强大，不敢发兵救鲁、卫，两国只得向楚乞和。十一月丙申，令尹子重与齐、鲁、卫、秦、郑、陈、宋、邾、鄫、薛诸国的国君或执政大夫在鲁地蜀邑（今山东泰安西）会盟。秦参加会盟，表明楚、秦对相互关系的重视，秦需要楚的声援，与晋缠斗；楚需要秦的支持，与晋争雄。鲁国献执斫（木工）、执针（缝纫工）、织纴（纺织工）各一百人给楚国。

共王三年（前 588），晋为了改善与楚的关系，将在邲之战中俘虏的公子谷成和连尹襄老的遗骸归还楚国，这是一个友好的表示。楚国也做出了友好的回应，将荀首的儿子荀䓨送回晋国，并以隆重的礼节为其送行。

此后十年，晋、楚之间大战没有，小战不断，且互有小胜小负。晋善于战略布局，积小败而成大胜，是正的量变到质变；楚穷于应付，不知所终，积小胜而成大败，是负的量变到质变。一正一负，此消彼长。

令尹子重安于现状，没有在蜀邑之会后巩固楚国在中原的阵地，扩大楚在国家间的影响力，使蜀邑之会中的诸国逐渐开始朝楚暮晋。同时，不善战略部署，对国家局势的不断变化反应迟钝，缺乏警觉性和洞察力，不能根据国家形势的变化及时和适度地调整外交战略，逐渐使楚国失去了原有的优势，被晋国反超。

三、战略试探：晋楚之间的局部摩擦

晋景公十二年（前 588），晋出于与楚争霸的需要，在老三军的基础上，增置新中、上、下三军，共六军。三军原各有将、佐，计六卿；新三军也各有将、佐，增六人为卿。新增的六卿为韩厥、赵括、巩朔、韩穿、荀骓、赵旃。根据《左传》杜预注推算，新三军配置如下：

韩厥将新中军，赵括为副帅；巩朔将新上军，韩穿为副帅；荀骓将新下军，赵旃为副帅。晋六军成为晋“六卿政体”的雏形。

晋景公作六军，一方面是为了满足与秦、楚、齐争霸的需要；一方面是为了化整为零，分老三军的军权，形成卿大夫相互制约的局面，然后利用各卿的矛盾，逐个消灭，保证君权的安全。但事与愿违，这种制度设计，给本来就不断壮大的卿权提供了成长的土壤。卿权在不久的争霸战争中不断壮大，最终形成“六卿政体”，晋国国君与卿大夫共政的“二元政体”建立起来。卿权有了扩张的保障，一方面利用君权相互争斗，铲除异己；另一方面不断蚕食君权的领地，使君权逐渐萎缩，最终为“三家分晋”埋下了祸根。

共王四年（前587），鲁成公朝见晋景公，因为晋景公在接见鲁成公时有不敬的举动，鲁成公打算亲楚叛晋。《左传·成公四年》记鲁大夫季文子反对叛晋：“不可。晋虽无道，未可叛也。”然后引用《史佚之志》的话：“非我族类，其心必异。”季文子的话说得很明白，鲁与晋都是姬姓国，楚虽大，不是同族，怎么能够爱护鲁国呢？鲁成公便打消了亲楚的计划。这叛楚从晋的趋势，从鲁国开始，起初犹如暗流，不久就由暗到明，成为诸夏的潮流了。

共王五年（前586），许、郑相侵，郑、许是宿敌，郑国早有吞许之心。许灵公作为原告，向楚国提起控诉。不久，郑悼公也向楚提出控诉。子重以为许有理而郑无理，未经深思熟虑，便扣留了郑国使者皇戌和子国。郑穆公回国后，派公子偃出使晋国。同年八月，郑与晋在垂棘（晋地，今山西潞城北）会盟。晋人趁热打铁，在楚人不经意时，展开了有效的外交攻势。同年冬，晋与齐、鲁、郑、宋、卫、邾、曹、杞诸国的国君在郑邑虫牢（今河南封丘北）会盟。由此，郑国又投入了晋的怀抱。

共王六年（前 585），晋迁都于新田（今山西曲沃），称新绛，将旧都称为故绛（今山西翼城）。同年秋天，楚伐郑。冬天，晋救郑。晋、楚战于绕角（蔡地，今河南鲁山县东南），晋国主谋就是当年劫持庄王，后逃往晋国避难的析公。楚师先小胜而后败，然后便退兵了。晋师随即侵蔡，楚发申、息之兵救蔡，晋师受阻，也退兵了。

共王七年（前584），刚刚即位的郑成公，在郑卿子良的带领下朝见晋景公，答谢去年晋救郑的恩情。楚国为了重新收服郑人，令尹子重亲自率兵伐郑，驻扎在汜（今河南襄城县）。晋国与齐、鲁、宋、卫、邾、曹、莒、杞合兵救郑。郑师有恃无恐，袭击楚师，俘获了郧公钟仪。楚师受小挫，知难而退。同年八月，晋、齐等国在马陵（今河北大名县东南）会盟。这时齐已与晋结盟，承认晋是盟主，其他诸侯也调转风头，亲晋背楚了。这时，晋、楚之间，占上风的是晋。

四、联吴抗楚：晋人的新战略

此时的楚国，周边的环境比较险恶：在北方有楚的宿敌——晋，在东方有楚的潜在敌人——吴。此时的吴国国君是寿梦。吴王寿梦二年（前 584），吴突入中原腹地，伐郯（今山东郯城县西南），郯向吴乞和，中原为之悚动。这时吴人已占领宁镇丘陵，使其成为北上的基地，吴人与当地姬姓吴国（也称宜国）的公族合流，袭用“吴”这个国号，但按照越语即吴语的发音习惯称为“攻敔”。寿梦曾经到北方访问，知道中土辽阔，文明昌盛，十分羡慕。回国后，励精图治，开始了富强之路，并效法中原，用诸夏的文字和典籍教育几位公子，吴国逐渐昌盛。

新崛起的吴引起了晋的关注。逃到晋国的巫臣向晋景公献出了“联吴抗楚”的计策，得到采纳。为了扶持吴国，巫臣赶赴东南，甚得寿梦欢心。吴人同越人一样，本来没有车兵，而且不善于用弓箭。巫臣带着三十乘战车，教吴人驾车、射箭、列阵的方法，并煽动寿梦伐楚。回晋国之前，巫臣将十五乘战车送给吴人，还让儿子屈狐庸留在吴国做“行人”（外交使者）。

寿梦对巫臣伐楚的计策十分赞赏，当年就派兵袭击楚，以及楚的盟国徐、巢，子重率兵救援。马陵之会后，吴人一度攻入州来（今安徽凤台），子重又率兵抵御。一年之内，子重与子反七次出兵迎击吴师，果然疲于奔命。

更大的危机还不在于此。晋景公死后，“联吴制楚”逐渐成为晋的一项基本国策，晋人大力扶植吴人，使吴国不断壮大，终成为楚国在东南的劲敌。由于吴国在东南的掣肘，迫使楚国不得不分兵抵御，这使楚国陷入东、北两线作战的困境，在与晋的斗争中始终处于下风，并引发了“吴师入楚”的巨变，这是晋国外交攻势的胜利。

但是，晋从晋景公晚期开始，君臣逐渐失和，国君和卿大夫，卿与卿之间开始了长期的权力斗争，政局不稳，隐患重重。这在一定程度上削弱了晋国的威势，使楚国能维持北方战线的平衡。鄢陵之战后，晋、楚虽然小战不断但没有引发大规模的冲突，双方力量基本均衡，处于对峙局面。晋没有趁势夹击楚，外部原因是晋秦斗争削弱了晋国的力量；根本原因在于“政霸体制”的建立，形成了势力稳定的“三角状态”，消解了三方大规模冲突的可能，楚国才能全力以赴抗击吴国。

共王八年，晋景公十七年，即公元前583年，晋借着战略优势，先侵蔡，后侵楚，俘获了楚大夫申骊，楚人无计可施。晋人又乘机侵沈（沈是楚的附庸），并捕获了沈子揖初，楚人一筹莫展。

就在晋国得志中原的时候，晋景公开始了肃理卿权的行动，首先将目标锁定了赵氏。当时赵氏的公族大夫是赵括，即赵氏的宗主。赵氏在当时德高望重，势力庞大，这自然引起了其他大族的忌恨，以栾氏（栾书）、郤氏（郤至）为最。于是，晋景公借赵、栾、郤三氏的矛盾，借口赵同、赵括“将为乱”，讨伐赵氏，而证人就是栾、郤二氏。《史记·晋世家》说：“诛赵同、赵括，族灭之。”

晋景公的行为也引起了其他大族的警觉，尤其是韩氏，因为韩厥小时候为赵盾所养，韩、赵关系紧密，今天诛赵，明天就可能诛韩。为了保护卿大夫集团的利益，韩厥对晋景公说：“赵衰、赵盾之功岂可忘乎？奈何绝祀！”韩厥是晋国的重臣，也是当时卿大夫集团的核心人物，举足轻重，他的话晋景公不能不考虑。《左传·成公八年》记晋景公：“乃立（赵）武而反（返还）其田焉。”晋景公诛赵氏，拉开了晋国权力斗争的大幕，不仅对晋，而且对今后各诸侯国间局势的发展产生了深远的影响。

没有了楚国的制衡，晋师在中原顺风顺水，所向披靡。但晋人有一个严重的弱点，就是对待诸侯太苛刻，诛索无度，因而不能长久扮演盟主的角色。也许楚人正是看准了晋人这个软肋，开始绝地反击了。

五、联郑制晋：楚人的老战术

共王九年（前 582），楚国以重赂诱使郑人背晋从楚。郑人已经养成了朝朝暮暮的习惯，当然乐意在晋、楚之间左右逢源，获取好处。于是，郑成公先南行朝见共王，后北行朝见晋景公。晋人以为郑成公居心叵测，竟将其软禁起来，随即兴师伐郑。郑遣使向晋乞和，晋不同意，还杀了郑使，这就把郑彻底逼进了楚的怀抱。于是，楚抓住战机，兴义师，发兵侵陈救郑。陈当时是晋的附庸，楚意在分散晋的兵力，拉长晋的战线。陈对楚心有余悸，当即乞和。

楚师随即移兵伐莒，杀鸡示猴，意在警告晋的附庸。莒是一个东夷小国，故址在今山东莒县，原本是齐的附庸，随着齐与晋结盟，便成了晋的附庸。楚伐莒势如破竹，但楚将公子平不慎被莒师俘获。楚师传告莒人，只要不杀公子平，楚便遣返莒人战俘。莒人不通人情世故，就像十余年前的萧人，出于意气，不顾后患，偏偏处死了公子平。于是，楚人再无顾忌，连破莒国三城，包括国都在内，莒人逃散。

秦人见诸侯多已叛晋，便联合晋的北方宿敌白狄，相继伐晋。郑人也乘势而起，随即包围了许都，意在向晋人表示他们不以国君为虑，尚有心力用兵围许，而且可能另立新君。

晋国没有抓住已经得到的战略优势，骄横懈怠，反被楚国反戈一击，祸出多端，被动无助，一时陷入窘境。楚人在与晋人的角逐中，又变劣势为优势了。

这一阶段的晋楚争霸，双方打了平局，都有了休战和好的意愿。晋景公采纳了范燮（范文子）的建议，采取“以退为进”的策略，打算与楚议和。于是，晋人以厚礼相赠，送当初被俘的钟仪回国，让他促成晋、楚的和议。这正是楚人希望的结果。同年冬，共王派太宰子商（公子辰）到晋国报聘，也表达了和平诚意。

楚人议和的诚意很难判断，可能真也可能假。但晋人的议和明显是假的，当时晋在南方的对手是楚，在西方的宿敌是秦，晋人虽然受挫于楚，但在与秦人的斗争中总体上处于上风。晋人与楚议和，是以退为进，避重就轻，麻痹和稳住楚人，使其保持中立，进而瓦解秦楚联盟，解除后顾之忧，再分而治之，先制秦，后制楚。晋人多诈，总是让楚人始料不及。

共王十年（前 581），晋国派大夫籴茷到楚国回聘，与楚国商谈和平事宜。晋人诡诈，一面谈和平，一面唆使卫国侵郑。这时郑国内部比较混乱。子如（公子班）立郑成公庶兄公子繻为君，不久，郑人杀了公子繻，立郑成公太子髡顽为君，是为郑僖公，子如逃奔许国。晋国出于与楚国和谈的需要，不久又放郑成公回国复位。籴茷留居楚国半年有余，得到确切的和平信息后才回国复命。同年，晋景公逝世。

和与战、敌与友，总是在客观的需要和主观的欲望都已大体具备的时候，因为一个偶然因素的催化，加上其他偶然因素的作用，就可以完成转换。

六、魔高一尺，道高一丈：晋、秦、楚的三国杀

共王十一年（前 580），晋厉公即位。由于楚、晋间隙较深，猜忌颇重，双方的和谈陷入胶着状态。当时宋国由右师华元执政，此人与楚令尹子重和晋上卿栾书（栾武子）的私交都不错，听说晋、楚正在试探对方的和平诚意，便有了玉成其事的美意。而且，

晋楚议和，对宋及中原小国来说，利大于弊。于是，华元先造访楚国，后访问晋国，居中斡旋，打破了僵局，成效顿见。

晋人一方面加紧与楚人议和，一方面开始部署西方战场。同年，即秦桓公二十四年（前 580），秦、晋两国在令狐（今山西临猗西）订立盟约，双方表示休战。但这次会盟，晋、秦各怀鬼胎，互不信任。“夹河而盟”一结束，双方便反目了。秦国派使者分别到白狄和楚国去，建议联合讨伐晋国。焉知楚人已被晋人麻痹，陷入了晋人议和的“陷阱”，白狄也认为不妥，双方都通报了晋国。这是晋人希望的结果。不久，晋厉公就为攻秦大造舆论，同时进行频繁的外交活动，其中最重要的就是争取楚国保持中立，因此晋人对晋楚议和持积极的态度。

共王十二年（前 579），晋、楚两国各派执政大夫在宋都西门外会盟，相当于草签了和约。然后，晋国派大夫郤至到楚国莅盟。郤至莅盟到郢都后，谒见共王。楚人用接见诸侯的礼节迎接郤至，郤至受宠若惊。楚人从成王起，就特别喜欢向诸侯或使者展示豪华的排场和隆重的仪式，一为好客，二为展示楚国的富饶与国威。遇到晋楚议和这样的大事，楚人自然会搞得更加隆重。

随后，楚国派大夫公子罢到晋国莅盟，相当于正式通过了和约。双方约定：彼此不动刀兵，信任往来，并联合讨伐不听命的第三国。

现实的晋人，完成了战略部署，将议和作为麻痹楚人的武器，这边议和刚成，那边战事便起。

晋人通过议和，给楚人套上了舆论枷锁，使楚不敢也不能轻举妄动。晋国解除了后顾之忧，争取了多数国家的支持，在晋楚议和的第二年（即秦桓公二十六年，晋厉公三年，公元前 578 年），便迫不及待地与秦绝交，并纠集了齐、鲁、宋、卫、郑、曹、邾、滕诸国，讨伐秦国，主力为晋。晋、秦战于麻隧（今陕西泾阳北），秦师大败，晋师乘胜西渡泾水，打到侯丽（泾水南岸，今陕西礼泉境），并占领了秦地新楚（陕西大荔境内），方才凯旋。

通过晋秦麻隧之役，晋人暂时压制了秦国，并破坏了秦楚联盟，随后在对楚的斗争中变被动为主动，逐渐扭转了劣势，形成了较好的战略优势。

楚人开始警醒，发现和约麻痹了自己而放纵了敌人，使可靠的盟友遭受了损失，使自己陷入了被动局面。于是，楚人开始筹划采取切实有效的应变措施。

共王十五年（前576），司马子反主张采取主动，北伐中原，子囊认为不可背盟。年仅二十五岁的共王还未亲临过战阵，跃跃欲试，决定先发制人，挺近中原，便下令起兵，自己随军出征。这次楚师先侵郑，后侵卫，都是稍进即退，是一次无名而出、无功而返的武装游行，只为了向中原表明楚国的存在。在楚师撤退后，郑国却派兵袭占了楚国的一个边邑。晋人保持了克制，没有做出过激的反应。

同年，宋共公病逝，宋国内乱。宋自宋庄公（前710—前692在位）开始，政权由几家公族（宗室）把持，分别是武、缪、戴、庄、桓五族，其中出自戴族的华氏最大。华氏始祖华督自宋庄公元年被任命为相，华氏开始执掌宋国权柄，时间达二百余年。宋文公时，武、缪二族被驱逐，只剩三族，三族互相争权，挤压公室，形成君权和卿权分治的二元政体，君权卑微。

宋共公死后，戴族的华元为右师（执政大臣），华喜为司徒；桓族六人分别为左师、大司寇、少司寇、太宰、少宰、司马；庄族的公孙师为司城。桓族是华元的政敌。司马荡泽在族人的支持下杀死了太子肥。华元指使华喜和公孙师攻打荡氏，杀了荡泽。桓族其余五人俱奔楚避难。于是，华元与楚国之间也发生了隔阂。

宋国内乱，晋国也不太平。郤至是晋国的执政大臣，郤锜、郤犨也权倾朝野。郤氏骄横跋扈，不仅与周王室争田，还树党立派，打击政敌。晋国的伯氏受三郤迫害，大夫伯州犁奔楚，楚出于对晋斗争的需要，任命其为太宰。

这时，楚的近邻许国也发生了变故。郑和许是宿敌，郑屡次侵许，许力不能支，求迁于楚境。楚国重臣公子申率师迁许国于叶邑（今河南叶县南）。许国本土被郑人吞并，称为“旧许”。从此，许成为楚国附庸，晋会盟侵伐，许皆不从；楚有事，许则无役不从。楚迁许，等于楚国承认自己在中原的影响力减弱了。

晋、楚的和平只是暂时的妥协，就像建立在沙土上的大厦，随时可能因国家间形势的变化而转化为战争。晋、秦的关系同样如此。晋、楚之间，晋、秦之间在中原的影响力，此长则彼消，此消则彼长，势力不均衡，还没有均分霸权的条件，彼此的矛盾很难调和，因此信任无法压倒猜忌。当时的国家间形势由秦、晋、楚三国主导，其他诸国只是三国争霸的筹码、棋子、跳板或缓冲。

“政霸体制”的建立，使天下形成了一张无形的“平衡网”，谁打破这种全局性的平衡，谁就会成为众矢之的。因此，三国之间的争斗都会做到适可而止，不会逾越“平衡线”。在“政霸体制”的制约下，三国局部的战争和紊乱反而形成了整体的稳定和平衡。尤其是晋秦麻隧之战，晋楚鄢陵之战后，三国之间再也没有发生过大规模的武装冲突，出现了晋、秦东西之争和晋、楚南北对峙的形势，并逐渐形成了力量均衡的局面，为平分霸权创造了条件。

第十三章 “东西之争”与“南北对峙”

一、秦晋战争：一场势力均衡的较量

秦穆公死后，崤山以东的诸侯俱拭目以待，而晋人对秦国尤为关注。我们假如以前事测后事，那么，鉴于从秦襄公元年（前777）到秦穆公末年（前621）的一百五十七年间，秦人豪气英发，东与晋人周旋而取河西，西与戎人角力而开西陲，秦国俨然已跻身于上邦之列，成为与晋、齐、楚并驾的四大强国。况且，秦与晋相似，山河环抱，近戎接狄，其国险，其马多，还有渭河中游这个粮仓。秦、晋、齐由西向东，如一条常山之龙盘于黄河，构成了北方“河谷文明”的基石。秦国持续发展，继续走图强争霸的道路，为秦穆公开创的基业踵事增华应非难事。

可是，出乎诸侯意料，秦国突然变得萎靡不振了。从秦康公元年（前620）到秦出子末年（前385）的二百三十六年间，秦人竟无赫赫功业。虽然“弭兵之会”后，秦与晋、楚、齐平分霸权，成为国家间秩序的维护者，但却失去了以往的嚣悍，自守有余但霸气不足，停滞和守成成为这个时期秦国的特征。

外交上，除了哀公三十三年（前504）援楚抗吴算是一大亮点之外，其他便碌碌无为。春秋末战国初，秦国进入七代之乱时期（前476—前385），秦人由守势变为被动防御，在与魏国的角逐中屡战屡败，失去了东部屏障河西，渐渐从国家间竞争中淡出，陷入了边缘化的窘境。

内政上，情势暧昧，似乎笼罩在迷雾之中，给外界的印象是得过且过。至秦景公时代，秦国新旧势力开始权力角逐，高层发生了分裂。《史记·秦本纪》记秦景公之弟后子针，因与景公有矛盾，逃往晋国，并在晋国公开咒骂“秦公无道”。可见，旧的势力已不能适应时代发展的趋势，一场大的变革正在悄然酝酿。

尽管春秋晚期，秦国的政局还算安稳，七代之乱也没有引发实质性的动荡，内乱只是新旧体制转化的一种常规性震荡。但这惰性滋长和暮气弥漫的安稳，使秦国陷入了长久的低迷 。

秦穆公死后，秦康公䓨即位。秦康公在位十二年，大事无他，唯晋伐秦与秦伐晋而已。秦与晋，既世为姻亲，又世为宿敌，翻云覆雨是秦晋关系的常态。从秦康公开始，秦、晋之间的战争仍在断断续续地进行着。这些战争由于双方国内形势的变化，相互间力量的消长而互有胜负。秦国在对晋斗争中胜少败多，处于劣势。晋、秦战争虽然时间长、战事频，但大规模的武装冲突很少，除了令狐之战和麻隧之战外，大都是中小规模的冲突。而且，前文已提过，“君权与卿权二元政体”下的晋国，力量削弱许多，加上楚、晋对峙，牵制了晋的力量，晋、秦之争总体上是一场势力均衡的较量。

二、令狐之战与河曲之役

晋、秦之间的战争往往与晋国内政有直接关系。秦穆公去世的同年，晋襄公也去世了。晋国内部各个集团在拥立继承人问题上发生了分歧：赵盾因太子夷皋（晋灵公）尚在襁褓之中，主张改立年长的公子雍（晋文公庶子、晋襄公庶弟）；贾季则主张立公子乐。当时，公子雍仕于秦为亚卿，公子乐在陈国。晋国内部两派争执不下。

赵盾派先蔑（先眛）和士会到秦国去迎接公子雍。秦康公元年（前620），秦国派兵护送公子雍返回晋国，行至令狐（今山西临猗西南）。不料赵盾突然改变主意，这是因为晋襄公的遗孀穆嬴天天抱着太子在朝堂上哭诉。赵盾和同僚无可奈何，又怕穆嬴和太子党发难，便心回意转，竟不通告秦国，也不同为公子雍先遣已到绛都的先蔑商量，就改立太子夷皋而拒纳公子雍了。更过分的是，赵盾还决定袭击护送公子雍的秦师。赵盾为了麻痹秦军，扬言前来迎公子雍，实际早在秦师未至令狐前，晋师到达堇阴（今山西万荣西南）时，赵盾就做好了攻击秦师的准备，但秦师却毫无防备。晋师半夜偷袭，打了秦人一个措手不及，秦师当即溃逃，一直退到刳首（今山西临猗西）。晋师取得了“令狐之役”的胜利，受命为晋下军元帅的先蔑不胜其忿，背晋奔秦，士会也跟着先蔑入秦了。

赵盾的权变代表了晋国权贵的主流心态和主流做派，其特点是不仅敢于出尔反尔，而且善于文过饰非。用现代的话说，就是不折不扣的机会主义。相形之下，秦国权贵的心术和手腕就简单得多了。秦国权贵虽会以诡诈为荣，也会因诡诈而喜，但他们是凭本色出演，而不屑于装作正人君子。秦人虽多诈，无奈晋人更胜一筹。

令狐之役后，在秦康公执政时期，秦、晋多次交兵。秦康公二年（前619），秦伐晋，夺取了武城（今陕西渭南华州区东北）。康公四年（前617）春，晋伐秦，夺取了少梁（今陕西韩城南）。同年夏天，秦实施报复性进攻，占领了晋地北征（今陕西蒲城东北）。

秦康公六年（前615），秦伐晋，夺取了羁马（今山西芮城西或永济南）。晋人反击，秦人迎击，双方对峙于河曲（黄河自永济折而东入芮城之地）。秦师早有准备，故急于求战。晋国三军主帅赵盾采用了晋将臾骈的计策，“深垒固军”，拒不出战，以逸待劳，打持久战，消耗秦师的实力。当时，投向秦的士会向秦康公献计：晋有赵盾堂弟赵穿，此将不懂用兵，狂妄骄横，只会纸上谈兵，又嫉妒臾骈，可以派人向晋师挑战，赵穿必定逞其好勇得宠而出战。秦康公采纳了士会的计谋，十二月，秦师出兵偷袭郤缺和臾骈统领的晋上军，上军按兵不动。果然只有赵穿受激，出兵迎击。但秦师早已远遁，赵穿追之不及，收兵后竟怒责军士“敌至不击”。赵穿不肯善罢，不听旁人劝诫，竟率私卒单独进攻秦师。赵盾只得派兵接应，结果双方胜负未分便争相退兵了。

当夜，秦人派使者向晋人传言，约定明日继续交战。臾骈看到秦使神色慌张，语无伦次，揣测秦人恐惧，必定要逃跑，建议待秦师渡河时趁机进攻，秦军必溃。但赵穿反对，结果晋师眼睁睁地看着秦师安全撤退了。这次战役晋本可以取胜，却因为赵穿而贻误了战机。

不久，秦又出兵攻占了晋国的瑕（今河南三门峡灵宝西），但这里是秦人东进的咽喉要地，晋国是不会放弃的。《左传·文公十三年》记载：“春，晋侯使詹嘉处瑕，以守桃林之塞。”说明秦康公七年（前614），瑕又被晋国夺回。晋人紧紧地扼住了“桃林之塞”，堵住了秦人东进的渡口。

秦康公十年（前611），秦国为了取得楚国的支持，助楚伐庸，实为制晋；楚为了北上争霸，需要秦人的声援。双方的这一战略部署在不久后的邲之战见了成效。

纵观秦康公一代与晋的战争，秦、晋交相攻伐，秦在南线所得者较多，晋在北线所得者较多，两国旗鼓相当，打了个平局。

三、晋秦麻隧之战

公元前 609 年，秦康公卒，秦共公稻即位。这个时期的国家形势是楚渐强、晋渐弱。晋无力在南线和西线同时作战，为了避免两面受敌，晋有意与秦修好。赵穿主张以战逼和，这是强国对弱国惯用的伎俩。

秦共公元年（前 608），赵穿领兵伐崇。崇是秦的附庸，故址在今西安市鄠邑区东。晋侵崇，意在向秦炫耀晋有远征的实力，迫使秦向晋求和。可是，赵穿和赵盾低估了秦国君臣的智商，不仅徒劳无功，而且招来了报复。《左传·宣公元年》记载:“冬，赵穿侵崇，秦弗与成（和）。”第二年，秦报复性伐晋，围焦（今河南三门峡陕州区南）。赵盾亲自率兵救焦，未至，秦师解围而去。秦围焦，也是在向晋炫耀秦不无远征的实力，以牙还牙，取得了成效。

秦共公立四年卒，秦桓公荣即位，晋秦的斗争进入了白热化阶段。

秦桓公三年（前 601），晋人勾结白狄侵袭秦土，这是一次微小规模的边境冲突。桓公七年（前 597），楚、晋大战于邲，秦声援楚，晋在对秦斗争中处于被动。桓公十一年（前 593），晋伐赤狄潞氏。同年，秦伐晋，秦桓公至辅氏（今陕西大荔东）督战，结果是晋师胜，晋将魏颗擒获秦国大力士杜回。桓公二十二年（前 582），楚在对晋斗争中又处于上风，秦人见诸侯对晋多有不满，趁机勾引白狄侵袭晋土，这也是一次事态并不严重的边境冲突。

秦桓公二十三年（前 581），晋转变外交策略，开始与楚修好，为的是解除后顾之忧，全力抗秦。一直到秦桓公二十五年（前 579），楚与晋、晋与秦，分别出演了求成修好的外交大戏。

公元前 581 年，晋为了麻痹楚人、孤立秦人而求和于楚，楚同意。第二年，在宋国执政大臣华元的斡旋下，晋、楚破冰，两国都表示了议和的诚意。同时，晋为了稳住和麻痹秦人，又求和于秦，秦同意。同年秋，晋、秦相约会盟于令狐。秦桓公临时变卦，驻留在大荔之戎的故都王城（今陕西大荔东），说什么也不肯渡黄河到令狐去。鉴于晋人多变，秦桓公不为过虑。晋人只好改变程序，由秦大夫史颗到河东与晋厉公会盟，由晋大夫郤犨到河西与秦桓公会盟，两处都行礼如仪，表演俱佳，史称“夹河而盟”。《左传·成公十一年》记晋国大夫士燮（范文子）说：“是盟也何益？”公元前 579 年的晋、楚之盟乃有过于此，晋大夫郤至和楚大夫公子罢都不远千里，分别前往彼国会盟。

后来的事态证明，两次隆重的修好之盟，都是晋人设的圈套，楚人陷得较深，秦人却心知肚明。秦国分别派使者到白狄和楚国去联络，游说两国联合讨晋。楚人已经被盟约套牢，认为不妥，白狄的反应与楚一样。而且两国都通告了晋。晋国分化秦楚的部署已大功告成，楚国君臣大怒，立刻翻脸。“夹河而盟”一结束，晋、楚两国便反目。

秦桓公二十六年（前 578），晋厉公派大夫吕相（魏相）出使秦国，效仿楚秦的《诅楚文》递交了措辞激烈的《绝秦书》。文中历数自晋献公、秦穆公以来秦国的“罪恶”，并把秦、晋两国大小战争的罪名都加到秦人名下，极尽夸张之能事，将晋国描述为被欺负与被损害的角色，文过饰非，这就为伐秦找到了冠冕堂皇的借口。

晋国稳住了楚国，解除了后顾之忧，争取了多数国家的支持，便纠合齐、鲁、宋、卫、郑、曹、邾、滕，组成讨秦联军，连周王室也派刘康公、成肃公参加，开始向秦大兴问罪之师。虽说是联军，其实以晋师为主力。同年五月，阵容强大的晋军长驱直入，同秦师战于麻隧（今陕西泾阳北）。晋军将士协同一致，斗志高昂，一举击败了秦师，秦将成差及不更（官名）女父被晋师俘获。晋师乘胜西渡泾水，打到侯丽（秦邑、今陕西礼泉东），方才收兵。晋厉公亲自到新占领的秦地新楚迎接凯旋的晋师。这是自晋灵公以后，晋师第一次也是唯一一次真正意义上的胜利，并深入到了秦国腹地。

秦在麻隧之役的损失并不大，晋虽胜利，但并没有形成对秦的决定性优势。以后，秦国组织了几次反攻，取得了一些微小的胜利，逐渐挽回了劣势。秦桓公时期，晋、秦处于对峙状态，双方的战争都属于“积极性防御”，即通过进攻达到防守的目的。晋国略微占优，但优势并不明显，两国总体上优劣相当，平分秋色。

四、残阳如血：秦晋东西之争的结束

公元前 577 年，秦桓公卒，秦景公石即位。晋、秦斗争进入博弈阶段，最终形成了势力均衡的状态。

秦景公二年（前 575），晋、楚战于鄢陵，楚师败退。楚、晋进入势力均衡的南北对峙状态。这为秦创造了反守为攻的条件。

春秋以来，秦、楚之间虽有过战争，但数量不多、规模不大；为了对晋斗争的需要，楚、秦基本上保持着联盟关系。鄢陵之役，楚国虽然未伤元气，损失不大，但在对晋斗争上总感到力不从心。不久，晋悼公即位（前572—前558）。晋悼公执政时期，晋君需要卿大夫的支持，期望恢复晋国独霸的局面；卿大夫也需要借助国君的力量，通过对外战争扩展实力。君臣出现了短暂和平，使晋国的内政和军事取得了较大的成就。晋的国势逐渐超越楚、秦，并且大力扶植吴国，给楚国制造边患。晋的强大，对秦和楚都是威胁，在这种情况下，秦、楚的关系更为密切。因此，这个时期实际上是秦、楚联合制晋。

秦景公十三年，晋悼公九年，即公元前564年，晋国发生饥荒。秦景公遣使到楚国，希望能联合伐晋；共王表示同意，但令尹子囊却认为道义上欠妥。楚国君臣商议后，决定只派兵到申县北部的武城（今河南南阳北），不出楚境，威慑晋人，声援秦人。晋国饥情严重，无力反击，又怕楚人趁机北侵，迎战不利，最终秦师胜利。这次秦侵晋，不过是骚扰。第二年，晋国的荀罃率兵侵秦，以示报复，无非也是骚扰。

秦景十五年，晋悼公十一年，即公元前562年，应子囊的邀请，秦景公命右大夫詹领兵与楚师会合，共伐郑。郑简公按照执政大夫子展的既定方针，见楚、秦联军将到，便出城相迎，表示对楚无二心，并愿意导楚伐宋。于是，秦师跟随楚师伐宋只是走了一个过场。楚秦刚退兵，晋便与诸侯共伐郑。不待开战，郑即求和，表示对晋无二心，并厚赂晋悼公。晋悼公正在为不战而服郑陶醉时，秦袭晋。秦景公命庶长鲍先带一支部队渡河，袭扰晋地。晋人以为一个将军带领的一支部队不成其为大患，也只派了一支部队去截击。秦景公又命庶长武再带一支部队渡河，与庶长鲍夹攻毫无防备的晋师。两军战于栎（河东晋邑，今具体地点不明），晋师因轻敌而大败。

庶长，是秦国的爵位。春秋初期，秦宪公时代就有大庶长，秦孝公三年拜商鞅为左庶长，说明庶长与左庶长的名称由来已久。商鞅沿用，但略有变更。商鞅制定秦爵位制度，分庶长为四等：第十爵左庶长，十一爵右庶长，十七爵驷车庶长，十八爵大庶长。

秦景公十六年（前561），秦庶长无地随楚令尹子囊伐宋，这是对晋、郑会盟的报复。楚共王夫人秦嬴回秦国省亲，同年冬将返楚，楚司马子庚受命为专使至秦，这时的楚、秦进入前所未有的“蜜月期”。

楚、秦联合，晋一边扶持吴国牵制楚国，同时还常常纠集一些小国联合起来对付秦国，这反映出晋在对秦斗争中的困境。齐国为了维持自己在东方的势力，从齐顷公、晋景公开始，便与晋国结盟，通过支持晋国争霸，达到保存实力的目的，并取得了成效。

秦景公十八年（前559），作为对栎之役的报复，晋联合齐、宋、卫、郑、曹、莒、邾、滕、薛、杞、小邾等共同伐秦。双方在秦境泾河岸边对峙。据《左传・襄公十四年》记载，这次战役被晋人称为“迁延之役”，即拖拖拉拉。战役分两个阶段，在泾水以东时晋胜；到泾水以西后，由于晋国将帅不和，秦见机取胜。晋、秦打了个平局。

此役晋之所以先胜而后败，根本原因是六卿不和。通过晋景公、晋厉公的几次“清洗”，到晋悼公时，十一家卿大夫减为六家，“六卿政体”悄然确立。晋悼公想利用六卿称霸，反而给了六卿发展壮大的机会，六卿相争愈演愈烈，这是他始料不及的。《左传・昭公十三年》记郑大夫子产说：“晋政多门。”体现在战争中，就是将帅不和，搅乱军令，消减军威，乃至转胜为败。

“迁延之役”后，晋、秦最终形成了势力均衡的局面。此后多年，秦土安宁。公元前 558 年，晋悼公病逝，晋平公即位，晋国逐渐收缩战线，由外转内，开始了国君与六卿、六卿之间的权力争夺战。秦、楚国内反而是稳定了。

秦景公三十年（前 547），秦、晋又联合向吴国进攻，后闻吴有备，便转向攻郑，并一举击败了郑师。第二年，弭兵之会在宋地举行。

秦、楚间的联合愈来愈紧密，正是两国中衰的反映；晋六卿的强大，正是晋国走向衰落和分裂的前奏。秦、楚在对晋斗争中，不仅体现在军事联盟上，还通过和亲的办法，巩固双方的关系。秦景公之妹秦嬴嫁给共王，就是最好的佐证。

公元前 537 年，秦景公卒，秦哀公即位（前 536—前 501）。秦哀公晋守先君遗规，与楚亲近，东防晋国。

纵观从秦康公元年（前 620）至秦景公三十年（前 547）的晋秦之争，实际上就是东西之争，北方的战争几乎都发生在晋、秦之间。两国小战不断，大战少有，互有胜负，客观上促使了北方的和平，形成了东方和西方的势力均衡，巩固了“政霸体制”，是一场不分伯仲、维护国家间秩序的较量。尤其是秦景公时期的对晋斗争，秦国加强了与楚国的联盟，与楚南北呼应，一起制晋。三方的争霸，反而进一步巩固了已经形成的“三角平衡”关系，这种平衡最终的发展趋势就是平分霸权，即弭兵之会。

五、晋楚鄢陵之战

春秋晚期，作为四大霸主的楚国，在与宿敌晋国和新生力量吴越的角逐中败败胜胜，反反复复，可是楚国仍然生趣盎然，顿足振袂，忽而偃蹇连蜷，或而挥戈返日，天地为之低昂。

从楚穆王元年（前 625）到声王末年（前 402），大致与秦康公到秦出子同时，224 年间，楚国虽然频发变故，但屡创奇迹，就像弄潮儿，忽而坠入浪涛谷，转眼之间又跃上浪峰，举手投足都牵动着中原诸侯的神经。即使经历“吴师入楚”的巨变，楚人在休养期也没有忘了诸夏，在楚惠王时代一举灭了朝三暮四的陈、蔡，将中原南部变成了楚人的腹地。不灭郑，是为了战略的需要，楚人将郑变成了可攻可退的战略缓冲带。

春秋晚期，晋国内乱，陷入了分裂局面；齐国内斗，陷入了卿权独大的状态；秦国低迷，陷入了边缘化的窘境。只有楚国，是春秋时期的常青树，成为东周“一览众山小”的超级大国。

公元前 578 年，晋国联合诸侯在麻隧大败秦军，这是晋麻痹楚、孤立秦战略的胜利。楚人逐渐清醒，开始采取应变措施，最终引发了晋楚鄢陵之战。

共王十六年，晋厉公六年，即公元前 575 年春，楚国以割让汝阴的领土为诱饵，笼络郑国。郑国君臣唯利是图，再次背晋从楚。同年夏，晋伐郑，楚救郑。这次晋、楚双方都做了充分的准备，彼此不再回避。

令尹子重进取精神不足，缺乏勇猛，但谨慎守城，是一位合格的令尹、基本称职的主帅；司马子反恰相反，勇猛有余而谨慎不足。如果二人能取长补短，和衷共济，会成为很好的搭档。可是子反不尊重子重，共王不喜欢子重，君臣之间有了隔阂，这给楚师的前途蒙上了一层令人忧虑的阴影。共王命子反为中军元帅，子重为左军元帅，子辛（右尹公子壬父）为右军元帅。楚人尚左，一般楚王都会随左军指挥战斗。这次，共王却偕王卒随中军行动，让令尹听司马指挥，等于让司马子反做了三军主帅，违背了楚国的传统，颠倒了尊卑的顺序，破坏了治军的规则。郑与楚是同盟，“东夷”的一些“蛮军”也参加了楚师。

晋师以执政的上卿栾书为三军主帅迎击楚师。在出师前，派使者到齐、鲁、卫诸国请求出兵相助。

楚师过申县，子反向已在养老的申叔时请教。申叔时认为现在楚国对内不施惠而无德，对外不守盟而无信，违背农时出兵而无礼，谁还乐意效死呢。申叔时尖锐而客观的批评，子反听后感受如何，史料无载，估计他是不以为然。

晋国将领也不是同心同德。当时晋国以栾、荀、郤三氏势力最大，这次出征的八位将佐，郤氏占了三位，荀氏占了两位，栾、韩各一位。主帅栾书和郤至主战最力，士燮则认为战不如和；其他几位不知可战可和，服从多数。

晋、楚两军在鄢陵相遇，其地古今同名，介乎郑、许之间，离晋远，离楚近。可见晋师求战心切，不先攻郑，而是越郑境直奔楚师杀来。这次战役与邲之战一样，只打了一天，从天刚亮一直战到天黑方收兵，但规模和激烈程度远不及邲之战。战前，双方都部署严整；开战后，由于地形的限制和战局的变化，双方都军自为战、车自为战和人自为战，打成了一场混战。晋人和楚人都是出色的将士，打得异常勇猛。

晋师受楚师紧逼的约束，不易施展。鲁师和卫师尚未赶到，齐师虽已赶到但暂时还不能参战。栾书准备固守三天，待楚师引退时再反击。郤至认为楚师有几个弱点，其中最致命的就是令尹与司马不和，以及郑师军不整肃、蛮军无阵法，不难击败。晋厉公一度准备退兵，但被身为楚裔的苗贲皇（若敖氏后人）劝止。苗贲皇建议晋军的偏师应付楚人的左军和右军，以四个主力军团合击中军王族。晋厉公采纳了苗贲皇的建议，下令出击。

楚中军顶住了晋主力的合击，打得异常顽强。同时，郑师被晋师击败，郑成公奔逃。子重虽与子反有不同意见，但他指挥左军作战是不遗余力的。天黑了，双方收兵。晋、楚两军都没有松懈，而是休整待命，准备明天继续打仗。如果不出意外，楚师可能小胜，或者晋、楚打个平手。共王派人找子反商议下一步军事计划，不料子反的家仆为了让主人解乏，违反军规，献酒给子反，子反喝得酩酊大醉，无法晋见共王。

共王虽是第二次出征，但亲临战线还是第一次，实战经验不足，不谙兵法，看到楚师不能立刻取胜，不免忧虑，白天又受了轻伤，夜间休战时又听说主帅子反喝醉了酒，以为这是天意让楚国战败，竟不向将士通报，便径自与亲随跑回方城去了。将士以为大王决定撤兵了，也一窝蜂似的连夜弃营而去。楚师遗弃在营垒里的军粮，让晋师足足吃了三天。晋师在楚师不战而退的情况下取得了胜利。子反在子重的敦促下也自缢谢罪了。

鄢陵之战子反醉酒误事，诚然难辞其咎。狭路相逢勇者胜，在双方胜负未分，近乎势均力敌的混战兼恶战中，谁能坚持不懈，谁就多了胜利的机会。晋厉公的品行和修养都不及共王，但他没有弃军而逃，尽到了责任。共王却临阵而逃，必定使楚师陷入慌乱之中。《史记·周本纪》说兵者危事，必须慎始慎终，稍有疏忽懈怠，就可能因“一举不得”而“前功尽弃”，这样的战例层出不穷，楚师败于鄢陵就是一例。

共王也知道鄢陵之败错在自己，临终前还为此引咎自责，请大夫在他死后给自己加上“灵”或“厉”这样的恶谥。这恰如《庄子·天地》中所说的："知其愚者非大愚也，知其惑者非大惑也。"

鄢陵之役楚国是不败而败，但损失要比城濮之战轻得多，只把营帐和军粮丢了个精光，实力未受重大损失；晋国是不胜而胜，但并没有取得实质性的胜利。不久，晋国就接连演出了君诛臣、臣弑君的惨剧，相比之下，楚国反而稳定。鄢陵之役打醒了楚国，此后，楚加强了与秦的联系，共同抗晋，形成了晋、楚南北对峙的局面。

六、晋楚战争：一场全方位的大国博弈

楚虽败，但未受大损。郑也是如此，而且没有因此而背楚从晋。郑是国家间局势的"风信鸽"，政治嗅觉灵敏，它的向背往往能反映晋、楚的实力对比。郑在楚鄢陵之败后仍能从楚，说明楚的实力总体上仍略强于晋。

共王十七年，晋厉公七年，即公元前 574 年，郑袭晋，侵占了晋的河南之地，再次表明晋在鄢陵之战中不过是名义上的胜利者。郑有了楚的支持，也敢有恃无恐，挑衅晋的边地。果然，同年夏，为防晋伐郑，楚派公子成、公子寅领兵帮助郑守国。晋与周、齐、鲁、宋、卫、邾、曹合兵伐郑，楚令尹子重率师救郑，联军望风而退。同年冬，联军又伐郑，楚公子申领兵救郑，联军又知难而退。

同年末，晋国内乱。晋厉公宠信胥童（胥克之子）、夷羊五、长鱼矫等人，其中胥氏也是晋国的大贵族。晋成公六年（前 601），执政大夫郤缺罢免了胥克下军副帅的职位，胥氏与郤氏结怨。到了晋厉公时代，郤氏的势力强大，成为卿大夫集团的核心。晋厉公为了制衡郤氏，打击卿权，便利用胥氏与郤氏的矛盾，借助胥氏的力

量诛杀了郤氏的三位大夫（郤至、郤犨、郤锜），陈其尸于朝，而纳其室财。随后，胥童又率领甲兵劫持了栾书和荀偃（中行偃），建议晋厉公处死二人，晋厉公没有同意，并任命胥童为卿。但晋厉公和胥童的行为却引起了其他卿大夫的怨恨。

冬去春来，栾书和荀偃先发制人，杀了晋厉公，迎晋襄公曾孙周子为君，是为晋悼公。随后又诛杀了胥童，灭了胥氏。晋厉公诛杀郤氏，是晋景公诛杀先氏和削弱赵氏的延续，说明晋国君权与卿权的矛盾已经不可调和，只能用暴力解决。至此，晋十一家大族只剩七家，为不久“六卿政体”的确立创造了条件。同时，晋国的权力斗争也削弱了晋师的兵威，使晋在对秦、楚斗争中很难实现质的突破，只能苦苦支撑，勉强维持，将晋、楚与晋、秦斗争，打成了一场势均力敌的消耗战。

同年，不明天下形势的舒人以为楚败于晋，有隙可乘。于是，舒庸潜引吴师围攻巢邑。楚子囊率兵东征，赶跑了吴人，并一举击灭了舒庸。

共王十八年，晋悼公元年，即公元前573年，晋悼公为稳定政局和对外争霸的需要，开始改革内政，重用卿大夫。使魏相、士鲂、魏颉、赵武为卿；荀家、荀会、栾黡、韩无忌为公族大夫（一族的宗主）。为了制衡卿权，晋悼公增加了六军将佐的“军尉”（副官）人数。这些措施在短期内取得了成效，使晋能同时抵御楚、秦，但却埋下了六卿分权的隐患。

同年夏，在楚国的支持下，郑侵宋。随后郑成公与共王合兵伐宋，夺取了宋地朝郏（今河南夏邑）；另一支部队由楚子辛和郑皇辰率领，夺取了宋地幽丘。然后两路大军会合，同伐彭城。在夺取了彭城后，共王将当初逃奔到楚国的宋国桓族五人送回国，为的是给宋执政大夫华元施加压力，让桓族去对付政敌华氏，达到控制宋的目的。

同年七月，宋老佐和华喜围彭城。楚令尹子重率兵伐宋，晋救宋，晋、楚战于宋邑鼓城附近，楚师因境况不利而退却。

共王对外用兵的同时，也不忘整顿内政。右司马公子申贪黩而跋扈，接受小国贿赂，侵夺令尹子重和左司马子辛的职权，于共王二十年（前 571）被共王处死。

共王二十一年（前 570），令尹子重率兵伐吴。楚师首次东渡长江，一度攻占了鸠兹（今安徽芜湖东），但楚将邓廖被吴师俘获。楚师刚退走，吴师便西渡长江，攻占了驾邑（今安徽无为）。吴、楚战争拉开了大幕。

不久，子重病故，子辛继为令尹。子辛的贪黩甚于公子申，因向陈国索赂太苛，迫使陈背叛了楚。公元前 568 年，共王杀子辛，以子囊为令尹。楚国令尹的权力交替正式完成。

共王二十五年（前 566），子囊率楚师围困陈都。晋、鲁、宋、卫、曹、莒、邾虚言救陈，然而意见分歧，迟迟不出兵。陈不得已，向楚乞和。

这一时期的晋、楚战争，重点不在“战”，而在于“交”，说明晋、楚之间的实力逐渐拉平，双方的关系开始孕育出和平的曙光。但是，双方要想得到真正的和平，势必要用武力开启。这就是春秋，和平与武力总是如影随形。

七、一地鸡毛：晋楚南北对峙的落幕

共王二十六年（前 565）冬，楚为敲打郑人兴师伐郑，子囊为主帅。郑国在晋、楚对峙中安安稳稳地过了几年，国内的执政大夫有点忘乎所以了，居然去袭击楚国的附庸蔡国，俘虏了蔡国司马公子燮，引火上身，惹怒了楚人。

郑国的大夫商议对策，有主张向楚人求和的，有主张向晋人求救的，莫衷一是。最终执政大夫子驷（公子騑）的建议占了上风，主张从楚。其实在公元前 571 年，郑成公病重的时候，子驷是建议改服晋国的，但郑成公不同意，要子驷等继续从楚，子驷谨守先君遗训。

公元前 565 年，郑简公即位，子驷陪六岁的郑君参加邢丘之会，并朝拜晋君。晋悼公对二人无礼，子驷怨恨晋，所以坚持与楚乞和。《左传·襄公八年》记子驷说：楚攻郑，郑人已急不可耐，我们姑且先顺从楚人，以舒缓民众的恐慌，等晋人打来了，我们再顺从晋人。我们以后就放一些玉帛和牛羊在边境上，等待楚人和晋人，这是小国应对大国最好的策略。无论楚人、晋人谁来打我们，我们都毕恭毕敬地献上玉帛和牛羊，“以待强者而庇民焉。寇不为害，民不罢病，不亦乐乎”？

郑人一面与楚议和，一面派使者向晋国说明事出无奈。晋人没有表示谅解郑人的处境，但这并不出乎郑人的意料。当时晋、楚势均力敌，郑国只能左右摇摆，以前多是自发的，现在则是出于自觉，郑人形成了应变各国局势的常态。

共王二十六年（前 565）冬，秦景公派人邀请楚共同伐晋，共王既不想与晋发生正面冲突，也不愿开罪秦，只派兵到申县北部的武城，不出楚境，声援秦人。此战秦师取胜。

同年十月，晋人联合诸侯伐郑，郑向晋求和。荀偃建议拒绝议和，继续围郑，待楚人来救，以逸待劳打败楚人，让郑人彻底归附。荀罃不同意，向晋悼公献出“疲军”的策略。《左传·襄公九年》记中军元帅荀罃说：“三分四军……以逆来者。”即将晋的中、上、下、新（新上、中、下三军合并而成）四军各分为三部，出征时每军只调用一部，加上其他诸侯的兵源，轮番与楚师交战。而晋国在作战时，有部分兵力休整待命，楚师则不能休整，很难长久支撑。这种策略，比围困郑，等着楚师来决战要好得多。所以，争胜不仅仅靠与敌人“力战”，也在于“智谋”。

《国语·鲁语下》说：“君子劳心，小人劳力。”《孟子·滕文公上》也说：“或劳心，或劳力。”“劳心”就是使用智，与荀罃所献的使楚人疲于奔命的良策如出一辙。郑人见楚人果然穷于应付，就转而采取中间偏晋的立场，晋师来伐则从晋“告”楚，楚军来侵则从楚“赂”晋。如此一“告”一“赂”，郑人在不知不觉中就晃到晋人那边去了。

共王二十九年（前 562）四月，晋人联合诸侯伐郑，郑与晋议和。同年，应子囊之请，秦景公派右大夫詹领兵与楚师会合，共伐郑。郑简公按照执政大夫子展的既定访方略，出城迎接楚、秦联军，表示对楚无二心，并自愿助楚伐宋。楚、秦伐宋，恰如一场武装游行，来也匆匆去也匆匆。楚、秦刚一撤军，晋便联合诸侯伐郑。未开战，郑便求和，表示对晋无二心；同时，郑国还派两位使者通告楚人，郑将服晋；共王对此大为不满，扣留了使者。这个粗暴的举动激怒了郑人，促使郑与晋会盟，郑简公还厚赂了晋悼公。

晋与齐结盟，并使郑和宋成为自己的附庸；楚的对策是加强与秦的联盟，巩固陈和蔡附庸国的地位，尽力夺回在中原丧失的优势。就在晋悼公正在为不战而服郑自我陶醉时，秦袭晋，晋因轻敌而大败。楚与秦相呼应，当秦在为伐晋做准备时，楚又拉拢郑共伐宋，中原为之骚动。

郑国是当时东南西北转口贸易的中心，最为繁华。打仗归打仗，经商归经商。在郑国君臣和商人看来，战争只是过眼烟云，无须介怀，只要有利可图，一切皆可用，至于从楚还是从晋，则根据需要和利益而定。

共王三十年（前561），秦、楚联合伐宋，这是对晋郑会盟的报复。同年，吴王寿梦去世，子诸樊即位。第二年，共王病逝，其子熊昭即位，是为楚康王。楚康王二年（前558），在位十五年的晋悼公去世。

共王晚年在北线的主要敌手是晋悼公。北线战场，楚人与齐交好，与秦结盟，以郑、宋作为与晋争雄的战略跳板，有得有失，得失大致相当。郑国和楚国的关系时好时坏，但双方的交往一直是频繁的。东线的主要敌手是吴王寿梦，但这时的吴刚刚崛起，对楚还不能构成战略威胁，东线得大于失，局势比较平静。

晋国在北线与齐结盟，与秦争斗，实力均衡，难分胜负；南线的主要敌手是楚人。晋人以郑、宋等小国为战略缓冲，并扶植东南的吴国，制衡楚国。但晋、楚之间几乎没有发生过大规模的直接冲突，都以郑、宋为战略屏障，打摩擦战。晋、楚势均力敌，难分伯仲。

共王晚期和晋悼公时期是晋、楚对峙最关键的阶段，双方势力均衡，是一场大国之间全方位的战略博弈。随着晋悼公去世，晋国开始衰落，陷入内部争权的困境。共王逝世后，楚国进入中衰期，陷入内乱和外患的困局。这些都为弭兵之会和“政霸体制”的确立创造了条件。

第十四章　平分霸权

一、战略收缩

公元前559年楚康王即位，公元前557年晋平公即位，楚、晋进入对峙的末期。除了公元前557年晋伐楚，楚以偏师迎击，从而小败外，晋、楚之间争端渐熄。同时，在西方，是秦景公执政中期，晋、秦之争基本停息。这时的秦、晋、楚由于国内局势和国家间形势的变化，都转向了战略收缩，逐渐将精力放到了国内或周边。

秦国依然低迷，新旧贵族开始了权力争夺战，秦进入新旧势力的交替期。其实，自从公元前559年"迁延之役"后，秦与宿敌晋国已有十多年没有发生战事了，这主要是由于晋国内乱，无暇外顾。《史记·秦本纪》记载："晋公室卑而六卿强，欲内相攻。"而秦国低迷，贵族也忙于内争，无力攻晋，所以"久秦晋不相攻"。公元前549年，即秦景公二十八年，晋还派韩起到秦，秦也派后子针到晋，双方互相试探，以求媾和。晋对同秦议和相当重视，叔向特别嘱咐行人（外交官员）子员对后子针要接待周到。叔向强调：秦、晋议和成功，对晋非常重要。但是，由于当时议和的时机还不成熟，所以双方在试探一番后，将媾和事情暂时搁置起来了。

晋国开始衰落，晋大臣叔向也承认晋国今不如昔了。《左传·昭公三年》记叔向说："（晋）庶民罢敝，而宫室滋侈。道殣（死人）相望，而女（贵族）富溢尤。民闻公命，如逃寇仇。"这段话虽然是公元前539年叔向所说，但晋的衰落却是始于平公初年，日积月累而致。晋国的变化如此之快，正是当时剧烈的社会变迁和新旧势力斗争的反映。旧势力主要指以国君为代表的姬姓公族，新势力则是以卿大夫为代表的贵族集团。随着晋国的衰落，晋在对外斗争中优势渐失。但是卿大夫集团却在之前（景公、厉公、悼公时期）的对外战争中逐渐壮大，国君与卿大夫、卿大夫集团内部的权力斗争逐渐成为晋国的主流。于是，晋由外转内，开始了内部权力重组的斗争，迫切希望与秦、楚解除敌对关系，罢兵议和。

公元前552年，晋国内乱，范氏（范献子）灭栾氏，栾盈奔楚，栾盈见楚人无相助之意，又跑去齐国了。晋国"六卿政体"最终确立，君权逐渐旁落，公室衰微。

齐国依然中规中矩，基本不参与国家间事务，与晋、楚都交好，维持在东方的霸权。但是自齐桓公死后，齐进入四代之乱，宗室力量崛起，开始打破"吕氏主政，高、国二氏辅政"的体制，君权逐渐衰微。到了齐庄公时期，逃奔至齐国的田氏开始崛起，参与到齐国的权力斗争中来。从齐庄公时代开始，齐将主要精力放在了国内，国君与卿大夫、卿大夫集团内部，为了权力展开了长久的斗争。齐国也需要相对稳定的国家间环境，以便将精力集中于国内事务。

楚国自康王时起，东南的吴国逐渐崛起，成为楚的大患。因此，楚国开始收缩北方战线，将主要精力放在了东南战线，抗拒吴国。从康王元年（前 559），令尹子囊伐吴开始，一直到公元前 473 年吴被越灭，吴逐渐取代晋，成为楚的宿敌。楚更加希望与晋议和，以便全力制吴。

这时四大强国势力均衡，都感到有暂时息兵的必要。集中全力维持国内事务的需求，逐渐代替了各大国之间“争霸”的需求。

除了大国，这时的中原小国也是相攻不息，虽无大战，但边境争端不断。夹在大国中间的郑、陈、蔡、宋、鲁等国，公族四分五裂，出现了“郑国七穆”“宋国华氏”“鲁国三桓”的局面。国君与列卿、列卿与列卿之间相争不已，他们相互猜忌，相互防范，乃至草木皆兵。

宋都的市民追捕一只狂犬，这只狂犬窜进了大夫华臣家中，华臣见市民蜂拥而至，误以为仇家要杀他，竟逃到陈国去了。可见宋国不同贵族集团之间的矛盾颇深。

公元前 563 年，郑简公三年，郑国内乱。当初，郑国大夫子驷为兴修水利和整顿田界，在郑国推行“田洫制”，触犯了尉、司、堵、侯、子师氏这些贵族的利益，五族与子驷等结怨。公元前 566 年郑僖公死，托孤子驷，郑群公子子狐、子熙、子侯、子丁等发动叛乱，被子驷平定。不久，子驷成为执政大夫，子国为司马、子耳为司空、子孔为司徒。五族便联合群公子的余党发动叛乱，杀死了子驷、子国、子耳。子西（子驷子）、子产（子国子）、子蛟联合郑人平定了叛乱。子孔成为执政大夫。

公元前 554 年，即郑简公十二年，郑国内乱又起。因子孔专横跋扈，郑人怨恨。于是，子展、子西率领郑人诛杀子孔，并夺占子孔的田地和仆妾。子展成为执政大夫，子西辅政，晋升子产为卿。子孔的同党子革（然丹、郑丹）、子良奔楚，楚以子革为右尹。

公元前 553 年，即蔡景侯三十九年，蔡国内乱。司马公子燮因图谋背楚从晋而被杀，其族弟公子履为了与公子燮划清界限，从蔡赶往楚，向共王表忠心。

同年，即陈哀公十六年，陈国内乱，庆虎、庆寅（陈列卿）指责公子黄与公子燮同谋，公子黄（陈哀公弟）不自安，效法公子履，赶往楚表忠心。公元前 550 年，陈哀公朝楚见康王，公子黄向康王诉庆氏的罪状。康王命莫敖屈建（子木）伐陈。楚师围陈都，城中的役徒杀死暴虐的庆氏，打开城门迎接楚师，楚师护送陈哀公和公子黄入城。

公元前 548 年，即楚康王十二年，令尹芀子冯去世，屈建为令尹。同年，因为吴国支持舒鸠搞独立，楚伐舒鸠，不仅灭了舒鸠，而且击溃了援救舒鸠的吴师。至此，群舒尽灭。

同年，司马芀掩整顿兵赋。《左传·襄公二十五年》称为“庀赋，数甲兵”，即征收军赋，然后检查计算，统一使用；其实就是改订征税的章程。先前楚国是以户计或以口计征，必然对中上等贵族最宽，对下等贵族较宽，对平民较苛，对农奴最苛，久而久之，成为积弊，使兵赋受损，士气受挫。芀掩的改革使得自田土的收入与军赋成一种函数关系，达到官方和民间都能接受的状态，是楚国税收制度上的一次意义重大的改革。基本上纠正了畸偏畸差的弊端，对平民和农奴有益，对下等贵族影响不大，增加了政府的兵赋，是一种良法；唯一的隐患是可能激起某些中上等贵族的抵触与反抗。

总之，春秋末年，大国求安，小国求存，都有罢兵停战、休养生息、专心国内的诉求。这就为“弭兵之会”创造了条件。

二、一场影响深远的会议

公元前547年，宋国左师向戌正在晋、楚两国斡旋，传达双方的和平意愿，蔡国声子（公孙归生，蔡太师公子朝子）也参与了这次和平外交。

公元前546年，即康王十四年，晋平公十二年，秦景公三十一年，齐景公二年，向戌的穿梭外交取得了预期的成果，晋、楚首先达成了弭兵协议。向戌与晋上卿赵武（赵文子，晋执政大夫）和楚令尹屈建私交都不错，见楚、晋关系缓解，便倡导扩大议和范围，举行弭兵之会。这次宋国积极鼓吹“弭兵”，晋、秦当然愿意破冰，所以欣然赴会。晋、楚已经签署了双边协议，楚国当然也赞同。齐国也表示积极支持。然后，向戌遍告诸小国。大国罢兵，对小国来说当然利大于弊，郑、陈、蔡、宋等也纷纷响应，俱无异议。和平曙光渐现。

同年夏，晋赵武、楚屈建，以及齐、鲁、郑、陈、蔡、许、卫、曹诸国的执政大夫，齐聚宋国。晋、楚两国的大夫先就盟辞达成了协议，于是，宋平公设宴款待晋、楚两国的大夫。然后，向戌与到会的各国大夫在西门外会盟。邾、滕两国的国君也到会了，但邾是齐的附庸，而滕是宋的附庸，都未能参与会盟。

虽然晋、楚都有议和的诚意，无奈两国积怨太久，猜忌颇深，不免暗藏敌意。就在这次谈判息兵休战的会上，晋、楚为争当盟主，还不免刀光剑影。晋本以盟主自居，但参加会盟的楚人决心在会上争做盟主，就在外衣里穿上铠甲，以防万一。《左传·襄公二十七年》记屈建说：“事利而已。苟得志焉，焉用有信？”意即对楚有利的事就做，管它有信无信。这个外交方针，与庄王“德霸”

和重信轻利的外交方略相比，是明显的退步。晋人见这种形势，争之不利，赵武采取克制态度，只好把盟主的位置让给楚人，使这次弭兵之盟得以顺利举行。但楚人的这个盟主有名无实，因为楚国已没有实力号令诸侯，天下已进入共霸格局。

弭兵之会是“政霸体制”进一步发展的必然结果，换句话说，这次会议就是政霸体制精神的最终体现。会上约定各个小诸侯国对晋、楚两国均须同样朝贡，而齐、秦与晋、楚享受同样待遇，保持同等地位。齐和晋的联盟关系依然如故，楚与秦的联盟依然不变。这等于承认了晋、齐、秦、楚为势力均衡的头等大国，四国平分霸权，“共霸”天下。这就是“政霸体制”的精神，即国家间秩序由几个大国共同维护，然后划分势力范围，四大国有责任维持势力范围的局部安全，从而达到国家间秩序的整体安全。而维护的方式，在局部是通过外交佐军事完成的；在整体，主要通过召开国家间会议，由四大国共同协商解决争端。

弭兵之会上的四大国虽然各怀心思，但由于政霸体制的理念已深入人心，共霸局面势不可挡，国家间新秩序已经形成，各国贵族集团间只能顺应时代趋势，达成了暂时的妥协，停止了较大规模的战争。事实上也是如此，弭兵之会上，以政霸体制为载体的国家间新秩序最终以会议与公约的形式建立起来，国家间秩序趋于稳定，一直到战国初期（公元前 5 世纪 20 年代），天下进入了长达一百二十余年的和平期，在这段时间，除了楚、吴冲突外，基本无大的战事。

弭兵之会后，各个诸侯国演化为具有国家自治意识和民族意识的独立王国。但随着各国内部形势的变化和国家间局势的发展，到了战国初期，各国的势力又出现了此消彼长的趋势，势力均衡的局面逐渐被打破，各国贵族集团为了争当邦主，展开了长期的战争。

三、吴人与楚人

弭兵之会后，四大强国顺应时代趋势，开始收缩战线，在各自的势力范围内称霸，维护着“政霸体制”的良性运转和国家秩序的整体安全，形成了百年罕见的政治平衡。各诸侯国抓住和平的窗口期，开始致力于建设自己的自治王国，“王国体制”日渐巩固。四十年后，即在公元前 506 年，晋定公与若干诸侯在召陵会盟，商议伐楚，但未与楚师交战就散伙了。不久，晋国发生巨变，分为赵、魏、韩三家；齐国改朝换代，吕齐变为田齐。公元前 413 年，即楚简王十九年，楚伐魏，楚、晋才重启战端。同年，也是秦简公二年，魏开始大举伐秦，一直打到郑（今陕西渭南华州区），秦人与晋人再次进入战争状态。

和平期内，晋人、齐人、秦人的主要敌人来自内部，北方的国家形势比较稳定；而楚人的威胁则来自东南的吴人和越人，南方的国家局势虽然紧张，但并不复杂。

这时的南方不再是楚国一家独大，而是一分为二，形成了两雄并立的局面。楚人控制了汉水、淮水上中游和长江中游，并且扶植徐人抵抗吴人，在形式上控制了淮水下游；其主要对手吴国控制着长江下游。但仰仗霸主的余威，楚人依然将南方的权力中心掌握在手中。

吴国从寿梦在位（前 585—前 561）起，开始吸收中原文化。寿梦死，子诸樊（前 560—前 548 在位）即位；诸樊死，弟余祭（前

547—前 544 在位）即位。吴人经过四十年的苦心经营，物质文明和精神文明颇有起色。

公元前 544 年，余祭被越人刺杀，弟夷昧即位。同年，夷昧弟公子札（季札）到“上国”访问，向诸夏通报夷昧即位。公子札访问到了鲁国，要求“观乐”，即欣赏中原的歌舞，在观赏中，对每套歌舞都发表了中肯的评论，显示了吴人对中原文化的精熟。随后，他还访问了齐、郑、卫、晋诸国，与齐晏婴、郑子产、卫蘧瑗、晋叔向等贤臣相交为友。公子札出访时经过徐国，徐君对他的佩剑很感兴趣，但不便索求，公子札因使命未毕，不便献赠。归途中公子札又经过徐，徐君乃已谢世，公子札不胜伤怀，特意拜谒其冢，解下佩剑挂在冢旁的树上，拜辞而去。

公子札这次外交之旅，靠着自己的学识和德操倾动“上国”，不仅改善了吴人的国家形象，而且增强了吴人与诸夏的联系。同时，也扩大了吴人在淮水中下游的影响力。此后数十年内威胁楚人的劲敌，就是这个方兴未艾的吴国。

就在东南的吴国蒸蒸日上的时候，楚国开始陷入内乱的困境。蒍掩在康王和令尹屈建的支持下推行的兵赋改革，触犯了一些上等权贵的利益。康王和屈建相继去世后，蒍掩仍为司马，但已孤立无援。

共王有五子，康王为长子，其余四子依长幼顺序是：公子围（灵王）、公子比（子干）、公子黑肱（子皙）、公子弃疾（平王）。

公元前 543 年，即郏敖二年，旧权贵的核心人物公子围擅自杀死蒍掩，并侵吞了蒍掩的家产。公元前 541 年，郏敖病重，公子围趁着探病的机会，缢杀了侄子郏敖，还杀死了郏敖的两个儿子。政变发生后，右尹公子比奔往晋国避难；宫厩尹公子黑肱逃往郑国避祸；公子弃疾因为不是显官，且不为公子围所忌，留在了楚国；伯州犁被公子围派人刺杀。

公元前540年，公子围改名虔，自立为君，是为楚灵王。灵王即位时，晋有贤臣叔向（羊舌肸），齐有贤臣晏婴，郑有贤臣子产，北方比较安宁。对楚人来说，这时的国家间形势比较严峻，虽然名为四大霸主，但要想插手中原事务，已近乎空想。灵王只能采取收缩战略，将霸权移向中原南部，在这个夹层地带寻找存在感。灵王二年（前539），子产陪同郑简公访问楚国，祝贺灵王即位。

灵王三年春，吴夷昧六年，即公元前538年，许悼公访问楚国。同时，灵王派伍举出访，邀请诸侯到楚国相会。同年夏，慑于楚国的声威，郑、陈、蔡、许、徐、滕、顿、沈（今河南平舆北）这些居于夹层地带的国君，中原小郳国的国君和宋太子，以及胡（今安徽阜阳）等淮夷的君长齐聚申县，与楚国会盟。沈、胡都是楚的附庸，楚对这些小国实行“一国两制”，即保留国君与国号，派官员（县尹）进行管理，实际上与县无异。

齐、晋两国不赏脸，置若罔闻；鲁、卫借口国君有恙，缺席了；还有小小的曹、郳两国，以本国有难为托词，中途逃会了。这些表明，楚人对中原的影响力减弱了。

徐君的母亲是吴人，灵王认为徐王必定从吴背楚，竟在申之会上扣留了徐君，这样的做法只能败坏灵王与楚国的形象。同年冬，灵王率领与会诸国伐吴，借口是七年前吴国收容了齐国的叛臣庆封，这是楚人维护国家间新秩序的一次联合军事行动。联军攻破了庆封的封邑朱方（今江苏镇江南），杀死了庆封及其族人。归途中，又灭了对楚人不太恭顺的赖国（今湖北随县），将赖国的公族迁到郢都附近的鄢邑。

楚师刚回国，吴师就来报复了。沈尹芳射领兵拒吴，在夏汭（今西淝河入淮水处）附近与吴师周旋。同时，楚人在淮水中游的钟离（今安徽凤阳东北）、巢（今安徽寿县南）、州来（今安徽凤台）等邑筑城，建立淮域防线，抵御吴师。不巧，这些地方入冬多雨，城没有筑起来。

灵王四年，吴夷昧七年，即公元前537年春，莫敖屈申被杀，据说罪名是可能暗通吴人。这时的令尹是子荡（芳罢），太宰是芳启强。同年冬，灵王召集陈、蔡、许、顿、沈、徐、越诸国之兵随同楚师伐吴。越人是初次与楚人合作，大夫常寿过领兵在琐邑（今安徽霍邱东）与楚师会合。但芳启强所部轻敌冒进，败于鹊岸（今安徽无为南）。吴师部署周密，楚师无隙可乘。灵王便在坻箕之山（今安徽巢湖南）举行了阅兵仪式，然后班师，将前来请和的吴公子蹶由作为人质带回楚国去了。越大夫常寿过为灵王所辱，原因可能是军纪不严。

可以看出，这时楚人抵抗吴人的战略是三面包围：扶植徐国，从北面牵制吴；联合越国，从南面制约吴；楚国则从正面打击吴。战略相当完美，但实施战略的灵王做事却有始无终，让人沮丧。

四、灵王时期南方各国局势

灵王五年，吴夷昧八年，即公元前536年秋，徐公子仪楚到楚国访问，灵王怀疑徐亲近吴，软禁了仪楚。不料，仪楚逃回徐国，灵王命大夫芳泄率偏师伐徐，吴救徐。灵王又派令尹芳罢率主力伐吴，吴师以逸待劳，在房钟（今安徽蒙城西南）击败楚师。芳罢将责任推给了芳泄，擅自将其处死，芳氏开始衰落。

灵王折腾了五年，主盟则大国置若罔闻，而中原南部的小国苦于趋附；对盟国徐反复无常，猜忌防范；对越国则轻视傲慢；对吴的战争，中规中矩，得失相当，但楚国靠着霸主的余威，略占优势。这时的楚、吴形成了战略平衡，但楚国的内乱却打破了这种平衡。

灵王七年，即公元前 534 年，陈国内乱。楚公子弃疾为主帅，打着维护天下秩序的旗号，第一次灭了陈国，改国为县。

共王晚期，楚人应许人要求，将许国迁到叶邑；但郑人依然多次侵袭许国，许君希望能迁到离郑人更远的地方去。灵王八年，许大夫围到楚做人质，楚公子弃疾奉命把许国从叶邑迁到了别称城父的夷邑（今安徽亳州东南），这是楚的腹地。许与沈一样，楚人对其采取了“一国两制”的治理模式。楚人再次迁许，表明楚在中原的影响力每况愈下。

蔡灵侯是十余年前弑父自立的，不得民心，表面亲楚，实际附晋，灵王震怒。灵王十年（前 531），灵王邀请蔡灵侯到申县相会，在宴席中，设伏兵，捉住了蔡侯。二十一天后，蔡灵侯被杀。随后，公子弃疾为主帅，打着维护天下秩序的旗号领兵伐蔡。当时的晋国六卿专权，六卿为了争夺权力，开始了内斗，无力救蔡。晋昭公派使者狐父代蔡向楚求情，灵王不许，蔡都被围约半年，终于被楚师攻破。这是楚人第一次灭蔡国，改国为县，以公子弃疾为蔡公。

这时，陈、蔡、不羹是比申、息还大的县，都有千乘的赋税，成为楚国抵御晋的北大门。申公无宇提醒灵王说：公子弃疾是亲贵中最受宠的人，应该约束和提防。灵王不听。《左传·昭公十一年》记无宇说："末大必折，尾大不掉，君所知也。"灵王对无宇的警告全然不信，不以为然。

灵王十一年，吴夷昧十四年，即公元前530年夏，大夫成虎（成熊）无辜被杀。成虎是先令尹子玉之孙。在成虎被杀的前后，灵王还剥夺了先令尹子文玄孙斗韦龟及其子斗成然（蔓成然，子旗）的赏邑。

同年冬，灵王担心徐人与吴人勾结，派偏师包围了徐都，自己率主力进驻乾溪（今安徽亳州东南七十五里）以威慑吴人。灵王在乾溪住了一冬又一春，围攻徐都的楚师毫无进展。

灵王十二年（前529）春夏之间，楚国再次爆发了宫廷政变。这次政变是内外因结合的产物：外因是灵王杀害过一些贵族，还剥夺过一些贵族的赏邑，同时还伤害和侮辱过附庸小国的几位大夫；内因是灵王的几位公子各怀异志，都有取灵王而代之的意图。

首先发难的是曾经被灵王侮辱的越大夫常寿过，他受芀氏、斗氏、许大夫围和蔡大夫洧的怂恿，以越师骚扰淮水中游。楚人观从为蔡大夫朝吴的家臣，因父亲为康王所杀，怨恨楚国，便怂恿蔡朝吴叛楚。经蔡朝吴授意，观从诡称奉弃疾之命，请逃往在外的公子比与公子黑肱到蔡县商议大事。待二人到了蔡郊，蔡朝吴和观从才向弃疾正式提出政变建议。弃疾在邓邑（今河南漯河东南、上蔡西北）与公子比与公子黑肱结盟起事，条件是允许陈、蔡复国。随后，叛党召集陈师、蔡师、许师和不羹、叶县等处的边防军，会同芀氏、斗氏、许大夫围、蔡大夫洧的私卒，疾速前往郢都。这是楚国，乃至春秋历史上，一次逐步积累、怨气已久、策划周密的多国、多人参与的联合叛乱，声势浩大，史无前例。

到了郢都，叛军先杀死了太子禄和其弟公子罢敌。然后，众人推公子比为王，公子黑肱为令尹，弃疾为司马。随后，观从奉命到乾溪做策反工作，宣布先回国的可以既往不咎，迟迟不回的将受劓刑。由于灵王不得人心，楚师竟擅自撤军，奔往国都。灵王众叛亲离，最后在孑然一身不知所从的绝境中自缢了，是以政变起而以政变终。

灵王去向不明，郢都人心不稳，夜里又谣传灵王进了国都，楚人惊扰。弃疾得到启发，决定利用这个动荡的时机。于是，弃疾派人绕城散布流言，说灵王进城了，迫使公子比与公子黑肱因惶恐而自尽。次日，弃疾即位，改名为熊居，是为楚平王。

五、平王时期的各诸侯国关系

平王即位后，为了稳定时局，信守诺言，让陈、蔡复国。当初灵王灭蔡后，把许、胡、沈、道、房、申的公族迁到楚国腹地，平王让他们各回故地。许、胡、沈三国还算是附庸，道、房、申三国早就被灭了，这是平王为收买人心和为国人减负的策略。

平王在位十三年，对外务求相安，不喜轻启边衅，采取了“安内宁边”的策略，与北方诸侯结好，进一步收缩战线，恢复夹层地带战略缓冲的作用，让陈、蔡等附庸小国成为抵御诸夏的屏障。然后将兵力拉回腹地，巩固边邑，同时全力防备东南的吴国。

不大不小的郑国地位特殊，平王为了与郑国结好，派外交人员出访郑，并将犨、栎两邑归还郑国。虽然没有成功，但表达了楚人的和平意愿。

平王的对外策略顺顺当当，但国内却又起波澜。令尹斗成然居功自傲，贪得无厌，与当时的巨富养氏争利，各不相让，愈演愈烈，对王权是个潜在的威胁。平王元年（前 528），斗成然和养氏被平王诛杀，以不偏不倚之名，收一石二鸟之功，朝野震动。事后，平王任命斗辛（斗成然子）为郧公，以示不忘斗氏功绩，一举两得，既能安抚元老，又可收买人心。

平王时期的国家间关系比较平静，各国都致力于内部建设。晋六卿彻底战胜了国君，控制了晋国政权，他们的兴趣贯注在内争上，开始了六卿争权的局面，谁也不愿出头冒巨大的风险去挑衅楚、秦。郑国子产执政，对内宽猛相济，对外刚柔并用，郑国也得到了一向罕见的和平。齐依然游离于外，专注于国内的政治斗争。秦仍然萎靡不振，得过且过。

陆浑之戎位于晋、楚之间，宛然诸侯，平时晋、楚都不去过问。这时陆浑戎的首领戎蛮子嘉却背弃了中立的传统，顺于晋而逆于楚。平王三年（前 526），楚诱杀戎蛮子嘉，立其子为君。第二年，晋灭了陆浑戎，陆浑君奔楚。晋人适可而止，楚人作壁上观，对楚人来说，北线还算安宁，楚人要戒备的是东线的吴国。同年，吴王僚（前 526—前 515 在位）即位。

平王四年，吴王僚二年，即公元前 525 年，吴伐楚，边邑告急，令尹子瑕（阳匄）和司马子鱼（公子鲂）领兵出征，双方爆发了一场激战，司马子鱼虽阵亡，楚师却击溃了吴师，取得了一场不大不小的胜利。

许夹在郑、楚之间，苦不堪言：郑人总想把许人赶跑，楚人老是让许人搬家。平王即位后，许国又迁回了叶县。公元前 524 年，许人又不得不奉命搬家了。左尹王子胜认为叶县是楚人在方城外的屏障，让许人拱卫，显然不妥。经平王允许，王子胜把许国搬到析邑的白羽（今河南西峡）去了。第二年，工尹赤又奉命把陆浑之戎的别部阴地之戎搬到了丹水与汉水之间，将其地命名为下阴（今湖北老河口）。同年，楚人在北疆重修郏邑城，在东疆增筑州来城，又把扣留在楚的吴公子蹶送回吴国。楚、吴关系暂时缓和。

楚人在北线和东线的方针是维持原状，宁固守，毋冒进。这样的战略部署，宣告楚国开始全面收缩战线，以守代攻，形成了“全线防御战略”。这个战略形成于平王，昭、惠二王奉行不替，一直到公元前 413 年，楚、魏重启战事，这个战略才告废止。

历史的演变经常使人觉得意料之外又在情理之中，楚、吴关系就是这样。楚、吴矛盾的激化，始于平王因好色而与太子建发生的冲突。太子建有两位师傅：一位是太子太师，连尹伍奢（伍举之子）；一位是太子少师，宠臣费无忌（极）。太子建尊重伍奢而嫌恶费无忌，费无忌暗自衔恨。公元前 526 年（秦哀公十一年），平王派费无忌聘于秦，求秦女嬴氏为太子建夫人。费无忌见嬴氏美貌，为离间平王与太子建，竟移花接木，力劝平王自娶，一向谨慎的平王欣然同意。

平王六年（前 523），嬴氏到郢都，平王色令智昏，居然调包，自娶嬴氏为夫人，费无忌更加得宠。第二年，费无忌进谗言，诬告太子建与伍奢密谋以晋、齐为外援发动叛乱。平王信以为真，杀死了伍奢和其子伍尚。太子建与伍员（伍子胥）先后逃亡国外，太子建死在郑国。平王八年（前 521），伍员带着太子建的儿子王孙胜亡命吴国，投靠吴公子光，以求复仇。

公元前 521 年，宋国内乱。宋元氏与华氏由相恶到相攻，宋元公以齐、晋、卫三国为外援，华氏的外援只有吴国。华氏不敌，向楚求援。第二年春，平王命司马苏越领兵迎华氏，宋元公只得放任华氏诸大夫及其同党逃到楚国去。这场内乱，宣告了华氏执政宋国二百余年历史的结束。这是楚、齐、晋维持天下秩序的一次联合行动，稳定了宋国政局，维护了国家安全。

六、吴人的野心

平王十年，吴王僚八年，即公元前 519 年，吴公子光伐楚，直逼州来。楚师会同胡、沈、顿、许、陈、蔡之师救州来。主帅令尹子瑕病死军中，楚师士气不振。两军战于鸡父（今河南固始东南），胡、沈、陈三国因轻敌而大败，顿、许、蔡三国闻风遁走，楚师尚未列阵即行溃退。同年秋，吴公子光领兵入郹阳（今河南新蔡），迎太子建之母去吴国。司马芀越领兵急追，没有赶上，自缢谢罪了。“鸡父之役”楚国损兵折将，失地丢人，窝囊之极，在南方的声威大减。

楚人是以外线作战为主导的国家，御敌于国门（方城）之外，这在庄王以前是可取的，因为实力强大，每战必在外，筑城也就多此一举了。但灵平时代的楚国与吴多次交兵，由略微优势转变为势力均衡，再由均衡转为败多胜少，应该变通为外线、内线并重才好。

在共康时代，楚人的战斗力急速下降，令尹子囊和司马子庚曾有预感，出于未雨绸缪，认为应该在郢都修筑防御工事。囊瓦为令尹后，也有模模糊糊的预感，出于恐慌，打算加固郢都城垣。左司马沈尹戌却认为只要没有内忧和外惧，国都就无须筑城。楚国高层在战略指导思想上产生分歧，为吴师入楚埋下了隐患。

平王十一年，吴王僚九年，即公元前 518 年，楚、吴发生边民纠纷，事情越闹越大。吴卑梁大夫进攻钟离，闻变，平王亲率舟师攻破卑梁。这时越国的战略是“西联强楚，北抗劲吴”，当即发兵随平王从征。吴公子光领兵迎战，因楚越联军强大而不敢冒进。楚师感觉威服了吴人，便撤军了。楚师刚一退，吴师就攻占了楚边邑钟离和巢。为公子光出谋划策甚至助其用兵的，无疑是伍员。

公元前 516 年，平王死，太子壬（熊轸）即位，是为昭王。平王善终，但把祸胎留给了昭王。第二年，吴国政变，吴公子光派专诸刺杀了吴王僚，自立为君，是为吴王阖闾。

昭王四年，吴王阖闾三年，即公元前 512 年，吴灭了徐国和钟吾，将势力伸张到淮水下游一带，楚人失去了一个制吴的屏障。从此，吴、楚进入战争模式，开始连年攻伐。

吴王阖闾任命伍员为行人（外交人员），向他请教伐楚之术。《左传·昭公三十年》记伍员说：“彼出则归，彼归则出。”即建议三分吴师，轮流骚扰楚国，消耗楚的实力；然后麻痹敌人，让楚人感到这些都是吴人的常规性骚扰，使楚人放松警惕，疏于防范；然后寻找有利战机，全军出动进攻楚国，必然能取得胜利。这与荀罃三分晋师的办法相似，但晋人是以守为主，吴人是以攻为主。伍员的策略在十年后取得了成效。

不久，伍员受命执政，位同上卿；兵家孙武也由齐入吴，为吴王所重用。这时的吴国更加富庶，更强盛了，可谓人才荟萃，气象峥嵘，令诸侯侧目。吴王阖闾为明主，伍员为贤臣，孙武为良将，三美得兼，君臣一心，世所罕见。吴人有垄断有色金属的贪欲和争当南方霸主，甚至称雄中原的奢望，这促使吴人在淮水中游与楚人角逐。

第二年，吴师两度袭扰楚境，都是待楚师一到就撤兵。不久，吴伐越，但只是试探性或惩罚性的，当时的越王是允常。

昭王八年，吴王阖闾七年，即公元前508年，桐叛楚。桐是楚的一个附庸小国，故址在今安徽桐城北。出乎意料的是，吴竟出兵伐桐，主帅为伍员。其实，这是佯攻，意在麻痹楚人，让其产生吴人无意伐楚的错判。同时，吴人开始暗通舒鸠，让其以虚假的情报怂恿楚伐吴。令尹囊瓦果然上当，当即大举伐吴。吴人在豫章布置了一些战船，引诱楚军，楚师急进豫章，不料扑了个空。当时的豫章是楚的边地，在淮南的舒与巢县之间。吴师的主力潜伏在巢湖附近，待楚师放松戒备时，突袭豫章，大败楚军；然后攻取了巢县，俘获楚公子繁。

随着国力的提升和对楚斗争的节节胜利，吴国开始打造兵器，苦练士卒，为大举伐楚做准备。

七、战争、国殇与迁都

昭王十年，吴王阖闾九年，即公元前506年，吴师全力伐楚。惯于外线作战的楚人，惯于灭人之国、夺人之地的楚人，万万没想到敌人居然会深入楚国腹地，直捣郢都而来；疏于防范，毫无准备。待到敌人果真打进了楚国腹地，所有楚人都不知所措了，这似乎违背了他们习以为常的军事部署。其实，吴伐楚早有先兆。

在伐楚前，吴人还需要解决一个重要问题，就是后勤补给。因为从吴都到楚都，路途遥远，吴师最大的困难在于补给：如果中途没有盟国支援，军粮全靠后方输送，高速进兵将成空想。终于，吴人找到了这样的盟友。

蔡国和唐国都是楚的附庸，这时，它们与楚的关系变得紧张起来。原因是令尹囊瓦向蔡昭侯索要华贵的皮裘和精巧的玉佩，蔡昭侯不给，囊瓦便不让其回国。大致与蔡昭侯同时，唐成公也朝见楚王，囊瓦向其索要骏马，唐成公不给，因此也不能回国。两位国君滞留楚国达三年之久，急不可耐，不得已，都将心爱之物交给了囊瓦，这才得以脱身回国。离开楚国后，蔡昭侯直奔晋国，请求晋人讨伐楚国。

就在吴人伐楚的前夕，晋执政上卿范献子召集齐、鲁、宋、蔡、陈、郑等十七国诸侯在召陵会盟，商议伐楚。大夫荀寅向蔡昭侯索贿，遭到拒绝，便对盟主范献子说伐楚对晋不利，范献子听信于荀寅，导致这次盛会毫无结果。不久，蔡昭侯派了一位公子到吴做人质，央求吴人伐楚，这正中伍员的下怀。经蔡昭侯牵线，吴、蔡、唐三国组织了一个以吴为主角的反楚小同盟。这样，吴师的补给难题就由蔡、唐分担了。楚人对天下形势的反应变得异常迟钝，竟未能从这件事上看出危险的端倪，浑然不觉地陷入了被动挨打的危机。

外事具备，兵贵神速，在没有任何外交争执和大规模边境冲突的先兆下，吴人对楚不宣而战，在楚人浑浑噩噩的时候，吴师已经踏入了楚国的腹地。吴师准备充分，补给充足，全力伐楚，出楚之不意，攻楚之无备，长途奔袭，三战三捷，攻破了郢都，昭王与亲随落荒而逃。

吴人进入郢都后，却打起被动仗来。吴人悬师远出，以寡击众，贵在速战速决，速进速退，不可旷日持久。但伍员却被复仇的怒火冲昏了头脑，迟迟不愿撤兵。如果孙武有指挥权，吴人早就退兵了。《孙子兵法·作战》说："夫兵久而国利者，未之有也。……故兵贵胜，不贵久。"显然，伍员所为与孙武的战略思想是不相符的。尤其是对大国，一旦敌人恢复神智，后果不堪设想。因为吴人兵少，深入楚国腹地，在短时间内，难以形成有效的控制，滞留时间越长，遇到的困难就越严重。这时，楚人已经从噩梦中醒来，开始自发反抗吴人。昭王长庶兄子西（公子申）开始建树王旗，安定人心，招集散兵，组织抗战。同时，楚大夫申包胥来到秦国，游说秦人出兵。约在郢都被攻破的半年后，秦哀公派五百乘战车援楚抗吴。

昭王十一年，吴王阖闾十年，即公元前 505 年，战局开始发生转向。越王允常见吴师主力久出不归，乘隙袭扰吴国；同时，重新集结的楚师在军祥（今湖北随州西南）小挫吴师。这样，秦师纵横于方城内外，楚师出没于汉水南北，越人则支援秦师和楚师阻扰吴师，吴军陷入了战争的泥潭，只能穷于应付。

同年秋，楚秦合兵击灭了为虎作伥的唐国，切断了吴师的补给线。这时，阖闾之弟夫概王不告而别，率领所部返回吴国，自立为王。吴王阖闾见前方大势已去，后方大患日亟，当即命令吴军火速撤离楚国。

吴师退走后，昭王随即迁都，新都在今湖北江陵，为了不忘国旧志，新都称为“栽郢”，原都就以旧名“鄢”见称了。江陵是长江中游的咽喉。从西周晚期到清代中期，得江陵者可得长江中游。江陵南傍长江，溯江而上可通巴蜀，沿江而下可通吴越，逾江而南经洞庭湖可达苍梧（今湖南宁远南），北经鄢、邓、申出方城可达中原。长江中游东西向的水路和南北向的陆路，相交如“十”字，江陵就在这一横一竖的交点上。其地西、北两方是丘陵和山地，东、南两方是平原和水路。物产丰富，可为王霸之资，楚人以栽郢为首都，长达二百二十年，这是楚王国的鼎盛期，也是楚文化的昌盛期。

楚人终于熬过了历时十个月的危机，山河依旧，宗庙无恙，民间虽疮痍未复，但楚仍然是一个令诸侯望而生畏的大国。《汉书·刑法志》记载："昭王返国，所谓善败不亡者也。"

八、"善败不亡者也"

从公元前505年昭王迁都，至前432年惠王（前488—前432在位）去世，在长达七十四年的时间里，楚人休养生息，拨乱反正，四境之内很快又风平浪静了。外患不仅促使楚人奋发精神再次复活，而且警醒了楚国的贵族阶层，公族关系趋向融洽，臣僚志虑忠纯，君臣团结互信。楚国就像一个成功完成肿瘤摘除手术的病人，经过疗养，又康复了。这期间，越人也间接帮助了楚人，与吴人作殊死斗争，使楚国的东线趋于稳定，为楚人恢复创伤创造了有利的国家间环境。

在中兴期，昭、惠二王和他们的臣僚团结一致，和于内而慎于外。到昭王去世前，楚国已经从濒于危亡的大难中复苏，国力渐充，威名益著，但不像霸主那样气焰灼人，在国内使民众得到了安宁，在国外树立了一个并不招人反感的形象，为惠王中兴打下了坚实的基础。在这个时期，君臣做了三件对楚国大有裨益的事：巩固腹地，平定内乱，重建战略缓冲带。

第一件大事，灭胡国。胡虽小，却在楚吴大战时趁火打劫，攻掠邻近的楚邑。昭王二十一年（前495），楚人为了巩固边境，灭了胡，了结了吴楚大战的一个遗留问题。灭胡后，楚人重树了威望，为重新称霸南方打下了坚实的基础。

第二件大事，是在惠王十年（前479）夏末秋初，叶公平定“白公之乱”。白公，即太子建之子胜。公子胜原在吴国，惠王二年（前487），令尹子西派人把他迎回楚国，命为白公，让他治理白县（今河南息县东）。当年太子建被郑人杀死，白公胜为父报仇，请求伐郑，子西不许。惠王八年（前481），晋伐郑，子西领兵救郑。晋、楚先后罢兵，郑国得以保全。白公胜以为子西亲郑，怒不可遏，于是图谋杀害平王的遗族。

平时，白公胜住在白县。惠王十年夏秋之际，白公胜击败侵扰楚国边境的吴师，请求入朝献礼，得到准许。白公胜乘机率领党羽作乱，在朝堂上杀了令尹子西和司马子期（惠王叔），劫持了惠王。惠王在大夫圉公阳的帮助下，逃到了母亲昭夫人宫中。白公胜尚不敢冒犯昭夫人，惠王暂时安全了。白公胜迟疑了多日，终于自立为王。

叶公（叶县长官）沈诸梁闻变，从方城外赶到栽郢，策反了准备带着私卒投靠白公胜的箴尹固，二人一起攻打白公胜。双方展开了激烈而持久的巷战，打了十天，乱党终于覆没，白公胜自缢。内乱平息后，叶公受命为令尹兼司马，这在楚国是空前绝后的。第二年，叶公见局势安定，辞官回到了叶县。不久，惠王任命公孙宁（子国，子西子）为令尹，公孙宽（子期子）为司马。

这次叛乱，如惊涛骇浪，险些引发楚国更大的内乱。叛乱平定后，楚国政局趋于稳定，王权进一步得以巩固，为惠王中兴创造了安定的政治环境。

第三件大事，重建战略缓冲带。白公之乱又使楚国因祸得福，楚国君臣同心勠力，在确保后方安定的前提下徐图开拓，重新将目光放在中原南部。

白公胜作乱时，陈师乘机侵扰楚境。内乱平定后，楚人觉得陈国给他们带来的麻烦太多了，决意灭了它。惠王十一年（前478），公孙朝率楚师第二次攻灭陈国，改国为县。陈与郑一样，也是个四通八达的战略要冲，不仅军事意义重大，而且商业的兴盛不亚于郑。《史记·货殖列传》说：“陈在楚夏之交，通鱼盐之货，其民多贾。”楚灭陈，是军事和经济的双丰收。

惠王四十二年（前447），楚攻灭了反复无常的蔡国。灭蔡后，楚国不仅进一步巩固了在淮水中游的统治，而且将领地往东北方向扩展了不少。

楚灭陈、蔡后，将夹层地带的南部变成了楚的腹地，重新建立起了战略缓冲带，而且使这条缓冲带向北扩张了很多，为楚人打造了一条牢固的北线屏障。这个屏障在战国时期，不仅成为楚国北部安全得以实现的保障，也成为楚人抵御魏、齐，威胁中原的战略渡口。

惠王四十四年（前445），楚人从这条缓冲带出发，北上灭了杞国。杞是由夏人遗民组成的一个小国，原在今河南杞县，不断迁都，这时在今山东安丘东北。灭杞后，楚师继续东进，到达泗水流域，逼近鲁国。同时，为了解除后顾之忧，楚与秦通好。

楚人在恢复元气的同时，没有放松对东线的戒备。但这时东部斗争的主角已不是楚、吴，而是吴、越，楚人则成为幕后的导演。

九、楚人、吴人与越人

吴王阖闾回国后，声威大震，诸夏对他都刮目相看了。吴王阖闾十九年，越王勾践元年，即公元前496年，越伐吴。两军在槜李（今浙江嘉兴南）相遇。吴师大败，阖闾被越大夫灵姑浮用戈击伤，在回师的路上死了，其子夫差（前 495—前 473 在位）即位。

这时越国的疆域还不是很广，据《国语·吴语》记载，越南至句无（今浙江诸暨），北至御儿（今浙江嘉兴），东至鄞（今名依旧），西至姑蔑（今浙江衢州）。越的西边是越人散部，越师可以借道入楚境。

吴王夫差二年，越王勾践三年，即公元前 494 年，吴全力伐越。吴师长驱直入，击溃越师，攻占了越都（今浙江绍兴）。勾践贿赂吴太宰伯嚭以求和，伍员反对议和，但夫差听信了伯嚭的话，同意议和。

越本来是楚人制吴的一个帮手，吴败越，楚人忧心忡忡，令尹子西却认为夫差正在走向自取败亡的道路，不是楚国的大患。

惠王即位后，楚国已经复苏，恢复了元气，开始了全面复兴，惠王在位的最初十年，正如子西预言，吴国渐衰。夫差不满足于先王打败楚国和自己战败越国，自我感觉良好，傲然有霸主的志向。因此，当时的国家间冲突以吴国为挑衅者。

吴王夫差八年（前 488），夫差北上与鲁哀公相会，有重兵随行。经过宋国，向宋人索求百牢（即牲礼一百）。按当时的礼制，至多不过十二牢，夫差强求，宋人只得如数献上。到了鲁国，鲁人也不得不向夫差奉献百牢。第二年，吴师再次北上，先伐鲁，后伐邾。不久，吴国开凿邗沟，以便吴师北伐。

吴王夫差十一年（前 485），吴联合鲁、邾、郯伐齐，被齐师战败。夫差不得志，打算水陆并进。伍员反对伐齐，认为越才是心腹大患，吴、越势不两立，夫差不听。第二年，齐伐鲁，吴伐齐救鲁。吴师出征时，伍员又苦谏，夫差不悦。这时多次受勾践重贿的伯嚭乘机进谗，夫差不明事理，竟将伍员赐死。吴师大败齐师于艾陵（今山东莱芜西北），夫差更加骄盛，目空一切。

吴王夫差十四年，越王勾践十五年，即公元前 482 年，夫差率主力北上，与晋定公、鲁哀公在黄池（今河南开封北）相会。勾践见有隙可乘，起兵伐吴。越师先小挫，后大捷，占领了吴都，俘获吴太子友。夫差闻讯，在与晋、鲁歃血为盟后才星驰回国。吴师一到，越师即撤离吴都。同年冬，吴越议和。约一年半后，楚师配合越人，主力伐吴，一直打到桐汭（今安徽郎溪、江苏高淳一带）。吴为越所制，难于专心与楚周旋，只能消极防御。不久，楚国发生白公之乱。

白公之乱后，吴越斗争进入白热化阶段。越人步步紧逼，吴人节节退缩，楚人则坐山观虎斗。越人尽管凶猛，但对楚人尚无敌意，因为需要楚国在西面牵制吴国。吴虽势衰，但曾经使楚人受害不浅。楚人希望越国灭掉吴国。当然，两国俱亡更好，但这在当时是绝无可能的。

在吴越斗争的舞台上，主角虽然是夫差和勾践，但导演和几位要角却都是楚人。吴方的导演先前是伍员，后来是伯嚭。越方，勾践倚重的是楚人范蠡和文种，范蠡是导演，文种是要角。范蠡运筹帷幄，使吴人接连失误。

吴王夫差二十年，越王勾践二十一年，即公元前 476 年，越师侵扰楚国东境。这是越人伐吴前的一次佯攻，避实击虚，意在麻痹吴人，使其产生越已把楚当作主要对手的错觉。

吴王夫差二十一年，越王勾践二十二年，惠王十四年，即公元前 475 年冬，越效法当年吴伐楚，对吴不宣而战，以有备攻毫无防备的吴国。越师突袭吴国，势如破竹，迅即包围了吴都。吴人固守，越人不退，双方整整相持了两年，越师才破城而入。夫差自缢，吴国灭亡。时值公元前 473 年冬，距吴师入越只有二十一年，距吴师入郢不过三十三年。

吴亡越兴，对楚人来说利大于弊。

越国并吞了吴国，还只是半饥半饱，也渴望像吴人那样，与楚人争雄南方，然后北上观上国之政，参与天下秩序的维护。但勾践比夫差有自知之明，能量力而行，适可而止。越人明白，现在的楚国已恢复元气，假如越师西上与楚人争锋，也不会有吴王阖闾时期那样的辉煌。因此，勾践的战略方针是北上，因为北方诸侯对吴国心有余悸，对灭掉吴国的越国就更加惶恐了。《国语 · 吴语》记载：越灭吴后，北上中原，宋、郑、鲁、卫等小国国君都去越都朝拜。《史记》称勾践“号称霸王”，说明越国只是小霸，影响力有限，对中原大国几乎没有威慑力。

勾践的野心并不大，号称霸王，也应该就知足了，但他总爱操心其他国家的内乱和外患，颇有维护天下秩序的责任感。吴人侵占的宋地和鲁地，被勾践如数奉还；卫国内乱，勾践派人去干预；鲁与邾发生边界纠纷，勾践派人去仲裁；对淮夷，勾践深感棘手，怎么也摆弄不好。于是，在南方，越人很识相，只管淮水下游和本土领地，其他地域听凭楚国宰制。楚国静观其变，坐收其利，楚、越关系良好。

惠王二十五年（前 464），勾践去世。由于越国的文化基础薄弱，政治体制不健全，是个靠人治支撑的国家。勾践一死，越国就黯淡无光并且逐渐衰落，遭受来自楚国的不断打击，最终在一百四十余年后，被楚轻易攻灭了。

昭惠时代是楚文化发展的第二春，通过长期的积淀，楚文化日渐成熟，并逐渐与夏文化融合，成为夏文化在南方的旁支。这些都是“政霸体制”和国家新秩序引发的连锁反应。伴随着夏和楚的相互认同，楚人不再“非夏非夷、亦夏亦夷”，而是跻身于诸夏和上国之列了。

吴亡、越衰，更加凸显了楚国在南方的作用，它依然是“一览众山小”的南方霸主，依然是维护国家间秩序的四大强国之一。

跋　曙光：战国初期国家秩序的突变

经过春秋时期长期的斗争，到战国初期各国形势都有了很大的变化。其中一个主要的变化，就是君主制思想在各先进诸侯国内发展，最终取得统治地位，为君主封建制社会的到来铺平了道路。

一、春秋末战国初国家形势的巨变

太史公在《史记・六国年表》中说："……是后陪臣执政，大夫世禄，六卿擅晋权，征伐会盟，威重于诸侯。及田常杀简公而相齐国，诸侯晏然弗讨，海内争于战功矣。三国终之卒分晋，田和亦灭齐而有之，六国之盛自此始。"

晋国在晋献公晚期发生了"骊姬之乱"，晋献公令阉楚刺杀重耳，重耳逃奔狄国；令贾华刺杀夷吾，夷吾逃亡梁国。然后将群公子（宗室子弟）驱逐出晋国，立奚齐为太子。从此晋国不再立公子、公孙为公族。公族在春秋时期有两层含义：其一为同姓宗室子弟；其二是官名，即公族大夫。《左传・宣公二年》说："自是晋无公族。"由于晋宗室（公室）力量弱小，国君必须依赖非宗室大臣的协助治理朝政，因此卿大夫在晋国的地位逐渐提高。

晋文公即位后，为了巩固政权和对外争霸的需要，于晋文公四年（前633）设立三军，同时将朝政大权授予十家非宗室大族执掌。这十家大族分别是狐氏、先氏、胥氏、郤氏、栾氏、韩氏、魏氏、赵氏、荀氏（后分为中行和智氏）、士氏。诸卿相互制约，共同辅政，晋国建立起“国君主政，大臣辅助”的政体，这便是“六卿政体”的雏形。

晋灵公十四年（前607），赵穿杀死晋灵公，立公子黑臀为君，是为晋成公。在赵盾的强求下，晋国重新设立公族大夫。晋侯赐赵氏为公族，各家异姓和同姓大族的子弟皆可列为公族。这个制度进一步提升了卿大夫集团的政治地位，至此，卿权始大，君权渐衰。

晋景公四年（前596），晋景公借邲之败和清之变，将先縠一族悉数诛灭，拉开了君权与卿权斗争的序幕。景公十二年，晋为了与楚争霸的需要，作六军，“六卿政体”形成。至此，晋国进入漫长的国君与卿大夫、卿大夫集团之间争权相攻的模式。

晋平公六年（前552），范氏杀栾氏。至此，晋国只剩赵、魏、韩、中行（荀氏）、范（士氏，随氏）、智（荀氏）六家大族，晋国“六卿政体”最终确立，君权日渐旁落，公室衰微。《史记·晋世家》说：“昭公六年卒。六卿强，公室卑。”

晋顷公十二年（前514），晋国的公族祁氏和羊舌氏（杨氏）与晋侯产生冲突，荀跞利用这个矛盾，借晋君的手铲除了祁氏和羊舌氏，进一步削弱了晋公室的力量。不久，韩宣子去世，魏献子（魏舒）执政，六卿联合将祁氏和羊舌氏的赏邑分为十个县，各令六卿子弟为县大夫。《史记·晋世家》说：“晋（君）益弱，六卿皆大。”由此，六卿完成了对君权的蚕食，开始进入相攻争权的模式。

晋出公十七年（前458），赵、魏、韩、智氏灭范氏、中行氏而分其地。出公二十二年，赵、魏、韩灭智氏而分其地。于是止得三卿，三卿渐成三国，渐成自治王国。公元前 403 年，晋烈公十三年，周威烈王正式承认赵、魏、韩为诸侯，“三家分晋”正式完成，标志着晋国新兴势力的胜利。赵、魏、韩分晋后，吸取晋衰的教训，吸收秦、楚治国的经验，都先后不同程度地推行政治与经济改革，开始重视君权的建设，大力推行郡县制。郡县制在三国的确立，宣告了旧势力即领主封建制在三晋的终结、君主制政体在三国的确立。

公元前 481 年，田常杀齐简公，标志着齐国卿权彻底战胜了君权，新兴地主阶层的代言人田氏掌握了政权。公元前 386 年，田氏成为诸侯，田齐政权建立。随后，齐国也开始了改革，标志着君主制政体在齐的确立。

在三家分晋、田氏代齐以前，北方诸国大抵私门强而公室弱；南方的楚国和越国却从来是公室强而私门弱，其君主制政体要比诸夏确立得早且成熟。西方的秦与楚相似，也是公强而私弱。三家分晋、田氏代齐以后，北方诸国大变，公室转强，私门转弱，这个转变成为三晋和田齐君主制政体快速发展的保障。

南北君主制政体的相继确立，为大一统帝国的形成打下了重要的政治文化基础。

春秋时期建立起来的“政霸体制”只是对西周分封制的一种适应性改造，它建立的基础依然是领主封建制。当各个王国都确立了君主制政体以后，分封制自然宣告解体，政霸体制赖以存在的基石一旦崩溃，政霸体制自然也会走向消亡。同时，当各个王国实施了君主制后，在政治文化层面就具有了“共语权”，这个共同语言，就是统一思想的孕育，具体形态就是大一统帝国的形成。

显然，周王朝不曾建立一个集权帝国以统治许多不同区域和许多不同程度发展的社会，它对地方的管控机制是一种强控制模式，也就是“分封制”，封土、封臣与封君构成了这种封建制的基础。周天子是天下的“共主”，它的封臣和封土形成了一个个拱卫共主的“列国”。这个庞大的“周王国”显然是封建的，共主和列国都具有领主的性质，因此，西周是典型的领主封建制国家。周天子起初有很大的权力，但后来却衰微到没有什么意义了。

周王室的衰落引发了连锁反应，导致了王朝的权力失控，进而引起了国家秩序的全盘紊乱，各个强有力的领主后裔，通过战争逐渐发展成独立国家的君主，列国体制解体，王国体制形成。在各个自治王国形成的同时，新的国家秩序建立起来，以霸主为核心的“政霸体制”确立了。

政霸体制是适应时代巨变的产物，但它存在的基础依然是分封制。

有时候，这些国家可以在政霸体制下相安无事，由最强的一国控制没有实权的周王室，号令天下，维护国家间秩序的安全和正常运转。但是如果不加以控制和改造，这种“弱联邦”式的政霸体制，可能演化成“联盟制”，造成真正意义上的分裂。但这种可能性相对较小，因为政治及军事机构（君主制）在对少数民族和各国相互战争中得以发展，而共同文化（大一统思想）的统一逐渐需要各地区经济生活与政治统治的合并，这就需要建立一个新的、中央集权的帝国，来代替这种封建的、名义上的政霸国家。就是说要把旧的、独立的、平行的历史发展路线，强迫合并成一条主线，一条只允许有微小变化的主线。这条主线就是大一统帝国的建立，也就是君主封建制社会的确立。这个历史重任自然落在了战国时代各个君主肩上。

二、战争与帝国体制的形成

春秋诸侯多庸碌和保守，战国君主多精明和开放。与春秋相比，战国是一个竞争更为激烈的时代，因为春秋战争的目的是控制周王室，然后借天子而霸天下，成为霸主，从而维护国家秩序的运转。战国时代，周天子已名存实亡，各王国失去了借以称霸的载体，战争的性质自然演变为兼并与统一。但神奇的是，在这个时代，战争与文化居然能同时演进，兼并战争反而促进了中华文明的发展。

战国是一个成果丰硕的时代，经济发展，社会进步，文化繁荣，思想活跃，中华民族爆发出无限的活力，创造了无数的奇迹。而且，当时南北文化逐渐接近和融合，这又为大一统帝国的建立提供了文化和思想保障。

战国早期国家间格局的最大变化，不是中小国家的沦亡，而是晋国一分为三。本来似乎统一的晋国，因公室与卿大夫，以及卿大夫集团内部的争斗，内耗大于外损，在外交上往往显得软弱而迟钝。分裂为赵、魏、韩后，三国成鼎足之势，各自内求巩固，外求扩张，彼此时而联合，时而对抗，都想成为三晋的领袖，都变得又强硬又灵敏，它们在东周政治舞台上所占的分量反而加重了。

三晋分占了黄河中游北岸，在瓜分晋国的政治运动中，赵国分到了最富饶而且地缘最有优势的领地，韩、魏在分赃中得到的好处差不多，如果单从地缘优劣来看，魏国还不如韩国。魏西有秦，东有齐，南有楚，北有赵，强敌环伺，形势堪忧。但在战国初期，魏文侯（前445—前397在位）率先进行改良，使魏国逐渐强大，不仅控制了三晋，还使魏成为当时北方最强的王国，有了称霸的资本。战国时代的兼并战争首先由魏人打响了。

公元前 431 年，楚简王元年，楚灭莒。这时楚人继续向东北推进，绕过鲁国，到达沂水流域的东北，将剑锋指向了齐国。灭莒之后，楚人改弦更张，放弃战略防守，重新开启了北上争霸的模式。这一次，楚人不仅仅是要称霸，似乎还想趁中原多事的契机蚕食中原，有了统一北方的理想。但楚人突然发现魏人行将成为自己的劲敌，于是停止了东北方面的战略进攻，开始加强正北方面的战略防御。

公元前 419 年，魏文侯二十八年，秦灵公六年，魏为了占据对秦斗争的制高点，趁秦国内乱、政局不稳的时机，与秦争河西，得寸进尺。公元前 417 年，楚简王十五年，楚伐周，但到上洛（今陕西洛南）就按兵不动了，显然是以伐周之名行援秦之实，后因魏、秦罢兵而中止。

公元前 413 年，魏文侯三十四年，秦简公二年，楚联合秦、齐伐魏，无功而返。同年，魏开始大举攻伐秦，一直打到郑（今陕西渭南华州区）。第二年，又占领了秦的繁庞（今陕西韩城东南）。公元前 409 年—前 408 年（秦简公六年至七年），魏将吴起攻取了秦的临晋（今陕西大荔东）、元里（今陕西澄城南）、洛阴（今陕西大荔西）、郃阳（今陕西合阳东南）等城。魏国尽取河西后，设河西郡并筑城，使河西成为插入秦国腹地的一把利剑。秦在这种形势下，只能退守洛水，沿河修筑防御工事，建重泉城（今陕西蒲城东南）固守，与魏军对峙，处于消极防御和被动挨打的局面。但秦在对韩战争中，取得了一些小胜，但暂时还难以改变对三晋的劣势。

公元前 401 年，楚悼王即位，这时的楚国为三晋所困，国力渐衰，疆土渐蹙。尤其是魏，有咄咄逼人之势。悼王二年，三晋联军败楚师于乘丘（今山东巨野东南，原为宋邑）。三晋的战略意图很明显，就是要削弱楚国伸进中原东部的前哨，解除自己左翼所受的威胁。如果能拔掉这个前哨，就能将楚国的势力挤出中原。楚师损兵折将，总算勉强保住了乘丘，但在对三晋的斗争中已力不从心。

秦、楚被魏挤压，除了国家间形势的变化外，主要是由内因造成的。秦从公元前476年，即秦厉公起，便进入了七代内乱时期（前476—前385），新旧势力争斗不已，导致政局不稳，国力日衰；楚国从惠王末期开始，旧贵族日益腐朽，大族擅富弄权不止，新兴地主势力受到排挤。秦、楚的内部局势削弱了两国的兵威，进而引发了两国外部斗争的失利。

秦、楚虽然衰弱，但根基未损。秦虽然失去了战略要地河西，但疆域还是比较大的，整个渭河流域及关中平原大部依然控制在秦人手中。而且秦人在公元前451年夺取了南郑，即在此筑城。南郑是汉中的枢纽，原为蜀人和巴人居住。当时，秦人夺南郑，似乎比较随意，没有特别重大的战略意图，大概只是为了以秦岭南掩护秦岭北，但出乎秦人意料之外，这个地方后来竟成为秦灭蜀的战略跳板。楚国的疆域有增无损，而且这时越国已经衰落，不构成对楚的战略威胁。南方依然是楚一家独大。

楚、秦的根基深厚，而且君权强大，政治制度的发展明显比魏、齐快，只要解决了内部问题，外伤自然会痊愈。不久的吴起变法、卫鞅（商鞅）变法，都是结构性的体制改革，而且改革的打击对象直指阻碍社会发展的旧贵族和保守势力，因此比较彻底，成效较大，持续性较强，秦比楚还略胜一筹。这些都成为楚、秦复兴的基础。

魏虽然形势喜人，但隐患重重，如昙花一现，强盛的局面没有保持多久。其一，因为李悝的变法只是政策性的改良，力度不大，震感不强，虽不无小补，但持续性不强。更为重要的是，李悝的变法没有触及旧贵族的利益，而是采取温和的妥协改良，这就为后期魏国新旧贵族的冲突，以及旧权贵的胜利埋下了伏笔。

其二，从魏文侯开始，魏国在推行“鬼谷学派”（以法家为主）的同时扶植“西河学派”（以儒家为主），造成了魏国学术思想的混乱。而且，魏国的新旧贵族也逐渐分属到两派中来。旧贵族推崇不符合时代发展趋势的“西河学派”，趋向保守；新贵族则支持“鬼谷学派”，积极务实。最终使学术之争演变为治国理念的分歧，从而引发了治国方略的混乱，为魏国后期大量鬼谷学派的人才（如吴起、卫鞅、公孙衍、张仪等）流失，埋下了隐患。

其三，魏国从文侯开始四面出击，所以能取得成效，很大的原因是楚、秦、齐正处在社会结构的调整期，这就给魏国称霸创造了条件。但魏文侯死后不久，楚国开始了吴起变法；秦国也结束了内乱，新势力掌握了政权，颓势渐消；齐也结束了田氏代齐后的过渡期，政局渐稳。但魏武侯为了维持霸权，依然四处征伐，导致四面树敌，使魏国成为诸侯都痛恨的一颗恶性肿瘤。为不久魏国在与齐、秦之争中接连失利埋下了种子。

但无论如何，战国初期，魏国带领三晋西制秦、南制楚，不仅使魏成为战国时代北方第一个霸主和北方的文化中心，而且打破了春秋晚期的共霸格局，拉开了战国时代兼并与统一战争的序幕。

战国初期，北方的强国由少变多，南方的强国则由多变少。黄河中下游原来只有晋、齐两强，晋化整为零，燕由弱转强，加上黄河上游的秦国，北方六强并立，其中以魏最强。战国中期，北方的强国又开始由多变少：先以秦、齐为大；后以秦、赵并立。长平之战后，北方进入秦国独大的局面，北方权力中心在失落一百八十余年后，发生了第四次转移，转移到了周人所兴起的西部。

长江中下游原来只有楚、越两强，勾践死后，越国渐衰。楚悼王晚期，楚国开始全面复兴，楚人进一步巩固了南方霸主的地位，南方的权力中心依然掌握在楚国手中，一直到战国末期，南方实际上独有一强了。

战国时代，北方的力量已经分散，而且诸侯相攻不已。随着秦国的崛起，它们会组织一些短命的同盟，然而今日为友，明日为敌，无法实现持久的联合。它们的力量总和不但压倒秦国，而且超过楚国，无奈这个总和是虚幻和不稳定的。因此，它们的命运必然是若不灭于楚，则必亡于秦。从战国初期和中期的情形来看，楚、秦都有统一天下、建立帝国的资本和可能性，至于楚人和秦人谁能在竞逐中压倒对方，则尚难遽断。

因此，战国时代是政霸体制和王国体制的消亡期，也是从春秋时代建立起来的国家新秩序的瓦解期，因为君主体制在各国的确立，进一步刺激了大一统帝国的建立。同时，战国时代也是华夏文明的形成期，与春秋时代相比，显然要进步许多，因为这是一个符合历史发展趋势的新时代。

春秋至战国初期大事记[注1][注2][注3]

时间	南土[注4]	西土[注5]	东土[注6]	附注
	楚国大事	秦国大事	晋、齐等国大事	
传说（古系）时期	熊绎，被封子男，楚开始立国。 熊艾、熊黮、熊胜、熊杨	女防 旁皋、太几、大骆		相当于周初
前 897 年		非子居犬丘养马		
前 857 年		秦侯元年		
前 847 年	熊勇即位，楚君开始有文献记载的在位年数	公伯立，三年后卒		
前 845 年		秦仲为大夫，二十三年后死于戎		
前 822 年		秦仲卒，长子秦庄公立。庄公元年，周秦联军同西戎作战，取得胜利，庄公被周宣王封为西垂大夫，封地为秦邑与犬丘		
前 790 年	前 790 年至前 741 年，若敖、蚡冒在位			

续表

时间	南土[注4]	西土[注5]	东土[注6]	附注
	楚国大事	秦国大事	晋、齐等国大事	
前霸主时代				
前770年		襄公八年，平王东迁，秦被封为诸侯，秦开始立国		进入春秋
前762年		文公至汧、渭之会，筑城邑		
前753年		文公十三年，秦“初有史记事”		
前750年		文公十六年，伐戎，地至岐		
前740年	熊通元年，蚡冒弟熊通杀其侄而代立			
前738年	熊通三年，楚人侵略申国。不久灭权国，以权国故地为权县，命斗缗为权尹，楚国创设县制			
前724年			晋国曲沃庄伯杀晋孝侯而代立	
前722年			郑伯弟段作乱	
前720年			郑国侵略周天子领地	
前718年			卫桓公被杀	
前714年		宪公二年，徙平阳		
前713年		宪公三年，伐亳，灭荡社		
前712年			鲁隐公被杀	

续表

时间	南土[注4]	西土[注5]	东土[注6]	附注
	楚国大事	秦国大事	晋、齐等国大事	
前 710 年	熊通三十一年，楚君、蔡侯、郑伯在邓国会盟，中原诸侯“始惧楚也”		宋太宰华督杀宋殇公	
前 708 年		宪公八年秋，伐芮，冬执芮伯		
前 706 年	熊通三十五年，第一次楚随战争爆发			
前 704 年	熊通三十七年（武王三十七年），熊通“自立，为武王”。速杞之战，第二次楚随战争爆发			
前 703 年	武王三十八年，鄾之役，楚巴联军战败邓国（军）	大庶长弗忌等立出子		
前 701 年	武王四十年，蒲骚之战，楚人战败郧国，楚国雄霸汉东			
前 700 年	武王四十一年，楚人讨伐绞国			
前 699 年	武王四十二年，楚人伐罗国，大败			
前 691 年	武王五十年（约在此年），楚人灭罗、卢、鄢三国。楚人最终统一江汉平原			
前 689 年	文王元年，楚人迁都于郢			

续表

时间	南土[注4]	西土[注5]	东土[注6]	附注
	楚国大事	秦国大事	晋、齐等国大事	
前688年	文王二年冬，楚人联合巴人伐申国，俘虏彭仲爽，不久灭申。楚人基本控制汉北地区，进而统一了整个汉阳地区（江汉、汉东、汉北）	武公十年，“秦人伐邽、冀戎，初县之”，秦国创设县制		
前687年	文王三年，楚人奇袭邓国	武公十一年，“初县杜、郑”，灭小虢国		
前685年			齐桓公即位	
前684年	文王六年，楚人伐蔡，蔡侯献舞被俘。同年灭息国			
前679年			齐国始霸，齐桓公成为春秋第一位中原霸主	政霸体制初步形成
前678年	文王十二年，楚人伐郑。楚人灭邓国	武公死，用六十六人殉葬	曲沃武公重新统一晋国，晋国内乱结束	
前677年		德公元年，秦人迁都于雍	郑厉公二十四年，齐国囚禁郑詹，郑、齐两国从此结怨	
前675年	文王十五年，楚人伐巴国，楚君战败。楚人伐黄国。文王卒，熊艰即位		周室内乱，周惠王与五位大夫争利，五位大夫支持王子颓讨伐周惠王，不能胜	
前672年		宣公四年，晋秦第一次较量，秦晋大战于河阳，秦大胜		

续表

时间	南土[注4]	西土[注5]	东土[注6]	附注
	楚国大事	秦国大事	晋、齐等国大事	
霸主时代				
前671年	熊恽即位，是为成王		中原大乱，陈国内乱未息；晋国内乱突发；齐、鲁、宋合兵讨伐淮水下游的徐国	
前666年	成王六年，令尹子元兴师伐郑			
前664年	成王八年秋，楚国再次发生政变，申公斗班诛杀令尹子元			
前663年		成公元年，梁伯、芮伯朝秦		
前661年			齐国达到霸业的顶峰，亦开始衰落	
前659年	成王十三年，楚人第一次正式伐郑，开始挑战齐国霸权	穆公元年，秦人伐茅戎，取胜，打开了通往晋国的渡口，为秦晋争霸铺平了道路		
前658年	成王十四年，楚为对抗齐，再次举兵伐郑		齐为打击楚，召集宋、江、黄三国在贯会盟	
前657年	成王十五年，楚回敬齐，第三次举兵伐郑		齐为打击楚，在阳谷召集宋桓公、江君、黄君会盟，商议讨伐楚国的事宜	

续表

时间	南土[注4]	西土[注5]	东土[注6]	附注
	楚国大事	秦国大事	晋、齐等国大事	
前656年	成王十六年，楚、齐召陵之盟，两国相互承认霸权	穆公四年，穆公迎娶晋献公的女儿穆姬为夫人，与晋国结为秦晋之好	齐国讨伐蔡国	
前655年	成王十七年，令尹子文灭淮水上游的弦国。江、黄、道、柏四国为了自保，与齐国结盟	穆公五年，百里奚入秦。同年，秦人讨伐晋国，在河西交战	齐国召集鲁、宋、陈、卫、郑、许、曹和周惠王的太子郑在首止会盟。齐国与惠王之间出现了裂痕，惠王想利用郑、晋、楚对抗齐国。 晋国灭虢、虞二国，为其今后的发展及对秦斗争奠定了基础。 晋国发生“骊姬之乱”	
前654年	成王十八年，楚人采用“围许救郑”的策略，瓦解了齐国制楚的计划，许国归服楚国		夏天，齐国纠集鲁、宋、陈、卫、曹五国兴兵伐郑国，郑国向楚国求援。 晋公子重耳、夷吾为避祸相继出走	
前653年	成王十九年，郑背楚从齐		齐再次伐郑，郑文公杀申侯以取悦齐。 齐国对郑文公逃盟耿耿于怀，不久又召集诸侯在宁母会盟，策划伐郑事宜	

续表

时间	南土[注4]	西土[注5]	东土[注6]	附注
	楚国大事	秦国大事	晋、齐等国大事	
前651年		穆公九年，秦人送晋公子夷吾归国，晋许以河西八城	齐桓公在葵丘会盟，齐国霸权继续衰落。 晋献公死，晋国内乱	
前650年			夷吾在秦国的支持下顺利即位，是为晋惠公。惠公自食其言，不给秦河西八城，秦晋开始失和	
前649年		穆公十一年，伊洛之戎向周王室进攻，秦晋合兵救周		
前648年	成王二十四年，楚国灭淮水上游的嬴姓黄国		晋国发生饥荒，秦国运粮救援	
前646年	成王二十六年，楚国灭淮水中游的偃姓英氏国。不久，楚人相继灭樊、蒋、蓼三国。至此，楚人基本控制淮水上游	穆公十四年，秦国发生大饥荒，晋国不予救援，大臣虢射主张趁机伐秦，秦晋开始反目		
前645年	成王二十七年，楚人两次征伐淮水中下游的徐国。娄林大捷，楚人瓦解了齐国制楚的计划，至此，楚成王基本控制淮域，成为南方霸主，为北上争霸铺平了道路	穆公十五年九月，秦晋韩原之战，秦军大胜，晋惠公被俘。同年，秦释放惠公，秦晋暂时和解，晋献河西（大部分）之地	齐国联合中原诸侯两次救援徐国。 晋惠公被俘。狄人趁火打劫，夺取了晋的狐厨、受铎两地，渡过汾水，一直打到昆都	

续表

时间	南土[注4]	西土[注5]	东土[注6]	附注
	楚国大事	秦国大事	晋、齐等国大事	
前644年		穆公十六年，秦在河东设置官司		
前643年			齐桓公、管仲相继去世，诸子争位，齐国内乱，易牙立无亏为君	
前642年			宋纠集曹、卫、邾三国合兵伐齐，护送太子昭回国争位。齐人害怕，杀害无亏。太子昭即位，是为齐孝公。至此，齐国元气大伤，内乱不止，国势日衰。 郑国开始朝楚暮齐，向楚国靠拢，不久，郑文公朝楚	
前641年			宋襄公、曹人、邾人在曹南会盟，襄公杀鄫国国君，欲图霸。同年六月，宋人围困曹国。 陈国为了制衡宋国，陈穆公邀请蔡、郑、楚到齐国会盟，欲推齐孝公为新霸主	

续表

时间	南土[注4]	西土[注5]	东土[注6]	附注
	楚国大事	秦国大事	晋、齐等国大事	
前640年	成王三十二年，楚国平定随国叛乱	穆公二十年，秦灭河西北边的梁国和河西南边芮国。秦国完全控制了河西，在秦晋斗争中处于有利态势		
前639年			宋襄公邀请楚、陈、蔡、郑、许、曹六国国君到宋地盂邑会盟，意在求楚国支持其做盟主。楚成王怒，捉襄公，后在诸国斡旋下，释放襄公	
前638年	成王三十四年，郑文公再次朝见成王。 同年秋，楚人伐宋救郑，在泓水大败宋师，宋襄公求霸失败	穆公二十二年，迁陆浑之戎于伊川	宋襄公怒郑文公，以宋、卫、许、滕联军讨伐郑国	
前637年	成王三十五年，秋，楚国司马成得臣讨伐陈国。同年，帮顿国营建新都。 同年，重耳访问楚国	穆公二十三年，派使者迎重耳访问秦国	晋惠公去世，公子圉即位	
前636年		穆公二十四年，秋，送重耳归晋即位，是为晋文公	晋文公即位后，杀子圉，子圉谥号晋怀公。同年，晋国内乱，晋文公出逃，秦穆公派秦兵护送晋文公回国至此，晋国政局逐渐安定。宋成公造访楚国，顺道访问郑国	

续表

<table>
<tr><th rowspan="2">时间</th><th>南土[注4]</th><th>西土[注5]</th><th>东土[注6]</th><th rowspan="2">附注</th></tr>
<tr><th>楚国大事</th><th>秦国大事</th><th>晋、齐等国大事</th></tr>
<tr><td>前 635 年</td><td>成王三十七年，秋，秦晋联兵征伐楚国的附庸鄀国，秦军大胜</td><td></td><td>周室内乱，周襄王与弟弟带不和，带引狄师击败周师，周襄王逃到郑国避难。晋文公率晋师勤王，杀死带，迎立周襄王复位</td><td></td></tr>
<tr><td>前 634 年</td><td>成王三十八年，楚人灭夔国。同年，楚人伐宋、齐二国</td><td></td><td>齐国征伐鲁国，鲁僖公派东门襄仲和臧文仲向楚国求援</td><td></td></tr>
<tr><td>前 633 年</td><td>成王三十九年，楚人再次伐宋。同年冬，楚、陈、蔡、郑、许五国联军包围宋都，宋向晋国求援</td><td></td><td>晋设立三军，同时将朝政大权授予十家非宗室大族执掌，即“六卿政体”的雏形形成</td><td></td></tr>
<tr><td rowspan="2">前 632 年</td><td colspan="3">楚成王四十年，晋文公五年，晋楚城濮之战，晋师以少胜多，取得胜利，晋文公成为新的中原霸主</td><td>政霸体制在北方正式形成</td></tr>
<tr><td></td><td></td><td>同年，践土之盟，宣告晋文公为“侯伯”，初步确立了晋国盟主（霸主）的地位。
同年冬，晋、齐、鲁、宋、蔡、郑、陈、莒、邾、秦在河阳会盟，正式确立了晋文公霸主的地位</td><td></td></tr>
</table>

续表

时间	南土[注4]	西土[注5]	东土[注6]	附注
	楚国大事	秦国大事	晋、齐等国大事	
前631年			晋、宋、齐、陈、蔡、秦及周天子的代表，在翟泉会盟，共同约定讨伐郑国	
前630年		穆公三十年，秦助晋攻打郑国，后秦单独撤兵		
前628年	成王四十四年，楚使到晋国聘问，建议晋楚修好	穆公三十二年，秦人举兵伐郑，挑战晋国霸主地位	晋文公去世	
前627年	成王四十五年，楚人救蔡，楚晋不战而同时撤兵	穆公三十三年，秦军攻郑未遂，灭滑。同年，第一次秦晋战争爆发，崤之战，秦军大败	即位不久的晋襄公为了维持晋国的霸权，向楚的近邻蔡国发起了进攻	
前625年	成王四十六年，楚国发生政变，商臣逼其父成王自缢，自立为楚王	穆公三十五年，秦伐晋，第二次秦晋战争爆发，彭衙之战，不利，秦人撤兵		
前624年		穆公三十六年，秦晋再次爆发战争，王宫大战，秦军大胜		
前623年	穆王三年，楚国趁秦晋交恶，灭了淮水上游的江国	穆公三十七年，晋伐秦围刓。同年，秦伐西戎大胜，“开地千里”，周天子派使者以金鼓祝贺，秦穆公成为西方霸主		

续表

时间	南土[注4]	西土[注5]	东土[注6]	附注
	楚国大事	秦国大事	晋、齐等国大事	
前622年	穆王四年，秦占鄀地，鄀的公室被南迁到楚的腹地，称为“下鄀”。秦人撤出后，楚在鄀故地商密设县，称为“上鄀”。 同年，楚灭淮水中游的偃姓小国六	穆公三十八年，鄀国因朝秦暮楚，鄀城商密被秦人击破。秦国取得鄀地，秦人为了对晋斗争的需要，不久便从鄀地撤兵		
前621年		穆公三十九年，穆公卒，从死百七十七人		
前620年			秦送公子雍归晋，赵盾改立太子夷皋而拒纳公子雍。晋秦交战，令狐之役，晋师获胜。晋国先蔑、士会降秦	
前619年		康公二年，秦伐晋国，夺取武城		
前618年	穆王八年，楚国为了对中原诸侯施压，迫使其背晋从楚，趁晋灵公年少，讨伐郑，前胜而后败。 同年夏，楚人伐陈，夺取了陈的边邑壶丘。 同年秋，楚又伐陈，被陈师战败，陈惧楚报复，请和			

续表

时间	南土[注4]	西土[注5]	东土[注6]	附注
	楚国大事	秦国大事	晋、齐等国大事	
前617年	穆王九年，工尹子西和大夫子家谋叛，事情泄露，被捕杀。若敖氏与王室的关系进一步恶化。 同年，楚、郑、陈在息县会盟。不久，三位国君同赴厥貉与蔡、麇会合，商议伐宋，宋昭公表示从楚。麇子擅自回国	康公四年夏，秦进攻晋国，占领了北征	晋伐秦国，夺取少梁	
前616年	穆王十年，楚伐麇国，战果甚微，两国结怨			
前615年	穆王十一年，群舒叛楚，令尹成嘉亲自率兵平叛，取胜	康公六年，秦伐晋，夺取羁马。秦晋对峙于河曲，秦军取胜。不久秦人夺取晋的瑕地		
前614年			瑕又被晋夺回	
前613年	庄王元年，群舒复叛，令尹成嘉和太师潘崇伐舒。子仪和王子燮趁机发动政变，胁持庄王，以失败终			
前612年			晋国伐蔡国，楚国不予救援	
前611年	庄王三年，楚人联合秦国讨伐庸国，灭庸	康公十年，秦为了对晋斗争的需要，协助楚征伐庸国		

续表

时间	南土[注4]	西土[注5]	东土[注6]	附注
	楚国大事	秦国大事	晋、齐等国大事	
前610年			郑国背楚从晋	
前609年			丙戎和庸职联手杀死齐懿公	
前608年	庄王六年，郑背晋从楚，楚、郑联合伐陈、宋，楚、郑取胜。不久，晋率宋、陈、卫、曹合兵伐郑，郑向楚求援，楚人在北林大败晋师		晋国讨伐秦国的附庸崇国，想迫使秦向晋求和，秦不同意	
前607年	庄王七年，郑国在楚人的支持下伐宋国，在大棘战败宋师	共公二年，秦伐晋，围焦	同年夏，晋人率宋、卫、陈合兵伐郑，楚救郑，晋师撤兵。 同年秋，晋国内变，赵穿杀死晋灵公，拉开了君权与卿权长期斗争的序幕	
前606年	庄王八年春，楚人率军北上中原，讨伐陆浑之戎，问鼎周室。返回的途中问罪郑国			
前605年	庄王九年，楚国内乱，子越起兵谋反，楚国长期形成的君权与宗权之间的决战爆发。楚王利用芳氏剪除若敖氏，强化了王权，巩固了君主体制，为北上争霸打下了坚实的基础		郑国内乱，子公与子家杀死郑灵公。郑人拥立公子坚，是为郑襄公	

续表

<table>
<tr><th rowspan="2">时间</th><th>南土[注4]</th><th>西土[注5]</th><th>东土[注6]</th><th rowspan="2">附注</th></tr>
<tr><th>楚国大事</th><th>秦国大事</th><th>晋、齐等国大事</th></tr>
<tr><td>前601年</td><td>庄王十三年，群舒叛楚，楚人伐舒，群舒问题彻底解决。随后，庄王在离巢湖不远的地方与吴、越使者会盟</td><td></td><td>晋人勾结白狄侵袭秦土</td><td></td></tr>
<tr><td>前600年</td><td>庄王十四年，楚人伐郑，晋人干涉，楚师小败</td><td></td><td></td><td></td></tr>
<tr><td>前599年</td><td>庄王十五年，楚人再次伐郑，郑求和，晋联合诸侯伐郑，楚师撤兵</td><td></td><td>陈国夏徵舒发动政变，射杀陈灵公</td><td></td></tr>
<tr><td>前598年</td><td>庄王十六年，春，楚人伐郑，郑再次背晋从楚。
楚人以平乱为借口，伐陈，迫使陈归服。
同年夏，楚、陈、郑在辰陵会盟，陈、郑臣服楚。
同年，楚又伐陈，先灭后复，扶持公子午回陈即位，是为陈成公</td><td></td><td></td><td></td></tr>
<tr><td rowspan="3">前597年</td><td>庄王十七年，楚以郑又开始朝楚暮晋而讨伐郑，伐而不灭，保存了郑</td><td>桓公三年，晋楚大战于邲，秦声援楚</td><td>同年夏，晋出兵救郑</td><td></td></tr>
<tr><td colspan="3">楚庄王十七年，晋景公三年，晋楚“邲之战”，楚取得胜利，楚庄王成为新的中原霸主</td><td>政霸体制得到诸侯承认，正式建立</td></tr>
<tr><td>同年冬，楚人灭萧国</td><td></td><td></td><td></td></tr>
</table>

续表

时间	南土[注4]	西土[注5]	东土[注6]	附注
	楚国大事	秦国大事	晋、齐等国大事	
前 596 年			先縠联合赤狄发动政变，讨伐晋君，晋景公将先縠一族悉数诛灭。晋君开始了削弱卿权的行动，君权和卿权的矛盾进一步激化	
前 595 年	庄王十九年，晋伐郑，郑襄公赴楚，商议抗晋事宜。同年，宋人杀楚使，楚师包围宋都			
前 594 年	庄王二十年，楚宋议和，举行盟誓		晋伐赤狄潞氏。同年，秦伐晋，桓公至辅氏督战，晋师胜	
前 589 年	共王二年冬，楚联合郑、蔡、许三国伐鲁、卫，鲁、卫向楚求和。同年十一月，楚令尹子重与齐、鲁、卫、秦、郑、陈、宋、邾、鄫、薛诸国的国君或执政大夫在鲁地蜀邑会盟		齐伐鲁国，晋救鲁伐齐	
前 588 年			晋为了与楚争霸，在老三军的基础上，增置新中、上、下三军，共六军，为卿权的强大与晋国的内乱埋下了祸根	

续表

时间	南土[注4]	西土[注5]	东土[注6]	附注
	楚国大事	秦国大事	晋、齐等国大事	
前586年			许、郑相互侵伐。许、郑相继向楚控诉，楚国扣留了郑国使者皇戌和子国。郑穆公派使者出使晋国。 同年八月，郑与晋在垂棘会盟。 同年冬，晋与齐、鲁、郑、宋、卫、邾、曹、杞诸国国君在郑邑虫牢会盟	
前585年	共王六年，楚伐郑。同年冬，晋救郑。晋、楚战于绕角，楚师先小胜而后败，然后退兵		晋迁都于新田，称新绛。 晋楚战于绕角，晋师取胜后随即侵蔡，楚救蔡，晋师受阻，退兵	
前584年	共王七年，楚人伐郑，晋联合诸侯救郑。楚师受挫，退兵		郑成公与郑卿子良朝见晋景公，答谢晋救郑的恩情。 同年八月，晋、齐等国在马陵会盟。晋楚之争，晋暂时取胜	
前583年			晋先侵蔡，后侵楚，俘获了楚大夫申骊。晋人侵楚的附庸沈国，并捕获了沈子揖初。 同时，晋景公开始了肃理卿权的行动，拉开了晋国权力斗争的序幕	

续表

时间	南土[注4]	西土[注5]	东土[注6]	附注
	楚国大事	秦国大事	晋、齐等国大事	
前582年	共王九年，郑背晋从楚。 楚侵陈救郑，陈求和。 楚人伐莒	桓公二十二年，秦人联合白狄侵袭晋土	晋伐郑国	
前581年			晋转变外交策略，开始与楚修好，为的是解除后顾之忧，全力抗秦。 郑国内乱，晋人唆使卫国侵郑	
前580年		桓公二十四年，秦晋浃河而盟。秦人归而背盟，分别派使者到白狄和楚国，建议联合伐晋	宋国斡旋，晋、楚都表示了议和的诚意。同时，晋又求和于秦，秦同意	
前579年			晋、楚两国大夫分别莅临彼国会盟	
前578年			晋厉公派使者至秦，递交《绝秦书》，晋秦反目。 同年，晋国联合诸侯伐秦，双方战于麻隧，晋师取胜	
后霸主时代				
前577年		桓公二十七年，桓公卒，景公即位，秦、晋进入势力均衡的东西博弈阶段		

续表

时间	南土[注4]	西土[注5]	东土[注6]	附注
	楚国大事	秦国大事	晋、齐等国大事	
前 576 年	共王十五年，楚先侵郑，后侵卫，都是稍进即退。 郑屡次侵许，楚迁许国于叶邑，楚人在中原的影响力减弱		宋国内乱。 晋国卿权不断扩张，威胁君权	
前 575 年	共王十六年，楚晋鄢陵之战，楚师败。楚、晋进入势力均衡的南北对峙局面		郑背晋从楚。同年夏，晋伐郑，楚救郑	
前 574 年	共王十七年，郑袭晋。同年夏，为防晋伐郑，楚派兵帮郑守国。随后，晋联合诸侯伐郑，楚救郑，联军退。同年冬，联军又伐郑，楚救郑，联军退。 同年，舒庸引吴师围攻巢邑，楚人东征，赶跑吴人，击灭舒庸		晋国内乱，至此，晋十一家大族只剩七家，为不久“六卿政体”的确立创造了条件	
前 573 年	共王十八年，郑侵宋。随后，楚郑伐宋，夺取宋的朝郏、幽丘和彭城。同年，宋围彭城，楚伐宋，双方战于宋邑鼓城附近，楚师退却		晋悼公改革内政，重用卿大夫，埋下了六卿分权的隐患	
前 570 年	共王二十一年，楚伐吴。楚师首次东渡长江，一度攻占鸠兹。楚师刚退，吴师西渡长江，攻占驾邑。吴楚战争拉开了大幕			

续表

时间	南土[注4]	西土[注5]	东土[注6]	附注
	楚国大事	秦国大事	晋、齐等国大事	
前566年	共王二十五年，楚师围陈国都城，陈求和			
前565年	楚伐郑，郑从楚。晋楚对峙基本结束			
前564年		景公十三年，晋国饥荒，秦侵晋，秦取胜	晋联合诸侯伐郑，郑求和	
前563年			郑国内乱	
前562年		景公十五年，秦楚联合伐郑，郑求和。随后，秦、楚伐宋	楚、秦退兵，晋联合诸侯伐郑，郑求和。随后，秦袭晋，晋秦战于栎，晋师败	
前561年	同年，吴王寿梦去世，诸樊即位	景公十六年，秦楚伐宋		
前559年			晋联合诸侯伐秦，晋秦对峙于泾河岸边，“迁延之役”爆发，双方战平	
前557年	晋伐楚，楚小败，晋楚争端渐渐平息	景公执政中期，秦开始全面收缩战线。秦国内部新旧贵族开始权力争夺战，秦进入新旧势力的交替期，无力关注国外事务	晋平公即位，晋逐渐收缩战线，由外转内，开始漫长的国君与六卿、六卿之间的权力博弈	
前554年			郑国又起内乱	
前553年			蔡国内乱。 陈国内乱	

续表

时间	南土[注4]	西土[注5]	东土[注6]	附注
	楚国大事	秦国大事	晋、齐等国大事	
前552年			晋国内乱，“六卿政体”最终确立，君权逐渐旁落，公室衰微，晋无力关注国外事务。 同时，齐从庄公开始，国君与卿大夫、卿大夫集团内部，为了权力，展开了长久的斗争，主要集中于国内事务	
前550年		景公二十七年，景公至晋会盟，不久即背盟		
前549年		景公二十八年，晋派使者到秦，秦也派使者到晋，双方互相试探，以求媾和		
前548年	康王十二年，楚伐舒鸠，楚击溃吴师，至此，群舒尽灭。 同年，司马芬掩整顿兵赋			
前547年			宋国在晋、楚两国斡旋，传达双方和平意愿	
前546年	楚康王十四年，晋平公十二年，秦景公三十一年，齐景公二年，弭兵之会在宋地举行，楚秦晋齐平分霸权，四大国共霸的国家新秩序确立			政霸体制正式确立

续表

时间	南土[注4]	西土[注5]	东土[注6]	附注
	楚国大事	秦国大事	晋、齐等国大事	
前 543 年	郏敖二年，公子围杀死芳掩，侵吞了其家产			
前 541 年	郏敖四年，楚国政变，公子围杀死郏敖及其两子			
前 538 年	灵王三年，许悼公访楚。同时，灵王派伍举出访，邀请诸侯到楚会盟。 同年夏，中原小国与淮夷君长齐聚申县，与楚会盟。 同年冬，楚联合诸侯伐吴。楚师退，吴师进			
前 537 年	灵王四年，楚联合诸侯伐吴，越人与楚合作，楚人无功而返			
前 536 年	灵王五年，楚伐徐国，吴救徐，楚又伐吴，楚师败			
前 534 年	灵王七年，楚第一次灭陈		陈国内乱	
前 533 年	灵王八年，楚将许国从叶邑迁到了楚的腹地夷邑			
前 531 年	灵王十年，楚杀蔡灵侯。随后，楚伐蔡，楚第一次灭蔡		晋六卿专权，内斗不止，无力救蔡	

续表

时间	南土[注4]	西土[注5]	东土[注6]	附注
	楚国大事	秦国大事	晋、齐等国大事	
前530年	灵王十一年，灵王诛杀成虎，并剥夺了斗氏后人的赏邑。 同年冬，灵王亲伐徐，围困徐都			
前529年	灵王十二年，楚国政变，灵王自缢			
前528年	平王元年，陈、蔡复国。 同年，平王诛杀斗成然和养氏，任命斗辛为郧公			
前526年	平王三年，楚诱杀戎蛮子嘉，立其子为君。 同年，吴王僚即位			
前525年	平王四年，吴伐楚，楚师胜			
前524年	平王五年，楚人将许国迁到析邑的白羽			
前523年	平王六年，楚人在北疆重修郏邑城，在东疆增筑州来城，又把扣留在楚的吴公子蹶送回吴。楚吴关系暂时缓和。 同年，平王自娶太子建夫人嬴氏为妻			
前522年	平王七年，平王杀伍奢和其子伍尚。太子建与伍员先后逃亡国外，太子建死在郑国			

续表

时间	南土[注4]	西土[注5]	东土[注6]	附注
	楚国大事	秦国大事	晋、齐等国大事	
前521年	平王八年，伍员带着太子建的儿子王孙胜亡命吴国，投靠吴公子光		宋国内乱	
前519年	平王十年，吴公子光伐楚，直逼州来。楚联合诸侯救州来。吴楚战于鸡父，楚师溃退。 同年秋，吴公子光领兵入郹阳，迎太子建母去吴			
前518年	平王十一年，吴攻钟离，平王攻破吴师，越人随平王出征，楚人撤军。随后，吴师攻占了楚边邑钟离和巢			
前515年	昭王元年，专诸刺吴王僚，吴王阖闾代立			
前514年			六卿完成对君权的蚕食，开始相攻争权	
前512年	昭王四年，吴王阖闾三年，吴灭徐国和钟吾。至此，吴楚战争正式爆发			
前508年	昭王八年，吴王阖闾七年，桐国叛楚，吴伐桐，引诱楚伐吴。同年，楚伐吴，楚师大败			

续表

时间	南土[注4]	西土[注5]	东土[注6]	附注
	楚国大事	秦国大事	晋、齐等国大事	
前 506 年	昭王十年，吴王阖闾九年，吴全力伐楚，楚毫无准备。伐楚前，吴、蔡、唐组成反楚小同盟。同年，吴师三战三捷，攻破郢都，昭王出逃。楚申包胥至秦求兵伐吴		吴伐楚前夕，晋召集十七国诸侯在召陵会盟，商议伐楚，毫无结果	
前 505 年	昭王十一年，吴王阖闾十年，越乘隙袭扰吴国。同时，楚在军祥小挫吴师。同年秋，楚秦灭唐国，切断了吴师的补给线。 阖闾之弟夫概王率所部返回吴国，自立为王。 吴王阖闾撤离楚国。同年，昭王迁都，新都称“栽郢”，原都仍称“鄢”	哀公三十二年，秦发兵五百乘援楚抗吴，大败吴师		
前 496 年	吴王阖闾十九年，越伐吴，越吴大战于槜李，吴师大败，阖庐死			
前 495 年	昭王二十一年，楚人灭胡国			
前 494 年	吴王夫差二年，越王勾践三年，吴全力伐越，击溃越师，攻占越都，越吴议和			

续表

时间	南土[注4]	西土[注5]	东土[注6]	附注
	楚国大事	秦国大事	晋、齐等国大事	
前488年	吴王夫差八年，夫差北上访问鲁、宋			
前487年	吴王夫差九年，吴师再次北上，先伐鲁，后伐邾。不久，吴师开凿邗沟，以便北伐			
前485年	吴王夫差十一年，吴联合鲁、邾、郯伐齐，被齐师战败			
前484年	吴王夫差十二年，齐伐鲁，吴救鲁。夫差赐死伍员。吴齐战于艾陵，吴师大胜			
前482年	吴王夫差十四年，越王勾践十五年，夫差率主力北上，与晋定公、鲁哀公在黄池会盟。 同年，越伐吴，越师胜，占领吴都。吴师救援，越师撤军。 不久，楚配合越伐吴，一直打到桐汭			
前481年			田常杀齐简公，标志着齐国卿权彻底战胜君权	
前479年	惠王十年，叶公平定“白公之乱”			
前478年	惠王十一年，楚第二次灭陈，改国为县			

续表

时间	南土[注4]	西土[注5]	东土[注6]	附注
	楚国大事	秦国大事	晋、齐等国大事	
前476年	吴王夫差二十年，越王勾践二十一年，越人避实击虚，侵扰楚国东境，麻痹吴人	厉共公元年，秦进入长达九十一年的“七代之乱”，新旧势力争斗不已，政局不稳		进入战国
前475年	吴王夫差二十一年，越王勾践二十二年，越对吴不宣而战，包围吴都			
前473年	吴王夫差二十三年，越王勾践二十四年，夫差自缢，吴国灭亡			
前458年			赵、魏、韩、智氏灭范氏、中行氏，并分其地	
前453年			赵、魏、韩灭智氏，分其地	
前451年		厉共公二十六年，秦人取南郑		
前447年	惠王四十二年，楚灭蔡			
前445年	惠王四十四年，楚灭杞国			
前431年	简王元年，楚灭莒，重新开启北上争霸的模式			
前419年		灵公六年，魏与秦争河西		
前413年	简王十九年，楚联合秦、齐伐魏，楚魏（三晋）重启战端	简公二年，魏开始大举伐秦，秦魏（三晋）再次进入战争状态		

续表

时间	南土[注4]	西土[注5]	东土[注6]	附注
	楚国大事	秦国大事	晋、齐等国大事	
前403年			周威烈王承认赵、魏、韩为诸侯，“三家分晋”正式完成。战国初期，魏国成为三晋之首	
前389年	悼王十三年，吴起归楚，在楚王的支持下推行变法（约前388—前382）。楚国开始复兴，进一步巩固了南方霸主的地位			进入战国中期
前386年			田氏成为诸侯，田齐政权建立。齐国政局趋于稳定，进一步巩固了中原大国的地位	
前384年		献公元年，秦七代之乱结束，国内局势趋于稳定。至此，秦国进入改革期，逐步走出低迷，开始全面复兴，继续以西方霸主的姿态积极参与天下事务		

［注1］许慎《说文解字叙》言战国时“诸侯力政，不统于王，恶礼乐之害己，而皆去其典籍，分为七国。……言语异声，文字异形”。

［注2］王国维《史籀篇疏证序》说:“《史籀篇》文字，秦之文字，即周秦间西土之文字也。至许书所出古文，即孔子壁中书。其体与籀文、篆文颇不相近，六国遗器亦然。壁中古文者，周秦间东土之文字也。”

［注3］唐兰《古文字学导论》中以“秦系文字”与“六国系文字”并列。

［注4］南土：除了楚国，亦包括春秋中晚期崛起的吴国、越国。

［注5］西土：指秦国。

［注6］东土：除了晋国（战国时指三晋，即赵、魏、韩）、齐国（战国时指田齐），亦包括陈、蔡、郑、宋、鲁、卫等中原诸国。

附录

附录一　西周政府组织结构图

甲　西周早期（王畿地区）[1]

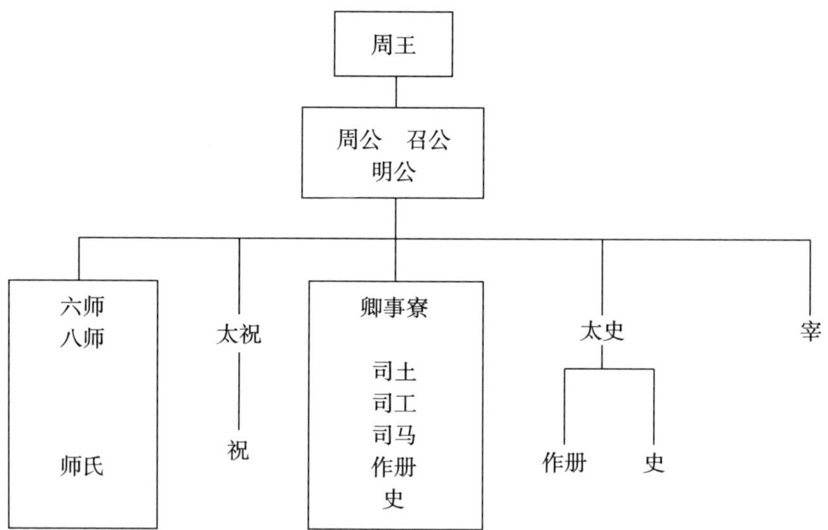

乙 西周中期（王畿地区）[2]

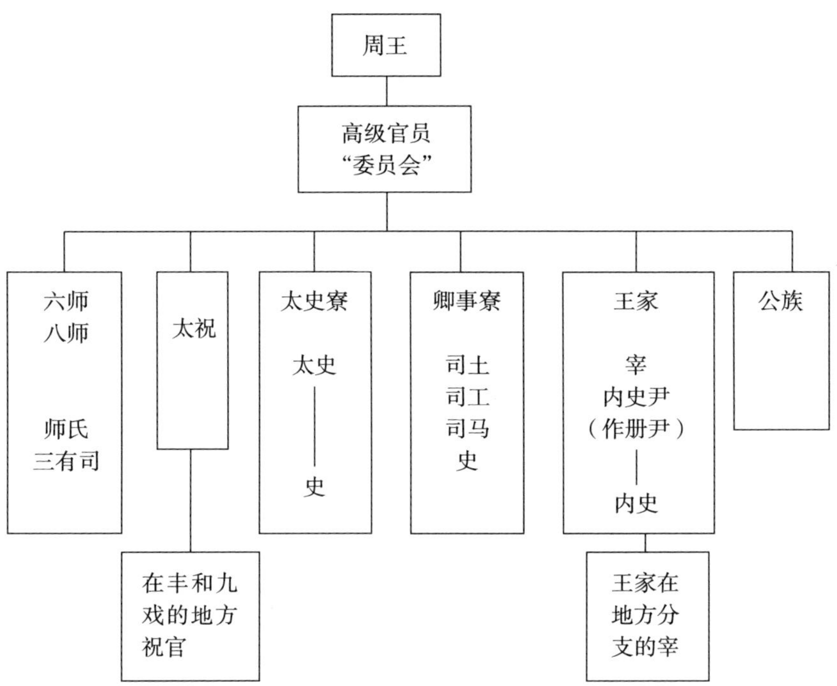
周王
高级官员
“委员会”
六师
八师
师氏
三有司
太祝
在丰和九
戏的地方
祝官
太史寮
太史
史
卿事寮
司土
司工
司马
史
王家
宰
内史尹
（作册尹）
内史
王家在
地方分
支的宰
公族

丙　西周晚期（王畿地区）[3]

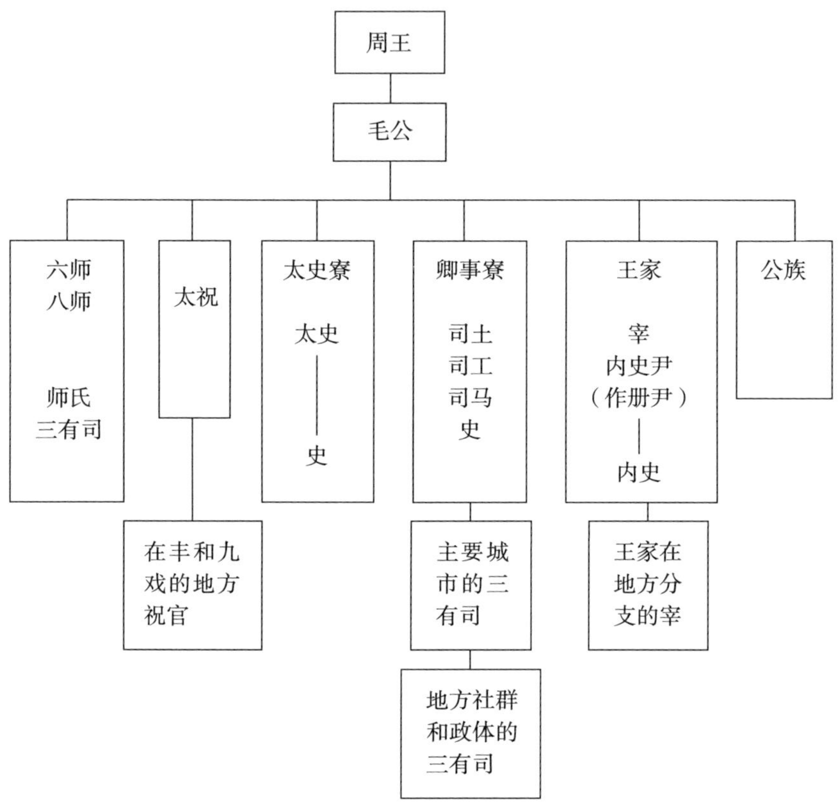

［1］早期资料来源：令方彝和令方尊两件青铜器铭文。

［2］中期资料来源：番生簋盖铭文。

［3］晚期资料来源：毛公鼎铭文。

附录二　西周分期及王系表

分期	王名	公元前	在位年数
西周早期	武王	约 1046—1043	3
	成王	约 1042—1021	22
	康王	约 1020—996	25
	昭王	约 995—977	19
西周中期	穆王	约 976—922	55（共王当年改元）
	共王	约 922—900	23
	懿王	约 899—892	8
	孝王	约 891—886	6
	夷王	约 885—878	8
西周晚期	厉王	约 877—841	37（共和当年改元）
	共和	841—828	14
	宣王	827—782	46
	幽王	781—771	11

注：根据“夏商周断代工程”编制。

附录三　两周简表

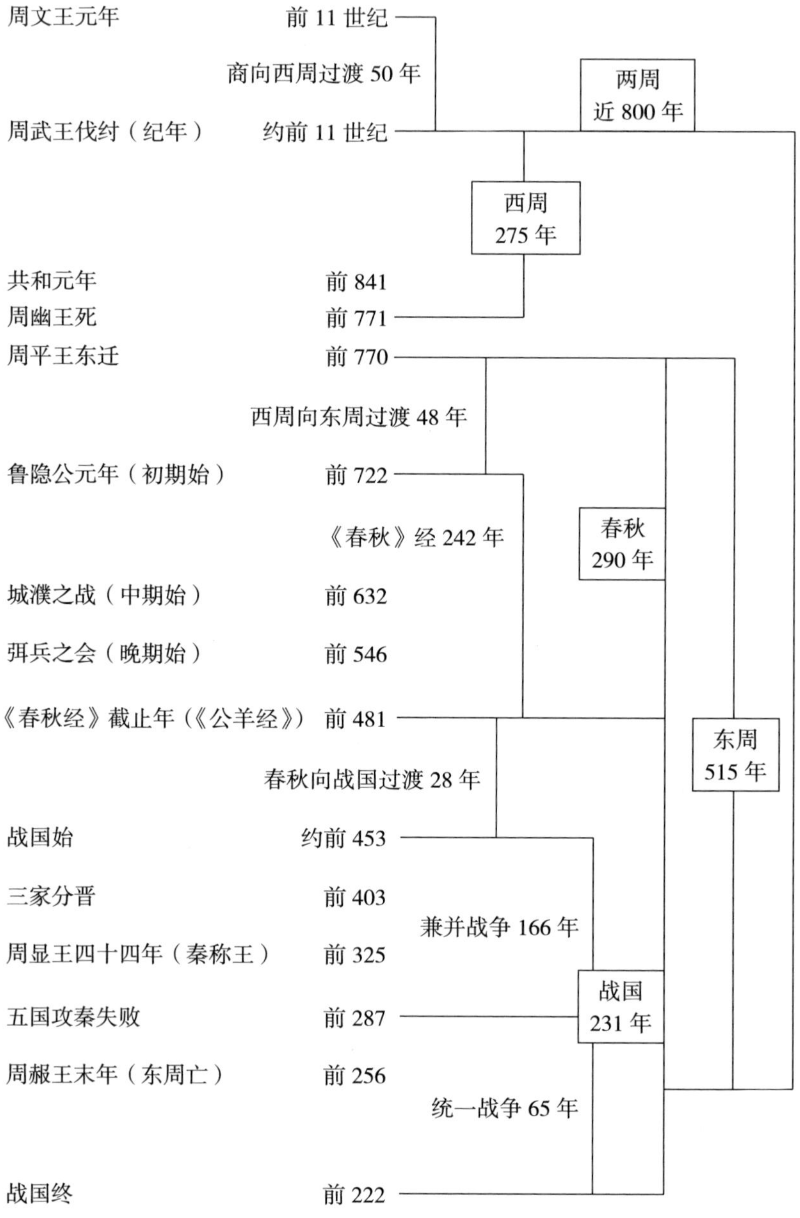

周文王元年　前 11 世纪
商向西周过渡 50 年
两周 近 800 年
周武王伐纣（纪年）　约前 11 世纪
西周 275 年
共和元年　前 841
周幽王死　前 771
周平王东迁　前 770
西周向东周过渡 48 年
鲁隐公元年（初期始）　前 722
《春秋》经 242 年
春秋 290 年
城濮之战（中期始）　前 632
弭兵之会（晚期始）　前 546
《春秋经》截止年（《公羊经》）　前 481
东周 515 年
春秋向战国过渡 28 年
战国始　约前 453
三家分晋　前 403
兼并战争 166 年
周显王四十四年（秦称王）　前 325
战国 231 年
五国攻秦失败　前 287
周赧王末年（东周亡）　前 256
统一战争 65 年
战国终　前 222

附录四 楚世系表

甲 称王前（西周）

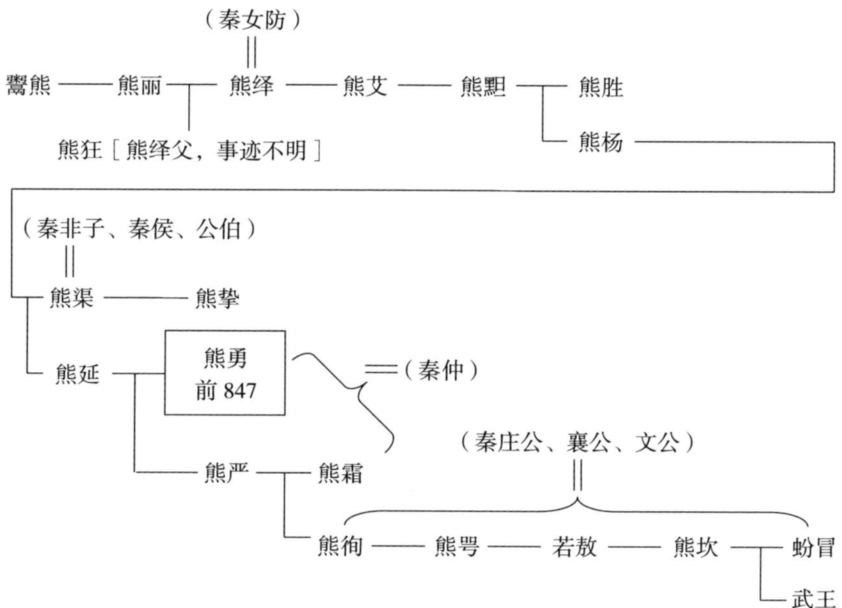

乙　称王后（春秋至战国初）

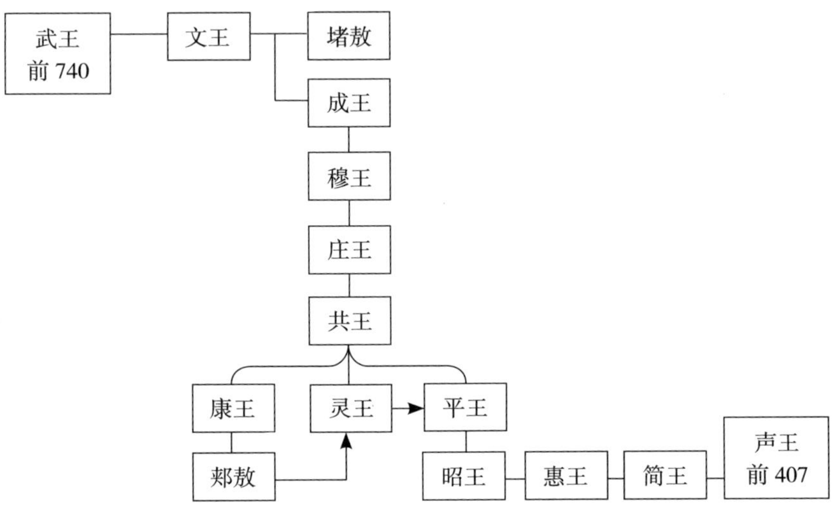

注：根据《史记·楚世家》《春秋左传》及《国语》编制。

附录五 秦世系表

甲 建国前（西周）

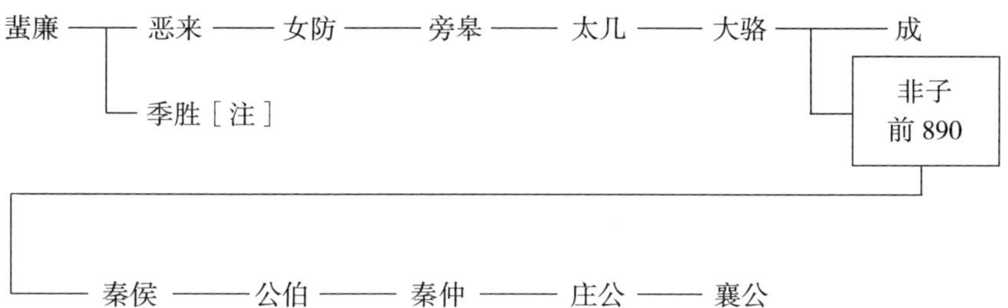

注：季胜之后，另有一支。《史记·秦本纪》记载："季胜生孟增，孟增……是为宅皋狼……生衡父，衡父生造父……缪王以赵城封造父，造父族由此为赵氏。自蜚廉生季胜以下五世至赵父，另居赵。赵衰其后也。"这一支就是春秋晋国的赵氏祖先。当然也是秦人祖先。秦赵同源。

乙　建国后（春秋至战国初）[注]

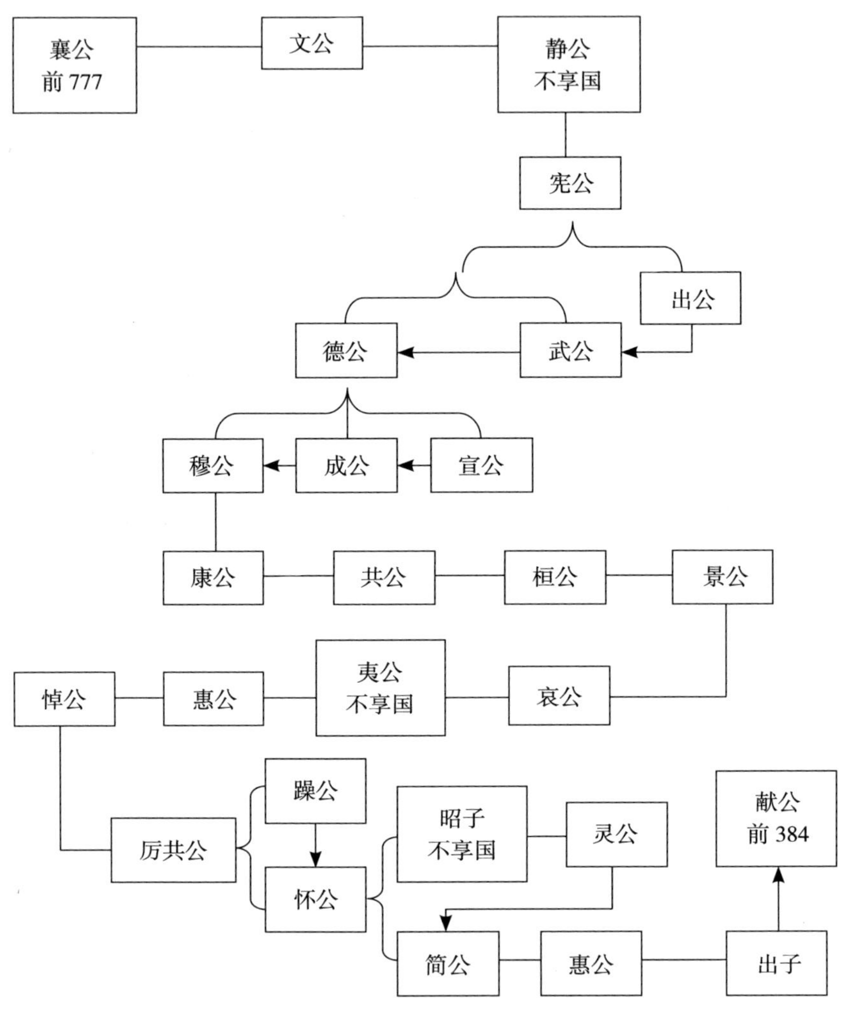

注：根据《史记·秦本纪》及1978年宝鸡县出土的秦公钟、秦公镈铭文编制。

附录六　晋世系表

甲　西周时代

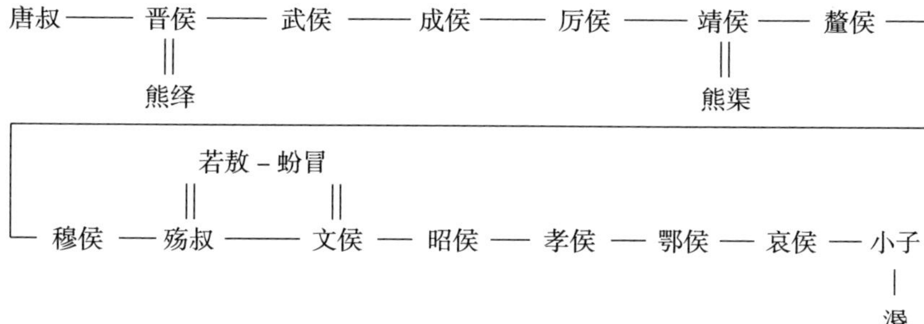

乙　春秋至战国初

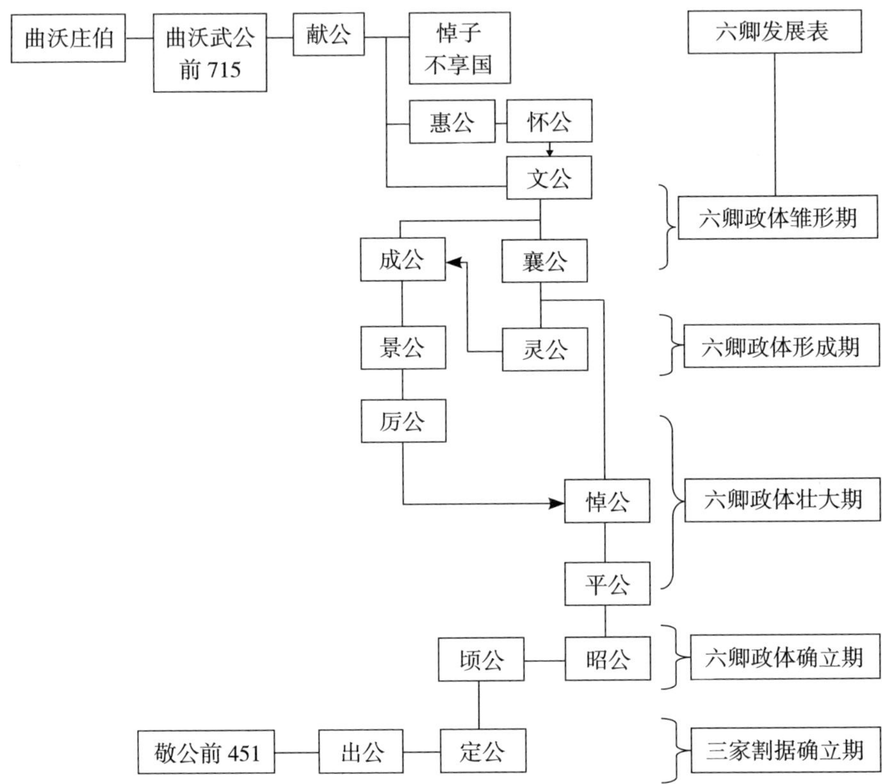

注：根据《古本竹书纪年》《史记・晋世家》《史记・赵世家》《史记・韩世家》及《春秋左传》编制。

附录七　齐世系表

甲　西周时代

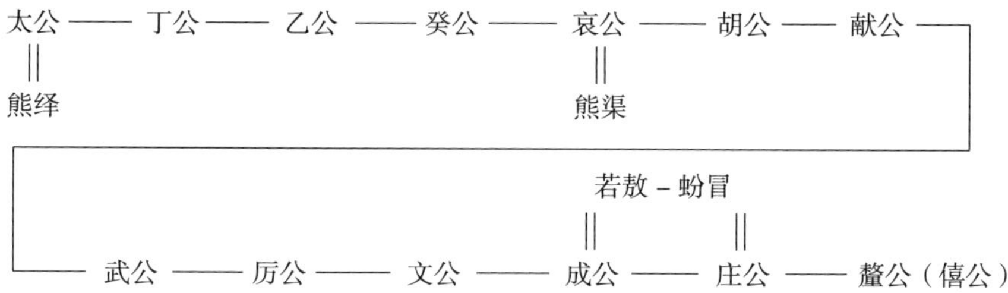

乙　春秋至战国初

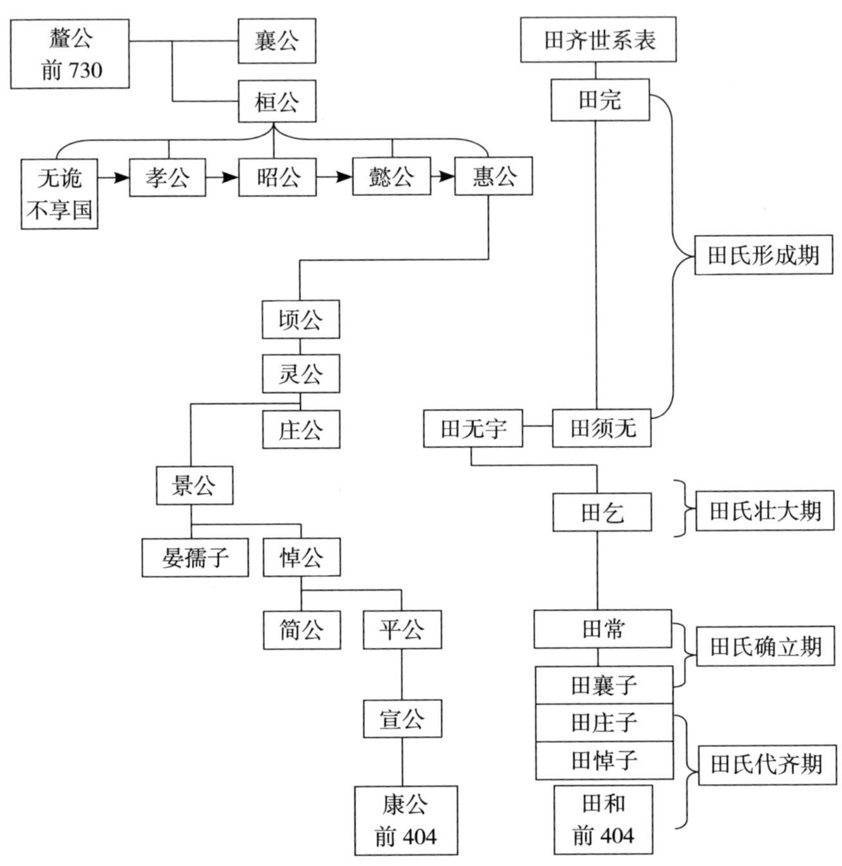

注：根据《史记·齐世家》《史记·田敬仲完世家》《春秋左传》编制。

附录八　春秋至战国初四大诸侯表

楚	秦	晋	齐
武王	襄公至武公		釐公
		曲沃武公	襄公
文王	德公		
成王	宣公至穆公	献公至惠公	桓公
		文公至襄公	孝公至惠公
穆王	康公		
		灵公至成公	
庄王	共公至桓公		
		景公	顷公
共王		厉公	
		悼公	灵公至庄公
康王	景公		
		平公	
灵王			
	哀公		
平王		昭公	景公
昭王	惠公	顷公	
惠王	悼公至躁公	定公	晏孺子至宣公
简王		出公	
	怀公至献公	敬公	康公
声王			

参考文献

本书主要参考了以下古代文献资料，其他译著、学术专著、学术论文在正文中都有标注，这里不一一列出。

（战国）左丘明:《左传》，中华书局，1979 年。

（西汉）佚名:《春秋公羊传》，中华书局，1980 年。

（三国吴）韦昭注:《宋本国语》，国家图书馆出版社，2017 年。

（先秦）佚名:《古本竹书纪年辑校订补》，上海古籍出版社，2011 年。

马楠著:《清华简〈系年〉辑证》，中西书局，2015 年。

黄怀信、张懋镕、田旭东撰，黄怀信修订，李学勤审定:《逸周书汇校集注》，上海古籍出版社，2007 年。

（汉）宋衷注，（清）秦嘉谟等辑:《世本八种》，中华书局，2008 年。

（先秦）佚名:《诗经》，中华书局，1979 年。

《穆天子传》，《四部备要》第 77 卷，商务印书馆，1936 年。

（汉）司马迁撰，（南朝宋）裴骃集解，（唐）司马贞索隐，（唐）张守义正义:《史记》，上海古籍出版社，2011 年。

（汉）赵晔撰，（元）徐天祜音注:《元本吴越春秋》，国家图书馆出版社，2000 年。

李步嘉校释:《越绝书校释：中国史学基本典籍丛刊》，中华书局，2013 年。

（宋）王应麟:《通鉴地理通释》，中华书局，2013 年。

（宋）王应麟:《诗地理考》，中华书局，2011 年。

（春秋）孙武撰，（三国）曹操注，杨丙安校理:《十一家注孙子校理》，中华书局，1999 年。

（战国）孙膑:《孙膑兵法》，齐鲁书社，2002 年。

（梁）皇侃撰:《论语义疏》，中华书局，2013 年。

（清）焦循撰，沈文倬点校:《孟子正义》，中华书局，2015 年。

（战国）吕不韦:《吕氏春秋》，上海古籍出版社，2014 年。

（汉）班固:《汉书》（百衲本），浙江古籍出版社，2000 年。